元華文創
卓越文庫 EB022

唐日文化交流探索

人物、禮俗、法制作為視角

嚴茹蕙——著

宋德熹教授序

嚴茹蕙博士在學術傳承淵源上，其實是業師高明士教授退休前後精心調教的門生，長時期擔任高師臺大東亞文明研究中心的專任助理。2005 年以半工半讀考入中興大學碩專班就讀，成績優異，其碩士論文《唐日令節假比較生活初探》，口試委員交相讚譽，獲推薦由稻鄉出版社於 2017 年出版，並榮獲科技部專書出版補助。2010 年茹蕙以榜首考取同校博士班，繼續由高師與本人聯合指導進行唐日文化交流史研究。2012 年榮獲教育部學海飛颺計畫及科技部千里馬計畫獎助，前往日本御茶水女子大學進行博士生研究，為時一年半，期間承蒙日本古代史與唐代法制史知名學者古瀨奈津子教授指導，研習日本木簡、古文書及金石文字解讀等專業知識，成果豐碩。2015 年茹蕙提出博士論文《八、九世紀唐日文化交流探索——以人物交流及禮令之影響為主》，基於對唐代社會文化史、東亞歷史，特別是對唐日法制、禮制、常民社會生活方面的深入探討，茹蕙運用古典文獻及新出史料，據以分析古代日本在法制與精神層面上與唐制的差異等課題，屢有新知創穫，逐步在期刊和學術研討會交流刊布後，廣獲學界肯定，譬如〈試論「化外人」與文化認同——以八、九世紀的渡唐日本人為例〉，即為其中一端。如今博論即將出版問世，個人藉此談一些閱讀後的聯想與心得，聊以塞責。

如所周知，盛唐時代正逢中國帝制前期的高峰，同時唐代的制度與文化也是東亞世界學習和模仿的對象，所以東亞文化圈、漢字文化圈，乃至都城建築、法律規章、衣冠禮俗和儒學文學等傳播與迴響，皆在在構成了以唐朝為中心的東亞文化的受容與變容。高師與茹蕙等海內外諸家法制史學者探討法律與禮儀的課題，向來對於禮律制度的深入探研，已有相當豐碩的成果，並蔚然形成顯學。茹蕙本書結構上分上下兩篇，上篇側重唐日人物交流，下篇著墨唐代律令對日本的影響。由於個人長期較為偏愛社會生活史的課題，因此特別對本書上篇人物交流興趣盎然。誠如許倬雲《我者與他者：中國歷史上的內外分際》（臺北：時報出版，2009）所指出的，族群「主」與「客」的轉化，以及「我」、「他」的大混合，在北朝和唐朝國際上展現恢宏涵化的開花結果現象，大凡國與國之間、不同民族或地域之間人與物的交流，特別是精神文化與物質文化的互動影響效應，越發值得重視。

梁容若〈南北朝的文化交流〉（《東海學報》四卷一期，1962）雖為舊文，卻藉由使節交聘、南北降人和沙門僧侶等媒介，具體而微的刻畫出南北典籍、文學、飲食及佛教的文化交流現象，陳寅恪《隋唐制度淵源略論稿》也再三強調南朝降人（平齊民）對北魏孝文帝太和改革的巨大影響。余英時〈廣乖離論－國史上分裂時期的家族關係〉（收入《文化評論與中國情懷》，臺北：允晨文化，1993），更特別指出分裂時代邊禁與互市、走私與偷渡的現象，對文化交流產生不可忽視的實質效益。唐代張文成（張鷟）著名變文小說《遊仙窟》，宋代以後長期在中土失傳，但對日本文學影響甚鉅，據推測可能是山上憶良隨第八次遣唐使粟田朝臣真人來華帶回日本的（詳參《遊仙窟校注》，北京：中華書局，2010，李時人〈前言〉），可見文化傳播與回流互動的魔力。唐初許敬宗編纂大型詩文總集《文館詞林》，宋以後大半亡佚，清末文本殘卷也是由日本回流中土，遭遇和影響何其同樣情境相彷。

茹蕙在本書上篇中，除提到渡唐日人所謂化外人（人物舉粟田朝臣真人、阿倍仲麻呂、吉備真備、大和長岡、普照、榮叡、最澄、空海與橘逸勢、圓仁、圓珍、圓載等個案）之外，也特別觸及渡日唐人的角色，更特別以樂部為顯例。根據茹蕙親自參訪調閱比叡山延曆寺叡山文庫樂部所撰《圓仁三藏供奉入唐請益往返傳記》（即《慈覺大師入唐往返傳》），在圓仁傳記之後另附有同船唐人赴日的動機，以及樂部自述的小傳。同船唐人中包括有志在琴書、好遊山水、簪纓鼎族、累世衣冠、術比扁秦、義同管鮑、文能備體、武勇絕倫等至少 9 人，形容的稱呼不免多少有夸飾籠統的成分，人名也惜不可考。樂部自稱是望本南陽，寓居西蜀，好學而不事生產，應舉無成故自稱大唐鄉貢進士，除叔父兩人（一位任道州刺史，另一位任度支員外郎，皆史傳無聞）外，已遠地無親，研判樂部因此冒險拋棄本國，隨圓仁歸化落籍扶桑，形同歷史洪流中的邊緣人。楊聯陞《中國文化中「報」「保」「包」之意義》附錄三〈中國文化中之媒介人物〉（北京：中華書局，2016），饒有興味地指出歷史上諸多媒介人物，包括商人、掮客、買辦、媒人、律師、使節、通事等皆屬之，引申言之，其實像樂部之流同船唐人乃至圓仁，以及茹蕙書中已提到隨留學僧惠蕚歸日的唐人張友信等卌七人、與圓仁同船的唐人金珍卌四人（《慈覺大師入唐往反傳記》載為唐客四十餘人）皆是唐日文化交流史上的媒介人物。茹蕙附帶論及唐人赴日的境遇包括太宰府鴻臚館的接待處所、抵日檢驗流程、安置措施和在日生活，其中安置措施一節引用《三代實錄》的記載，言及西元 848 左右歸化日本的唐人崔勝，由於水災導致無宅可居，因此請求日本朝廷敕賜宅地的例子，透露出崔勝和樂部之流歸化日本後可能的境遇，另一方面也不免好奇崔勝的崔氏和樂部的南陽樂氏背後的家世背景。崔勝不可考，樂氏在唐史上名見經傳者僅有高宗宰相樂彥瑋、武周宰相樂思晦（《新唐書•宰相世系表》卷 73 下），其餘唐代墓誌石刻零零星星可見數方，較有名的樂氏為兩《唐書》史傳所見的魏博節度使樂彥禎，惜皆與樂部無涉。

根據池步洲《日本遣唐使簡史》（上海：社會科學院出版社，1983），頁 104~111，提到除了道璿與鑑真等高僧應邀赴日弘法最終埋骨扶桑，對日本的佛教傳播與文化交流留下歷史佳話之外，也有不少奉命送遣唐使回日本卻因故難以返航，因而歸化日本賜姓仕日的唐朝官吏，譬如袁晉卿、皇甫東朝等人皆精通唐樂，即對日本唐樂的推廣有功。像上述這些赴日高僧和滯日官員，其實也是楊聯陞所看重的唐日交流史話中的重要媒介人物，其歷史角色和文化貢獻不宜忽視。是為序。

李悔之（簽名）

於中興大學歷史系

古瀨奈津子教授序

為了締結唐和日本的關係，日本於舒明二年(630)派遣犬上御田鍬為遣唐使入唐，直至菅原道真於寬平六年(894)被任命為遣唐大使，基於唐國混亂等理由，建議停派遣唐使為止，其間約二百六十年，日本派遣遣唐使赴唐。舒明年間的遣唐使在舒明四年(632)歸國，當時唐的送使高表仁來到日本。唐的使節來到日本非常罕見，一般認為，唐和日本的關係，建立在日本對唐朝朝貢之上。於此同時，留學於隋的僧旻也一起返日。

遣唐使派遣次數約二十次（因研究者觀點不同，次數有異），七世紀的遣唐使，因為是與朝鮮半島上的三國（高句麗、百濟、新羅）爭奪霸權的時期，主要目的為解決外交問題，派遣的使節約一百至一百二十人分乘二船，沿朝鮮半島的西海岸，也就是所謂北路前往中國。另一方面，八世紀以後的遣唐使，常被譽為文化使節，由一百至一百二十人分乘四船，從博多經五島列島，橫越東中國海，直接抵達長江沿岸地區，取南路派遣中國。

如此，日本遣唐使因時期而目的稍有不同，七世紀的遣唐使不僅是為了外交問題而被派遣至中國，也為了要帶回唐先進的法律、制度、文化、技術做為範本，使日本能夠形成律令國家。

嚴茹蕙小姐的作品《唐日文化交流探索—人物、禮俗、法制作為視角》，主要是基於八、九世紀唐日文化交流的背景，闡明人物、禮俗、法制的層面。在上篇，嚴小姐取人物為主體，首先對渡唐的日本人：粟田真人及阿倍仲麻呂、吉備真備、大和長岡、普照等為鑑真赴日盡力的僧侶們、最澄及空海、橘逸勢這些於平安時代初期延曆年間的遣唐使一同赴唐的僧侶們，以及圓仁、圓珍、圓載這些與最後的遣唐使一起渡唐的僧侶們，是如何渡唐、在唐學習什麼，逐一進行檢討。

接著，嚴小姐注意到以往不太為人所知的日本史料《慈覺大師入唐往反傳記》，前往叡山文庫進行史料調查，對寫本進行檢討，並對從該史料中出現的渡日唐人樂部，進行了令人興味盎然的考察。

在下篇，嚴小姐檢討了唐的禮令對日本的影響。首先運用新史料天聖令和日本令的喪葬令，對唐宋和日本的喪葬禮儀，取挽歌和遊部進行比較檢討，取得了令人興味盎然的研究成果。此即澄清了日本喪葬禮儀在以唐為模範的過程中，並未完全模倣唐朝，而是有其獨自性。

再者，嚴小姐以九世紀日本清和天皇為祖母服喪禮儀對《日本三代實錄》的內容進行檢討，對律令制展開期吸收唐禮的經過進行考查。關於此時期日本如何受容唐禮的研究罕見而貴重。

另外，選擇了禮與令的交點——服忌令，溯源其與唐的關係。

如以上，嚴小姐本來是中國史的專家，本書的研究方法，特色是透過唐日文化交流的過程，探尋日本史中的特徵，但是採用這樣的研究方法，卻也可說反過來映射出了唐的特徵。

嚴茹蕙小姐於台灣大學畢業後，在研究機構中擔任行政工作，在高明士教授身邊協助舉行國際研討會等事務，我就是在當時與嚴小姐初識。其後嚴小姐進入國立中興大學研究所就讀，繼續進行研究。至她通過博士課程的資格考後，得到台灣國家科學委員會等單位補助，於 2013 年 4 月至 2014 年 10 月期間，以研究留學生身分，在御茶水女子大學大學院的博士後期課程進行研究。研究課題是「八、九世紀入唐日本人所見唐朝法制禮俗研究——兼論對日本的影響」。嚴小姐在日本，繼續研究中國史的同時，也同時收集日本史史料，密集學習日本史。她獨自一人前往叡山文庫調查史料，並且至出雲參加木簡學會研究集會等活動，對於她在學問上的行動力，本人至為感佩。此外其研究成果在國際研討會及日本的研究會上發表，我認為對於研究者而言，是非常重要的經驗。嚴小姐回到台灣後，以留學時的研究成果為基礎，撰寫博士論文，取得博士學位，再以其博士論文為基礎完成本書。

嚴小姐留學日本時，採用中國寧波天一閣博物館發現的新出史料——北宋天聖令抄本，以及嚴小姐自己注意到的罕見史料《慈覺大師入唐往返傳記》等史料進行研究，能夠置身於可以使用這些史料的環境，堪稱幸運。要深入進行唐日關係史及比較歷史的研究，唐日雙方的史料都能閱讀是必要的。我認為嚴小姐確實是適合進行唐日關係史及比較歷史的研究者。本書今後當可以成為這個領域的重要研究成果而長久流傳。

古瀨 奈津子

2019.07.18

目 錄

緒論

一、問題意識的提出

眾所周知，唐朝盛世時期，唐人勇敢進取，性情開放，皇室又是胡漢融合，對於周邊民族相容並蓄，而有華夷一家的精神，使唐文化光披四表，呈現豐富多彩樣貌。唐文化既集前代不同源頭文化之大成，且具有先進性，唐的優勢文化伴隨其強大國力向外傳布，成為所謂「中華文化圈」。其中，唐的法制文化核心乃是禮與律，唐代的律令與禮學密不可分，先賢學者已多有研究，成果豐碩。對於周邊國家而言，為了在以唐為中心的天下秩序中取得一定地位，不能不學習唐的禮法等相關知識，採用唐所認可的方式與唐及鄰近國家往來，藉禮法教化黎民、治理國家、提升本國文明與統治者權威。因而在七至十世紀時，東亞地區的律令文化曾高度發達，乃其來有自。法制與禮制，也成為東亞傳統文化中的特殊共通背景。中國自古以來的民間風俗習慣，因化俗成禮，禮法關係又密不可分，因此民間的風俗習慣經由禮與法之間的吸納、互動與規範，進入了唐的法律之中。唐的禮律文化向外傳布，其實也代表著中國的禮俗文化伴隨中國文明一同傳布到了東亞各國。

中國文化與異文化接觸後所產生的「文化變容」（涵化）現象，雖然以往已有許多豐碩研究成果，但此重要歷史文化現象，值得反覆再三從各個不同角度重新思考。歷史現象本有其普遍性與特殊性存在，中華文化因為屬於優勢文化，所以在特定地區（即中華文化圈）內具有普遍性特徵；特殊性的形成，則有其外在與內在因素。以日本而言，在自己的歷史條件、文化脈絡以及當時社會環境之考量下，依其需要而對大陸文化作某種程度之修正，凸顯其國家社會之特殊性，實乃正常的文化交流現象。唐朝的法令與制度，透過渡唐日人（例如遣唐使）的見聞與學習，以及書籍文物資料陸續進入日本。在日本文化攝取唐文化過程中，除了透過代表性人物推廣外，更重要的是經由國家力量主動篩選抉擇，由上而下推行至民間。

由於筆者學力有限，論述範圍無法涵蓋所有唐日文化交流內容，拙作切入角度，選擇八到九世紀渡唐日人所見唐代的法制與禮俗施行情形，凸顯唐日文化交流史上法制禮俗的層面；同時藉渡唐日人歸國後，對本國律令法制的建設，以及渡日唐人見聞，進而考察唐代法制禮俗對日本奈良、平安時期的影響，並試圖達成辨認出日本法令中所刻意保留的自身傳統，以及吸納接收中國傳統禮俗的部分，從中釐清渡唐日人貢獻。此處所謂渡唐日人，基本上是指日本於八、九世紀派出的遣唐使節團成員，包含遣唐使、留學生／僧（拙稿中，也對同時期赴日的唐朝民眾適度加以介紹，並將此類民眾總稱為「渡日唐人」）。釐清渡唐日人貢獻，對於研究唐代禮制與法制運作、唐文化的影響力，以及唐文化在傳布過程中如何消長變動，具有重要的歷史意義，也是拙稿試圖達成的目標。終極目標，是希望從歷史中找到唐日文化融合，成為日本自身文化傳統的證據，做為唐文化在整個東亞地區歷史中的普遍性與特殊性的側面說明。另外，佛、道教在東亞文化傳播與交流中佔有重要地位，日本本土原創的神道教對於日本也具有重大意義，唯因宗教文化議題，筆者自忖綆短汲深，力有未逮，故僅就宗教傳布時引發的普遍現象加以說明，教義相關問題，不在拙稿研究及述評範圍之內。*

* 拙稿對於今人學者敬稱均從略。又及，本書中所引古代典籍，原則上均使用相同版本。為省篇幅，除每章第一次出現時以外，若未特別註明作者及點校者等出版資訊，請參看書末「徵引文獻」部分。引用古代日本史料時，原文如為漢文寫作，則直接引用，以日文撰寫者，則引用其意。和歌附漢文及日文原文。引用現代日本文獻時，如未註明譯者，則為筆者個人之理解及翻譯。謹此一併說明。

（一）時間、空間與群體限定

在歷史上，中國與日本很早就有往來，先民可以依賴洋流與季風，來往東亞大陸與日本列島之間，成為中日頻繁交流的基礎。[1]繩文時代（西元前五世紀以前，屬石器時代）、彌生時代（西元前四世紀至西元三世紀）的日本尚無文字，因而除了中國方面的歷史文獻記載外，只能靠考古成果來研究當時的日本。隨著大陸文化及工藝技術品，以及水稻耕作技術輾轉傳入日本，日本社會發生質的變化，快速進入鐵器時代，成為農業社會。西元一世紀前後，在九州與近畿地區開始出現地區性的小國，並逐步統合。參照《漢書》記載：「夫樂浪海中有倭人，分為百餘國，以歲時來獻見云。」[2]如果這裡的「倭」是日本通稱，則中日文化交流最遲在漢朝就已開始。地區性小國之中，較強大者，與漢朝建立了冊封關係，例如奴國。西元 57 年，漢光武帝授以「漢委奴國王」金印，相應的授官封爵、祭祀禮儀、饋贈禮物工藝品等文化方面的知識，也開始傳入日本。[3]

中國方面真正可信的文字史料，當始自西晉陳壽所著《三國志》中的《魏志．東夷倭人傳》：「倭人在帶方東南大海之中，依山島為國邑，舊百餘國，漢時有朝見者。今使譯所通三十國（後略）」，它具體的介紹了當時的日本的風土民情，其中並提及，曹魏明帝時，倭國女王卑彌呼遣使入貢，受封為「親魏倭王」。[4]日本學者木宮泰彥認為，《漢書》與《魏志》中所言

---

[1] 王輯五，《中國日本交通史》（上海：上海書店，1984），頁 2。

[2] （東漢）班固撰；（唐）顏師古注，《漢書》卷 28〈地理志〉下（北京：中華書局，1962），頁 1658。

[3] （劉宋）范曄，《後漢書》卷 85〈東夷列傳．倭〉載：「（東漢光武帝）建武中元二年（西元 57 年 ）正月，倭奴國奉貢朝賀，使人自稱大夫，倭國之極南界也，光武賜以印綬」。是中國與日本發生邦交的最早年代記錄（北京：中華書局，1965，頁 2821）。西元 1784 年，在日本福岡縣志賀島發現了「漢委奴國王」金印，據考證，即為漢光武帝所賜之印綬。繩文、彌生時代，日本列島的發展，以及與中國的往來，並可參見王金林，《漢唐文化與古代日本文化》（天津：天津人民出版社，1996）說明，頁 1、7、16-17。

[4] （晉）陳壽撰、（南朝宋）裴松之注，《三國志》（北京：中華書局點校，1959），頁 854-858。

之倭人「即指北九州之住民，已為多數學者所承認。《漢書》有『以歲時來獻』句，由此思之，《魏志》謂『漢時有朝見者』，即撰者推測之辭，惟大體近於事實」。[5]在南北朝時代，西元 413 年至 478 年這六十餘年間，讚、珍、濟、興、武等所謂「倭五王」，至少八次遣使南朝，奉獻貢品，南朝朝廷均授以將軍號，[6]例如《宋書．文帝紀》記載：「（元嘉十五年，438）夏四月己巳，以倭國王珍為安東將軍。」[7]透過頻繁的政治交流，可想見文物制度逐漸傳入日本。此後中日之間的交流，史不絕書。

在漫長的歷史中，拙稿選擇八至九世紀作為研究的時段，是因為自八世紀後，始有明確的法制文獻史料證明日本仿唐推行律令制度。日本能達成此重要文化階段，實是因為渡唐日人冒生命危險、付出青春歲月做出的貢獻。

另一方面，七世紀是日本全面唐化的開始，而在八至九世紀之間達到高峰。相對的，八至九世紀唐由盛轉衰，日本逐漸結束對唐的官方往來，拙稿因重視唐代中國法制禮俗文化落實於日本生活層面情形，故選擇八至九世紀做為研究時段。拙稿仰賴法制文獻、傳世史料以及渡唐日人留下的見聞記錄，來探討唐朝初期的法制在日本實施與實際行用時的落差。除了渡唐日人在唐朝的體驗，日本如何透過、運用此類人物的學習成果，吸收外來的中華文化與推動國家禮儀法制建設？是以下諸章試圖一一分析的內容。

（二）越境與比較歷史的視野

人物跨越境界進行旅行、移動，探險、移民、亡命、巡禮，屬於空間的越境，在八至九世紀之間，雖然未必有明確的國界或界線，但文化、語

---

[5] （日）木宮泰彥，《日華文化交流史》（東京：冨山房，1955），頁 15。

[6] 據日本學者木宮泰彥意見，此事不見於日本方面的正史，而散見中國方面的史籍，參見前引（日）木宮泰彥，《日華文化交流史》頁 27-31 說明及整理。

[7] （梁）沈約撰，《宋書》卷 5〈文帝本紀〉（北京：中華書局點校，1976），頁 85。

言文字、族群、世代、宗教、生活方式……等都可以是一種區隔。在拙稿中，跨越有形或無形的境界，即可視為「越境」或「跨界」(crossover)。拙稿首先討論人物的越境，其次討論唐日之間的法制禮俗的交叉、跨界與融合，對於指定時期中的不同社會，或不同時期卻擁有類似文化環境或背景的社會，採取比較方式進行檢討，針對性質發展相近或相異的行動與事件，思考成因，回溯本源，瞭解其延續歷程、調整方式及變動狀況，進而分析結果，希冀從中得到啟發，或嶄新而別具意義的認知。

八至九世紀之間，在中國境內有大量的越境人物，拙稿將此類人物的範圍限定於「渡唐日人」，探討其往返之際所做出的貢獻。渡唐日人，主要成員為日本的遣唐使、留學生及留學僧。由於七至九世紀渡唐日本人數量有限，未若其他外族如胡人、新羅人的數量可以多到集結成坊，故較知名的例子多半屬於遣唐使節團成員或留學生、留學僧。自西元 630 年開始，至 894 年之間，有鑑於「留于唐國學者，皆學以成業，應喚。且其大唐國者，法式備定之珍國也，常須達」[8]，日本共計派出二十次[9]遣唐使，積極學習唐朝先進的制度與文化。[10]關於遣唐使節團的分期，各家有不同看法，見仁見智；拙稿因著眼在時段上的區分，而傾向認同依政權、時代、性質及特色的不同，將全部的遣唐使區分為七世紀、八世紀、九世紀三期。七世紀的遣唐使，主要是在吸收新思想、學藝、制度，移植文化和改變倭國（日本）的支配秩序，建立法制體系，並帶有強烈的政治調解性質。八世

[8] 見（日）舍人親王等奉敕撰，坂本太郎、井上光貞、家永三郎、大野晉校注，《日本書紀》（四）卷 22「推古（天皇）卅一年(623)秋七月」條，惠日等上奏內容（東京：岩波文庫，1995），頁 470。

[9] 20 次說，可舉（日）古瀨奈津子，《遣唐使の見た中国》，（東京：吉川弘文館，2003），頁 3 引用東野治之的統計為例。

[10] 按，20 次為日本政府派遣的數字，若以抵達成功與否來認定，僅有 15 次。如王儀即認為遣（唐）使僅 15 次，送迎唐使 4 次。參見王儀，《隋唐與後三韓關係及日本遣隋使遣唐使》（臺北：臺灣中華書局，1972 初版，2015 再版），頁 109。另武安隆認為，若再以真正意義上有外交及文化功能的使節團來審視，僅 13 次。參見武安隆《遣唐使》（哈爾濱：黑龍江人民出版社，1985），頁 31。

紀的遣唐使除了移植唐文化外，還多了政治、外交上的目的。九世紀的遣唐使則偏重導入以佛教為中心的唐文化，以及唐的物質文明，並加以日本化。[11]

但是在中唐以後，唐的周邊國家自我意識逐漸提高，使得唐朝與周邊民族的對立仇視日益增高。西北、西南諸民族固不待言，即使本來崇尚唐風的日本，也逐漸從在日唐人及遣唐使傳回的消息中，意識到唐的衰弱及國情不安，而不欲再向唐學習，日本自己的「國風文化」亦開始逐步發展。至西元 894 年，日本政府正式停止派出遣唐使後，取而代之者是同樣往返於亞洲大陸與日本之間的海商，他們在冒生命危險牟利的同時，無心插柳地帶動了唐土文物流入日本的風潮。（詳見上篇第一章）

反之，同樣也有從中國前往日本的唐人，拙稿總稱為「渡日唐人」。參考日本學者榎本淳一對西元 630~807 年間赴日唐人的分類，此類人物中有使者、僧侶、俗人、混血兒，在 661 年時甚至還有兩名俘虜。[12]若把時間範圍再擴大至唐朝結束(907)，渡日唐人的類別之中，尚可加入「唐商」分類，[13]但是除唐正式派出的使者以外，其餘渡日唐人均為不合法，拙稿上篇第二章所提及的平民實亦如此。為與渡唐日人做對照比較，故拙稿也將適度述及渡日唐人的際遇與旅程。

任何文化無論是橫的移植還是縱的繼承，都有其脈絡，不會憑空出現。文化現象內涵無限豐富，並由核心向外延伸擴展，與其他不同文化相遇後，常出現融合與新生。為尋找文化交流的脈絡，勢必要進行比較研究。日本從全面仿唐，到確立自身文化及民族自信心的過程中，八至九世紀為一個

---

[11] 參見（日）鈴木靖民，〈遣唐使研究と東アジア史論〉「Ⅱ・遣唐使の時期区分と性格」，收入《専修大学東アジア世界史研究センター年報》4(2010)，頁 53-58。

[12] 榎本淳一分類，見（日）榎本淳一，〈来日した唐人たち〉，收入遣唐使船再現シンポジウム編，《遣唐使船の時代—時空を駆けた超人たち》（東京：角川選書，2010），頁 128 表「来日唐人の全体像(630~806)」。

[13] 參見（日）田中史生，〈最後の遣唐使と圓仁の入唐求法〉，收入前引遣唐使船再現シンポジウム編，《遣唐使船の時代—時空を駆けた超人たち》，分類見頁 207。

重要的過渡時期。它為了吸收外來文化（主要是唐文化）以適用於自身社會，勢必要從透過渡唐日人及所攜回、引進的文物典籍中，將大陸文化加以改造，乃至衍生全新部分。

經由觀察比較，得出歷史現象有其普遍性與特殊性存在的結論。中華文化圈因為屬於優勢文化，所以在特定地區具有普遍性特徵；特殊性的形成，則有其外在與內在因素。除了普遍性、特殊性以及延續性的部分外，以日本而言，在自己的歷史條件、文化脈絡以及當時社會環境之考量下，依其需要而對大陸文化作某種程度之修正、重返古典，或是凸顯其國家社會之特殊性，[14]實乃正常之文化交流現象。

在考察制度面是否落實於社會生活之際，法令文字的比對就顯得很重要。例如唐日令典篇目名稱相同，屬法文化中的普遍性，但條文內容不盡相同，而成為特殊性。比對日本《養老・假寧令》與北宋留存的《天聖・假寧令》條文，宋令共 23 條，加上不行唐令 6 條，總計有 29 條，而日本令只選擇性地吸收 13 條，這 13 條令文與唐令內容不盡相同，此為特殊性；日本令又在《雜令》的地方創出「節日條」，迴異於唐《雜令》，這是全新衍生立法。再舉例而言，若以《天聖令》與《養老令》相關條文加以對照研究，可發現在同一條法令中，有以下情形：(1)文字出入：存在此種差異，是傳抄時筆誤嗎？還是日本令在承襲唐令時，為了適應日本自身的需要，而進行有意的更動？(2)世殊事異：將相同母法的法條加以比對，除了可以看到文字的相異處，如果內容上出現大量的增刪，則更應注意。例如《養老・假寧令》的「喪服總則」條被刪，在《養老・喪葬令》將「服紀」列為《喪葬令》最後一條，而《天聖・喪葬令》則以附令形式呈現，唐令中是將服制規範放在《假寧令》的後面，以做為給予官員喪假時的標準。此類差異，《養老令》對此點應有一段討論，但文本上卻未呈現，是日本制定

[14] 參見拙作，《唐日令中所見節假生活初探》3 章 1 節（新北：稻鄉出版社，2017，頁 207-209）及拙文，〈日本古代七月七日節和相撲節的變遷——東亞禮令實施異同的一個側面〉，收入第 13 屆唐代文化國際學術研討會會議論文集(二)，頁 450-474 之討論。

法律時有意節略嗎？或是傳抄時出現錯誤？另外，日本捨棄唐的規範後，是回歸漢魏舊制，還是另外加入日本本身的文化產物取而代之？這些都是研究時必須注意之處。拙稿從第二篇第三章以後，對此等情形，將擇其要者加以討論。

文化的變貌需要透過比較方能凸顯，尤其特殊性的形成，是如何從日常生活中浮現？拙稿試圖從日本自身衍生的文化中，溯源唐文化的要素，以凸顯日後的文化變貌，特別希望凸顯八、九世紀之際日本自己創出的部分，通過比較，瞭解唐朝法文化的普遍性與衍生出的特殊性。

（三）歷史背景介紹

1. 傳統中國的俗、禮、法關係

傳統中國文化博大精深，具有強力的包容性與影響力，中國文化中的漢字、儒教、律令、中國化佛教、科技、生活方式等要素在周邊地區生根發展，成為古代東亞地區的共同特色，影響及於今日。在這些中國文化基本要素中，拙稿選擇人物交流和禮令做為研究核心課題。法制以維持社會秩序為目的，生活方式中包含禮與俗。俗、禮、法之間的關係如何？以下試再作簡要說明。

中國禮儀制度源遠流長。禮是社會生活的原則，與個人身分相呼應的行為規範。禮的內涵本質，有等差、是非、限制、平衡等觀念，[15]儒家認為，禮的功用即在藉禮的不同內容顯示行為人的特殊名位，所謂「名位不同，禮亦異數」。此外，家族中的親疏關係和社會中的貴賤上下分異，兩者同樣重要，為維持傳統社會秩序所不可或缺。在不同身分各有其禮之後，可用以節制人欲，杜絕爭亂，又可維持社會與政治秩序，臻於治平。[16]

---

15 參見周何，《禮學概論》（臺北，三民出版社，1998），頁 40。

16 參見瞿同祖，《中國法律與中國社會》（北京：中華書局，1981 年初版，2003 年新一版），頁 295-299 說明。

《荀子・禮論》謂：「禮有三本：天地者，生之本也；先祖者，類之本也；君師者，治之本也。……故禮上事天，下事地，尊先祖，而隆君師。是禮之三本也。」[17]這些事奉尊崇的心態與行為，最初來自原始的神鬼觀及民俗信仰，進入廟堂後，受到修正與保存，而延續下來，成為禮俗的起源。

「禮俗」一詞，早在先秦時代就已出現，例如《周禮・地官司徒・土均》中說：「禮俗、喪紀、祭祀，皆以地之媺惡為輕重之法而行之。」鄭玄注云：「禮俗，邦國都鄙民之所行，先王舊禮也」。《周禮》中所言舊禮，指的是行之既久，已經成俗，或已融合民俗於其中的禮，故稱為「禮俗」。「禮俗」中兼含禮與俗，禮俗、喪禮與國之大事的祭祀，具有同等重要的地位。再如《周禮・春官・宗伯》記載：「以吉禮事邦國之鬼神……以凶禮哀邦國之憂，以喪禮哀死亡，以荒禮哀凶劄，以弔禮哀禍災，以禬禮哀圍敗，以恤禮哀寇亂。」[18]祭祀天神地祇及宗廟屬吉禮，喪禮則是凶禮的重要部分。喪禮的實施，在禮義上的發展來說，其重大影響在於敦厚人情，祭禮又是喪禮的延續。[19]原則上，若民情風俗未違反情理，則如《禮記・曲禮下》中所言：「君子行禮，不求變俗。祭祀之禮，居喪之服，哭泣之位，皆如其國之故，謹修其法而審行之」。[20]據此，「禮俗」中包含各種生命禮儀，喪禮是其中重要一環，範圍遠較只強調「民間文化」的「民俗」為廣，拙稿因此也側重喪葬禮儀討論。由於是人們的良風美俗，而被在上位的采風者或制禮者吸納，給予有意識的規範而變成「禮」，禮成後又會因時空變遷而加入當世的「俗」，兩者相互吸收結合，用禮去規範或引導某種風俗，因俗成禮，以禮制俗，兩者關係密切，不斷在歷史之中發展。

---

17 （清）王先謙集解，沈嘯寰、王星賢點校，《荀子集解》，北京：中華書局，1983。

18 參見林尹譯注，《周禮今注今譯》（臺北：臺灣商務印書館，1972 初版，1979 三版）頁 192。

19 同前引周何，《禮學概論》，頁 30。

20 （漢）鄭玄注、（唐）孔穎達正義，龔抗雲、李學勤等編，《禮記正義》卷 4（北京：北京大學出版社，1999），頁 127。

作為禮儀制度的基本結構，五禮（吉禮、凶禮、軍禮、賓禮、嘉禮）與宗法制度，均確立於西周，且絕大多數持續施行到近世。五禮中，又以凶禮中的喪葬禮俗最具特色，也是最為傳統中國重視的一環，即如《禮記．昏義》中說：「夫禮，始於冠，本於昏，重於喪祭。」[21]周人為了表示悼念，根據血緣親疏遠近規定生者為死者所穿著的服飾規格與服喪期限，進而成為一套嚴整的五服制度——斬衰、齊衰、大功、小功、緦麻。[22]

在傳統中國社會中，禮與法內在有著緊密關係。從先秦到兩漢，禮的發展，可歸結為以下三方面：此即禮之義、禮之儀、禮之制。所謂禮之義，指禮的義理；所謂禮之儀，指禮的儀式；所謂禮之制，指禮的制度。三者均為禮的內涵。[23]「禮教」乃治國平天下之本，是儒家治國的最高準則。《禮記．王制》中提到司徒的任務：「脩六禮以節民性，明七教以興民德，齊八政以防淫，一道德以同俗，養耆老以致孝，恤孤獨以逮不足，上賢以崇德，簡不肖以絀惡」[24]，這即是禮教的實施方式：統治現世之人君，從良風美俗中提取禮，給予有意識的規範，即用禮去規範或引導某種風俗，透過制禮來教化、薰陶天下臣民。禮教自成一個良性循環，有利天下長治久安。

自漢朝以後，中國落實禮教的理想，以「禮」作為立法基礎，從性質統一的法律，變成有等差性的法律，這種注重身分及地位尊卑關係的法律，到隋唐而完備。唐代的法律是中國傳統法典儒家化的典範和象徵，禮和法律為建立秩序的兩大要素，而律是禮的外在表現。即如《四庫全書總目提要》對唐律特徵所做的經典性概括：唐律「一準乎禮」，唐代用律令法來約

---

[21] 王夢鷗譯注，《禮記今注今譯》（下）（臺北：臺灣商務印書館，1971 初版，1984 修訂版），頁 966。

[22] 丁鼎，《儀禮喪服考論》（北京：社會科學文獻出版社，2003），頁 1-2。

[23] 參見高明士，《律令法與天下法》第 8 章〈中華法系〉（臺北，五南圖書出版公司，2012），頁 371-377 之說明。

[24] 參見王夢鷗譯注，《禮記今註今譯》（上）（臺北：臺灣商務印書館，1971 初版，1984 修訂版），頁 232-233。

束每一個人的行為，法律之中包含禮教觀念，異貴賤、別尊卑，表現到唐律則集中表現為等級制和家族制，[25]禮作為政治及社會功能，終極目標在德化百姓。

至於王權與禮、法之間關係，如魏晉之際的袁準在《袁子正書・禮政》中說：「治國之大體有四：一曰仁義，二曰禮制，三曰法令，四曰刑罰；四本者具，則帝之功立矣……夫仁義禮制者，治之本也，法令刑罰者，治之末也，……夫禮教之治，先之以仁義，示之以敬讓，使民遷善，日用而不知也。」[26]唐代孔穎達在《禮記正義》卷三十八〈樂記〉中亦提及「人君制禮以教天下」，兩者的說法都提及君主必須用禮來陶冶及規範臣民的行為舉止，是王權與禮、法之間關係的極好註腳。此等自古典儒家以來就存在的理想，在盛唐已呈現於五禮禮典——《大唐開元禮》，成為實際的典範。

禮既是社會生活的原則，同時也是宗法、等級關係的原則與規範，照說人們應該心悅誠服的以合宜的行為在生活中實踐倫理、道德，亦即主動在生活中落實禮的規範。但在現實世界中，這種理想恐有陳義過高、滯礙難行之虞。君主除了以禮樂教化黎民百姓，為確保禮制確實依照身分等級遵行，故搭配法律制度強制規範，[27]從這個角度觀察，或可認為國家展現支配權力的方式之一，是用禮柔性制約從皇帝到一般民眾的生活秩序，而用法律硬性限制或要求人民做合乎身分的行為，並且以是否有能力在適當場合執行合宜的禮，做為文明程度的區分。

禮與法均為制度化的成文規定，而禮俗偏重於禮制，為統治者規範後的強制力量，讓生活中的婚喪冠祭、社會交往、鬼神信仰，這些人們的外在行為咸歸於正。禮俗進入法典後，在施行層面上，不僅有社會制裁的支

---

[25] 劉俊文，《唐律疏議箋解》（上）（北京：中華書局，1996），頁 36。

[26] （魏）袁準，〈禮政〉，《袁子正書》，輯入（唐）魏徵等撰，《羣書治要》(10)卷 50，收入王雲五主編《叢書集成簡編》（臺北：臺灣商務印書館，1966）。

[27] 姜伯勤，《敦煌藝術宗教與禮樂文明：敦煌心史散論》（北京：中國社會出版社，1996），頁 434-435。

持，更重要的是還有法律制裁，絕不僅是散漫零亂的習慣風俗。[28]例如喪葬禮儀，自始喪至埋葬，與宗法、親屬關係密切相關的服喪規範，無一不指示階級與身分的差異，又如唐《假寧令》中規範的清明節，其形成背景[29]以及進入禮典過程，[30]即能讓吾人看到禮與俗之間的相互結合與發展。

對於六朝隋唐的士大夫而言，五禮之中，其所最關心的禮制當為凶禮中的喪服制，辯論的中心也常為喪服禮。[31]參考近人學者陳寅恪意見，在唐初制禮之際，援用漢、魏、西晉之禮樂政刑典章文物，流變所及，不止限於漢魏，東晉南朝前半期俱包括在內。[32]禮在隋唐時期，可謂集前朝之大成。唐朝的律令與禮書（拙稿主要參照《大唐開元禮》）中規範了親屬服制、服喪範圍及喪服樣式。透過唐至北宋時期，國家所編的禮典與法典，以及現存的敦煌文書、私家禮書中的記載加以比較，可看出親屬服制「喪服」規範對象擴大。[33]由於前賢敘述精詳，此暫不贅。

以唐律為例，禮所規定的宗法思想與制度亦是唐律所重視的，禮可補律之未周未備，唐律則把禮的原則和規範法律化，使得尊卑親等及身分上的關係受到法律規範。禮法間的關係，如劉俊文所言，「禮是唐律的靈魂，唐律是禮的法律表現」[34]。在唐前期的禮典如《顯慶禮》、《開元禮》中，

---

[28] 王貴民，《中國禮俗史》（臺北：文津出版社，1993），頁 2。

[29] 並可參見拙作，《唐日令中所見節假生活初探》第一章對寒食上墓之說明，頁 92-94。

[30] 參見張文昌，《制禮以教天下——唐宋禮書與國家社會》（臺北：臺大出版中心，2012），頁 340 之說明。

[31] 參照甘懷真，〈二十世紀唐代禮制研究的回顧與展望〉，收入《二十世紀唐研究》，北京：中國社會科學出版社，2001。

[32] 參見陳寅恪，《陳寅恪集：隋唐制度淵源略論稿》（北京：三聯書店，2001），頁 3-4。

[33] 參見張文昌，〈服制、親屬與國家——唐宋禮法之喪服規範〉，收入臺師大歷史系、中國法制史學會、唐律研讀會主編，《新史料・新觀點・新視角—天聖令論集》（下）（臺北，元照出版公司，2011），頁 199-243。

[34] 劉俊文，《唐代法制研究》第 2 章〈唐代法典研究〉（臺北，文津出版社，1999），頁 119。

亦有在禮典中雜以令文的例子。[35]至於令典方面，舉例而言，在《喪葬令》、《假寧令》中，禮與令透過五服制度而有重要交會。喪服制度在禮制研究、中國古代社會史、思想史、政治史方面的重要性無需贅言，[36]五服與喪服禮之間關係密切。親屬的範圍與喪服的服喪期間與並非固定不變，若是因為彼此之間有深厚恩義，以及服喪者本人在現實中的地位，也可能視實際情形調整。五服制除了與禮制、宗法制有所相關，對於法律上的責任歸屬、連坐關係與財產繼承等方面也殊為重要。故有學者認為，「五服入令，是人們對服制、法令與現實社會不斷思考的結果。」[37]

傳統的「禮」和當世的「俗」，以及身分親等的規範一起進入了法典，既為宋代以後的中國社會所繼承，同時也一併流傳到東亞文化圈的各個角落。異民族選擇和認同中國禮律文化之後，為符合自身社會現況及適切運用，在自身現有的文化脈絡中加以調整，而使唐代的中華文化在不同地區、不同時期產生變貌。

2. 文化的攝取與「變容」（涵化）

拙稿援引楊聯陞所述「文化上的媒介人物」觀念，討論文化在中國和日本之間的傳遞與流動狀況。[38]

從遠古以來，日本便透過朝貢等方式，與中國政權進行交流，用以獲得足以向人民誇耀國王權威的先進文化工藝品，並藉以鞏固自身政權。實物可舉十八世紀發現，現存於九州福岡市博物館的漢委奴國王金印為例。

[35] 姜伯勤，《敦煌藝術宗教與禮樂文明：敦煌心史散論》〈禮樂篇．唐禮與敦煌發現的書儀〉（北京：中國社會出版社，1996），頁 431-434。

[36] 丁鼎，《儀禮喪服考論》（北京：社會科學文獻出版社，2003），頁 3-4。

[37] 皮慶生，〈唐宋時期五服制度入令過程試探——以《喪葬令》所附〈喪服年月〉爲中心〉，收入《唐研究》14 期，頁 407。

[38] 楊聯陞認為，在文化中的媒介是一種作用，雖然任何人都可以發生媒介作用，但是在溝通知識時，非有大學問，不能成為媒介人物，不能發生媒介作用。參見楊聯陞，〈中國文化中的媒介人物〉，收入《大陸雜誌》15:4（臺北：大陸雜誌社，1957），頁 29-36。

《魏志．東夷倭人傳》中的記述，亦有其可信度。日本亦透過朝鮮半島吸收亞洲大陸文化。例如傳說應神天皇十五年，百濟人阿直岐帶給日本良馬，及經典的初步知識，就媒介人物而言，阿直岐扮演了關鍵的角色。在其引介下，次年(405)，百濟博士王仁抵達日本，當時的太子隨他學習諸典籍，漢籍也開始傳入日本。這即是媒介人物的具體功能：帶著有形的典籍與無形的智慧或技能，在尚未擁有先進知識的地區進行傳播。此類越境人物成為今日所謂「渡來人」，或法律名詞中所謂「歸化人」，日本攝取文明的方式之一，即是透過文化媒介人物傳播。在奈良時代，王仁後裔亦因祖先帶給日本先進國家的文化及知識有功，而得到賜姓。但由外國人士帶來典籍與知識，終究屬於被動狀態，當時日本急欲加入東亞政治文化圈，故七世紀之後，開始由政府主動派遣人員赴唐學習及交流，攝取唐文化。此即拙稿第一篇第一章將敘述的內容。

陳寅恪在《隋唐制度淵源略論稿》中提出，隋代制度有三個源頭：北魏北齊（含河西文化）、梁陳、西魏北周，而這些亦成為唐代制度源頭。河西因子雖然也很重要，但融入了北朝文化中。[39]中國吸納了這些不同來源的文化與制度，進而向外擴散。此三源說，對於東亞文化的溯源亦很有意義。在中國文化圈中，中華文化藉由政治的優勢，從高處往低處傳播。文化交流與傳播時，雖然有主動與被動之別，卻也能跨越有形或無形的疆界，進行自然的傳播與吸收。由於不同地區有不同環境與社會狀況，這些文明成果移植至外地，對當地人士而言，異國傳入的文化，有適用與不適用之分別，不得不選擇性加以運用，使得文化的原始樣貌出現變化。[40]隨著年

[39] 參見陳寅恪，《陳寅恪集：隋唐制度淵源略論稿．禮儀》（北京：三聯書店，2001），頁 6-69。此三源說的意義，及《隋唐制度淵源略論稿》的價值，宋德喜作品如《陳寅恪中古史學探研：以隋唐制度淵源略稿論為例》（臺北：稻鄉出版社，2004）、〈尋找大師．追隨大師．超越大師—以陳寅恪《隋唐制度淵源略論稿》為中心〉（收入氏著《唐史識小》下編〈大師卷〉，新北：稻鄉出版社，2009，頁 382-383 ）說明甚詳，此處從略。

[40] 類似意見，亦可參見葉國良，〈從婚喪禮俗中的異族文化成分論禮俗之融合與轉化〉結論之說明，收入氏著《禮學研究的諸面向》，（新竹：國立清華大學出版社，2010），頁 308。

深日久，這些跨越國族藩籬的文化，或許在時空中消失，或經過傳承，更為彰顯，如所謂「禮失求諸野」。亦有調整適應當地狀況後，由當地政府法令或民間自發性的加以保持，而衍生出新文化型態。此類情形，即是文化的變容，或謂「涵化」。其中，日本對律令禮制的攝取，是拙稿注意的對象，雖然主要探討八至九世紀的狀況，但為了要說明其源流與日後的變化，亦不免觸及前後時期，其中特別著重《喪葬令》、《假寧令》、《神祇令》及相關禮制（主要為吉禮與凶禮中的喪禮）等，探討其變容的樣貌。

（四）問題所在

七至九世紀的日本，因積極從事古代國家建設，在攝取先進的唐代律令禮制過程中，衡量其國情作選擇性採用，亦即日本攝取外來文化有選擇性，並非全盤接收，已如前面所述。拙稿是從碩論探討《假寧令》為基礎，進一步從實例中解析《喪葬令》乃至《神祇令》等，以及後續衍生的日本法制文獻如《類聚三代格》、《延喜式》等，以了解當時唐朝先進文化的影響力，以及日本古代國家自主性的特色。另外對照《天聖令》與《養老令》，以及從唐開元年間以後的詔敕文字，可知後代的唐宋、八九世紀的日本，在屢次更動與確立國家禮法地位的過程中，出現了程度不同的變化：從《天聖令》中，可對照出部分條文，實為回歸古典，採行過去已停止施行的法令，又或加入不同層面的思考，更動文字，而變得較以往更為複雜；或者在不同時空中，將不適用現今社會的制度刪去，使其簡化或易於推行。拙稿試圖找出被排除的失落部份，追尋其根源，透過比較的方式，從不同的面向中尋找差異，思考禮法思想在日本延續的程度，以及在不同時空中施行時，所具備的意義。

二、研究史介紹與述評

（一）通論：唐日文化交流

唐代各地出現文化交流的重要因素很多，前輩學者對於此等現象產生的原因所在，已有中肯的解釋。如傅樂成認為開元天寶年間以前，唐人吸收胡化，不出娛樂享受範圍，[41]唐人社會中的胡人習俗上承魏晉南北朝文化，[42]因而在安史之亂前對於胡風異俗以及夷夏區別，並不若安史之亂以後嚴格。[43]至於唐日文化交流的背景，一般認為根源於日本主動攝取大陸文明，遣使進行綜合性的交流，才使得此等文化現象發生。

過去文化交流被視為交通史中的一個環節，對於唐日文化交流史而言，以文化為主軸，探討雙邊人事物互動與變遷的作品很早即已出現。其中研究中日交通，從通論中談到唐日文化交流或日本對外攝取文化歷程，早期作品多出自日本學者之手。舉例而言，較早問世的中日韓外交史料彙編，可參考十四世紀日本僧人瑞溪周鳳所編著《善隣國寶記》[44]上卷內容，二十世紀編成者，如〈古代日中關係編年史料稿〉[45]。相同主題研究作品，

---

[41] 傅樂成，〈唐代夷夏觀念之演變〉，收入氏著，《漢唐史論集》（臺北：聯經出版社，1977），頁 213。

[42] 傅樂成，〈唐型文化與宋型文化〉，收入前引氏著，《漢唐史論集》頁 339。

[43] 傅樂成，〈中國民族與外來文化〉，收入前引氏著，《漢唐史論集》，頁 397。

[44] （日）瑞溪周鳳，《善隣國寶記》全三卷，收入（日）田中健夫編，《善隣国宝記・新訂續善隣国宝記》，東京：集英社，1995。

[45] （日）田中健夫、石井正敏編，〈古代日中関係編年史料稿—推古天皇八年(600)から天平十一年(739)まで—〉，收入茂在寅男等編，《遣唐使研究と史料》（東京：東海大学出版会，1987），頁 97-284。

諸如內藤湖南《日本文化史研究》[46]、辻善之助《增訂海外交通史話》[47]、秋山謙藏《日支交涉史研究》[48]、藤田元春《上代日支交通史の研究》[49]等作品，戰後作品可舉家永三郎《外来文化摂取史論：近代西洋文化摂取の思想的考察》[50]、藤家禮之助《日中交流二千年》[51]為例。在眾多研究作品中，具有代表性者為木宮泰彥《日支交通史》[52]及《日華文化交流史》[53]。

在戰後的中文作品中，梁容若所著論集《中國文化東漸研究》[54]，上篇介紹內容從八世紀成書的日本最早漢詩集《懷風藻》，至近現代日本漢學研究，下篇為翻譯日本學者研究成果，介紹中國文學、史學東漸現象。余又蓀撰寫多篇介紹性質專文，如〈唐書所書日皇世系考〉[55]、〈日王子入唐記〉[56]。汪向榮、夏應元編有《中日關係史資料匯編》[57]，基本上是中國官修史書以及《日本書紀》、《大日本史》中的中日史料匯編，附有中日年號

[46] （日）內藤湖南，《日本文化史研究》（東京：弘文堂，1925），另由劉克申譯，《日本歷史與日本文化》（北京：商務印書館，2012），為加入內藤氏演講稿之編譯作品。

[47] （日）辻善之助，《增訂海外交通史話》，東京：內外書籍株式會社，1930 一版，1936 三版。

[48] （日）秋山謙藏，《日支交涉史研究》，東京：岩波書店，1939。

[49] （日）藤田元春，《上代日支交通史の研究》，東京：刀江書院，1943。

[50] （日）家永三郎，《外来文化摂取史論：近代西洋文化摂取の思想的考察》，東京：岩崎書店，1953。

[51] （日）藤家禮之助，《日中交流二千年》，東京：東海大學出版會，1977。

[52] （日）木宮泰彥，《日支交通史》（東京：金刺芳流堂，1926），陳捷譯為《中日交通史》，上海：商務印書館，1931，臺北：三人行出版社 1973 重印。

[53] （日）木宮泰彥，《日華文化交流史》，東京：冨山房，1955。王輯五節譯為《中國日本交通史》（上海：上海書店，1984），諸中譯本源流，並可參見作者之子說明，文見（日）木宮和彥，〈生誕百年を記念して再刊するにあたり〉，收入（日）木宮泰彥，《日華文化交流史》（東京：冨山房，1955 初版，1987 再版），頁 i-iii。。

[54] 梁容若，《中國文化東漸研究》，臺北：中華文化出版事業委員會，1956。

[55] 余又蓀，〈唐書所書日皇世系考〉，《中央日報》1957-6・4。

[56] 余又蓀，〈日王子入唐記〉，《中央日報》1957-9・10。

[57] 汪向榮、夏應元編，《中日關係史資料匯編》，北京：中華書局，1984。

對照表，便於查閱。汪向榮論著另有《中日關係史文獻論考》[58]等多部作品，探討範圍從古代中世（明代以前）中日交流文獻性質，到古代中國人的日本觀，[59]範圍甚廣。劉百閔、張其昀等著論文集《中日文化論集》及其續編，[60]對於中日交通、文學、文化交流等各層面多所論及，初編著重於唐宋以前，對宋後交流狀況稍有論及，其中收入陳固亭〈古代中日文化關係之回溯〉[61]等文。續編則著重明清現代的漢學、儒學、武士道等文化現象及外交關係，但仍有著重於唐代教育對日本教育影響，[62]以及史學、經濟、佛教等方面專文。1995 年後，《日中文化交流史叢書》[63]共十卷在日本與中國陸續出版，屬論文集形式，討論涵蓋日本與中國在各層面及各斷代的文化交流史。以文化角度討論中日自古至今關係的晚近作品，另可舉《中國的日本認識．日本的中國認識》[64]、《日本人眼中的中國》[65]等論文集為例。

將時代斷限定於隋唐五代時期中日關係史的研究，戰後臺灣最早的通論專著，應為余又蓀《隋唐五代中日關係史》[66]，這可能是戰後唯一一部於臺灣地區出版的隋唐五代中日關係史專論。其他涉及隋唐中日文化關係

---

[58] 汪向榮，《中日關係史文獻論考》，長沙：岳麓書社，1985。

[59] 汪向榮，《古代中國人的日本觀》，上海：上海古籍出版社，2006。

[60] 劉百閔、張其昀等撰，《中日文化論集》（一）（二）臺北：文物供應社，1955；《中日文化論集續編》（一）（二）（臺北：文物供應社，1958）。

[61] 陳固亭，〈古代中日文化關係之回溯〉，收入陳固亭等著，《中日文化論集》（臺北：中華大典編印會，1967），頁 21-27。

[62] 臧廣恩，〈唐代教育對日本教育之影響〉，收入前引劉百閔、張其昀等撰《中日文化論集續篇》（臺北：中華文化出版事業委員會，1958），頁 207-236。

[63] （日）中西進，周一良編集代表，《日中文化交流史叢書》（全 10 冊），東京：大修館書店，1995-1998。簡體中文版《中日文化交流史大系》（全 10 冊），杭州：浙江人民出版社，1996。

[64] 復旦大學文史研究院編，《中國的日本認識．日本的中國認識》，北京：中華書局，2015。

[65] 陳柏傑譯，（日）尾形勇等著，《日本人眼中的中國：過去與現在》，臺北：臺灣商務印書館，2017。日文版《日本にとって中国とは何か》，東京：講談社，2005。

[66] 余又蓀，《隋唐五代中日關係史》，臺北：臺灣商務印書館，1974。

的論著，舉例而言，如李則芬《中日關係史》[67]、高明士《日本古代學制與唐制的比較研究》[68]、高明士《唐代東亞教育圈的形成》[69]、鄭樑生的《中日關係史》[70]、周一良《中日文化關係史論》[71]、石曉軍《中日兩國相互認識的變遷》[72]一至三章、王貞平《漢唐中日關係論》[73]、蘇進添《日中關係史考：漢籍による弁證的研究》[74]。鄭樑生另著有《中日關係史研究論集》共十四冊，[75]為論文集形式，該論集諸文論及的背景時空多半為明朝以後的近現代史，但亦收錄與唐日文化交流相關的專論，例如〈唐代學制對日本古代教育的影響〉[76]。又如陳水逢《中國文化之東漸與唐代政教對日本王朝時代的影響》[77]，為陳水逢於 1964 年完成的博士學位論文，說明日本古代文化的形成，及隋唐政教影響於日本的概況。同氏尚著有《日本文明開化史略》[78]。朱雲影《中國文化對日韓越的影響》[79]，該書集結朱雲影自 1965 年以後在各報章雜誌發表的系列專文，書中提出「中國文化圈」概念，

---

[67] 李則芬，《中日關係史》，臺北：臺灣中華書局，1970。

[68] 高明士，《日本古代學制與唐制的比較研究》，臺北：學海出版社，1977 初版、1986 增訂一版。

[69] 高明士，《唐代東亞教育圈的形成》，臺北：國立編譯館，1984。簡體版修訂更名為《東亞教育圈形成史論》，上海：上海古籍出版社，2003。

[70] 鄭樑生，《中日關係史》，臺北：五南書局，2001。

[71] 周一良，《中日文化關係史論》，南昌市：江西人民出版社，1990。

[72] 石曉軍，《中日兩國相互認識的變遷》臺北：臺灣商務印書館，1992。

[73] 王貞平，《漢唐中日關係論》，臺北：文津出版社，1997。

[74] 蘇進添，《日中關係史考：漢籍による弁證的研究》，臺北：致良出版社，1997。

[75] 鄭樑生，《中日關係史研究論集》全十四冊，臺北：文史哲出版社，1991~2005。

[76] 鄭樑生，〈唐代學制對日本古代教育的影響〉，收入氏著《中日關係史研究論集》冊 11（臺北：文史哲出版社，2001），頁 159-197。

[77] 陳水逢，《中國文化之東漸與唐代政教對日本王朝時代的影響》，臺北：嘉新水泥公司文化基金會，1966。

[78] 陳水逢，《日本文明開化史略》，臺北：臺灣商務印書館，1995 修訂版。

[79] 朱雲影，《中國文化對日韓越的影響》，臺北：黎明文化，1981；桂林：廣西師範大學出版社，2007（簡體版）。

說明中國對日本及韓國、越南歷史的影響，均為相當早期且具代表性的通論作品。1980 年代以前，論者往往認為「唐代文物之直接輸入，使日人至今仍懷念不忘，仰慕無已。」[80]此說產生有其時空背景，於今經過至少三十年以上的世情變化，對於古代的華夷觀、以中國為尊等觀點，近期已有學者重新進行審視與思考。[81]王勇編《中日關係的歷史軌跡》[82]上半部討論隋唐至宋元之際，書籍文物及人物間中日文化交流。由王勇撰寫及主編的旨趣類似論文集，尚有《中日關係史考》[83]、《東亞座標中的書籍之路研究》[84]等大量作品。

其他主題相近的論述尚有徐先堯〈倭隋邦交新考〉[85]、《二王尺牘與日本書紀所載國書之研究》[86]、王金林《漢唐文化與古代日本文化》[87]、林景淵〈隋唐時期中、日文化交流的幾個問題〉[88]、蘇啟明〈漢唐的中外交流〉[89]、李寅生《論唐代文化對日本文化的影響》[90]等作品。盛邦和著《內核與外緣——中日文化論》[91]，性質屬於文化傳播理論，與上述諸作取徑有異。

日本學界中，討論唐日關係作品，被視為日本的海外關係領域，此類

---

[80] 同前引臧廣恩，〈唐代教育對日本教育之影響〉，頁 236。

[81] 例如韓東育，《從「脫儒」到「脫亞」—日本近世以來「去中心化」之思想過程研究》，臺北：臺大出版中心，2009。

[82] 王勇編，《中日關係的歷史軌跡》，上海：上海辭書出版社，2010。

[83] 王勇，《中日關係史考》，北京：中央編譯出版社，1995。

[84] 王勇編，《東亞坐標中的書籍之路研究》，北京：中國書籍出版社，2013。

[85] 徐先堯，〈倭隋邦交新考〉，收入《唐代研究論集》第 1 輯（臺北：新文豐出版，1992），頁 497-554。

[86] 徐先堯，《二王尺牘與日本書紀所載國書之研究：隋唐期中日關係史之一章》，臺北：華世出版社，1979 初版；臺北：藝軒圖書，2003 增訂新版。

[87] 王金林，《漢唐文化與古代日本文化》（天津：天津人民出版社，1996）

[88] 林景淵，〈隋唐時期中、日文化交流的幾個問題〉，《國立中興大學共同學科期刊》2，1992.6，頁 243-252。

[89] 蘇啟明，〈漢唐的中外交流〉（臺北：《國立歷史博物館館刊》112 期，2002.11），頁 16-23。

[90] 李寅生，《論唐代文化對日本文化的影響》，成都：巴蜀書社，2001。

[91] 盛邦和，《內核與外緣——中日文化論》，上海：學林出版社，1988。

專著作品自明治時代以來新著迭出，無法全數列舉。以下僅舉1995年後出版的名家專著為例，大庭脩《古代中世における日中関係史の研究》[92]在時代斷限上，雖論及至中國明末清初（例如豐臣秀吉受封日本國王事），實際是以漢代以後，唐宋之際的中日文化交流中的代表性文獻，如《大唐開元禮》、遣唐使高階遠成所獲唐告身與位記，以及典籍傳入為考論重點。堀敏一《東アジアのなかの古代日本》[93]，討論魏晉隋唐時代，日本與亞洲大陸（主要為中、韓）的國際關係及人物交流。金子修一《隋唐の国際秩序と東アジア》[94]，以隋唐的外交禮儀及政策為中心，對國書、王號、爵號、遣使等問題進行討論，亦論及唐與日本的互動，並整理了「在日本發表的隋唐時代國際關係研究文獻表」[95]，連同補遺，可知至該書出版為止，合計有近百部相關專書及專論。另如榎本淳一《唐王朝と古代日本》[96]，則深入探討了渡海制、唐代出入國管理制度及對外方針、運用《天聖・關市令》討論唐物貿易、漢籍流布等唐日關係，以及文物交流等方面。

另外，由於中日韓三國歷史有連動性，故也有從東亞觀點討論漢唐之際國際關係及文化交流的作品。日本學者論著，例如西嶋定生《日本歷史の国際環境》[97]、堀敏一《中国と古代東アジア世界》[98]、池田溫《東アジアの文化交流史》[99]等書，均具代表性。汪高鑫、程仁桃《東亞三國古代

---

92 （日）大庭脩，《古代中世における日中関係史の研究》，京都：同朋舍，1996。

93 （日）堀敏一，《東アジアのなかの古代日本》東京：研文出版，1998。

94 （日）金子修一，《隋唐の国際秩序と東アジア》，東京：名著刊行會，2001。增補改訂為《古代東アジア世界史論考》，東京：八木書店，2019。

95 （日）金子修一，〈日本における隋唐時代国際関係研究文献表〉，收入前引氏著《隋唐の国際秩序と東アジア》，頁20-34。

96 （日）榎本淳一，《唐王朝と古代日本》，東京：吉川弘文館，2008。

97 （日）西嶋定生，《日本歷史の国際環境》，東京：東京大學出版會，1985。

98 （日）堀敏一，《中国と古代東アジア世界—中華的世界と諸民族》，東京：岩波書店，1993。

99 （日）池田溫，《東アジアの文化交流史》東京：吉川弘文館，2002。

關係史》[100]，介紹從遠古至清中葉時期的中日韓關係，屬通史類作品，而側重於隋唐時代的文化交流。參考過往研究史，[101] 1980 年代以前臺灣地區論及此主題專書，可舉王儀《隋唐與後三韓關係及日本遣隋使遣唐使運動》[102]為例，關於渡唐日人、禮儀及東傳民俗，該書均作初步簡介。另如高明士近作《天下秩序與文化圈的探索》[103]，則是將日本的地位放在唐代的天下秩序中審視，由綜觀角度進行唐日關係論述，用以佐證「天下法」的秩序原理。取徑類似的論文集，如《黃約瑟隋唐史論集》[104]、韓昇著《海東集——古代東亞史實考論》[105]，主要討論中日韓於四至九世紀間在文化及宗教上，人物及典籍等的互動。日本學者鈴木靖民所編《古代日本の異文化交流》[106]，以日本為中心，論及日本本土及外來信仰、文化，所論國際交流，除古墳時代後的中國、朝鮮半島外，更及於八、九世紀的渤海、新羅。

（二）人物交流

人物交流帶動文化交流。在唐日文化交流的過程中，八世紀已有渡唐留學生、留學僧留下彌足珍貴的傳世資料，這些人歸國後對日本所作的貢獻甚大，若事蹟見於歷史文獻，即可據此更加宏觀地來探討唐日文化交流。

---

[100] 汪高鑫、程仁桃，《東亞三國古代關係史》北京：北京工業大學出版社，2006。

[101] 參見賴亮郡、嚴茹蕙，〈隋唐五代中日交流史研究概況〉，收入《中國唐代學會會刊》19 期（臺北：樂學書局經銷，2012），頁 142-154。

[102] 王儀，《隋唐與後三韓關係及日本遣隋使遣唐使運動》（臺北：臺灣中華書局，1972 初版，2015 再版。同氏所撰類似主題作品尚有《古代中韓關係與日本》（臺北：臺灣中華書局，1973 初版，2015 再版，論述殷商時代至魏晉南北朝，中韓日三國政治、經濟關係與文化交流史實；以及《趙宋與王氏高麗及日本的關係》（臺北：臺灣中華書局，1973 初版，2015 再版），論述宋與王氏高麗和日本的學術、藝術文化交流。

[103] 高明士，《天下秩序與文化圈的探索》，上海：上海古籍出版社，2008。

[104] 黃約瑟著，劉俊明編，《黃約瑟隋唐史論集》北京：中華書局，1997。

[105] 韓昇，《海東集——古代東亞史實考論》，上海：上海人民出版社，2009。

[106] （日）鈴木靖民編，《古代日本の異文化交流》，東京：勉誠出版，2008。

以下就拙稿論述範圍加以介紹。

1.化外人

「化外人」一詞，見於《唐律・名例律》中的「化外人相犯」條（總48 條）。[107]過去關於化外人的研究，關心焦點常集中於「化外人」是否等於「外國人」，舉例而言，日本學者中田薰在其作品中已有所討論，[108]仁井田陞在《補訂・中國法制史研究：刑法》書中，認為化外人即是外國人，[109]錢大群等也採此論點。[110]陳惠馨的〈《唐律》「化外人相犯」條及化內人與化外人間的法律關係〉一文也論及此點，但對化外人和今日定義的「外國人」的法律地位是否相同進行了探討，[111]並在〈從規範概念史的角度談中國傳統法律中「國籍」、「化外人」、「外國人」觀念的變遷〉[112]一文中再次對於「化外人」、「外國人」的分別進行探討。又如鄭顯文〈唐代法律關於外國人人身權和財產權的規定〉[113]，以本條律文思考了涉外法律衝突，認為本條文「既維護本國的司法主權，同時又照顧到各國風俗習慣」，是一條重要的准據法。亦有研究是將唐律「化外人相犯」條規範視為唐的外國人

[107] 唐文宗太和八年(853)八月廿二日發布的敕節文，記有別稱「外界人」。參見《宋刑統》卷 12「死商錢物」條。

[108] （日）中田薰，〈唐代法に於ける外國人の地位〉，收入氏著，《法制史論集（第三卷）》，東京：岩波書店，1943。

[109] （日）仁井田陞《補訂・中國法制史研究：刑法》（東京：東京大學出版會，1959 年初版，1980 年補訂版），頁 418。

[110] 錢大群、夏錦文，《唐律與中國現行刑法比較論》（南京：江蘇人民出版社，1991），頁 66。

[111] 陳惠馨，〈《唐律》「化外人相犯」條及化內人與化外人間的法律關係〉，收入高明士主編，《唐代身分法制研究——以唐律名例律為中心》（臺北：五南出版社，2003），又收入氏著《傳統個人、家庭、婚姻與國家——中國法制史的研究與方法》（臺北：五南出版公司，2006），頁 284-308。

[112] 陳惠馨，〈從規範概念史的角度談中國傳統法律中「國籍」、「化外人」、「外國人」觀念的變遷〉，收入甘懷真等編，《東亞視域中的國籍、移民與認同》（臺北：臺大出版中心，2005），頁 1-15。

[113] 鄭顯文，〈唐代法律關於外國人人身權和財產權的規定〉，收入氏著，《律令時代中國的法律與社會》（北京：知識產權出版社，2007），頁 326-342。

政策，以一個特定時期、特定地區為中心，考查外國人活動，例如金相範的〈唐代後期揚州的發展和外國人社會〉[114]一文。歷史上的認同問題，近期研究如王小甫的〈唐五代北邊的內外之際與國家認同〉一文，則以北方民族為主，討論了生熟蕃的變化、與唐的互動關係，以及種族的文化意識。此文在收入作者專著《中國中古的族群凝聚》時，結語中尚增補了對於中日關係、文化同化及民族認同的看法。[115]甘懷真〈從《唐律》化外人規定看唐代國籍制度〉[116]，是藉由考證分析《唐律・名例律》中的「化外人相犯」條，探究唐代的國籍制度，進而分析當時東亞的「國」概念，用以說明皇帝制度的二個面向，亦即「天下國家」的世界觀。

2.渡唐日人

（1）遣唐使

由於遣唐使為隋唐時期，日本綜合外交、貿易、文化交流的重要制度，故拙稿將遣唐使研究相關成果獨立為一類說明。

除了前述的中日文化交流通論作品中，普遍論及遣唐使的作用與成就之外，20 世紀初的華文出版品中，亦有參照舊史、黃遵憲《日本國志》內容，以及參考日文中譯研究如木宮泰彥《中日交通史》等書撰寫的中文專著，如張鵬一《唐代日人來往長安考》[117]，雖部分內容因採二手資料而容或有所謬誤，仍有介紹之功。

---

[114] 金相範，〈唐代後期揚州的發展和外國人社會〉，收入《師大歷史學報》44 期（臺北：師範大學歷史系，2010），頁 37-66。

[115] 王小甫，〈唐五代北邊的內外之際與國家認同〉，收入《唐研究》卷 16（北京：北京大學出版社，2011），頁 1-26。增補後收入氏著《中國中古的族群凝聚》（北京：中華書局，2012），頁 181-209。王氏對中日文化交流及民族認同的總結看法，見該書頁 209。

[116] 甘懷真，〈從《唐律》化外人規定看唐代國籍制度〉，收入《早期中國史研究》3:2，2011（臺北：ISSN: 2075-0366），頁 1-32。

[117] 張鵬一，《唐代日人來往長安考》，西安：秦風周報社，1937；太原：山西人民出版社 2014 重印。

將遣唐使視為群體活動及現象的研究論述，可舉武安隆《遣唐使》[118]一書為例，該書針對遣唐使的功能、性質、分期、人物等進行探討。至於戰後日本學界代表性著作，除早期森克己知名作品《遣唐使》[119]、增村宏《遣唐使の研究》[120]、東野治之《遣唐使船：東アジアのなかで》[121]，21 世紀之後出版作品，可舉古瀨奈津子《遣唐使眼中的中國》[122]、森公章《遣唐使と古代日本の対外政策》[123]、《遣唐使の光芒》[124]、河內春人《東アジア交流史のなかの遣唐使》[125]等日本學者著作為例，成果豐碩。此外，亦有日本論文集將遣唐使往來期間視為一個時代段落，如江上波夫編《遣唐使時代の日本と中国》[126]，討論此時期的文化交流，遣唐使的文化、政治、歷史意義及唐對日本律令法的影響；[127]探討時段較拙稿再提前一些的專著與論文集，如鈴木靖民著《日本の古代国家形成と東アジア》[128]、氣賀澤保規編《遣隋使がみた風景：東アジアからの新視点》[129]，論及遣隋使派

---

[118] 武安隆，《遣唐使》，哈爾濱：黑龍江人民出版社，1985。

[119] （日）森克己，《遣唐使》，東京：至文堂，1972。

[120] （日）增村宏，《遣唐使の研究》，京都：同朋舍，1988。

[121] （日）東野治之，《遣唐使船：東アジアのなかで》，東京：朝日新聞社，1999。

[122] （日）古瀨奈津子，《遣唐使の見た中国》，東京：吉川弘文館，2003。高益泉中譯，《遣唐使眼中的中國》，臺北：臺灣商務印書館，2005。簡體版鄭威譯，《遣唐使眼裡的中國》，武漢：武漢大學出版社，2007。

[123] （日）森公章，《遣唐使と古代日本の対外政策》，東京：吉川弘文館，2008。

[124] （日）森公章，《遣唐使の光芒——東アジアの歴史の使者》》，東京：角川選書，2010。

[125] （日）河內春人，《東アジア交流史のなかの遣唐使》，東京：汲谷書院，2013。

[126] （日）江上波夫編，《遣唐使時代の日本と中国》，東京：小學館，1982。

[127] 例如（日）井上光貞，〈古代日本と律令法〉，收入前引（日）江上波夫編，《遣唐使時代の日本と中国》，頁 31-40。

[128] （日）鈴木靖民，《日本の古代国家形成と東アジア》，東京：吉川弘文館，2011。

[129] （日）氣賀澤保規編，《遣隋使がみた風景：東アジアからの新視点》，東京：八木書店，2011。

遣的意義、文物及宗教交流、國書問題等。《遣唐使研究と史料》[130]一書，則討論遣唐使相關關題，並製作資料彙編。

在單篇論述方面，臺灣出版者可舉何健民〈隋時日本遣華使僧及文化之東傳〉[131]、戴禾〈中日史籍中的日使來唐事異同考〉[132]、伊藤真奈美〈試論玄宗時期日派遣唐使之目的與特性〉[133]等文，大陸作品可舉劉連安〈唐法的東傳〉[134]，論及唐法、遣唐使與日本律令制定之間的相互淵源，日文作品可舉鈴木靖民〈遣唐使研究と東アジア史論〉[135]為例。學位論文則有：楊維欽《遣唐使の研究》[136]、伊藤真奈美《唐玄宗時代日本遣唐使研究》[137]、蔡明勳《東亞文化交流中日本遣唐使與留學生的角色定位及身分認同》[138]等。

(2) 遣唐留學生／僧

針對遣唐使節團中的個別人物進行研究及成就進行考查，並在臺灣出版的文章可舉以下諸文為例：林文月〈阿倍仲麻呂（朝衡）事蹟考略〉[139]、

---

[130] （日）茂在寅男、西嶋定生、田中健夫、石井正敏等著，《遣唐使研究と史料》，東海大學出版會，1978。

[131] 何健民，〈隋時日本遣華使僧及文化之東傳〉（《臺大人文科學論叢》1，1960.6），後收入張曼濤主編，《中日佛教關係研究》（臺北：大乘文化出版社，1978），頁53-67。

[132] 戴禾，〈中日史籍中的日使來唐事異同考〉，《香港中文大學中國文化研究所學報》15，1984，頁153-168。

[133] （日）伊藤真奈美，〈試論玄宗時期日派遣唐使之目的與特性〉《逢甲中文學刊》1，2008.01，頁207-224。

[134] 劉連安〈唐法的東傳〉，收入前引劉俊文、池田溫編，《中日文化交流史大系》法制史卷，頁11-31。

[135] 同前引（日）鈴木靖民，〈遣唐使研究と東アジア史論〉，頁53-65。

[136] 楊維欽，《遣唐使の研究》，臺北：中國文化大學日本研究所碩士論文，1994。

[137] （日）伊藤真奈美，《唐玄宗時代日本遣唐使研究》，臺中：逢甲大學中國文學所碩士論文，2008。

[138] 蔡明勳，《東亞文化交流中日本遣唐使與留學生的角色定位及身分認同》，臺北：臺灣師範大學國文學系在職進修碩士班碩士論文，2011。

[139] 林文月，〈阿倍仲麻呂（朝衡）事蹟考略〉，《思與言》8:6，1971.3，頁22-25。

向榮〈仕唐的日本人（阿倍仲麻呂）〉[140]、劉崇稜的〈空海與最澄——日本兩位傑出的漢詩文作家〉[141]、傅醒民〈弘法大師空海〉[142]、李欽賢〈空海留唐歸國——平安前期的密教美術〉[143]、松本曉美〈改變日本歷史的人物系列（2）——空海〉[144]、黃約瑟〈日本留唐筆者橘逸勢事蹟考〉[145]、拙文〈試論「化外人」與文化認同——以八世紀的渡唐日本人為例〉[146]。學位論文則有黃介如《空海之研究》[147]。張哲俊《中國古代文學中的日本形象研究》[148]述及日本在中國文學中的形象轉變，日本形象取決於中日政治文化的交流，與中國文化觀察事物的方式。其中論及唐日關係，及唐朝詩人贈予日本人的詩，從詩文中討論兩國互動，認為日本人熱衷學習中國事物，使得日本在唐朝詩人心中的形象改變。

在唐玄宗時期，曾有數名知名的遣唐使團成員滯唐未歸，成為後世學者關注及研究對象。例如二戰期間，日本學者杉本直治郎於 1940 年出版其博士論文《阿倍仲麻呂傳研究》[149]，內容針對阿倍仲麻呂（晁衡）出生至終老中國的歷程，考證縝密，論述條理分明，為研究阿倍仲麻呂生平所不可或缺的重要巨著。另外，井真成也是於八世紀前期入唐的遣唐使節團成

[140] 向榮，〈仕唐的日本人（阿倍仲麻呂）〉，《中國文選》102，1975.10。

[141] 劉崇稜，〈空海與最澄——日本兩位傑出的漢詩文作家〉，《日本研究》161，臺北：中國文化大學，1978.6、〈李白與阿倍仲麻呂〉《日本研究》160，1978:6。

[142] 傅醒民，〈弘法大師空海〉，《日本研究》246，1985.6。

[143] 李欽賢，〈空海留唐歸國——平安前期的密教美術〉，《雄獅美術》218，1989.4。

[144] （日）松本曉美，〈改變日本歷史的人物系列（2）——空海〉，《日本文摘》11:3，1996.4。

[145] 黃約瑟，〈日本留唐學生橘逸勢事蹟考〉，收入《第二屆國際唐代學術會議論文集》下冊，臺北：文津出版社，1993，修改標題後收入劉健明編，《黃約瑟隋唐史論集》（北京：中華書局，1997），頁 115-138。

[146] 拙文，〈試論「化外人」與文化認同——以八世紀的渡唐日本人為例〉，收入高明士編，《唐律與國家秩序》（臺北：元照出版社，2011），頁 303-344，修改增補為本論著第一章。

[147] 黃介如，《空海之研究》，臺北：中國文化大學日本研究所碩士論文，1990。

[148] 張哲俊，《中國古代文學中的日本形象研究》，北京：北京大學出版社，2004。

[149] （日）杉本直治郎，《阿倍仲麻呂傳研究 手沢補訂本》，東京：勉誠出版，2006。

員，於中國任官身故，獲追贈尚衣奉御官銜。2004 年 10 月在西安發現井真成墓誌，轟動一時。相關研究作品，舉其代表者，如日本專修大学・西北大学共同プロジェクト編《遣唐使の見た中国と日本》[150]，該書收錄多篇對井真成墓誌的研究論文，以及同時期遣唐使節團成員，如美奴岡萬墓誌的相關研究。[151] 馬一虹則認為，井真成並非與阿倍仲麻呂同時入唐，作為留學生的身分為請益生（短期留學生），為有專門技術之人才或官員，與阿倍仲麻呂以長期留學生身分入唐，地位不同。[152]

八、九世紀，中日文化交流中的宗教因素往往伴隨特定人物活動而展開，故對於宗教及特定人物的研究也成為研究者關心的焦點。涉及八、九世紀中日宗教交流的論文集、研究專著及專文亦多，例如：張曼濤主編現代佛教學叢刊中的第 81 冊《中日佛敎關係研究》，前半部收錄諸文，均與宋代以前中日佛教交流史相關。[153]其他主旨接近論著尚可舉釋東初《中日佛教交通史》[154]、朱雲影〈中國佛教對日、韓、越的影響〉[155]、傅醒民〈鑒真和尚與日本佛教〉[156]、鄭樑生〈唐大和尚東征傳——中國佛教東傳的一幕〉[157]、弘德〈日本佛教律宗的建立——唐代高僧鑒真東渡日本宏揚佛法〉

---

[150] 專修大学・西北大学共同プロジェクト編，《遣唐使の見た中国と日本　新発見「井真成墓誌」から何がわかるか》，東京：朝日新聞社，2005。

[151] （日）礪波護，〈遣唐使の二つの墓誌——美奴岡萬と井真成〉，收入前引專修大学・西北大学共同プロジェクト編，《遣唐使の見た中国と日本　新発見「井真成墓誌」から何がわかるか》，頁 337-346。

[152] 馬一虹，〈日本遣唐使井真成入唐時間與在唐身份考〉，《世界歷史》2006:1，頁 58-65。

[153] 張曼濤主編，《中日佛敎關係研究》，臺北：大乘文化出版社，1978。

[154] 釋東初，《中日佛教交通史》，臺北：中華佛教文化館，1970。

[155] 朱雲影，〈中國佛教對日、韓、越的影響〉，《歷史學報（師範大學）》4，1976.4，後收入前引氏著《中國文化對日韓越的影響》第 19 章，簡體版頁 441-480。

[156] 傅醒民，〈鑒真和尚與日本佛教〉，《日本研究》1，1980.1。

[157] 鄭樑生，〈唐大和尚東征傳——中國佛教東傳的一幕〉，收入《中日關係史研究論集》（一）（臺北：文史哲出版社，1990），頁 155-174。

[158]、丁天降〈佛教文化在日本（2）——聖德太子與法隆寺〉[159]等文為例。學位論文有：李映瑾《佛教願文的發展及其東傳日本研究》[160]、楊芳瑋《智者大師《摩訶止觀》常行三昧之思想及其影響》[161]，述及常行三昧對日本天臺宗與淨土宗的影響，以及林靜怡《日僧筆下的晚唐佛教—以圓仁、圓珍為中心》[162]等文。綜合性討論唐日高僧往來，帶動文化交流的論著，可舉韓昇編《古代中國：東亞世界的內在交流》[163]論文集為例。

在人物研究方面，扣除具遣唐使、僧身分的人物，對於群體人物的研究論述有：謝海平《唐代詩人與在華外國人之文字交》[164]，專文有陳明姿〈古代日本女性的美麗與哀愁〉[165]、王秉泰、陳建華〈中日兩國文人贈答唱和詩初探——以唐代開元為中心〉[166]、何方耀〈晉唐時期海路交通中往來佛僧的群體考察〉[167]。

關於個別人物，相關專文有：李嘉〈親為日皇授戒的揚州和尚——鑒真〉[168]、傅醒民的〈推動日本華化的聖德太子〉[169]、史言〈唐鑒真和尚的

[158] 弘德，〈日本佛教律宗的建立——唐代高僧鑒真東渡日本宏揚佛法〉，《香港佛教》344，1989，頁 25-27。

[159] 丁天降，〈佛教文化在日本（2）——聖德太子與法隆寺〉，《中國佛教》54:7，2010.07，頁 28-34。

[160] 李映瑾，《佛教願文的發展及其東傳日本研究》，中正大學中國文學所博士論文，2008。

[161] 楊芳瑋，《智者大師《摩訶止觀》常行三昧之思想及其影響》，華梵大學東方人文思想研究所碩士論文，2008。

[162] 林靜怡，《日僧筆下的晚唐佛教—以圓仁、圓珍為中心》，新竹：玄奘大學宗教學系碩士在職專班論文，2011。

[163] 韓昇編，《古代中國：東亞世界的內在交流》，上海：復旦大學出版社，2005。

[164] 謝海平，《唐代詩人與在華外國人之文字交》，臺北：文史哲出版社，1981。

[165] 陳明姿，〈古代日本女性的美麗與哀愁〉，《歷史月刊》155，2000.08，頁 72-78。

[166] 王秉泰、陳建華，〈中日兩國文人贈答唱和詩初探——以唐代開元為中心〉，《北體學報》11，2003.12。

[167] 何方耀，〈晉唐時期海路交通中往來佛僧的群體考察〉，《普門學報》32，2006.03。

[168] 李嘉，〈親為日皇授戒的揚州和尚——鑒真〉，臺北：《中央日報》、《聯合報》，1965.8.20。

[169] 傅醒民，〈推動日本華化的聖德太子〉，《日本研究》231，1984.3。

東渡與日本藝術〉[170]、黃得時〈楊貴妃東逃日本之謎〉[171]、李永熾〈日本的女性天皇與道鏡禪師〉[172]、鄭樑生〈漢籍之東傳對日本古代政治的影響—以聖德太子為例〉、〈賴世和博士（E. O. Reischauer）與《圓仁入唐求法記》〉[173]、李豫川〈日本高僧圓仁和他的「入唐求法巡禮行記」〉[174]、余仁〈圓仁目睹的唐武宗滅佛〉[175]、黃運喜〈有關唐武宗滅佛的史料問題——「圓仁目睹唐武宗滅佛」一文的商榷〉[176]、李健超〈唐長安實際寺的高僧——吉藏、善導、鑒真〉[177]、劉昭瑩〈唐代日僧圓仁在長安的生活與見聞〉[178]、黃約瑟〈春太郎和神一郎——唐朝到中國的日本商人〉[179]、松本曉美〈改變日本歷史的人物系列（1）——聖德太子〉[180]、楊曾文〈圓仁和日本天臺宗〉[181]、黃清連〈圓仁與唐代巡檢〉[182]等文。大陸學者近年作品可舉韓昇〈佛教東傳的開拓者〉[183]、〈開啟日本佛教新時代的兩位大師〉[184]等文為例。

---

[170] 史言，〈唐鑒真和尚的東渡與日本藝術〉，《藝壇》222，1986.9。

[171] 黃得時，〈楊貴妃東逃日本之謎〉，《臺灣新生報・新生副刊》，1986。

[172] 李永熾，〈日本的女性天皇與道鏡禪師〉，《歷史月刊》14，1989.03，頁 72-83。

[173] 鄭樑生，〈漢籍之東傳對日本古代政治的影響—以聖德太子為例〉，收入氏著《中日關係史研究論集》（二）（臺北：文史哲出版社，1992），頁 1-22。〈賴世和博士（E. O. Reischauer）與《圓仁入唐求法記》〉收入氏著《中日關係史研究論集》（三）（臺北：文史哲出版社，1993），頁 149-171。

[174] 李豫川，〈日本高僧圓仁和他的「入唐求法巡禮行記」〉，《香港佛教》396，1993.05，頁 18-20。

[175] 余仁，〈圓仁目睹的唐武宗滅佛〉《歷史月刊》63，1993.4，頁 82-92。

[176] 黃運喜，〈有關唐武宗滅佛的史料問題——「圓仁目睹唐武宗滅佛」一文的商榷〉《獅子吼》33:6，1994.2，頁 21-26。

[177] 李健超，〈唐長安實際寺的高僧——吉藏、善導、鑒真〉，《歷史月刊》75，1994.4，頁 82-89。

[178] 劉昭瑩，〈唐代日僧圓仁在長安的生活與見聞〉，《建國學報》14，1995.2，頁 257-269。

[179] 黃約瑟，〈春太郎和神一郎——唐朝到中國的日本商人〉，《歷史月刊》88，1995.5，頁 115-120。

[180] （日）松本曉美〈改變日本歷史的人物系列（1）——聖德太子〉，《日本文摘》11:1，1996.2。

[181] 楊曾文，〈圓仁和日本天臺宗〉，《中華佛學學報》10，1997.6，頁 267-278。

[182] 黃清連，〈圓仁與唐代巡檢〉，《中央研究院歷史語言研究所集刊》68:4，1997.12，頁 899-942。

[183] 韓昇，〈佛教東傳的開拓者〉，收入上海博物館編，《唐・物 鑒真和空海》，桂林：廣西師範大學出版社，2010。

相關學位論文有：陳靜萱《唐僧鑑真之研究》[185]等。

與拙文論述範圍相關思想及文學類研究，可舉以下專論為例：翁蘇倩卿〈從「古事記」看古代日本人之思想〉[186]、陳明姿〈《遊仙窟》與日本平安朝物語〉及〈中日兩國文學裡的「理想鄉」——以唐代傳奇與《源氏物語》為主〉[187]、徐翔生〈探討日本人古代死生觀之源流——以《古事記》中所見之「黃泉國」為例〉[188]、徐翔生〈日本神道と中国思想——天皇思想をめぐって〉[189]等文。其中，據研究，張鷟（字文成，658?-730）作品《遊仙窟》撰成後，可能於八世紀初期，由具歌人身分的遣唐使山上憶良攜回日本，書中敘述男女風流情事方式，對奈良、平安時代的日本文學造成莫大影響，此書中國亡佚，幸在日本留存，而於清末回傳故土。[190]同樣對平安時代日本文學造成重大影響的《白氏文集》，亦可能是由九世紀唐商攜至日本，或由最後一次遣唐使中的請益生吸收學習，而後在日本廣傳。[191]學位論文有：蔡朝枝《日本天臺宗之中國法源研究——以最澄(767-822)思

[184] 韓昇，〈開啟日本佛教新時代的兩位大師〉，收入陳燮君、陳克倫編，《鑒真和空海：中日文化交流的見證》（上海：東方出版中心，2010），頁 13-17。

[185] 陳靜萱，《唐僧鑑真之研究》（臺北：中國文化大學日本研究所碩士論文，1986）

[186] 翁蘇倩卿，〈從「古事記」看古代日本人之思想〉，《亞洲與世界月刊》15:2，1991.10，頁 2-14。

[187] 陳明姿，〈《遊仙窟》與日本平安朝物語〉（《臺大日本語文研究》3，1992.12，）頁 1-19。〈中日兩國文學裡的「理想鄉」——以唐代傳奇與《源氏物語》為主〉（《臺大日本語文研究》4，1993.06），頁 1-16。

[188] 徐翔生，〈探討日本人古代死生觀之源流——以《古事記》中所見之「黃泉國」為例〉《外國語文研究》5（臺北：政治大學外國語文學院，2007.01），頁 89-110。

[189] 徐翔生，〈日本神道と中国思想——天皇思想をめぐって〉，《臺大日本語文研究》19，2010.06，頁 223-242。

[190] （唐）張文成著，李時人、詹緒左校注，《遊仙窟校注・前言》（北京：中華書局，2010），頁 42、45-46。

[191] 參見（日）古瀨奈津子，〈遣唐留學生與日本文化的形成〉，收入王勇編，《東亞坐標中的的遣隋唐使研究》第 14 章，（北京：中國書籍出版社，2013），頁 156-157。

想為中心》[192]等。

3.圓仁著《入唐求法巡禮行記》

記載唐朝晚期禮俗最詳盡的資料，當數日僧圓仁在九世紀撰寫成書的《入唐求法巡禮行記》。它在研究唐朝晚期的社會、政治、經濟、宗教、文化以及唐日交流史上都是極具價值的貴重史料，論及渡唐日人的貢獻，該書的撰成無疑是其中一項重要成果。對於禮俗研究而言，圓仁在《入唐求法巡禮行記》中，記錄了唐國忌行事，提及唐朝節日時，常舉日本節日的禮俗作比較，正可做為唐日節俗文化研究的比較，堪稱研究唐朝文化對日本影響的最佳史料。另外在法制文獻上，圓仁所記錄牒、狀的內容，廣義來說都是貴重文獻。尤其圓仁是武宗廢佛的見證人，其記錄是目前最重要資料。就目前搜尋所見，在公驗、過所方面的研究成果方面，前人成果已多，經典代表作品，可舉日本學者內藤湖南的〈三井寺所藏の唐過所に就て〉[193]、礪波護的〈唐代の公驗と過所〉[194]、荒川正晴〈唐の通過公証制度と公・私用交通〉[195]及大陸學者程喜霖《唐代過所研究》[196]等，已作詳細探討。但學界對日本所藏牒、狀等官文書的作用，進行研究者甚少，管見所及，多半是利用敦煌文書與吐魯番文書內容進行研究。

同時期傳世史料中，尚有圓珍入唐所得公驗、過所、牒、狀等資料。「過所」為唐代通關所需重要官文書之一，另外還有相關的公驗、牒、狀，從

[192] 蔡朝枝，《日本天臺宗之中國法源研究——以最澄（767-822）思想為中心》，臺北：中國文化大學史學研究所博士論文，2008。

[193] （日）內藤湖南，〈三井寺所藏の唐過所に就て〉，收入《內藤湖南全集》(7)，東京：筑摩書房，1970 。

[194] （日）礪波護，〈唐代の過所と公験〉，收入氏編，《中国中世の文物》，（京都：京都大学人文科学研究所，1993），頁 661-720。

[195] （日）荒川正晴，〈唐の通過公証制度と公・私用交通〉，收入氏著《ユーラシアの交通・交易と唐帝國》，（名古屋：名古屋大學出版會，2010），頁 385-443。

[196] 程喜霖，《唐代過所研究》，北京：中華書局，2000。

明鈔本《天聖令・關市令》內容中，可知尚有「錄白案記」等。此外，雖然圓珍入唐所撰寫日記《行歷抄》，目前流傳的版本有所殘缺，但對唐日法制史研究而言，也是貴重研究材料。

自 20 世紀以來，不少日本學者對《入唐求法巡禮行記》作深入研究，因而成果豐碩。《入唐求法巡禮行記》原始的手稿已經亡佚，現在日本流通最早的抄本是京都東寺觀智院古抄本，錄文見於 1907 年 12 月由國書刊行會發行的《續續群書類從》第十二輯・宗教部（二）。津金寺本原件已下落不明，幸而留下文本（1914 年由《四明余霞》第 329 號附錄刊行）。1915 年《大日本佛教全書》第 113 冊《遊方傳》中，出版了以東寺觀智院為底本，《四明余霞》為校正的《入唐求法巡禮行記》，並附考證。影印本則是在 1926 年，以東寺觀智院本的照片複製，由岡田正之整理，刊登於《東洋文庫論叢》第 7 號，限量發行三百部，岡田正之於 1913 年所撰〈關於慈覺大師的入唐紀行〉[197]做為解說，放在附錄一併發行。

研究圓仁《入唐求法巡禮行記》、圓珍《行歷抄》及圓載等渡唐日本高僧事蹟的名家，戰後代表性日本學者可舉小野勝年、足立喜六、佐伯有清等。《入唐求法巡禮行記》的日譯注，具代表性者除了小野勝年堪稱里程碑的四卷本《入唐求法巡禮行記の研究》[198]，尚有足立喜六以 1947 年叡山文庫原稿做譯注，鹽入良道所補注的二卷本，[199]近年來深谷憲一的譯注本[200]也深受注意。

20 世紀中期，美國駐日本大使賴世和(Edwin Oldfather Reischauer，

[197] （日）岡田正之，〈慈覺大師の入唐紀行に就いて〉，《史學雜誌》24:10，1913。

[198] （日）小野勝年《入唐求法巡禮行記の研究》（一）~(四)，京都：法藏館，1989。

[199] （日）足立喜六譯注、塩入良道補注，《入唐求法巡禮行記》1、2，東京：平凡社東洋文庫，1970、1985。

[200] （日）深谷憲一譯，《入唐求法巡禮行記》，東京：中央公論社中公文庫，1990。

1910-1990）撰寫了“ *ENNIN'S Travels in T'ang China*”，[201]此書對圓仁的日記和行動提出超越佛教史、日本史或中國史的新見解，認為圓仁的經歷是「宗教的獻身、知性的探索與高貴的冒險，令人驚奇的結合」，並附上詳盡的註解，此書引起了西方學者注意，後來也出現了法文、德文譯本，使圓仁的作品進入國際的視野。賴世和將圓仁原本的四卷日記原文打散，再增加圓仁相關研究，變成九章，每章下再分成許多小段落進行更詳細的講解，書末並且附上圓仁的生平年表，讓第一次接觸圓仁的讀者，特別是西方讀者，可以更容易瞭解圓仁的偉大之處。此書後由日人田村完誓翻譯為日文。[202]

以下再介紹《入唐求法巡禮行記》中文版版本。以抄本而言，國家圖書館和南京圖書館各有四卷抄本，國圖抄本字跡工整，南京圖書館筆觸娟秀，比對可知出自不同書家。[203]

抗戰前出版的中文排印本有：1936 年羅振玉校閱過的石印本《入唐求法巡禮行記》，在 1937 年由海上淨業佛教社出版一卷本，僅有第一卷。戰

---

[201] （美）Edwin Oldfather Reischauer, *"Ennin's travels in T'ang China"*, New York: Ronald Press Company ,1955.

[202] （日）田村完誓日譯，《圓仁 唐代中國への旅 『入唐求法巡礼行記』の研究》，東京：實業之日本社，1963，原書房，1985，講談社學術文庫，1999。

[203] 國家圖書館與南京圖書館分別藏有《入唐求法巡禮行記》手抄本事，感謝日本學友河野保博先生告知，並於 2015 年 1 月中旬邀筆者一同前往國家圖書館調查藏本狀況，借筆者翻閱其影印自南京圖書館《入唐求法巡禮行記》抄本，盛情可感，附記於此，以表感謝。以國家圖書館抄本而言，為貴重線裝善本藏書。原件雖不供調閱，但已製成膠卷可供現場查閱，惜不知為何人據何版本抄寫，亦不知抄成年代，僅能從所用紙張上的朱紅印刷字體「庫籍整理處製」，判斷與羅振玉有所相關，蓋羅氏於 1933 年於旅順成立「庫籍整理處」，此抄本應與羅振玉有所關連，且晚於 1933 年抄成。經請教國家圖書館善本室館員，據聞是民國三十年代與其他善本書一同購入，輾轉來到臺灣，手抄本目前藏於國家圖書館。日後或有全部數位化上網供各界查閱之可能。目前可於「典藏臺灣」網站看到上述國家圖書館抄本的第一頁，網址為 http:// catalog.digitalarchives.tw/item/00/08/49/82.html （查閱日期：2015 年 1 月 14 日）

後臺灣發行兩次。[204]大陸地區出版者，則有上海古籍出版社點校本《入唐求法巡禮行記》[205]、白化文、李鼎霞等人據小野勝年研究成果，修訂改編為《入唐求法巡禮行記校注》[206]，以及《行歷抄校注》[207]。廣西大學出版社出版的《入唐求法巡禮行記》[208]附有《行歷抄》的文本、標點及簡單的註解，便於閱讀，惜未註明由何人註解或根據什麼版本出版。

在研究成果方面，援引《入唐求法巡禮行記》記載進行專題研究的中文作品不在少數，卻仍待深入加以運用。2015 年春為止，臺灣援引《入唐求法巡禮行記》記載進行探討的法制、政治史方面單篇論文，管見所及僅有黃清連〈圓仁與唐代巡檢〉[209]與林楓珏〈論圓仁筆下的中唐基層行政組織〉[210]一文。再以臺灣的碩博士論文為例，含筆者的碩士論文《唐日令中所見節假生活初探》(2010)在內，至 2015 年春為止可找到 115 筆相關文獻，但與圓仁《入唐求法巡禮行記》一書直接相關的臺灣地區學位論文，僅有 1988 年政治大學葉蓁蓁碩士論文《圓仁法師「入唐求法巡禮行記」所見的唐代文化》，其研究內容為概觀性的介紹，距今也超過二十年以上，而且和拙著偏重於審視唐日法制與禮俗交流的出發點頗有差異。日文相關論文，據 1990 年以後歷屆日本國學院大學同學整理，至 2014 年春天為止，已有 340 篇。如再將研究論述回顧範圍擴及以韓文、英文等語文寫作的研究作

[204] 分別為 1971 年，臺灣文海出版社翻印《大日本佛教全書》出版《入唐求法巡禮行記》，另一部為潘平釋譯，《入唐求法巡禮記》（高雄：佛光文化出版社，1998 初版，2014 再版），選錄與佛教相關段落，附注釋與白話譯文，並對《入唐求法巡禮行記》的成書經過、版本做概要介紹。

[205] （日）圓仁撰，顧承甫、何泉達點校，《入唐求法巡禮行記》，上海：上海古籍出版社，1986。

[206] （日）圓仁撰，白化文、李鼎霞編，《入唐求法巡禮行記校注》，石家莊市：花山文藝出版社，1992，橫排版 2007。

[207] （日）圓珍撰，白化文、李鼎霞編，《行歷抄校注》，石家莊市：花山文藝出版社，2004。

[208] （日）圓仁撰，《入唐求法巡禮行記》桂林：廣西大學出版社，2007。

[209] 黃清連，〈圓仁與唐代巡檢〉，收入《中央研究院歷史語言研究所集刊》68 :4，1997，頁 899-942。

[210] 林楓珏，〈論圓仁筆下的中唐基層行政組織〉，收入《早期中國史研究》3 :1（臺北：早期中國史研究會，2011）頁 123-136。

品，實非短短篇幅內可以敘述。由於成果甚多，涵蓋層面極廣，故以下介紹的相關先行研究，鎖定在運用圓仁見聞，系統性地針對唐末禮俗、法制、文化交流討論的代表性中日文作品。

藉《入唐求法巡禮行記》的內容，來研究唐末唐土境內的經濟社會生活、村里組織，唐人、新羅人、日本人之間交往互動情形，或圓仁旅行路線狀況的大陸學者作品，可舉張葳〈唐中晚期山東北部地區民眾的經濟生活與社會信仰初探——以日僧圓仁《入唐求法巡禮行記》為中心〉[211]為例，作者經由考查發現，在唐中晚期山東北部地區民眾的經濟生活中，自然經濟仍佔有絕對支配的地位，商品經濟在各個方面都受到自然經濟的限制，而此區的社會信仰亦以功利性為主，具有趨眾、多元的特點。取徑類似者可舉劉再聰〈「在田野者為村」——以《入唐求法巡禮行記》為中心的考察〉[212]、王福昌〈日人圓仁視野中的唐代鄉村社會〉[213]、程少燕〈日僧圓仁途經青州路線考述〉[214]等文為例。運用《入唐求法巡禮行記》對於唐代社會生活進行研究者，例如納春英〈圓仁視野中晚唐長安平民男子的服飾——以《入唐求法巡禮行記》為中心的考察〉[215]，論及關於唐人生活時尚及習俗。黃濤、萬軍合撰〈日僧圓仁來華遊記中的唐代節日習俗辨析〉[216]，討論圓仁在唐所見節俗與日本的節日風俗異同，尤其是中秋節起源。在衍生

---

[211] 張葳，〈唐中晚期山東北部地區民眾的經濟生活與社會信仰初探——以日僧圓仁《入唐求法巡禮行記》為中心〉，收入《江西師範大學學報：哲學社會科學版》2001:2，頁 84-91。

[212] 劉再聰，〈「在田野者為村」——以《入唐求法巡禮行記》為中心的考察〉，《中國農史》2010:1，頁 95-104。

[213] 王福昌，〈日人圓仁視野中的唐代鄉村社會〉，《華南農業大學學報（社會科學版）》2007:1，頁 97-101。

[214] 程少燕，〈日僧圓仁途經青州路線考述〉，《中國海洋大學學報（社會科學版）》2008:3，頁 94-96。

[215] 納春英，〈圓仁視野中晚唐長安平民男子的服飾——以《入唐求法巡禮行記》為中心的考察〉，《唐史論叢》17 輯（陝西：陝西師範大學出版社，2014），頁 124-135。

[216] 黃濤、萬軍，〈日僧圓仁來華遊記中的唐代節日習俗辨析〉，《溫州大學學報（社會科學版）》2012:6，頁 20-29。

作品方面，董志翹依據他從日本蒐集到的各種古抄本，將他的博士論文擴大撰寫成《入唐求法巡禮行記詞彙研究》，該書雖屬於語言學方面研究，但對於解讀《入唐求法巡禮行記》文本頗有助益。又如史睿撰寫〈圓仁求法目錄所記五臺山石刻考〉[217]，是運用《入唐求法巡禮行記》、《行歷抄》、《廣清涼傳》、《宋高僧傳》、《淨土往生傳》、敦煌文獻等資料，考證〈圓仁請來目錄〉[218]內容。亦有時間斷限、主題和拙稿取徑有所相似的大陸地區碩士論文，如孫一敏《9世紀中日文化交流的研究——以唐日貿易為契機》[219]、汪晶石《日本高僧圓仁《入唐求法巡禮行記》與九世紀的在唐新羅人》[220]、齊會君《日僧圓仁《入唐求法巡禮行記》所載文書研究》[221]。

日文作品中，近年運用《入唐求法巡禮行記》內容做為研究素材的代表性專著，可舉古瀨奈津子《遣唐使の見た中國》[222]一書為例。此書主要是運用唐與日本的儀式、典禮的比較，並大量援引唐日歷史文獻、法典、禮典，如《唐六典》、《大唐開元禮》、吐魯番出土文書，日本的正倉院文書、《養老令》、《類聚符宣抄》、以及圓仁的《入唐求法巡禮行記》等史料，以詳實而淺近的文字內容來說明歷次的遣唐使節團，是如何從日本出發，抵達中國後的見聞、參與的典禮及宴會，比較唐與同時期的日本的法制與禮儀，探討其意義，並說明歷次遣唐使團為日本帶回何種有形與無形的文化成果。

另外，該書尚運用比較史學的手法，從唐代的「會」與日本的「節會」，

---

[217] 史睿，〈圓仁求法目錄所記五臺山石刻考〉，《文獻》2005:4，頁128-140。

[218] 參見（日）竹內理三編，《平安遺文・古文書編》4455號〈僧圓仁請來目録〉，東京：東京堂，1928。

[219] 孫一敏，《9世紀中日文化交流的研究——以唐日貿易為契機》，浙江工業大學碩士論文，2010。

[220] 汪晶石，《日本高僧圓仁《入唐求法巡禮行記》與九世紀的在唐新羅人》，山東：延邊大學碩士論文，2013。

[221] 齊會君，《日僧圓仁《入唐求法巡禮行記》所載文書研究——兼與圓珍文書、敦煌文書比較》，河南：鄭州大學碩士論文，2014。

[222] （日）古瀨奈津子，《遣唐使の見た中国》，東京：吉川弘文館，2003。

以及其他禮儀的進行方式不同，來探討日本天皇與官員的君臣關係，經過各種細膩的比較，導出結論：唐皇帝的性質位於權力的頂點，「會」是饗宴的性質，皇帝的權力可及於地方，同時期的日本天皇雖然也採中國的律令儀式框架，權威卻狹窄得多，政權是以中央官為主，節會是用來確認與五位以上中央官的關係，所以日本天皇的性質與唐皇帝不同，權力也無法及於地方，是部雅俗共賞且深具參考價值的力作。

至於運用《入唐求法巡禮行記》研究禮制空間的專文，則可舉〈長安：禮儀之都——以圓仁《入唐求法巡禮行記》爲素材〉[223]為例。此文是基於圓仁以參加者身分目睹長安城中的王權禮儀，運用圓仁在《入唐求法巡禮行記》的記載，對唐的王權禮儀加以分析。[224]從開成五年(840)八月二十日至會昌五年(845)期間，圓仁在長安生活，所記錄的諸事項，作者認為是見證了唐王朝禮儀由以為政者為核心的閉鎖型禮儀，逐步轉型為庶民也參與的開放性禮儀的過程。此文中所整理的王權禮儀史回顧，特別是日本方面的研究成果，相當具有參考價值。

該文將圓仁所經歷的王權禮儀，歸類為 1.皇帝喪葬禮儀、2.皇帝降誕日與國忌、3.祀天禮儀（南郊）、4.公開處刑（棄市），並將圓仁的記錄與中國史料加以核對，歸納出九世紀唐王朝禮儀的特色，一方面處於變化之中，一方面也使得儒佛道、民間信仰及四季禮俗等多元要素結合為一體，當時中國社會的變化體現於王權禮儀的變化之中，一方面囊括了所有人，而宗教也在此過程中隨之世俗化。

4.關於圓仁傳記

如前一小節所言，從 20 世紀初，圓仁《入唐求法巡禮行記》抄本刊行

---

[223] （日）妹尾達彥，〈長安：禮儀之都——以圓仁《入唐求法巡禮行記》爲素材〉，收入《唐研究》15 期（北京：北京大學出版社，2010），頁 385-434。

[224] 透過圓仁所記載的長安進行研究，另可舉（日）妹尾達彥，〈隋唐長安的城市文化與歐亞大陸東部的國際關係〉關於九世紀的內容為例，收入陳珏主編，《唐代文史的新視野—以物質文化為主—》（臺北：聯經出版公司，2015），頁 35-56，特別頁 53-55 部分。

問世以來，學界運用圓仁見聞進行了各方面研究，成果豐碩。除此之外，亦有作品是使用當時人為圓仁所撰寫的傳記進行研究，譬如1972年小野勝年發表〈「圓仁三藏供奉入唐請益往返傳記」について〉[225]一文。小野勝年是以研究圓仁《入唐求法巡禮行記》聞名的日本學者，該文中，對唐人樂部著〈圓仁三藏供奉入唐請益往返傳記〉的記載做了簡要的版本介紹、日語白話文翻譯及原文校錄。除了樂部所撰的圓仁傳記外，其他知名的圓仁傳記，舉例而言，尚有藤原實平等人所撰《日本三代實錄・圓仁卒傳》、三千院本《慈覺大師傳》、源英明跋《慈覺大師傳》等，日本學者佐伯有清據以撰成《慈覺大師傳の研究》[226]。此書與同為佐伯有清撰寫的《圓仁》一書中，雖然均提及渡日唐人樂部所撰的《圓仁三藏供奉入唐請益往反傳記》，但僅是寥寥數語，且《圓仁》書中特別指出樂部對於圓仁歸國前情形的記載，與圓仁所記載的經歷相反。[227]

至於中文研究著作方面，首先注意到樂部所著圓仁傳記者，應是顧承甫〈圓仁事跡的最早記載〉[228]，該文對樂部所寫圓仁傳記做簡單介紹，雖然認為「所記堪與圓仁《入唐求法巡禮行記》彼此印證，頗有史料價值。」但是管見所及，未找到進一步的相關研究。經過二十年，才再有王勇、王麗萍合著〈唐人樂部《圓仁三藏供奉入唐請益往返傳記》校錄〉[229]一文問世，為文獻學性質的專文。2006年，王勇以前文為基礎，擴大內容為〈《圓

---

[225] （日）小野勝年，〈「圓仁三藏供奉入唐請益往返傳記」について〉，《東方宗教》40（東京：日本道教學會，1972），頁1-11。

[226] （日）佐伯有清，《慈覚大師伝の研究》，東京：吉川弘文館，1987。提及《圓仁三藏供奉入唐請益往反傳記》處，見該書頁234。

[227] （日）佐伯有清，《円仁》（東京：吉川弘文館，1989），頁217。

[228] 顧承甫，〈圓仁事跡的最早記載〉，《中華文化論叢》29（上海：上海古籍出版社，1984），頁40。

[229] 同前引王勇、王麗萍，〈唐人樂部《圓仁三藏供奉入唐請益往返傳記》校錄〉，收入王勇編，《東亞坐標中的書籍之路研究》（北京：中國書籍出版社，2013），頁234-242。

仁三藏供奉入唐請益往返傳記》諸本雜考及注釋〉[230]，介紹了各個版本的文獻之間的系譜、淵源及校勘，以日文在日本發表。活字排印錄文，除以上所介紹外，另可參考《大日本佛教全書》[231]，以及《全唐文補編》[232]中所載內容。

5.跨界人物

大凡人口移動，不外基於社會、政治、經濟、戰爭、貿易諸原因。[233]日本文獻中所謂「渡來人」或「歸化人」，以現代的語言來說，屬於國外移民，具有跨界特性。回顧此類人物研究史，研究背景設定為八九世紀前後從母國赴唐或日本的作品，多半探討人物行動與動機間的關係，例如關晃《歸化人》[234]一書中將歸化人分為前後二期，後期雖止於日本平安時代初期，但內容未觸及晚唐唐人渡日動機問題。王勇《唐から見た遣唐使：混血児たちの大唐帝国》[235]介紹了唐日混血兒在唐土與日本之間的活動情形。同氏另以中文撰寫〈遣唐使時期的中日混血兒〉[236]。葛繼勇博士論文〈《續日本紀》所載赴日唐人研究〉[237]的時間斷限則止於《續日本紀》成書年代，即奈良時代結束。其他的中日文先行研究，對於晚唐時期的渡日唐人，多半著重在僧侶或商人階層的活動、群體性質及意義分析，例如榎本淳一〈來

---

230 王勇，〈『圓仁三藏供奉入唐請益往返傳記』諸本雜考及び注釈〉，《日本漢文学研究》2（東京：二松學舍大学，2007.03），頁335-356。

231 （日）高楠順次郎等編，《大日本佛教全書》冊113〈遊方傳・慈覺大師入唐往返傳〉（東京：有精堂出版，1932初版，1979覆刻版），頁283-285。

232 陳尚君輯校，《全唐文補編》（下）又再補卷6〈圓仁三藏供奉入唐請益往返傳記〉（北京：中華書局，2005），頁2320-2321。

233 同前引王儀，《隋唐與後三韓關係及日本遣隋使遣唐使運動》，頁105。

234 （日）關晃，《歸化人》，東京：講談社學術文庫，2009。

235 王勇，《唐から見た遣唐使：混血児たちの大唐帝国》，東京：講談社，1998。

236 王勇，〈遣唐使時期的中日混血兒〉，收入氏編，《東亞坐標中的跨國人物研究》，頁14-25。

237 葛繼勇，〈《續日本紀》所載赴日唐人研究〉，浙江大學中國古典文獻學博士論文，2007。修訂增補為《七至八世紀赴日唐人研究》，北京：商務圖書館，2015。

日した唐人たち〉[238]，將赴日本唐人分類為唐使、非唐使及俘虜三大類，非唐使之中又分為僧侶、俗人、混血兒。山崎覺士《中國五代國家論》第五章〈九世紀における東アシア海域と海商——徐公直と徐公祐〉[239]，提到九世紀的東亞是以刺史、僧侶、海商三者為主角，為新穎觀點，亦論及義空國書、大宰府鴻臚館與海商等。朴天中〈八至九世紀東亞交易航線考察〉[240]一文也值得參考。

6.圓珍、圓載及綜合研究

九世紀末日本停止派遣遣唐使後，仍有日本僧侶自行乘唐人商船赴唐求法巡禮，例如智證大師圓珍。他的赴唐日記《行歷抄》多所散逸，留存後世的內容中，除了傳達他赴唐求法過程中的見聞與心情，尚記載了他與圓載會面後的情形，是為數不多關於圓載在唐的記錄，屬珍貴文獻。近人代表性研究作品如小野勝年《入唐求法行歴の研究—智證大師円珍篇》[241]上、下二冊，佐伯有清《智證大師傳研究》[242]，白化文、李鼎霞編注有《行歷抄校注》[243]。臺灣學位論文中，對圓珍生平或見聞的研究，至 2019 年春為止，僅有周雅容碩士論文《智證大師圓珍之研究》[244]及林靜怡碩士論文《日僧筆下的晚唐佛教—以圓仁、圓珍為中心》[245]，此二篇碩士論文偏重

---

[238] （日）榎本淳一，〈來日した唐人たち〉，收入遣唐使船再現シンポシウム編，《遣唐使船の時代—時空を駆けた超人たち》（東京：角川選書，2010），頁 126-146。

[239] （日）山崎覺士，《中國五代國家論》第 5 章〈九世紀における東アシア海域と海商——徐公直と徐公祐〉（京都：思文閣出版，2010）。

[240] 朴天中，〈八至九世紀東亞交易航線考察〉，收入杜文玉主編，《唐史論叢》第 10 輯（西安：三秦出版社，2008.2），頁 217-227。

[241] （日）小野勝年《入唐求法行歴の研究—智證大師円珍篇》（上）、（下），東京：法藏館，1982。

[242] （日）佐伯有清，《智証大師伝の研究》，東京：吉川弘文館，1989。

[243] 白化文、李鼎霞，《行曆抄校注》，石家莊：花山文藝出版社，2004。

[244] 周雅容，《智證大師圓珍之研究》，宜蘭：佛光人文社會學院宗教學研究所碩士論文，2005。

[245] 林靜怡，《日僧筆下的晚唐佛教—以圓仁、圓珍為中心》，新竹：玄奘大學宗教學院碩士論文，2012。

於佛學的研究，與拙稿所持視角甚有出入。宮崎市定〈留唐外史〉[246]為介紹圓載生平專文。專書可舉佐伯有清《悲運の遣唐僧》[247]為例。探索圓載成就的中文學術論文更為罕見，胡錫年〈隋唐時代中日關係中的二三事〉[248]，用「圓載的歷史冤案」專段，對《行歷抄》中圓載事進行考辯，認為《行歷抄》中對圓載的記述並非完全可靠。張偉然則再一次對胡文及《行歷抄校注》中與圓載相關的記述提出考辯。[249]大陸學者王勇的〈最後一次遣唐使的特殊使命——以佚存日本的唐代文獻為例〉[250]，介紹圓載在天台山所進行抄經事業及透過圓載送回日本的文獻，包括唐決與經論義疏等。此文曾改題為〈天台入唐僧與書籍之路〉[251]。臺灣學者釋真定撰寫〈《法華五百問論》在日流傳史〉[252]，對於圓載保存天台宗重要典籍功勞加意推崇，並出版《《法華五百問論》校釋》[253]，使這部包含圓載苦心的佛學作品終於在千餘年之後正式回到故土獨立出版。

綜合性探討中日之間跨國人物的論文集，可舉王勇編《東亞座標中的跨國人物研究》、《東亞座標中的遣隋唐使研究》[254]等二本論文集為例，收

---

[246] （日）宮崎市定，〈留唐外史〉，收入《宮崎市定全集》(22)(東京：岩波書店，1992)，頁 8-26。亦收入氏著，《日出づる国と日暮るる処》（東京：中公文庫，1997），頁 1-35。

[247] （日）佐伯有清，《悲運の遣唐僧——円載の数奇な生涯》，東京：吉川弘文館，1999。

[248] 胡錫年，〈隋唐時代中日關係中的二三事〉，《陝西師範大學學報》，1978:3，頁 46-58。

[249] 參見張偉然，〈《行曆抄校注》商疑——特別是關於入唐留學僧圓載的史實〉，《九州學林》（香港：香港復旦大學，2008.7），頁 304-320。

[250] 王勇，〈最後一次遣唐使的特殊使命——以佚存日本的唐代文獻為例〉，收入氏編《東亞坐標中的遣隋唐使研究》（北京：中國書籍出版社，2013），頁 64-83。

[251] 王勇，〈天台入唐僧與書籍之路〉，收入氏編，《中日關係的歷史軌跡》（上海：上海辭書出版社，2010），頁 3-28。

[252] 釋真定，〈《法華五百問論》在日流傳史〉，收入《華梵人文學報》天臺學專刊（臺北：華梵大學，2013），頁 281-310。

[253] 同前引釋真定撰，《《法華五百問論》校釋》上下冊。上海：上海古籍出版社，2012。

[254] 王勇編，《東亞坐標中的跨國人物研究》、《東亞坐標中的的遣隋唐使研究》，北京：中國書籍出版社，2013。

集中日研究者作品，內容詳論往返中日間人物及文化交流細節，對本研究主題而言，深具參考價值。

（三）禮令研究：以宋天聖令、唐日喪葬令、假寧令等為主

對於禮令研究，因筆者學力和識見有限，且全面性回顧現存的唐禮或日本王權禮儀研究，實非以短篇幅可以達成，故以下暫先將核心課題鎖定在唐日法令中呈現的法制禮俗問題。

1.唐代禮令法制化源流

自古以來，社會秩序的建立，大致是由習俗而禮教，進而有國法，尤其是在統一王權完成以後。[255]春秋到戰國是成文法典發生時期，從典籍與考古資料可知，早在秦漢時期即有律的存在。漢魏時期，陸續整理禮律。西晉泰始律令以後，律、令二分，建立納禮入律令、違禮令入律的原則。令典的體系化，是晉至唐之間最受矚目的成果。除政治制度法制化之外，更重要的是將春秋戰國以來的儒家學說，尤其是禮教融入法典。[256]唐朝律令制度是集古來法制發展的大成，作為國家社會秩序的準繩，其立法原理「一准乎禮」[257]，而成為一套具有濃厚儒家思想的法典。另如徐道鄰認為，「唐律的基本觀念，是一種禮教的法律觀。禮教的目的，是維持社會的善良關係。所以唐律也表現出一種很發達的社會觀念。」[258]這些論點都可說明唐代禮令關係密切。除了法令中有禮的概念，國家也進行禮典編纂。首

---

[255] 參見高明士，〈引言〉，收入氏編《東亞傳統家禮、教育與國法》（臺北：臺大出版中心，2005），頁 i。

[256] 詳見高明士，《中國中古政治的探索》第 5 章〈法制化與盛世的再思考〉（臺北：五南出版社，2007），頁 227-247 之說明。並可參見黃源盛，《中國法史導論》第 5 講〈唐律中的禮刑思想〉（臺北：元照出版社，2012）對唐律源流之說明，頁 225-231。

[257] （清）永瑢等編，《四庫全書總目提要》卷 82〈唐律疏議提要〉，臺北：臺灣商務印書館，1965。

[258] 參見徐道鄰，〈中國法律制度〉，收入氏著《中國法制史論集》（臺北：志文出版社，1975），頁 11，並可參見同書〈唐律中的中國法律思想和制度〉，頁 56-67。

次將五禮作為禮典內容，是在曹魏末由荀凱等編纂，至西晉建國之初所完成的《新禮》。從西晉的《新禮》，到唐玄宗頒行《開元禮》，至直明清，官方制禮均以五禮為基本內容。[259]

唐的法制對於日本，乃至東亞地區影響深遠，前輩學者已多所論及，例如楊鴻烈《中國法律在東亞諸國之影響》[260]、曾我部靜雄《日中律令論》[261]、高明士《天下秩序與文化圈的探索》、《律令法與天下法》等專著中都有精到論述。張中秋《中日法律文化交流比較》[262]使用比較方法，討論了唐代中國法律文化對日本的影響，以及日本的選擇與變通。此外也有就法制角度討論唐朝律令與禮的關係之作品，如李玉生《唐令與中華法系研究》[263]，及黃源盛〈唐律中的禮刑思想〉[264]。

(1) 復原唐令

由於唐代以前的令典，包括唐令在內，多數亡佚，傳世文獻記載甚為零碎，只留下了律典較為完整，此即現今所見的《唐律疏議》，使得後世較難瞭解當時社會及法律施行的全貌。20 世紀以來，日本前輩學者努力復原唐令，如中田薰首先利用日本《養老令》進行復原唐令、仁井田陞著《唐令拾遺》[265]以及池田溫主編《唐令拾遺補》[266]等。但所據非為第一手材料，

---

[259] 詳見高明士，《中國中古禮律綜論——法文化的定型》第 1 章〈中古時期的制禮〉（臺北：元照出版社，2014），頁 17-25 說明。

[260] 參見楊鴻烈，《中國法律在東亞諸國之影響》三〈中國法律在日本之影響〉甲節〈自天聖天皇時代至醍醐天皇時代〉（臺北：臺灣商務印書館，1971 臺一版，北京：商務印書館，2015 簡體版）臺版頁 199-288。

[261] （日）曾我部靜雄，《日中律令論》，東京：吉川弘文館，1963。

[262] 張中秋，《中日法律文化交流比較研究：以唐與清末中日文化的輸出與輸入為觀點》，北京：法律出版社，2009。

[263] 李玉生，《唐令與中華法系研究》，南京：南京師範大學出版社，2005。

[264] 參見黃源盛，《中國法史導論》第五講〈唐律中的禮刑思想〉（臺北：元照出版社，2012 初版，2016 修訂三版），頁 235-263。

[265] （日）仁井田陞，《唐令拾遺》，東京：東京大學出版會，1964。

[266] （日）仁井田陞著，池田溫主編，《唐令拾遺補》，東京：東京大學出版會，1997。

不免有難窺唐令原貌之情況。雖然唐令散逸，但日本令大致留存，故在早在 1960 年代，即已有運用現存日本令研究日中關係的作品，如曾我部靜雄《律令を中心とした日中関係史の研究》，[267]論及了力役、官制、戶籍、民間習俗諸問題。

對以往日本學者復原唐令成果，霍存福撰有〈論禮令關係與唐令的復原〉[268]，除談論仁井田陞唐令復原成果外，尚論及禮令關係，包括兩者性質差異、兩者相衝突時的處置方式。近年透過發現北宋《天聖令》殘卷，而能對以往復原唐令的正確性進行檢視，例如趙晶即以系列考論文章探討，[269]亦有透過日本現存的《唐令私記》，以及北宋《天聖令》殘卷等傳世史料討論唐令復原工作的專論。[270]

(2) 《天聖令》殘卷

《天聖令》是近年中古法制最重要的發現，開拓了大量新研究課題。《天聖令》是宋仁宗（1010-1063，於 1023-1063 在位）於天聖七年(1029)下詔呂夷簡等編成，[271]在天聖十年（1032，是年十一月改元為明道元年）時頒行。《天聖令》是依據唐令，因應宋代當時需要而加以修訂：「凡取唐令為本，先舉見行者，因其舊文參以新制定之。其令不行者亦隨存焉」。《天聖令》明朝抄本文字分兩段記載，前半主要是承襲舊文（唐令）刪修訂定的

---

267 （日）曾我部靜雄，《律令を中心とした日中関係史の研究》，東京：吉川弘文館，1968。

268 霍存福，〈論禮令關係與唐令的復原—《唐令拾遺》編譯墨餘錄〉，《法學研究》1990:4，頁 77-83。

269 如：趙晶，〈唐令復原所據史料檢證——以令式分辨為線索〉，《中央研究院歷史語言研究所集刊》86:2，2015，頁 317-364。趙晶著，佐々木満実、矢越葉子日譯，〈唐令復原再考——"令式の弁別"を手掛かりとして〉（收入古瀨奈津子編，《東アジアの礼、儀式と支配構造》（東京：吉川弘文館，2016，頁 269-290），及〈唐令復原所據史料檢證——以《大唐開元禮》為中心〉，《文史哲》2018:2，頁 1-12。

270 如（日）矢越葉子，〈天一閣蔵明鈔本天聖令の書誌学的検討—唐令復原の一方法として—〉，《お茶の水女子大学人文科学研究》12(2016)，頁 55-63、（日）吉永匡史著，王博譯，〈日本書籍中的唐代法制——以唐令復原研究為視角〉，《中國古代法律文獻研究》11(2017)，頁 216-237。

271 《天聖令》編成的詳細經過，可參見（清）徐松輯，馬泓波點校，《宋會要輯稿》（上），〈刑法一之四・格令一・仁宗〉（鄭州：河南大學出版社，2011），頁 11。

宋令，後段標示「右令不行」，記載唐朝令文，提示宋朝不用此等唐朝令文。此處所言唐令，學界一般以為是以《開元二十五年令》為主，如大陸學者戴建國的〈天一閣藏明抄本《官品令》考〉[272]，以及日本學者岡野誠〈天聖令依據唐令の年次について〉[273]、坂上康俊〈再論《天聖令》藍本唐令《開元二十五年令》說〉[274]諸文中均有論證，但在《開元二十五年令》前後的令制，都有可能成為《天聖令》取法的對象。

《天聖令》原有三十卷，流傳時間不長，[275]過去以為該令內容已佚亡，1999 年，大陸學者戴建國在寧波天一閣發現明抄本《官品令》，後來證實即是北宋《天聖令》殘卷。他發表〈天一閣藏明抄本《官品令》考〉論文披露消息後，立即引起海內外唐宋史學界廣泛注意。經過中國社會科學院歷史研究所天聖令整理課題組成員的整理，2006 年，北京中華局出版《天一閣藏明鈔本天聖令校證附唐令復原研究》（以下簡稱《天聖令殘卷》），本為三十卷的《天聖令》殘存的最後十卷得以重見天日。《天聖令殘卷》最後十卷收有《田令》、《賦役令》、《倉庫令》、《廄牧令》、《關市令》、《捕亡令》、《醫疾令》、《假寧令》、《獄官令》、《營繕令》、《喪葬令》、《雜令》等十二篇令文，合計宋令 293 條，不行唐令 221 條，另含《喪葬令》附〈喪服年月〉10 條，共計 524 條。這部殘存的法令集雖不完整，對於唐宋之際的法制史研究而言，仍堪稱貴重資料。高明士認為，以「令」作為行政制度的法典形式，《天聖令》在令典發展史上，其歷史意義至少有①政治的法制化，

---

[272] 參見戴建國，〈天一閣藏明抄本《官品令》考〉，收入《歷史研究》（北京：中國社會科學院，1999:3），頁 71-86。又見氏著《唐宋變革時期的法律與社會》第二章對天聖令所本唐令為開元二十五年令之論證（上海：上海古籍出版社，2010），頁 185-200。

[273] （日）岡野誠，〈天聖令依據唐令の年次について〉，收入日本法史學研究會編，《法史學研究會會報》第 13 號（東京：法史學研究會，2008），頁 1-24。

[274] （日）坂上康俊著，何東譯，〈再論《天聖令》藍本唐令《開元二十五年令》說〉，收入《天聖令論集》（上），頁 53-64。

[275] 參見高明士，《中國中古禮律綜論》第 15 章〈「天聖令學」與唐宋變革〉頁 416-421 之論述。

②王化、教化的意義，③「唐宋變革」論的下限。[276]

對於《天聖令》殘卷研究，海內外學者已發表計兩百篇以上的專論專著，研究風氣可謂相當熱烈。[277]如臺師大歷史系、中國法制史學會、唐律研讀會主編《天聖令論集》[278]、大津透編《日唐律令比較研究の新段階》[279]、黃正建主編《《天聖令》與唐宋制度研究》[280]等。趙晶近作《《天聖令》與唐宋法制考論》[281]，是以《天聖令》殘卷為出發點，嘗試從令篇構造、條文源流、法律術語、唐令復原及規範意涵等方面，切入唐宋令及唐宋法制研究。日本學者中村裕一著述《唐令逸文の研究》則是將範圍再擴大到散逸的唐令遺文研究。其後並運用現存的《唐六典》及重見天日的《天聖令》殘卷等文獻，撰述《唐令の基礎的研究》、《大唐六典の唐令研究—「開元七年令」説の検討—》[282]等著作。

以《天聖令》殘卷中的《假寧令》為例，其內容規定官員休假、請假等，包括固定日期的節假、旬假，以及與官員婚喪相關的事假等。筆者的碩士論文《唐日令中所見節假生活初探》[283]，即運用《天聖・假寧令》宋1到宋3條中規範的節日與假日，以及相關律令規範的時限、空間，選擇數個問題，對唐代、日本、北宋前期，官方與民間的節日、假日與生活禮

[276] 參見高明士，〈天聖令的發現及其歷史意義〉，收入《法制史研究》16期（臺北：中國法制史學會、中央研究院歷史語言研究所，2009），頁1-32，增補後收入前引氏著《中國中古禮律綜論》第15章，頁415-440。

[277] 並參見前引高明士，〈「天聖令學」與唐宋變革〉，頁415-416註1所述諸研究成果。

[278] 臺師大歷史系、中國法制史學會、唐律研讀會主編，《新史料・新觀點・新視角—天聖令論集》（上下冊），臺北：元照出版公司，2011。

[279] （日）大津透編，《日唐律令比較研究の新段階》，東京：山川出版社，2008。

[280] 黃正建主編，《《天聖令》與唐宋制度研究》，北京：中國社會科學出版社，2011。

[281] 趙晶，《《天聖令》與唐宋法制考論》，上海：上海古籍出版社，2014。

[282] （日）中村裕一，《唐令逸文の研究》、《唐令の基礎的研究》、《大唐六典の唐令研究—「開元七年令」説の検討—》東京：汲古書院，2005、2012、2014。

[283] 拙稿，《唐日令中所見節假生活初探》，臺中：中興大學歷史學研究所碩士論文，2010。增補修訂為同名著作《唐日令中所見節假生活初探》（新北：稻鄉出版社，2017）。

俗進行初步探討。類似主旨的探討，亦可舉牛來穎專文為例。[284]《喪葬令》則是規範了皇室及官員親屬喪禮、凶禮的適用範圍、守喪及儀式等級、墓田等。據大陸學者吳麗娛統計，在唐令中，有十五篇令文與《喪葬令》內容有所交會，共計 57 條，而《假寧令》則是《喪葬令》之外涉及喪葬最多的令文，因為與官員逢喪事給假有關。[285]禮與令的重要交叉點，在五服制度中。[286]將《喪葬令》與《假寧令》搭配起來看，可以看出傳統的禮制既與當時風俗、宗教信仰等互相融合，成為傳統中國文化的一環，並成為國家法制，具拘束性與強制性。

對於研究日本令而言（由於日本於八世紀初施行的《大寶令》目前絕大部分已散逸，以下提及日本令時，主要是指八世紀中期頒布的《養老令》），發現《天聖令》殘卷的具體意義，除可復原散逸的唐令（主要指《開元二十五年令》）外，也可以作為復原日本《養老令》散逸部分的最佳資料，如《倉庫令》、《醫疾令》等，並透過《養老令》對唐令條文的增刪，探討八世紀的日本在模仿中國修撰日本令時，究竟有多少是吸收自唐令，而又有哪些內容是為因應日本當時的現狀而加以刪修，讓現代研究者能更加清楚瞭解八世紀時期日本建設律令國家的基本方針，以及八至九世紀唐日文化交流、傳播或認同等問題。同時也可訂正《唐令拾遺》、《唐令拾遺補》等重要唐令著作，實可謂本世紀以來中古法制最重要的發現，並且開拓新研究課題。現已有中日學者共同整理出至 2017 年為止的天聖令研究文獻目

---

[284] 牛來穎，〈時間法與唐代日常生活—《天聖令·假寧令札記》〉，《隋唐遼宋金元史論叢》7(2017)，頁 84-92。

[285] 吳麗娛，〈以官員為中心的唐朝《喪葬令》與《喪葬禮》〉，收入氏著《終極之典》下冊（北京：中華書局，2012），頁 413。

[286] 姜伯勤，〈唐禮與敦煌發現的書儀——《大唐開元禮》與開元時期的書儀〉，收入氏著《敦煌藝術宗教與禮樂文明》（北京：中國社會出版社，1996），頁 431-435。

錄，甚為詳盡。[287]

至於目前所見天聖令殘卷諸條文，「唐律研讀會」已進行兩度全卷解讀，並彙集成《天聖令譯注》[288]此一巨著出版，近期中國、韓國、日本亦各有不同研究團體及個人對單篇或全部條文進行翻譯、解讀及詮釋，[289]蔚為「天聖令學」，可謂學術盛事。

2.唐禮研究

拙稿因並非將研究重心置於唐代施行五禮相關問題，故以下僅就禮令關係研究史、拙論中述及的禮典——《大唐開元禮》及《大唐元陵儀注》，以及凶禮中的喪禮、吉禮這兩項在禮令中較顯突出的面向，介紹近年研究成果，而著重敘述與唐日交流相關的研究成果。

論及唐代禮書，甚至隋唐禮令制度之研究，陳寅恪《隋唐制度淵源略論稿》，是必讀的鉅著。近年東西方學界研究唐代禮制蔚為潮流，成果迭出，代表性學人如高明士、周一良、姜伯勤、吳麗娛、金子修一、妹尾達彥、David L. McMullen（麥大維）、Howard J. Wechsler（魏侯瑋）等，多有篳路藍縷之功。[290]高明士新作《中國中古禮律綜論——法文化的定型》[291]介紹唐禮及其法制化源流。唐代禮制的研究成果，中國部分可參考《二十世紀唐研究・政治卷》[292]中，甘懷真所撰寫〈禮制〉一章，除了回顧二十世

[287] 牛來穎、（日）服部一隆，〈中日學者《天聖令》研究論著目錄 1999—2017〉，《隋唐遼宋金元史論叢》8(2018)，頁 390-434，日本部分增補自（日）服部一隆，〈日本における天聖令研究の現状〉，《古代学研究所紀要》12(2010)，頁 31-52。

[288] 高明士主編，《天聖令譯注》，臺北：元照出版社，2017。

[289] 例如韓國由金鐸敏、河元洙主編《天聖令譯註》（首爾：慧眼出版社，2013）、中國社會科學院歷史研究所《天聖令》讀書班逐篇發表譯註稿，已見於《中國古代法律文獻研究》第 6~11 輯（北京：2013~2017)。並參見前引高明士主編，《天聖令譯注・緒言》之介紹。

[290] 並可參見楊華，〈論《開元禮》對鄭玄和王肅禮學的擇從〉，收入氏著《新出簡帛與禮制研究》（臺北：臺灣古籍出版社，2007），頁 305 所做介紹。

[291] 高明士，《中國中古禮律綜論——法文化的定型》，臺北：元照出版社，2014。

[292] 胡戟等主编，《二十世纪唐研究》（北京：中國社會科學出版社，2002）

紀學界對唐代禮制的研究，並對過去禮儀制度的研究歸納出脈絡。另亦可參見吳麗娛主編《禮與中國古代社會：隋唐宋元五代卷》的研究史回顧部分。[293]對於禮典研究，張文昌《唐代禮典的編纂與傳承——以《大唐開元禮》為中心》及《制禮以教天下——唐宋禮書與國家社會》兩部作品甚有深度，細緻整理了過去的研究史及唐宋國家禮典的淵源與作用。[294]

因唐朝及其前代的禮典文本，現僅有《大唐開元禮》傳世，故學者所論，多針對文本所記載的「禮制」或「儀式」而展開；探索「禮典文本」及其體例傳承的研究，相對卻顯寂寥。因此學界對於隋唐禮儀之研究，「禮制」的份量遠大於「禮典」。[295]

在諸多對隋唐禮儀及禮律關係研究中，高明士〈隋代的制禮作樂〉[296]可謂代表性作品，內容承陳寅恪的論點，考察隋文帝、煬帝制定禮典、樂典之經過，指出隋代制禮作樂乃在確立對華夏文化的認同，並強調以皇帝為中心之集權政制，故隋代禮制乃是追隨漢、魏，而非北周舊制。史睿〈北周後期至唐初禮制的變遷與學術文化的統一〉[297]，則認為在隋文帝之前，北周武帝即已編修「五禮」，並改變宇文氏舊制，努力接近魏晉傳統，藉山東儒士吸收北齊與南朝文化；此精神後為隋文帝所承襲，在隋煬帝與唐太宗時更大量引進南朝文化，終在唐朝形成南北「文化統一」之局。

進入唐代，從唐高祖到唐玄宗都有大規模編修國家禮典的措施。高明

---

[293] 吳麗娛主編，《禮與中國古代社會：隋唐宋元五代卷》（北京：中國社會科學出版社，2016），頁 1-7。

[294] 張文昌，《唐代禮典的編纂與傳承——以《大唐開元禮》為中心》（臺北：花木蘭出版社，2008）、《制禮以教天下——唐宋禮書與國家社會》（臺北：臺大出版中心，2012）。

[295] 張文昌，〈唐代禮典與禮制研究之回顧與探索〉，《中國唐代學會會刊》19，頁 113-141。

[296] 高明士，〈論隋代的制禮作樂〉，收入《隋唐史論集》（香港：香港大學亞洲研究中心，1993），頁 15-35。增補後收入氏著，《中國中古禮律綜論——法文化的定型》第 7、8 章，頁 181-229。

[297] 史睿，〈北周後期至唐初禮制的變遷與學術文化的統一〉，收入《唐研究》第 3 卷（北京：北京大學出版社，1997），頁 165-184。

士〈論武德到貞觀禮的成立——唐朝立國政策的研究之一〉[298]，指出高祖武德時期雖未撰立禮典，但將新禮納入令文，捨大業而直取開皇之制；而太宗朝《貞觀禮》的編修，內容則是比《武德令》更接近開皇，甚至跳過漢、魏，直追周制，同時南朝禮學亦漸抬頭，後終成主流。

唐高宗時期所編《顯慶禮》，因武后圖謀奪權，故在禮典編修與禮儀執行上企圖施展其意志，造成高宗至武周時期禮制陷入動盪，禮儀的運行多靠禮官維持，方得不墜。[299]吳麗娛和史睿均有專論討論顯慶禮。[300]至於唐與周邊諸國使節的互動，是以賓禮來做為規範，其施行細節與影響，王貞平新作《唐代賓禮研究》[301]中有細緻說明，對於唐日之間的互動及日本方面的情報蒐集亦多所著墨。

唐玄宗時期，編成最具代表性的禮典——《大唐開元禮》。作為中國現存最早之國家禮典，《開元禮》在內容與規模上都已經達到成熟的地步，而且成為唐以後歷代編修國家禮典之藍本；同時也因為杜佑《通典》中錄有《開元禮》之簡編，故內容能夠保存至今。論及《大唐開元禮》的相關的研究作品，除池田溫為汲古書院出版之刊本所撰寫的〈大唐開元禮解說〉[302]外，尚可舉吳麗娛〈營造盛世：《大唐開元禮》的撰作緣起〉[303]、〈禮用之

---

298 高明士，〈論武德到貞觀禮的成立〉，收入中國唐代唐代學會編，《第二屆國際唐代學術會議論文集》（臺北：文津出版社， 1993），頁 1159-1214，增補後收入前引氏著，《中國中古禮律綜論——法文化的定型》第 9 章，頁 232-269。

299 參見前引張文昌，〈唐代禮典與禮制研究之回顧與探索〉，頁 115。

300 吳麗娛，〈《顯慶禮》與武則天〉，收入前引杜文玉主編，《唐史論叢》第 10 輯，頁 1-16。史睿，〈顯慶禮所見唐代禮典與法典的關係〉，收入（日）高田時雄編，《唐代宗教文化與制度》，京都大學人文科學研究所，2007，頁 115-132。

301 王貞平，《唐代賓禮研究——亞洲視域中的外交信息傳遞》，北京：中西書局，2017。

302（日）池田溫〈大唐開元禮解說〉，（唐）蕭嵩等撰，古典研究會編，《大唐開元禮．附大唐郊祀錄》東京大學東洋文化研究所藏光緒 12 年 (1886) 洪氏公善堂刊本（東京：汲古書院，1972），頁 822-832。

303 吳麗娛，〈營造盛世：《大唐開元禮》的撰作緣起〉，《中國史研究》2005:3。

辨──《大唐開元禮》的行用釋疑〉[304]，以及前述張文昌《唐代禮典的編纂與傳承──以《大唐開元禮》為中心》、楊華〈論《開元禮》對鄭玄和王肅禮學的擇從〉[305]等作品為例。論及運用《大唐開元禮》復原唐令專文，如趙晶〈唐令復原所據史料檢證──以《大唐開元禮》為中心〉。[306]李玉生〈唐令與禮的關係析論〉[307]則綜合性探討納禮入令，以及禮令間的銜接與衝突。至於唐代禮典對唐代社會所產生的規範效力，則有待研究。

中晚唐社會結構變遷，導致禮儀與令式的改變，禮典修撰的情況，亦與唐代前半不同。雖然禮典散逸，幸而 20 世紀前後，大量敦煌文書與書儀等資料重見天日，吳麗娛據此撰寫《唐禮摭遺──中古書儀研究》[308]，認為現存書儀，反映了作為禮儀核心的等級關係，從圍繞家族血緣為中心到以官場為中心的轉變，以及唐、五代的禮漸趨庶民化、實用化和官僚化。David L. McMullen（麥大維）在"The Death Rites of Tang Daizong"[309]一文中討論唐代宗葬儀及《元陵儀注》，是最早關注《元陵儀注》的海外學者。[310]近期日本學者金子修一糾集對唐日禮制有興趣的青年學人，從《通典》中抄錄《元陵儀注》逸文，並進行日文譯注釋讀，現已完成出版。[311]

唐朝因國力的強大與文化上的優勢，連帶使得唐的禮典對當時的日本、韓國之禮儀、法律制度，都造成很大影響。日本最早的圖書目錄，為

---

[304] 吳麗娛，〈禮用之辨：《大唐開元禮》的行用釋疑〉，《文史》2005:2。

[305] 楊華，〈論《開元禮》對鄭玄和王肅禮學的擇從〉，收入氏著《新出簡帛與禮制研究》（臺北：臺灣古籍出版社，2007），頁 305-326。

[306] 趙晶，〈唐令復原所據史料檢證──以《大唐開元禮》為中心〉，《文史哲》2018:2，頁 1-12。

[307] 李玉生，〈唐令與禮的關係析論〉，《唐史論叢》第 10 輯(2008)，頁 40-56。相關論點亦可參見氏著《唐令與中華法系研究》，南京師範大學出版社，2005。

[308] 吳麗娛，《唐禮摭遺──中古書儀研究》，北京：商務印書館，2002。

[309] David L. McMullen, "The Death Rites of Tang Daizong," in *State and Court Ritual in China*, ed. McDermott, Joseph P., pp. 150-96. Cambridge: Cambridge University Press, 1999.

[310] 同前引張文昌，〈唐代禮典與禮制研究之回顧與探索〉，頁 117。

[311] （日）金子修一主編，《大唐元陵儀注新釋》，東京：汲古書院，2013。

九世紀藤原佐世所撰之《日本國見在書目錄》，其中已有《江都集禮》、《顯慶禮》的紀錄，可見唐代的禮典，特別是《開元禮》對鄰邦，應具有禮源之性質。[312]唐禮對四鄰的影響，在戰後有更細緻的研究問世，不過重點多是偏重在日本的部份。首先對此課題進行研究之日本學人，為瀧川政次郎與坂本太郎，二人均為唐、日禮制比較研究之先驅，且都指出唐禮對日本「儀式」與「律令」有相當之影響。瀧川政次郎曾發表〈唐礼と日本令〉、〈中国の礼制と日本の儀式〉、〈江都集禮と日本の儀式〉[313]等研究唐日禮令專文。坂本太郎在〈儀式と唐礼〉[314]一文中，除討論了「儀式」與唐禮的關係，並提醒不可過度強調唐禮的影響，而忽略日本自發性因素。古瀨奈津子則運用現存日本令、唐代書儀等古文書來討論唐禮及日本禮儀的運作，以及禮制與政治的關係，進行比較研究。古瀨氏新近禮學作品，可舉〈從書札禮看日唐親屬的比較研究〉[315]為例。

(1)喪禮

「喪服」是「喪禮」中最受重視的部份，歷來研究眾多，以下舉幾例近年對唐代喪葬禮制有代表性的研究成果進行介紹。甘懷真〈漢唐間的喪服禮與政治秩序〉[316]，透過對舊君之喪服，指出漢、唐間的君臣關係越來越趨向父子化。高明士〈唐代禮律規範下的婦女地位——以武則天時期為

[312] 同前引張文昌，〈唐代禮典與禮制研究之回顧與探索〉，頁 127。

[313] （日）瀧川政次郎，〈唐礼と日本令〉（收入氏著《律令の研究》，東京：名著刊行會，1988，1931 刀江書院初版）〈中国の礼制と日本儀式〉（一）～（四）（《儀礼文化》31～34，2002.10-2004.04，未完遺稿）、〈江都集禮と日本の儀式〉（收入岩井博士古稀記念事業会編暨刊行，《岩井（大慧）博士古稀記念 典籍論集》，1963，頁 342-347）。

[314] （日）坂本太郎，〈儀式と唐礼〉，收入《坂本太郎著作集 7 律令制度》（東京：吉川弘文館，2013），頁 146-154。

[315] （日）古瀨奈津子著，嚴茹蕙等譯，〈從書札禮看日唐親屬的比較研究〉，收入高明士編，《中華法系與儒家思想》（臺北：臺大出版中心，2014），頁 403-416。

[316] 甘懷真，〈漢唐間的喪服禮與政治秩序〉，收入氏著《皇權、禮儀與經典詮釋：中國古代政治史研究》（臺北：臺大出版中心，2004），頁 391-440。

例〉[317]，指出武則天強調女性在唐代禮律的重要性僅屬政治手段，並未真正提高唐代女性地位。趙瀾認為唐代有鑒於家庭生活情況有所改變，故對母系親屬喪服加以提高，反映唐代禮制對傳統禮制有所更張，但是卻未改變唐代婦女地位，反受父權與夫權更嚴密的束縛。[318]羅彤華〈唐代官人的父母喪制〉[319]，則是從唐令「諸喪解官」條進行思考，結合禮令，討論官人為父母服喪禮之規定。張文昌〈服制、親屬與國家——唐宋禮法之喪服規範〉[320]，則是結合禮令規定，探索唐、宋間男子為本宗與妻為夫族服制之變化，其中附多幅親屬相互服喪規範示意圖，對拙稿深具啟發。吳麗娛針對《喪葬令》及唐宋相關禮令問題，撰成巨著《終極之典——中古喪葬制度研究》[321]共上下二冊，其導言部分亦對喪葬禮制研究述論做細密的回顧。

喪禮中的喪儀用具，林耀曾〈唐宋喪禮禮數之比較研究〉[322]，對唐、宋喪禮儀節與禮器進行比較。王銘〈中古喪葬方相、魌頭禮制等級考論〉[323]、〈開路神君：中國古代葬儀方相的形制與角色〉[324]諸文，對於喪葬禮制中方相、魌頭使用的場合，以及隨時代推演，使用層級向下移動的過程有所討論。

---

317 高明士，〈唐代禮律規範下的婦女地位——以武則天時期為例〉，收入氏著《中國中古禮律綜論——法文化的定型》第5章（臺北：元照出版社，2014），頁137-162。

318 參見趙瀾，《唐代喪服制度研究》第5章，福建師範大學博士論文，2008。

319 羅彤華，〈唐代官人的父母喪制〉，收入前引臺師大歷史系、中國法制史學會、唐律研讀會主編，《天聖令論集》（下），頁3-42。

320 張文昌，〈服制、親屬與國家——唐宋禮法之喪服規範〉，收入前引臺師大歷史系、中國法制史學會、唐律研讀會主編，《天聖令論集》（下），頁199-243。

321 吳麗娛，《終極之典——中古喪葬制度研究》（上下冊），北京：中華書局，2012。

322 林耀曾，〈唐宋喪禮禮數之比較研究〉，《高雄師院學報》6，1977.11，頁3-74。

323 王銘，〈中古喪葬方相、魌頭禮制等級考論〉，《中國中古史研究》11，2011.12，頁163-187。

324 王銘，〈開路神君：中國古代葬儀方相的形制與角色〉，《清華大學學報（哲學社會科學版）》2012.2，頁116-125。

學位論文方面，邱衍文《唐開元禮中喪禮之研究》[325]，以《開元禮》所載之喪服與喪儀為對象，對細節進行考證。延續此論題者尚有張長臺《唐代喪禮研究》[326]，同是針對《開元禮》中之喪禮儀節進行討論，輔以考古遺址與文物，考察唐代的喪葬禮俗。近年臺灣青年學者所撰與唐代喪服、五服制相關學位論文，可舉黃亮文《敦煌吉凶書儀寫卷與其五服制度研究》[327]為例。涂宗呈《神魂、屍骸與塚墓：唐代兩京的死亡場景與喪葬文化》[328]則與唐代喪葬文化、儀式有關。

(2)吉禮

鄭玄與王肅對禮經解讀的爭議，從魏晉以來就是禮制發展的重要課題。唐代對於吉禮的議論，大都集中在唐君主對於神祇與宗廟的祭祀上。郊祀與宗廟是吉禮中最受君主重視的祭禮，這是因為郊廟象徵皇權的來源，祭祀郊廟與皇權的關係，自然成為學者注目的焦點。雖然在唐代國家祭典上，宗廟的地位不如郊祀，但其重要性仍不容忽視。[329]關於宗廟祭祀禮儀及相關研究史，高明士新著《中國中古禮律綜論》第四章中有詳盡說明及探討。[330]

《開元禮》中，「吉禮」的部分只有記載皇室祭祀神祇宗廟，以及官人的宗廟之祭，民間的祭祀或宗教信仰並未在禮典中出現。但唐代官方對於禮典以外的祭祀並非不加管理，反而是積極地透過各種形式，將國家的力量滲透到佛、道與民間信仰中。[331]高明士《中國傳統政治與教育》[332]一書

325 邱衍文，《唐開元禮中喪禮之研究》，臺北：郁氏印書及獎學基金會，1984。

326 張長臺，《唐代喪禮研究》臺北：東吳大學中國文學研究所博士論文，1990

327 黃亮文，《敦煌吉凶書儀寫卷與其五服制度研究》，臺南：成功大學中國文學系博士論文，2013。

328 涂宗呈，《神魂、屍骸與塚墓：唐代兩京的死亡場景與喪葬文化》，臺北：臺灣大學歷史學研究所博士論文，2012。

329 同前引張文昌，〈唐代禮典與禮制研究之回顧與探索〉，頁 120。

330 同前引高明士《中國中古禮律綜論》第 4 章〈中古皇家宗廟的祭祀禮儀〉，頁 85-136。

331 同前引張文昌，〈唐代禮典與禮制研究之回顧與探索〉，頁 122。

中，以專章討論皇帝權力的來源，及其在郊廟禮制上的呈現。雷聞《郊廟之外——隋唐國家祭祀與宗教》[333]則探討了隋唐國家和地方社會處理國家祭祀和民間信仰活動的運作過程，國家禮制與民眾生活亦互相影響。朱溢新作《事邦國之神：唐至北宋吉禮變遷研究》[334]，是其博士論文增補而成，揭示了唐至北宋時期吉禮體系的連續性，從中亦可看到吉禮制度與政治秩序、權力觀念、思想學說、宗教信仰之間的複雜關係。

(3) 禮俗

唐日喪葬禮俗與相關生活禁忌，例如清潔、穢惡等問題，為拙稿著重的一環。禮俗史在近年益發受重視，指涉範圍包含民俗與風俗，涵蓋物質生活、社會生活與精神生活的層面，屬社會史或文化史的一部分，主要目的在研究生活禮俗的變遷與傳承，瞭解民族與社會文化的特性，以期更全面具體的呈現歷史面貌。[335]以禮俗為名或涉及禮俗的研究作品為數甚夥，由於拙稿亦注重社會生活與法制層面，在理論方面，主要參考作品為瞿同祖《中國法制與中國社會》、王貴民《中國禮俗史》及劉增貴〈中國禮俗史研究的一些問題〉[336]。其中瞿氏作品雖無禮俗之名，但具前瞻意義。王貴民專書當為中文出版品中第一本出現「禮俗史」之名，並對「禮俗」加以定義的作品。[337]劉文則對中國禮俗史提出定義、研究回顧及檢討。另王明珂〈慎終追遠——歷代的喪禮〉[338]以喪禮的發展說明歷代禮俗的交融過程，

---

[332] 參見高明士，《中國傳統政治與教育》上篇 2 章 2 節〈皇權的性質與運作〉及下篇 2 章 3 節〈從禮律看治統廟制與道統廟制的消長〉，臺北：文津出版社，2003.4 訂正二刷。

[333] 雷聞，《郊廟之外——隋唐國家祭祀與宗教》，北京：三聯書店，2009。

[334] 朱溢，《事邦國之神：唐至北宋吉禮變遷研究》，上海：上海古籍出版社，2014。

[335] 參見劉增貴，〈中國禮俗史研究的一些問題〉，收入《第三屆國際漢學會議歷史組　法制與禮俗》論文集（臺北：中研院史語所，2002），頁 157、162。

[336] 前引劉增貴，〈中國禮俗史研究的一些問題〉，頁 157-203。

[337] 前引王貴民，《中國禮俗史》，頁 2-3。

[338] 王明珂，〈慎終追遠——歷代的喪禮〉，收入藍吉富．劉增貴主編《中國文化新論：宗教禮俗篇　敬天與親人》（臺北：聯經出版社，1982），頁 307-357。

洪德〈俎豆馨香——歷代的祭祀〉[339]則討論了祭祖、社祭、祭天，從原始宗教成為現實生活中的禮俗過程。張捷先《中國喪葬史》[340]對於隋唐五代時期的喪葬禮俗亦有所介紹。

(4)挽歌

以往討論挽歌的研究作品，除視為葬禮一環，稍事整理其發展脈絡者外，[341]以其具備挽辭，多將之視為文學，如一海知義〈文選挽歌詩考〉[342]，討論了挽歌詩三首一組的體裁；或如任半塘在《唐聲詩》第八章中以專節討論挽歌歌曲與其他哀辭性質差異，謂「主聲不主文」，除略述源流，說明唐至北宋之間挽歌做為歌曲的發展，並論及與喪事關係。[343]林育信〈挽歌之禮儀與文體考察〉[344]一文，介紹了挽歌的起源，說明漢唐之間挽歌在禮儀中的實用性與文學抒情性，作為文學作品，在文體格式上的歷時性變化，內容詳盡，但未能言及挽歌在唐代禮法之間的關係。吳承學〈漢魏六朝挽歌考論〉詳細整理從先秦至魏晉時期挽歌的文學源流，探討挽歌做為一種文類的出現背景。[345]黃旨彥〈送行者的樂章：唐代挽歌文化初探〉[346]，側重於挽歌成為文學作品及挽歌在社會習俗中作用演變；鄭雅芬〈大唐天子

---

339 洪德，〈俎豆馨香——歷代的祭祀〉，收入藍吉富．劉增貴主編《中國文化新論　宗教禮俗篇　敬天與親人》，頁 359-410。

340 張捷先，《中國喪葬史》，臺北：文津出版社，1995。

341 如：萬建忠，《中國歷代葬禮．四、出喪禮儀》（北京：北京圖書館出版社，1998，頁 102-106）、譚思健，〈中國古代挽歌考〉，（《江西教育學院學報》1991:1，頁 38-41、頁 13）、王功龍，〈中國古代的挽歌〉（《尋根》2001:4，頁 100-103），均簡略介紹挽歌源流與禮制關係。

342 （日）一海知義，〈文選挽歌詩考〉，《中國文學報》12（京都：京都大學文學部中國語學中國文學研究室，1960.4），頁 19-48。

343 任半塘，《唐聲詩》第 8 章〈雜歌與聲詩．挽歌〉（上海：上海古籍出版社，1982），頁 419-430。

344 林育信，〈挽歌之禮儀與文體考察〉，《興大中文學報》16（臺中：中興大學中國文學系，2004），頁 207-230。

345 吳承學，〈漢魏六朝挽歌考論〉，《文學評論》2002:3，頁 59-68。

346 黃旨彥，〈送行者的樂章：唐代挽歌文化初探〉，收入〈第三屆中國中古史青年學者聯誼會〉會議論文集（武漢：武漢大學，2009.8.23-30），頁 349-372。

的輓歌——從《全唐詩》看唐代人臣對帝王的傷悼〉[347]，則是討論唐代臣子如何以詩歌哀輓帝王的薨逝。近年在石刻墓誌史料中，發現墓誌誌蓋上刻挽歌詩，為傳統研究唐詩者較少留意到的內容，針對此類挽歌的研究，如胡可先的〈墓誌新輯唐代挽歌考論〉[348]，從文學角度討論了唐代挽歌的內容、形式、哀挽對象（含自挽詩）及習俗等。另外，如劉天琪著《隋唐墓誌蓋題銘藝術研究》，第六章三節〈地域風格：挽歌、鋪首、八卦符號與志蓋題銘——以新出土隋唐潞州地區墓誌為例〉[349]、王慶衛〈從新見墓誌挽歌看唐五代澤潞地區民間的生死觀念〉[350]等文，也對挽歌的文學面向加以介紹。學位論文方面，亦有數部，[351]以近期何維剛碩士論文《六朝哀挽詩文研究》為例，內容除回顧探討了相關文獻，並論及挽歌在文學及文化層面上的意義，[352]但斷代上均屬魏晉南北朝時期，故未論及唐代行用挽歌的情形。因先行研究對挽歌在文學面向的研究甚夥，拙文對於挽歌歌辭歌曲在文學層面上的流變、情感表現及應用層面從略。

(5)禮下庶人問題

唐代喪禮、喪服、禮俗及禮法交涉等問題，學界先行研究已豐，已如

[347] 鄭雅芬，〈大唐天子的輓歌——從《全唐詩》看唐代人臣對帝王的傷悼〉，收入《興大中文學報》26(2009.12)，頁 27-63。

[348] 胡可先，〈墓誌新輯唐代挽歌考論〉，收入《浙江大學學報（人文社會科學版）》39:3（2009.5），頁 175-183，增補後收入氏著《出土文獻與唐代詩學研究》第 7 章（北京：中華書局，2012），頁 549-573。

[349] 劉天琪，《隋唐墓誌蓋題銘藝術研究》（深圳：南方出版社，2011），頁 269-274。

[350] 王慶衛，〈從新見墓誌挽歌看唐五代澤潞地區民間的生死觀念〉，收入《陝西師範大學學報》41:3(2012.5)，頁 111-117。

[351] 較早完成者，如吳炳輝，《六朝哀挽詩研究》（臺北：政治大學中國文學研究所碩士論文，1990）、馮棋楠，《魏晉南北朝文人挽歌研究》（嘉義：中正大學中國文學研究所碩士論文，2004）。

[352] 何維剛，《六朝哀挽詩文研究》，桃園：中央大學中國文學研究所碩士論文(2013)、臺北：文津出版社，2015。

前述。[353]至於唐宋之際，禮制何時與如何及於庶人，專論專著可舉楊志剛〈「禮下庶人」的歷史考察〉[354]、張文昌《制禮以教天下——唐宋禮書與國家社會》[355]和王美華《禮制下移與唐宋社會變遷》[356]等作品為例，特有見地者，可舉高明士近期書評中論及「何時『禮下庶人』？」的意見，[357]但諸作品中所舉例證均未深入論及挽歌與唐宋禮制的關係。挽歌做為喪葬禮儀的一環，亦已有研究成果及細緻論述，例如吳麗娛作品《終極之典》上冊及《敦煌書儀與禮法》中，對挽歌、挽郎以及鐸的行用場合及源流均有論及，[358]後者尚說明唐中後期至北宋，書儀在民眾生活禮俗的作用。同氏另文〈助葬必執紼——唐代挽郎一角〉[359]，重心雖是討論挽郎在皇家喪禮中的作用，但亦言及與挽士之不同，及在正禮中的作用。挽郎做為門蔭制度一環，此前已有許多學者為文論及。[360]吳麗娛之文對挽郎、挽士、挽歌身分及任務有所區辨和說明，是前人鮮少達成者。再如吳麗娛著《終極之

---

[353] 亦見於拙文，〈唐日文化、人物及禮令交流研究述評〉，收入《中國唐代學會會刊》21 期（臺北：樂學書局發行，2015），頁 135-186，尤其頁 164-178。

[354] 楊志剛，〈「禮下庶人」的歷史考察〉，《社會科學戰線》1994:06，頁 118-125。

[355] 張文昌，《制禮以教天下——唐宋禮書與國家社會》，臺北：臺大出版中心，2012。

[356] 王美華，《禮制下移與唐宋社會變遷》，北京：中國社會科學出版社，2015。

[357] 高明士，〈禮者天地之序——評吳麗娛主編《禮與古代中國社會》〉，《中國史研究》2018:1，頁 198-199。

[358] 參見吳麗娛，《終極之典——中古喪葬制度研究》（上）（北京：中華書局，2012，頁 98-101、237）及同氏，《敦煌書儀與禮法》第 3 章〈正禮時俗的結合與吉凶書儀的禮儀來源〉、第 8 章〈喪禮與吊祭的人世悲情〉（甘肅：甘肅教育出版社，2013，3 章內容，見該書頁 97-151，8 章見頁 315-376）等內容。

[359] 吳麗娛，〈助葬必執紼——唐代挽郎一角〉，收入《首都師範大學學報（社會科學版）》2014:2），頁 1-7。

[360] 如毛漢光〈唐代蔭任之研究〉，《歷史語言研究所集刊》55:3(1984)，頁 459-542。黃正建，〈唐代的齋郎與挽郎〉，《史學月刊》1989:1，頁 30-32。譚思健，〈中國古代挽歌考〉，《江西教育學院學報》1991:1，頁 38-41、頁 13。賴瑞和，《唐代基層文官》第 4 章〈參軍和判司〉（台北：聯經出版社，2005），頁 227-228。劉琴麗，〈再論唐代的齋郎與挽郎〉，《江漢論壇》2005:9，頁 91-93。但黃正建及譚思健文顯然將挽郎、挽歌混同，劉麗琴略作分別，惜無談其異同。

典》下冊引用妹尾達彥〈唐代後期的長安與傳奇小說——以《李娃傳》的分析為中心〉一文，對唐後期長安民眾使用挽歌等喪葬儀具進行論述，[361]其論點對於理解挽歌做為禮制在唐代民間社會施行狀況，甚有助益。

2.古代日本喪葬禮俗

對於日本古代的葬禮與喪葬禮儀，代表性的研究可舉和田萃的《日本古代の儀禮・祭祀と信仰》[362]，和田萃認為，中國的挽歌是指挽歌歌者，日本在殯宮詠挽歌是禮儀的一環。[363]討論日本萬葉時代的挽歌性質問題，另可舉小倉久美子〈古代における死を悼む和歌の展開：挽歌と哀傷歌の比較検討を通して〉[364]、菊池咸雄《万葉の挽歌》[365]為例。

論考唐禮與日本禮之間的相互影響作品很多，拙稿側重介紹喪禮及禮令相關，在此範圍內的論著，除了池田溫〈唐日喪葬令の一考察——條文排列の相異爲中心として〉[366]、古瀨奈津子《日本古代王権と儀式》[367]，稻田奈津子〈喪葬令と礼の受容〉[368]等文，其他例如前述和田萃的《日本古代の儀禮・祭祀と信仰》[369]、所功《平安朝儀式書成立史の研究》[370]、

---

[361] 同前引吳麗娛，《終極之典——中古喪葬制度研究》（下），頁505-506。

[362] （日）和田萃，《日本古代の儀禮・祭祀と信仰》（東京：塙書房，1995），共上中下三冊。

[363] 同前引（日）和田萃，《日本古代の儀禮・祭祀と信仰》（上）第I章〈喪葬儀礼と即位儀礼〉，頁20-22。

[364] （日）小倉久美子，〈古代における死を悼む和歌の展開：挽歌と哀傷歌の比較検討を通して〉，《万葉古代学研究所年報》10，奈良：2012，頁83-100。

[365] （日）菊池咸雄，《万葉の挽歌》，東京：塙書房，2007。

[366] （日）池田溫，〈唐日喪葬令の一考察——條文排列の相異爲中心として〉，收入《法制史研究》45期，1995，頁39-71。

[367] （日）古瀨奈津子，《日本古代王権と儀式》，東京：吉川弘文館，1998。

[368] （日）稻田奈津子，〈喪葬令と礼の受容〉，收入（日）池田溫編，《日中律令制の諸相》（東京：東方書店，2002），頁283-309。

[369] （日）和田萃，《日本古代の儀禮・祭祀と信仰》（東京：塙書房，1995），共上中下三冊。

[370] （日）所功，《平安朝儀式書成立史の研究》，東京：国書刊行会，1985。

三橋正《平安時代の信仰と宗教儀礼》[371]、《日本古代神祇制度の形成と展開》，皆屬知名作品。近期大陸學者王海燕著《日本平安時代的社會與信仰》[372]，雖未直接討論日本喪葬禮俗，但介紹了神道教、佛教、陰陽道等平安時期流行的宗教歷史背景與貴族生活。又如楊敬娜博士學位論文〈中国と日本の歌垣に関する文化人類学的研究〉[373]第三章，對於《古記》中記載的遊部傳說和對中國西南歌謠，與中國方相氏功能之間的關連性，從文化人類學層面做了詳細考查，皆具參考價值。

土葬和火葬是唐日葬法中極為不同的一點。關於火葬研究，那波利貞〈火葬法の支那流傳に就いて〉[374]、宮崎市定〈中國火葬考〉[375]、黃敏枝〈中國的火葬習俗〉[376]、劉淑芬《中古的佛教與社會》的丙篇，[377]及和田萃〈仏教と喪葬儀礼の変化〉[378]、三上真由子〈日本古代の喪葬儀礼に関する一考察—奈良時代における天皇の殯期間の短期化について—〉[379]，都討論了佛教改變中古中國或日本的喪葬習俗。前述三上真由子專文，尚討論了天皇的不同葬法，以及「殯」的天數、形態等問題。

---

[371] （日）三橋正，《平安時代の信仰と宗教儀礼》，東京：続群書類従完成会，2000。

[372] 王海燕，《日本平安時代的社會與信仰》，杭州：浙江大學出版社，2012。

[373] 楊敬娜博士論文，《中国と日本の歌垣に関する文化人類学的研究》，廣島大學総合科学研究科，2018。

[374] （日）那波利貞，〈火葬法の支那流傳に就いて〉，支那学社編，《支那学》1:7，（京都：弘文堂書房，1921），頁553-558。

[375] （日）宮崎市定，〈中国火葬考〉，收入《塚本善隆博士頌壽紀念佛教史學論文集》（京都：塚本博士頌壽念會，1961），頁 794-808，後收入（日）佐伯富等編，《宮崎市定全集 17 中国文明》（東京：岩波書店，1993）。

[376] 黃敏枝，〈中國的火葬習俗〉，收入傅樂成教授紀念論文集編輯委員會主編，《中國史新論：傅樂成教授紀念論文集》（臺北：臺灣學生書局，1985），頁691-739。

[377] 劉淑芬，《中古的佛教與社會》（上海：上海古籍出版社，2008），頁183-243。

[378]（日）和田萃，〈仏教と喪葬儀礼の変化〉，《歷史公論》2:6，東京：雄山閣，1976.6。

[379] （日）三上真由子，〈日本古代の喪葬儀礼に関する一考察—奈良時代における天皇の殯期間の短期化について—〉，收入奈良大学史学会編，《奈良史学》23（奈良：奈良大学大学院，2005.12），頁11-31。

(1)中國作品引用《養老・喪葬令》之始

最早有系統對於日本進行研究的作品，學者以為是明代薛俊著《日本考略》，[380]但該書旨在海防，多抄錄中國方面舊史，且內容謬誤甚多，其價值在於語言學，而非介紹日本風俗。[381]近現代中文著作中，最早以日本方面史料說明日本古代喪葬禮儀中風俗與中國有異者，應是清人黃遵憲的《日本國志》，他在〈禮俗志〉中，首先說明他對異國禮俗的看法：

> 禮者非從天降，非從地出，因人情而為之者。人情者何？習慣是也。光嶽分區，風氣間阻，此因其所習，彼亦因其所習，日增月異，各行其道，習慣之久至於一成而不可易，而禮與俗皆出於其中。是故先王之治國化民，亦慎其所習……及其既成，雖其極陋甚敝者，舉國之人習以為然，上智所不能察，大力所不能挽，嚴刑峻法所不能變。[382]

這是對禮俗形成非常中肯貼切的看法。黃遵憲將禮俗區分成：朝會、祭祀、婚娶、喪葬、服飾、飲食、居處、歲時、樂舞、遊讌、神道、佛教、氏族、社會等十四類。雖然《日本國志》中，多半介紹江戶以至明治時代的禮俗，在〈喪葬〉中卻從日本古代的厚葬之風，以及古墳（黃氏作「帝陵」）的大小開始說起，其下割注介紹《養老・喪葬令》中的陵戶，介紹中世佛教葬俗時，引用部分《令集解・喪葬令》「親王一品」條的文字，並取意引用《古記》對「遊部」的介紹，以及《日本書紀》中「土師部」（黃氏作「土部」）的內容，以說明在佛教傳入前，日本自身的原始禮俗。在〈喪葬〉的最後，尚記錄了明治時代行用的服忌的日數與親等範圍。黃氏作品主要是在介紹

---

[380] 參見汪向榮，《中日關係史文獻論考》（長沙：岳麓書社，1985），頁 218-238。

[381] 同前引汪向榮，《中日關係史文獻論考》，頁 218-238。

[382] （清）黃遵憲著，吳振清、徐勇、王家祥點校整理，《日本國志》（天津：天津人民出版社，據光緒十六年羊城富文齋刊版，2005），頁 819-820。

明治維新以後的日本，在抄錄古代令文與注釋時，可能因為對日本古事不夠熟悉，文字容或有所出入，也未必能理解到日本的《養老・喪葬令》和唐朝法制禮俗間的關係，但終究是注意到古代日本與前近代中國相異之處。黃遵憲作書時的胸襟與識見，至今仍值得加以推崇。

黃遵憲之前，雖然尚有清人傅雲龍《遊歷日本圖經》用一卷的分量介紹了日本風俗，喪葬部分列為〈俗禮〉，但內容僅抄錄《魏志・東夷倭人傳》，並不超出唐代以前所知內容，以今日眼光觀之，稍感美中不足。

(2)服喪與喪服

過去對於唐日禮法進行比較研究的作品為數甚多，拙稿礙於篇幅，難以全數列舉。若將範圍限縮至本世紀以來十餘年間對於日本古代的天皇服喪，特別是本論著下篇第四章中所論「日本清和天皇為祖母服喪」一事相關的先行研究，舉其要者，例如日本學者增田美子《日本喪服史・古代篇》[383]，此書側重於喪服服飾變遷，考證在時空變遷中，古代日本喪服服飾的發展，材質、顏色在不同身分者身上所表徵的親屬關係和穿戴意涵。雖然對於喪服做為禮的符號表徵用力甚深，但對於喪禮之所以為「禮」的意義、思想、其後原始的文化與精神層面，似乎著墨較少。又例如小倉久美子〈日本古代における天皇服喪の実態と展開〉[384]，關注重點在於清和天皇與攝政藤原良房之間權力關係的變化。

稻田奈津子最近對此段文獻進行日文譯注，收入其專書《日本古代喪葬儀礼と律令制》[385]。皮慶生〈唐宋時期五服入令過程試探〉[386]論及此事

[383] （日）增田美子，《日本喪服史【古代篇】—葬送儀礼と装い》，東京：源流社，2002。

[384] （日）小倉久美子，〈日本古代における天皇服喪の実態と展開〉，收入《日本歷史》773（東京：吉川弘文館，2012），頁 1-17。

[385] （日）稻田奈津子，〈藤原順子のための天皇喪服議—註釈『日本三代実録』貞観十三年九月二十八日～十月七日条—〉，收入《法史学研究会会報》18（東京：明治大学法史学研究會，2015.03），頁 82-102，又收入氏著，《日本古代喪葬儀礼と律令制》，東京：吉川弘文館，2015。

[386] 皮慶生，〈唐宋時期五服制度入令過程試探——以《喪葬令》所附《喪服年月》爲中心〉，收入《唐研究》14 期（北京：北京大學出版社，2008），頁 381-411。

的關注點則是九世紀日本大臣橘廣相(837-890)的論述是否為歷史實情，因為它牽涉到《養老・喪葬令》的「服紀條」是承襲唐制還是日本自行創作，以及喪服年月原始的位置究竟是放置在《假寧令》或是《喪葬令》後，也頗令人關心。以上諸作雖然均對筆者多有啟發，但與拙稿所欲探討角度——「禮」做為制度在不同時空中的意義、思想、其後的文化認同與精神層面不盡相同。關於喪服與服喪問題，雖亦有研究者論及，[387]但著重於平安時代服喪期間與追善佛事的討論，以及臣下為天皇服喪，與拙稿所持視點有異。

(3)神道思想與唐令關係

日本的律令制中，《神祇令》脫胎自唐令的《祠令》，而所規範的祭祀對象、地點與祭祀活動，與唐相當不同。祭祀對象有「神祇」、「天神地祇」、「神」等說法，《令義解・神祇令》的題解謂：「天神曰神，地神曰祇」，「天神地祇」條規範：「天神者，伊勢、山城鴨、住吉、出雲國造齋神等類是也。地祇者，大神、大倭、葛木鴨、出雲大汝神等類是也。」[388]進一步舉出了具體的神名。《令集解・職員令》「神祇官」條對「神祇」注釋很多，例如「跡云」的解釋是：「自天而下坐神也。就地而顯曰祇也」[389]，來區分「神」與「祇」。由於拙稿主要探討內容並非《神祇令》中的神道教宗教思想，故將範圍限定在「穢」、「齋」、「服」、「祓」與母法唐令間的關係、在日本令中的規範，以及日後的演變。拙稿中，若提及「日本式的穢、忌、齋」之

[387] 如：（日）山下洋平，〈后・皇太子のための臣下服喪儀礼からみた日本古代王権の特質：唐代の事例を参考として〉（收入古代學協會編，《古代文化》65，2013:09，頁 242-260）、（日）小倉久美子，〈日本古代における天皇服喪の実態と展開〉（《日本歷史》773，2012，頁 1-17）、（日）稲田奈津子，〈日本古代の服喪と追善〉（收入日本史研究會編，《日本史研究》618（京都：日本史研究會，2014:2），頁 34-54，並收入前引氏著《日本古代喪葬儀礼と律令制》，頁 202-223）等文。

[388] 並見（日）清原夏野等撰，《令義解》卷 2《神祇令》，收入（日）黑板勝美、國史大系編修會編，《新訂增補國史大系》（東京：吉川弘文館，1974），頁 77。

[389] （日）惟宗直本撰，《令集解》卷 2《職員令》，收入（日）黑板勝美、國史大系編修會編，《新訂增補國史大系》（東京：吉川弘文館，1974，頁 28。

說，基本上是視為與日本本土的宗教思想有所關連，已與中文的原始意涵有所差距。日本的神道教與律令制下的王權禮儀之間關係，代表性的作品，可舉井上光貞《日本古代の王権と祭祀》[390]、楊永良《日本古代王権の祭祀と儀式》[391]、西宮秀紀《律令国家と神祇祭祀制度の研究》[392]為例。

具注曆上所示的忌日、禁忌，屬陰陽道的範圍，方位的吉凶禁忌，與穢、齋之間的關係，則可參考三橋正〈日本的信仰構造の成立と陰陽道〉[393]。

(4)服忌令相關

先行研究中，前賢似殊少論及日本《服忌令》問題，管見未發現相關中文著作。楊鴻烈論及唐代中國法律在日本之影響時，曾特別注意到《養老・儀制令》「五等親」條，討論它與《唐六典》中記載「五等親」的差別，認為日本《喪葬令》中的「五服」純為喪服之規定，不以之別親等。[394]日文著作方面，目前僅見岡田重精有專論〈忌服考〉[395]及專書《古代の齋忌》[396]、《齋忌の世界》[397]等作品，討論日本古代喪服禮、《服忌令》的形成，以及與中國文化之間的關係。若是透過家族制度論及中日喪服制及親等，可參考李卓《中日家族制度比較研究》[398]，明石一紀〈古代的喪禮與服假

390 （日）井上光貞，《日本古代の王権と祭祀》，東京：東京大学出版会，1984， 2009新裝版。

391 楊永良，《日本古代王権の祭祀と儀式》，臺北：致良出版社，1989。

392 （日）西宮秀紀，《律令国家と神祇祭祀制度の研究》，東京：塙書房，2004。

393 （日）三橋正，〈日本的信仰構造の成立と陰陽道〉，收入（日）鈴木靖民編，《古代日本の異文化交流》（東京：勉誠出版，2008）頁160-179。

394 同前引楊鴻烈，《中國法律在東亞諸國之影響》三〈中國法律在日本之影響〉甲節〈自天聖天皇時代至醍醐天皇時代〉臺版頁222-223。

395 （日）岡田重精，〈忌服考〉，收入現代神道研究集成編集委員会編，《現代神道研究集成 4 祭祀研究編 1》（東京：神社新報社，1999）

396 （日）岡田重精，《古代の斎忌—日本人の基層信仰》，東京：国書刊行会，1982。

397 （日）岡田重精，《斎忌の世界—その機構と変容—》，東京：国書刊行会，1989。

398 李卓，《中日家族制度比較研究》（北京：人民出版社，2004），頁89-98。

制〉[399]亦是相關專論。若將討論《服忌令》範圍擴及近現代，專著有林由紀子作品《近世服忌令研究》[400]。另外孝本貢、八木透編《家族與死者祭祀》[401]一書前半部分，則介紹了從中國周代的喪服制度，一直到明治初年，日本的喪與穢，以及服忌觀念變遷。將先行研究的出版時間範圍擴大到明治、大正時代作品，三島敦雄著《法曹至要抄正解》[402]中，對於《法曹至要抄》中所引用的《養老・喪葬令》及《延喜式》等法律文獻有所解析，關義臣《服假沿革略考》[403]對於從日本史前時代到明治時代的服喪及喪葬禮儀變化的記載有詳盡整理，而又以明治時期皇室成員服喪內容為主要核心。拙作《唐日令中節假生活初探》第四章亦對日本具注曆及「穢」問題有簡單介紹，但未及於服忌問題。華文世界先行研究不足，顯見尚有探討空間。

(5)小結

由以上所述諸多論著，可知前賢研究唐日文化交流、人物及法制禮俗等相關課題，自十九世紀末以來，已有豐碩成果積累，到了最近二十年，更可謂蓬勃發展。然而文化的變貌需要透過比較方能凸顯，八、九世紀的日本，透過渡唐日人在唐朝的體驗及學習成果，吸收外來的中華文化，從而產生各種文化變貌。首先是模倣唐朝前半的禮法制度，上至朝廷禮儀，下至民間習俗，都有唐文化影子。隨著年深日久，遺留在日本的唐文化遺風，至今已演變成具日本特色的文化，須細細耙梳，尋找來自中國的禮俗元素，將之與日本自己原有的風俗逐一區別分辨，方能見到日本法令中刻意保留日本本身的特殊文化，發現唐朝法令實際在日本行用時的落差，以

---

399 （日）明石一紀，〈古代の喪礼と服仮制〉，收入孝本貢、八木透編《家族と死者祭祀》（東京：早稲田大学出版部，2006），頁 22-51。

400 （日）林由紀子，《近世服忌令の研究—幕藩制国家の喪と穢》，大阪：清文堂，1998。

401 （日）孝本貢、八木透編《家族と死者祭祀》，東京：早稲田大学出版部，2006。

402 （日）三島敦雄，《法曹至要抄正解》，愛媛：三島文庫藏版，1901。

403 （日）關義臣，《服假沿革略考》，東京：金港堂，1913 初版，東京：龍溪書舍，2003 復刻版。

及日本社會因應自身需要，對外來文化所做的調整及變化。回顧前人成果的同時可發現，尚有許多課題未被查覺，值得探索深究。

三、研究課題、章節架構與研究方法

拙稿共分兩篇五章，章節安排如下：首先為〈緒論〉，對全文研究主題、內容加以通盤性介紹，說明研究動機、前人研究成果、研究方法、綱要及預期成果，並對後續章節做簡介。

上篇「唐日人物交流」，將以人物為重點，介紹往返於唐日之間的人物，說明其對唐日文化交流貢獻。

第一章〈試論「化外人」與文化攝取——以八、九世紀的代表性渡唐日人為例〉，本章選擇唐朝為時代背景，以《唐律疏議》中對化外人群的規範法條為發想，先討論華夏文化和「化外人」的範圍，界定出邊際後，再以八、九世紀時期的日本為背景，選擇數名曾在唐與日本之間往來的代表性人物作為研究對象，依時間順序先後，試圖藉這些代表性人物在文獻留下的記錄，簡要說明及討論他們早期在日本或唐代社會中生活的經歷、對唐文化的學習與認同，以及日後對日本文化產生的影響，進而說明日本對唐文化的攝取情形。

第二章〈《圓仁三藏供奉入唐請益往反傳記》中所見唐人樂部——兼論九世紀後半渡日唐人於唐日交流中所扮演角色〉，日本承和十四年(847)十一月二日，渡日唐人樂部獻上他撰寫的圓仁傳記給日本朝廷。樂部為圓仁所寫的傳記，殊少為當今學界所運用。筆者注意到樂部提及了與圓仁同船赴日的唐人背景，以及樂部在全文之末為自己所寫的小傳。本章評介日本叡山文庫所藏《慈覺大師入唐往返傳記》的版本，並將透過珍稀史料，對處在唐朝晚期的渡日唐人背景與赴日動機進行分析，做為觀看中國中古社會變化的一項視角。

下篇「唐代禮令對日本的影響」中，將逐章討論唐的法制禮俗對日本的影響。

第三章〈唐日喪禮的異同——以挽歌、遊部為例〉，本章首先比較唐日喪葬令中關於親等與服喪期的差異，尤其是日本親等與服假規範的雙重性，以凸顯在律令規範中，日本與唐朝家族結構主要的不同。進而藉挽歌為例，說明唐令規範葬儀中使用挽歌情形，然後對於日令刪去《喪葬令》挽歌相關文字，說明日本八至九世紀喪葬禮俗，對《天聖令》與日本令中的禮俗做比較，並介紹日本獨特的「遊部」，運用比較方法，來看日本令在制定時，唐朝法令中被保留、去除或新增的部分，突顯出日本自身選擇的主體性及獨特性。

第四章〈清和天皇為祖母服喪禮儀——唐《喪葬令》對日本的影響〉，本章將以清和天皇為祖母服喪禮儀的案例，實際說明九世紀時日本對中國禮俗的吸收與實行，並從橘廣相等人的禮議過程，試圖回答幾項問題，做若干分析，以闡明唐朝的法制禮俗進入日本後，在實行上有其共通性，也有差異與修正。

第五章〈禮俗法制的交融—— 日本《服忌令》探源兼論與唐令關係〉，由前面幾章的內容可知，中國的新文化進入日本後，至少都要經過一兩百年時間才能實際被日本文化吸收，成為日本人生活中的一部分。唐的喪葬禮俗、服制、假寧制等，也經過了大約兩百年左右的時光，才在十世紀之後開始與日本自身的禮俗、宗教觀結合，成為日本的新文化傳統。實際成為統治者頒布的法令，更是要等到近世以後。本章擬以日本《服忌令》的出現，說明唐日禮俗法制的交融。

〈結論〉，將總結全文，整合前面各章節的討論和分析，做出拙稿對唐日人物交流、禮令影響歸納性的看法，揭示拙稿特色及不足之處，及未來可再進一步研究的課題。

拙稿採用比較方法進行討論，對相關的史料史事，以及同一法源中的文字進行互相比較，如同一人在史書中的相關記事、或是比對《天聖令》

與《養老令》間源頭相同的法條，在能力範圍內儘可能搜尋原始資料，對傳世史料及現有研究成果進行耙梳整理，尋找相關文獻來呈現當時唐日社會的部分實況，從地域性、身分階級差異及文化的觀點對不同的社會進行比較，探討唐代法制禮俗對日本的影響，並從現存的史料中找出唐朝與日本法制、禮俗的異同，加以比較。

八九世紀時的日本，雖是與唐國力、文化均不對等，風俗民情也不相同的後進國，本論著除以史料說明渡唐日人的貢獻，並說明日本社會為求進步而做的努力、為因應民情與實際生活狀況所做的改變，並與中國由唐至宋歷史變遷過程相對照，以說明唐的禮令文化傳至日本後，發展的相似與相異之處。

上篇　唐日人物交流

第一章　試論「化外人」與文化攝取——以八、九世紀的代表性渡唐日人為例

第一節　前言

唐太宗曾說：

> 自古帝王雖平定中夏，不能服戎、狄，朕才不逮古人而過之，自不諭其故……自古皆貴中華，賤夷、狄，朕獨愛之如一，故其種落皆依朕如父母。[1]

唐太宗能夠平服戎狄，成就超越古人，其背景除了唐本身國力強盛，有強大武力作為後盾，亦和唐太宗能夠以華夷並進的心態有關。根據引文，唐太宗自認公平對待華夷，故能有所成就。縱觀整部中國史，唐太宗確實是少見的主張「華夷一家」的君主。其自述同時佐證了中國天子和外族間是以政治的君臣、宗法的父子情誼結合，[2]而成就唐代的天下秩序。

即如唐太宗所言，「自古皆貴中華，賤夷、狄」，華夷之分，從遠古以來即已存在。回顧唐以前的歷史，所謂「華夏蠻貊，罔不率俾，恭天成命」

[1] 參見（宋）司馬光編著，（元）胡三省音註，《資治通鑑》，卷 198，〈唐紀十四·太宗貞觀二十一年(647)〉「五月庚辰」條（北京，中華書局，1956），頁 6247。

[2] 參見高明士，《天下秩序與文化圈的探索》上篇第一章〈天下秩序的探討〉（上海：上海古籍出版社，2008），頁 6、7。

[3]，即是說，中國人群只要能夠統合成一個凝聚的華夏，並且能夠確定自己的領土範圍，縱然邊界模糊，沒有如同近代以來清楚的國界概念，但人們很本能的就會開始辨識誰是我族，誰是非我族類。對於非我族類，若不是希望其服從中國命令，就是期盼「守在四夷」。[4]天下秩序建立在以中國天子為君、為父的前提上，天下人成為天子的臣、子。[5]在傳統的天下觀中，華夏是施行德教的核心，搭配德、禮、政、刑四項要素，建立天下秩序，其理論自周代的封建制即已完備。

遠從春秋戰國時代，傳統儒家在意識型態上，即抱持天下一家的理想，此可舉《論語‧顏淵第十二》中，子夏曰：「君子敬而無失，與人恭而有禮；四海之內，皆兄弟也」[6]為例。君子只要以尊重和禮儀對待人，則人際關係和諧，四海之內的人皆可如同兄弟一般。四海的範圍，據《爾雅‧釋地》解釋：「九夷、八狄、七戎、六蠻，謂之四海。九夷在東，八狄在北，七戎在西，六蠻在南，次四荒者。」[7]四海包含了遙遠的夷狄，範圍廣大。又如《論語‧衛靈公十五》中，孔子說：「言忠信，行篤敬，雖蠻貊之邦行矣。」[8]因為相信人同此心，心同此理，才能以忠信篤敬走遍天下，連非華夏的南蠻與北狄之地也能通行無礙。兩段話都暗示，早在春秋時代以前，就認為海內與海外、華夏與蠻貊是有差異的，因為有差異，所以才要強調以禮義

---

[3] 這句話可能是「華夏」一詞最早的用例。參見（漢）孔安國傳，（唐）孔穎達正義，黃懷信整理，《尚書正義‧周書‧武成》。同頁孔安國等對華夏二字的解釋一併附於後供參考：「冕服章采曰華，大國曰夏。……夏謂中國也。」（上海：上海古籍出版社，2007），頁 346。《左傳•定公十年》曰：「中國有禮儀之大故稱夏，有服章之美謂之華」，亦是很好說明。

[4]《左傳‧魯昭公二十三年》：「古者天子守在四夷。」

[5] 參見前引高明士，《天下秩序與文化圈的探索》上篇第一章〈天下秩序的探討〉，頁 5、6。

[6] 參見（宋）朱熹撰，《四書章句集注‧論語集注》卷 6（北京：中華書局，1983），頁 134。

[7] 參見（晉）郭璞注，（宋）刑昺疏，十三經整理委員會整理，《爾雅注疏》卷 9〈釋地第九〉（北京：北京大學出版社，2000），頁 221。「九夷」中，「一曰玄菟，二曰樂浪，三曰高驪……八曰倭人」，釋見同書頁 222。

[8] 同前引（宋）朱熹撰，《四書章句集注‧論語集注》，卷 8，頁 162。

忠信來超越克服差異。文化在不同的空間中各自孕育而生，區分華夏與四夷的關鍵為中華文化，中華文化中包含了漢字、儒教、律令、中國式佛教、科技、生活方式等等。傳統的華夏思維，以為能認同中華文化者即是我族，排斥則屬於異類。儒家以道德化的角度看待世上的人際關係，然而華夏地區以外的人，本有自己的生活方式，也就是其自身創造出的文化，人們以某個文化為基礎，不斷確立自我，其特性及效果，具體表現在生活的各層面。相異的文化接觸時，必然會發生適應、取捨、抗拒或排擠等問題。異民族是否能認同具有中華文化教養的君子是其兄弟？光靠「言忠信，行篤敬」是否就能安然前往不理解華夏文化的地方？證諸歷史事例，不同的種族之間只要存在差異，便很難因為一方具備這種態度而相安無事。

就法律的立場看來，異國人群無論在種族、血統、信仰、生活習慣與唐均有歧異，中國真能視異國人群與華夏人群「如一」嗎？人均有主觀意識，異國人群接觸到唐文化後，是否就放棄本身的文化而完全認同唐文化？如從「化外人」的「化」字定義來探尋文化意識，可發現內外界線和公私之別，甚至牽涉到到異族人群如何看待母國和中國的關係。

「化外人」包含範圍甚廣，囿於個人研究範圍與學力，本章選擇八、九世紀期間代表性的入唐日本人作為研究對象。之所以選擇此時期，因為日本於大寶元年(701)頒佈了大寶律令，從八世紀起，日本的律令制度逐漸成熟完備，並恢復了七世紀後期中斷了三十二年的遣唐使，重新派遣使節團入唐。於此同時，朝鮮半島的動亂平息，以唐為中心的東亞世界進入相對安定的時期。在唐的記載上，則正式更改國名為「日本」[9]。但日本在外

[9] 有關「倭」改為「日本」國號的成立，最早的文獻記載，見於唐朝史籍，如兩《唐書》〈東夷・日本國〉、《唐會要》卷 99〈倭國〉、《唐會要》卷 100〈日本國〉等，均以為倭國自己改稱。但唐玄宗時人張守節在《史記》卷一〈五帝本紀・帝舜〉、卷二〈夏本紀〉《正義》引《括地志》說明百濟之後，「按曰」均指出「武后改倭國為日本國」，論史籍出處，自以張守節說較為可信。《新唐書》指出「更號日本」，是在咸亨元年(670)以後。這樣的記載，在最近（2011 年）發現的「（百濟人）祢軍墓誌」獲得有力證明。誌文記載咸亨三年(672)十一月，祢軍官職晉位為右威衛將軍，儀鳳三年(678)二月十九日卒。該誌記載：「于時日本餘噍，據扶桑以逋誅。」「餘噍」原指殘留性命者，此處指逃亡至日本的百濟遺民，依靠日本來逃避（唐朝）誅罰。而「日本」、「扶

交關係穩定之餘，對外來文化內容的攝取吸收乃至認同，也有所選擇。管見所及，先行研究除對唐代中國西北方族群，即傳統稱為「蕃胡」的化外人地位與文化認同研究外，亦頗多對東亞諸國或異民族對中國文化認同的探討，只是對於某一時段做更深入研究，較為少見。拙稿擬嘗試從異文化的角度為出發點，以八、九世紀的日本為核心，探尋異國人群對唐文化的選擇、攝取與吸收。為求具體，並將列舉數名曾經往來於日本和唐之間的代表性人物事例，用以說明日本於八、九世紀之間對中華文化攝取及認同情況。至於所謂「代表性」，乃是各時期中有赴唐經歷，且成就令後人注目的人物，即令當事人未能順利返回日本，或未在日本功成名就，無礙拙稿的論述。

第二節　化外人範圍

要談「化外人」，應先理解「化」的涵義。化可指轉變，如《禮記・樂記》謂「和，故百物皆化。」[10]也指教令、感化、改變人心，例如《呂氏春秋・士容論第六・士容》謂「淳淳乎慎謹畏化」[11]、《周禮・春官・大宗伯》謂「以禮樂合天地之化，百物之產，以事鬼神，以諧萬民，以致百物」[12]。從這些文字中，亦可看出「化」與禮法、教令相關。

桑」一詞，均是至今所見最早出現者，也是最接近咸亨元年(670)說的誌石。另外，最近發現而時間斷定較「（百濟人）祢軍墓誌」晚提到「日本」的誌石，尚有「井真成墓誌」、「徐州刺史杜嗣先墓誌」。以上詳細解析，參看高明士，〈「日本」國號與「天皇」制的起源—以最近發見的墓誌、木簡為據——〉（臺灣師範大學歷史學系編，《臺灣師大歷史學報》48(2012)），頁 259-280。

[10] （清）孫希旦著，沈嘯寰、王星賢點校，《禮記集解》卷 37〈樂記〉第十九之一（北京：中華書局，1989），頁 990。

[11] （戰國）呂不韋編，張雙棣等譯注，《呂氏春秋譯注》（長春：吉林文史出版社，1986），頁 906。「化」注解作「教令」，見同書頁 908。

[12] （清）孫詒讓撰，王文錦，陳玉霞點校，《周禮正義》卷 35〈春官・大宗伯〉（北京：中華書局，1987），頁 1403。

唐律《擅興律》第9條「征討告賊消息」條（總232條）定義「化」字在法律上的意義：「《疏》議曰：化外人……謂聲教之外，四夷之人」，相對於「化外人」，律本文中也提及「化內人」，顯然在唐代，「化」，亦即「聲教」，是區分華夏內外無形的界線。聲教的範圍，在杜佑對河西黨項潛導吐蕃入寇一事的上書中提到：「蓋聖王之理天下也，唯務綏靜蒸人，西至流沙，東漸於海，在南與北，亦存聲教。」[13]，但此範圍早在《尚書・禹貢》中即提及，[14]可見聲教及內外區分的概念在中國流傳久遠。另外，據武則天時期聖曆三年(700)三月九日的敕文，具體區分「蕃」與「絕域」的範圍：

> 東至高麗國，南至真臘國，西至波斯、吐蕃及堅昆都督府，北至契丹、突厥、靺鞨，並為入番，以外為絕域。[15]

化外地區亦包含蕃與絕域。

在正式法律的定義裡，「化外人」涵蓋了外國人及諸蕃，但外國人及諸蕃不一定直接等於「化外人」。唐律《名例律》第48條「化外人相犯」（總48條）規範：

> 諸化外人，同類自相犯者，各依本俗法；異類相犯者，以法律論。

《疏》議曰：

---

[13] （後晉）劉昫等撰，《舊唐書》卷97〈杜佑傳〉，頁3980。

[14] 《尚書・禹貢第三下 虞夏書三》作「東漸於海，西被於流沙；朔、南暨聲教，訖於四海。」參見（清）孫星衍撰，陳抗，盛冬鈴點校，《尚書今古文注疏》卷3（北京：中華書局，1986），頁207。

[15] （宋）王溥，《唐會要》卷100〈雜錄〉，頁2136。

「化外人」，謂蕃夷之國，別立君長者，各有風俗，制法不同。其有同類自相犯者，須問本國之制，依其俗法斷之。異類相犯者，若高麗之與百濟相犯之類，皆以國家法律論定刑名。[16]

今人學者解析本律文，推論可能是從《貞觀律》開始即有此律，而完成於《永徽律》。[17]《唐律釋文》對本條文的看法是：「異類相犯，此謂東夷之人與西戎之人相犯，兩種之人，習俗既異；夷戎之法，各又不等。不可以其一種之法斷罪，遂以中華之政決之。此物皆為去王化遼遠，各有君長之故，聖人但撫之教外，不以中華強之不能也，故許聽其俗。」[18]或如錢大群所謂：「其立法精神是既尊重外國人的風俗與法律，又維護唐朝本國與法律適用的主權原則。」[19]唯有君主具備開放的胸襟，才能允許施行「化外人相犯」這樣既尊重境外各民族的習俗，又不失本國尊嚴的法律，雖然以現代眼光看來尚有不足，但在當時實具有先進性與精密性。[20]其立法原則，相近於現代國際私法觀念的所謂「屬人主義」與「屬地主義」。[21]直到明律才將本條律文改為一律以本國律治罪，而化外人則特指「化外來降人」，成為屬地主義。[22]但是明清的實行狀況，原則上仍依唐律辦理，基本上尊重各民族的「風俗、制法」，沿襲此項規定者，包括《日本律》、《宋刑統》、《遼

[16] （唐）長孫無忌等撰，劉俊文點校，《唐律疏議》卷 6（北京：中華書局，1983），頁 133。

[17] 劉俊文，《唐律疏議箋解》（北京：中華書局，1996），頁 480。

[18] 參見（宋）此山貫冶子，《唐律釋文》「化外人同類相犯」條割注，收入楊一凡編，《中國律學文獻》第二輯第一冊（黑龍江：黑龍江人民出版社，2005），頁 155。

[19] 錢大群，《唐律疏義新注》（南京：南京師範大學出版社，2007），頁 207。

[20] 參見高明士，《律令法與天下法》第七章〈天下秩序與「天下法」〉（臺北：五南出版社，2012），頁 357 註 44 對本條律文評價。

[21] 參見陳惠馨，〈《唐律》「化外人相犯」條及化內人與化外人間的法律關係〉，收入高明士主編，《唐代身分法制研究——以唐律名例律為中心》（臺北：五南出版社，2003），頁 12-13 說明。

[22] 明《律》同條文字改為：「凡化外（註云：來降）人犯罪者，並依律擬斷。」收入懷校鋒點校，《大明律》卷 2（北京：法律出版社，1999），頁 20，並參見（日）仁井田陞《補訂．中國法制史研究：刑法》（東京：東京大學出版會，1959 年初版，1980 年補訂版），頁 418。

制》、《金律》、《高麗律》、《安南黎律》等，透過法律而使複合民族的中國歷經變亂而存續至今，隨著中國文化圈的成立，從七、八世紀將東亞諸農耕國家結合為同一法系，形成了「中華法系」，相同的法文化現象，至近代以前，在東亞地區存在了千年以上。[23]

乍看「化外人相犯」條的文字內容，或許會認為「化外人」即是今日所認為的外國人，「外國人」的說法不見於唐律，然而《漢書》中即有「外國人」一詞，[24]可知「外國人」對於唐人而言應非新詞。唐代指涉異族人群時，除了將北方來的突厥、西方來的回鶻、吐火羅、粟特、大食、波斯、天竺等異族人群籠統稱為「胡」，將西南方的異族稱為「獠」、「夷獠」，另一在唐律中較常見的說法是「蕃人」。唐代也有「外國人」一詞的用例，例如圓仁《入唐求法巡禮行記》卷二「(唐文宗)開成四年(839)七月廿八日」條記載的縣帖中提及：「並勘赤山寺院綱維、知事僧等，有外國人在，都不申報。」[25]

唐律中並未解釋「化外人」、「外國人」兩者是否相同，故只能認為在法律用語上採用「化外人」。例如《冊府元龜》卷九九九〈外臣部・互市〉記載：

> (唐文宗)開成元年(836)六月……是月京兆府奏：「准(唐德宗)建中元年(780)十月六日敕，諸錦罽、綾羅、穀繡、織成、細紬、絲布、犛牛尾、珍珠、銀、銅、鐵、奴婢等，並不得與諸蕃互市；又准令式，中國人不合私與化外人交通買賣、婚娶來往。

---

[23] 參見高明士，〈也談中華法系〉，收入《中華法系國際學術研討會論文集》(北京：中國政法大學出版社，2007)，頁 14-23。另收入氏著《律令法與天下法》第八章〈中華法系〉，頁 380。

[24] 例如：「日磾曰：『臣外國人』」，用以推辭漢武帝授命。參見(東漢)班固，《漢書》卷 68〈霍光金日磾傳〉(北京：中華書局，1962)，頁 2935、2962。

[25] (日)圓仁撰，顧承甫、何泉達點校，《入唐求法巡禮行記》卷 2(上海：上海古籍出版社，1986)，頁 65。

又舉取蕃客錢，以產業、奴婢為質者，重請禁之。」[26]

這是在詔書中使用「化外人」的例子。[27]

「化外人」和「外國人」在唐代是否可指涉相同對象，以下擬再試做討論。

為何唐律律文中不使用「外國人」，而是「化外人」？管見認為其關鍵即在於「化」。以聲教、文化做為界線，「化」區分了內與外、華夏與四夷，文化的疆界與政治的疆界無須一致，它不必是一條線，也可以是一塊雙方都不准佔領和墾殖的地帶，一塊居民同屬兩國的地帶，或是一個緩衝國，中國皇帝也可以片面宣佈一個疆界，[28]「外國」的「國」和今日國家的定義不同，通常指諸候王國，故「蕃」亦可以寫成「藩」。[29]「外國」廣義指中國以外的國家，狹義則指敵國（暫不臣之國）。[30]但明辨華夷對於界定華夏的文化邊緣是件重要的事，如《春秋公羊傳》「成公十五年」條中謂：「內諸夏而外狄夷」[31]，可說是中國天下觀的原型。用漫長時間建立起來的中國天下秩序裡，內與外是種相對的概念，中國是內的、大的、高的，蠻夷是外的、小的、低的。在區分內外臣的同時，相對於本朝，異國、蠻夷即

---

[26] （宋）王欽若、楊億等奉勅撰，《冊府元龜》。本處採用《宋本冊府元龜》資料（北京：中華書局，1989，頁 4043 下）。影印明崇禎刻本於此處作「中國人不合私與外國人交通買賣」（北京：中華書局，1960），頁 11728-1。

[27] 另在唐文宗太和八年(853)八月廿二日發布的敕節文，記有別稱「外界人」，宋代文獻如《宋會要輯稿》、《慶元條法事類》中有少量用例，但明清仍用「化外人」，愚意推論「外界人」在歷史上恐為短暫使用。參見（宋）竇儀等詳定、岳純之校證，《宋刑統校證》卷 12「死商錢物」條（北京：北京大學出版社，2015），頁 170-171。

[28] 楊聯陞著，邢義田譯，〈從歷史看中國的世界秩序〉，收入楊聯陞，《國史探微》（臺北：聯經出版公司，1983），頁 4。

[29] 同前引楊聯陞著，邢義田譯，〈從歷史看中國的世界秩序〉，收入楊聯陞，《國史探微》，頁 3。

[30] 參見前引高明士，《天下秩序與文化圈的探索》上篇第二章〈天下秩序與君長人身統治〉，頁 19。

[31] 李宗侗註譯、葉慶炳校訂，《春秋公羊傳今註今譯》（臺北：商務印書館，1973 年初版，1976 年二版），頁 406。

視為「蕃」，夏、商的五服最外圍為荒服，周的九服最外圍屬蕃服，此種天下秩序，原則上是以京師為圓心，形成內、中、外三大圈結構：內臣地區（中國本部）、外臣地區（蕃國）、不臣地區（敵國），[32]因為文化和軍事的擴張而有變動，[33]春秋時代盛談「尊王攘夷」，區隔民族的關鍵在於文化習俗，[34]尤其是禮法，而非血緣。用韓愈〈原道〉中的說法即是：「諸夏用夷禮，則夷之；進於中國則中國之」。[35]

回顧中國歷史，漢族對外族的基本政策，乃是用「羈縻」之策，即寬鬆攏絡的政策掌控夷狄。羈縻政策從漢代已大體成形，對於國力比自身強大的夷狄，漢朝的看法與具體做法，如同《冊府元龜》卷九七八〈外臣部·和親〉中所歸納：

> 戎狄之國，世爲邊患，禮義不能革其貪，干戈不能絕其類，故……所謂獸聚鳥散，從之如搏景者也。是以聖人用權變之道，遠御不絕而已。漢高始納奉春（按：奉春君劉敬）之計，建和親之議，歲用絮繒酒食奉之，非惟解兵息民，亦欲漸而臣之，爲羈縻長久之策耳。[36]

雖然視夷狄為鳥獸，實際上又無法如儒家理想般，用禮義變化其本性，或用兵刑（王化）使其臣服或實現天下秩序，[37]只好用變通的方法來換得邊

[32] 對於天下秩序的結構，更清楚的說明，可參見前引高明士，《律令法與天下法》第七章〈天下秩序與「天下法」〉，頁 315-364。

[33] 參照前引楊聯陞著，邢義田譯，〈從歷史看中國的世界秩序〉，頁 1、3。

[34] 劉學銚，《歷代胡族王朝之民族政策》（臺北：知書房出版社，2005），頁 312。

[35] （唐）韓愈，〈原道〉，收入屈守元、常思春編，《韓愈全集校注》（成都：四川大學出版社，1996），頁 2664。

[36] 同前引（宋）王欽若、楊億等奉勅撰，《宋本冊府元龜》卷 978〈外臣部二十二·和親〉，頁 3898。

[37] 參照高明士，《天下秩序與文化圈的探索》上篇第一章〈天下秩序原理的探討〉，頁 11-17 對「天下法」、「天下秩序」、「德化原理」說明。

境和平，具體做法，例如引文中提及的和親與攏絡，均是手段之一，目的在於希望夷狄自願向中國稱臣。《史記．司馬相如列傳》中，司馬相如謂：「蓋聞天子之於夷狄也，其義羈縻勿絕而已」[38]，或《漢書．郊祀志》中謂「天子猶羈縻不絕」，唐代顏師古的解釋是「羈縻，繫聯之意」。[39] 目的均在維持體系化的天下秩序。

經過五胡亂華、魏晉南北朝長期爭戰與分裂，中華民族重新聚合，唐代設計出羈縻府州制，作為化內與化外之間的區隔，接受唐統治的羈縻府州地區居住著內附於唐的蕃夷民族，此類民族對唐而言屬於內臣（中國本部），而這個地區又連繫了聲教所及的外臣地區（蕃國），及聲教所不及的不臣地區（敵國），天下秩序仍然是內、中、外圈的三層結構，[40]故法律上不直接以「外國人」來泛稱所有的異民族人群。又因傳統中國沒有現代的外交、國際關係以及平等、獨立等觀念，而以禮的親疏原理決定彼此關係，[41]於是在區分內外與華夷時，較諸「緣邊關塞」[42]這種有形的分界，異族是否接受中國的禮義教化，仍然是最重要的關鍵。

---

[38] （漢）司馬遷，《史記》卷117〈司馬相如列傳〉（北京：中華書局點校，1959），頁3049。

[39] 同前引（東漢）班固《漢書》卷25下〈郊祀志〉第5下，頁1247。

[40] 同前引高明士，《律令法與天下法》第七章〈天下秩序與「天下法」——以隋唐的東北亞關係為例〉，頁336。

[41] 同前引高明士，《天下秩序與文化圈的探索》上篇第二章〈天下秩序與君長人身統治〉，頁19-20。

[42] 唐律《衛禁律》第31條「越度緣邊關塞」條（總88條）的「《疏》議曰」定義國境有形的界線：「緣邊關塞，以隔華、夷」。見《唐律疏議》卷8，頁177。

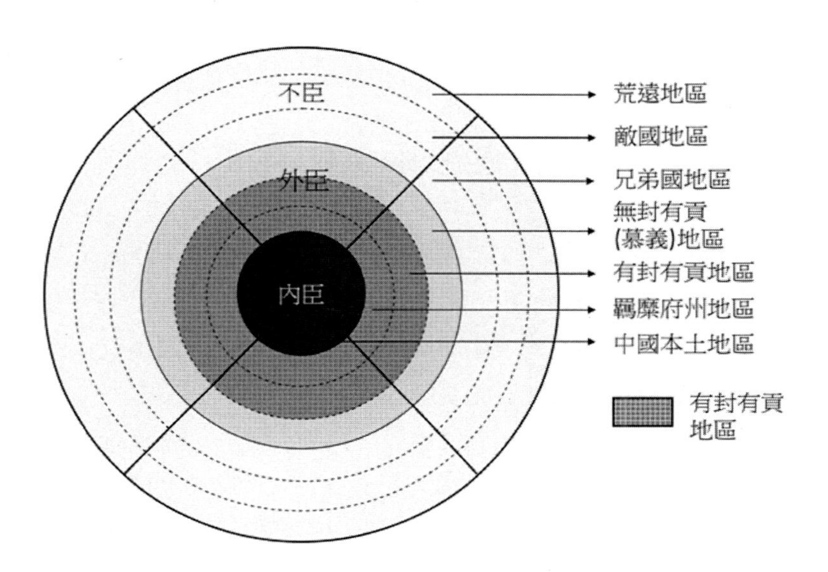

圖 1-1：隋唐天下秩序結構圖[43]

唐可以包容蕃夷有自己的君主、風俗和制法，也可以有限度的接受異族文化在唐土內流行，在法律上給予來內附或接受招撫的異族人民優待，使其樂於成為百姓，[44]但唐這個具胡族血統的帝國政府，卻沒有放棄過傳統的天下觀及背後的中華文化。此等以中華為天下中心，各國按距離遠近及大小有階序等級，不容隨意改變的同心圓天下觀，或許可用裴矩和溫彥博對唐高祖認為無需令高麗稱臣的意見來描繪：

> 遼東之地，周為箕子之國，漢家玄菟郡耳！魏、晉已前，近在提封之內，不可許以不臣。中國之於夷狄，猶太陽之對列星，

[43] 本圖參考高明士，《律令法與天下法》第七章〈天下秩序與「天下法」——以隋唐的東北亞關係為例〉，頁 336「隋唐天下秩序結構圖」重新製作而成。

[44] 例如《天聖令・賦役令》唐 12 條規定：「外蕃之人投化者，復十年。其夷僚（獠）新招尉（慰）、及部曲奴被於（放）附戶貫者，復三年。應給賜物，於初到州給三段，餘本貫給。」參見天一閣博物館、中國社會科學院歷史研究所天聖令整理課題組校證，《天一閣藏明鈔本天聖令校證附唐令復原研究》（北京：中華書局，2006），校錄本頁 271。

理無降尊，俯同藩服。[45]

綜合以上，個人淺見以為「化」應是文化上的區分方式，「化外人」是帶有文化意涵的法律名詞，不宜直接等同於今日定義的「外國人」。

回到「化外人相犯」條的文字內容，就唐的角度來看，高麗、百濟均是外臣，屬「化外人」，但是此類人群因為來到中國，在中國境內接受聲教，故在唐律中依同類、異類處理，如前文所述，同類相犯者採類似今日的屬人主義，異類相犯者採類似今日的屬地主義，法律中一方面容許化外人在唐有半自治的權利，例如為防止異民族人群與唐人混居，唐政府設立蕃坊供外族人民居住，並設蕃長治理，處理行政業務，[46]同時也暗示唐在法律定義上是基於內諸夏而外狄夷的精神區分化內與化外，並彈性運用羈縻府州地區作為緩衝，[47]化內與化外雖非截然二分，但蕃和本國則是相對的存在，[48]並且以蕃國大小為敘。[49]

從唐律中出現「蕃」、「外蕃」、「諸蕃」、「蕃客」、「蕃人」、「化外人」等用語，可知唐在法律上對於境外民族雖然有包容與優待，但也有性質上的區分及法律上的限制，例如在《唐律疏議・衛禁律》第 31 條「越度緣邊

---

[45]（後晉）劉昫等撰，《舊唐書》卷 199 上〈東夷・高麗傳〉，頁 5321。

[46] 參見（宋）朱彧，《萍洲可談》卷 2：「廣州蕃坊，海外諸國人聚居，置蕃長一人，管勾蕃坊公事，專切招邀蕃商入貢，用蕃官為之，巾袍履笏如華人。蕃人有罪，詣廣州鞫實，送蕃坊行遣。縛之木梯上，以藤杖撻之，自踵至頂，每藤杖三下折大杖一下。蓋蕃人不衣褌袴，喜地坐，以杖臀為苦，反不畏杖脊。徒以上罪則廣州決斷。」（收入王雲五編，《叢書集成初編》，上海：商務印書館，1937，頁 19）亦可見犯罪若非「化外人相犯」的情形，化外人仍要視情節輕重，依唐的法律規範懲處。這段記事側面佐證了唐律及宋刑統「化外人相犯」條中規範「異類相犯者，以法律論」有所執行。

[47] 參見前引高明士，《天下秩序與文化圈的探索》上篇第三章〈羈縻府州制度〉，頁 31-32。

[48] 例如《唐律疏議・名例律》第 6 條「十惡」中的「謀叛」，《疏》議曰：「有人謀背本朝，將投蕃國，或欲翻城從偽，或欲以地外奔……」（後略）

[49]（唐）蕭嵩等撰，（日）池田溫解題，《大唐開元禮・附大唐郊祀錄》卷 79〈賓禮・蕃主奉見〉注曰：「若更有諸蕃，以國大小為敘」（東京：古典研究會，1972），頁 387。

關塞」（總 88 條）中，「《疏》議曰」引《主客式》的內容，即可看出唐廷對境外使節猜疑防備的一面：

> 蕃客入朝，於在路不得與客交雜，亦不得令客與人言語。州、縣官人若無事，亦不得與客相見。[50]

綜合唐律中諸條規範境外民眾行動的相關條文看來，法律中既有懷柔，也有防備，一方面可看出傳統儒家天下觀的傳承，也是唐人為國家安全所採取必要的措施，在法律執行層面上，唐對待異民族人民的方式仍視身分與等級高下而有若干差別，未能如同唐太宗所宣稱的平等對待。

第三節「化外人」文化攝取舉隅—以八、九世紀日本為例

從實際施行統治的情形看來，外族既然可以自有君長、各有風俗，不同的種族當然也會發展出自我意識，而且與中國的關係，也不必然就是臣屬關係。唐代的天下觀仍承襲漢代的觀念，以中國為中心，四方的國家向中國稱臣納貢，接受教化。此種認知和中國的自我認同相關。例如漢初的匈奴和唐初的突厥，均曾是國力超過中國的外族，但中國仍視對方為從屬國。

唐朝時期，大量的異民族人民進入中國，例如貞觀年間，採溫彥博意見，「處其（突厥）部落於河南朔方之地，入居長安者近萬家」[51]，另外在其他地區如敦煌、廣州、揚州等地也有大量異族人群居住，據傅樂成意見，自貞觀四年(630)至玄宗天寶四載(745)之間，「外族為唐所俘或降附唐室因

[50] 同前引《唐律疏議》卷 8〈衛禁律〉第 31 條「越度緣邊關塞」（總 88 條），頁 178。

[51] （宋）王溥，《唐會要》卷 73，〈安北都護府〉（上海：上海古籍出版社，2006），頁 1557。

而入居中國者，達一百七十萬人以上，包括突厥、鐵勒、高麗、吐蕃、黨項、吐穀渾及西域諸國之人。……波斯、大食以及西域賈胡等，遍及廣州、洪州、揚州諸地，而新羅及崙崑等種人，多為國人用為奴隸。」[52]這些異民族人群在移居的同時，也將本身的文化、生活方式及信仰帶進中國，例如張鷟在《朝野僉載》中記載：

> 河南府立德坊及南市西坊皆有胡祆神廟。每歲商胡祈福，烹豬羊，琵琶鼓笛，酣歌醉舞。[53]

另如圓仁《入唐求法巡禮行記》卷二中記載了楚州新羅坊、新羅人張寶高在登州赤山建立法花院，赤山法花院以新羅語混合唐音、以新羅風俗、日本僧人進行頌經祈福儀式，以唐風之辭賀年，[54]這些事項都可說明異族人群雖然進入中國接受聲化，卻仍留存自己的文化，又或是將帶進中國的異族文化與中國文化混合，進行內在交流，發展出新形態的移民文化及社會風氣。

若將中國本身視為一個文化內核，文化向外輻射，漢字文化圈如同至少二層的同心圓，核心外層成為文化外緣，[55]越遠則文化越不相似。從距離看來，三韓及日本與中國在文化層次上較為接近。但日本被唐歸類為東夷之一，在隋唐天下秩序的同心圓結構中，日本只屬有貢無封的外臣，地位低於三韓，[56]這是因為距離遙遠、海道多險，故阻絕了中國與日本早期

---

[52] 傅樂成，〈唐代夷夏觀念之演變〉，收入氏著《漢唐史論集》（臺北：聯經出版，1977），頁 213。

[53] （唐）張鷟，《朝野僉載》卷 3，（北京：中華書局點校，1979），頁 64。

[54] （日）圓仁撰，顧承甫、何泉達點校，《入唐求法巡禮行記》卷 2，講經見「（開成四年，839）十一月十六日」、「十一月廿二日」條，賀歲見「十二月廿九日」條，頁 72-75。

[55] 參見盛邦和，《內核與外緣——中日文化論》第三章〈中國內核文化區與日本外緣文化區〉（上海：學林出版社，1988），頁 76 之理論說明。

[56] 參見前引高明士，《天下秩序與文化圈的探索》中篇第六章〈隋唐使臣赴倭及其禮儀問題〉，頁 185、219-221。

的互動。

日本原名倭國，早在漢朝，中國人即已知道倭人的存在。[57]三至五世紀時，倭向中國進貢，[58]後來也接受了南朝的冊封，參考日本學者西嶋定生的見解，五世紀的日本是一方面參與以中國天子為中心的大「天下」(全世界)，另一方面在日本列島建構了以大和王權為終極權力來源的小「天下」(小世界)。[59]但是在南朝梁亡(557)至隋文帝開皇二十年(600)間，中國和倭國間沒有往來，彼此皆不夠瞭解。中國本身並不是特別重視日本這個不接壤的國家，日本因為是海島國家，當時的大和政權也抱持自我中心主義，從《隋書・倭國傳》中記錄隋煬帝大業三年(607)倭王遣使朝貢，卻發生「無禮國書事件」，以及唐太宗貞觀五年(631)發生高表仁與王子「爭禮事件」看來，[60]日本本來有意與唐採取對等姿態。至於日本的態度，據日本學者井上秀雄統計日本最早的正史《日本書紀》裡對於諸國的提及頻率，最多的是新羅，共 443 次，[61]而提到唐的次數只有 96 次，[62]從提及次數的差距也可以看出日本人最初確實不在乎隋或唐，不過這必須考慮到日本本來就是先與三韓接觸，由於日本在白江口之役(663)慘敗，才使日本不得不正視自己各項實力與唐的落差，加強與唐、朝鮮半島的交流。

---

[57] （東漢）班固撰；（唐）顏師古注，《漢書》卷 28〈地理志〉下：「夫樂浪海中有倭人，分為百餘國，以歲時來獻見云。」（北京：中華書局，1962），頁 1658。

[58] 參見（劉宋）范曄，《後漢書・東夷列傳・倭》（北京：中華書局，1965，頁 2821），及（晉）陳壽撰、（南朝宋）裴松之注，《三國志・魏志・東夷倭人傳》（北京：中華書局點校，1959，頁 854-858）。

[59] （日）西嶋定生，《日本歷史の国際環境》（東京：東京大學出版會，1985），頁 78。

[60] 參見（後晉）劉昫等撰，《舊唐書》卷 199 上，〈東夷列傳・倭國〉：「貞觀五年，遣使獻方物。太宗矜其道遠，敕所司無令歲貢，又遣新州刺史高表仁持節往撫之。表仁無綏遠之才，與王子爭禮，不宣朝命而還。」頁 5339。

[61] （日）井上秀雄，《古代日本人の外国観》（東京：學生社，1991），頁 65。

[62] 同前引（日）井上秀雄，《古代日本人の外国観》，頁 76。

一、日本對大陸文化的攝取歷程

雖然早在漢代，倭即已出現在中國方面的文獻中，但在七世紀以前，日本的文化並不如中國及三韓先進。[63]至隋代以前，倭對中國來說，始終是落後無文的九夷之一，例如在《魏書・東夷倭人傳》中，概略記載了西元三至四世紀時，倭國的社會結構與人民生活情境，傳達給讀者原始蒙昧的印象。而在「其會同坐起，父子男女無別，人性嗜酒」條下，裴松之引魚豢《魏略》中的記載，夾注曰：「其俗不知正歲四節，但計春耕秋收為年紀」[64]，可知當時的倭國在文化發展上，和亞洲大陸上的國家尚有一段差距。西元二、三世紀後，來自朝鮮半島和中國的移民逐漸將文化、宗教、禮律傳入倭國，其歷史進程可參考日本最古老的漢詩集，編成於日本天平勝寶三年(751)的《懷風藻・序》所記載：

> ……橿原建邦之時，天造草創，人文未作……百濟入朝，啓於龍編於馬廄，高麗上表，圖烏冊於烏文，王仁始導蒙於輕島，辰爾終敷教於譯田，遂使俗漸洙泗之風，人趨齊魯之學。逮乎聖德太子，設爵分官，肇制禮義，然而專崇釋教，未遑篇章……[65]

又謂：

---

[63] 例如（東漢）班固，《漢書》卷 28〈地理志〉第 8 下：「樂浪海中有倭人，分為百餘國，以歲時來獻見云。」頁 1685。

[64] （晉）陳壽撰、（南朝宋）裴松之注，《三國志・魏書》卷 30〈東夷倭人傳〉（北京：中華書局點校，1959），頁 856。

[65] 編纂者不明，（日）小島憲之校注，《懷風藻》（東京：岩波書店，1964），頁 58-59。

（天智天皇） 既而以為，調風化俗，莫尚於文，潤德光身，孰先於學，爰則建庠序，徵茂才，定五禮，興百度，憲章法則。[66]

編纂者在以上兩段文字中，簡要回顧了日本藉由異族人民攝取亞洲大陸先進文明而進步的過程：首先是透過百濟、高麗人士為媒介，傳入漢籍與漢字，經由王仁[67]、王辰爾[68]等人的教導推廣，「遂使俗漸洙泗之風，人趨齊魯之學。」聖德太子設計官制，提倡禮義，崇尚佛教，此也是攝取中國文化的成果，但是「未遑篇章」。經由大化革新，至天智天皇時期以後，在日本推廣中國文化，「建庠序，徵茂才，定五禮，興百度，憲章法則」，並認為漢詩文可以推動教化。[69]

從皇子、高官等貴人所作漢詩的量可以收錄成集，以及《懷風藻》序中說明的各項仿唐制度建立情形看來，足可代表五至八世紀間，無論是中國的文字、文學、儒教、佛教、禮律、風俗各方面，日本政府都主動努力加以吸收模仿，並呈現在國家事業上，所追求的，即是要被當時東亞世界認同。

在法令方面的攝取，如《令義解・序》中謂：「春生秋煞，刑名與天地俱興，陰慘陽舒，法令共風霜並用」[70]、《養老・官位令》引「『或』云」謂：「令者教未然事，律者責違犯之然」[71]，是將令解為禮，[72]也可以看出

[66] 同前引《懷風藻》，頁 60。

[67] 事見《日本書紀》（二）卷 10 應神天皇十五年(404)、十六年(405)條，頁 512-513。

[68] 事見《日本書紀》（四）卷 20 敏達天皇元年(571)五月條，頁 435-436。

[69] 日本古代透過學校教育推廣漢字（含漢音）、漢文教育之探討，參看高明士，《東亞教育圈形成史論》第三章〈日本古代的學校教育〉（上海：上海古籍出版社，2003），尤其頁 255-259〈漢字教育〉。

[70]（日）清原夏野等撰，《令義解》卷 1，收入（日）黑板勝美、國史大系編修會編，《新訂增補國史大系》（東京：吉川弘文館，1974），頁 1。

[71]（日）惟宗直本撰，《令集解》卷 1〈官位令〉，收入（日）黑板勝美、國史大系編修會編，《新訂增補國史大系》（東京：吉川弘文館，1974），頁 7。

唐律令中混合儒家、禮法、陰陽五行的基本思想被日本的法令吸收，法令中呈現了文化移植的狀況，亦展現出日本對中華文化的高度認同。

然而在移植與認同中華文化之餘，日本也有其自身的選擇，即符合日本本身所需或符合日本實際需要者才接受，為有選擇性的接受，如果與日本本身傳統相牴觸，則不予採納。例如日本在七世紀中期進行大化革新，仿唐建立初步的律令制，有個重要的原因，是為了要建立以天皇為權力中心的體制，以與地方豪族相抗衡。對於唐而言，日本屬於「蕃」，從日本的角度，因不受中國冊封，在吸收了中國的律令制後，更進一步地模傚中國的立場，視自己為天下中心，在禮法上，視唐為或「大國」或「鄰國」，把日本附近的國家，均視為「諸蕃」[73]，考量「化」字的文化意涵，日本實際上是唐化得相當徹底。

日本在六世紀到九世紀間，縱然文化落後於中國及朝鮮半島，在對外關係上卻是自視為天下中心，即使七世紀中葉，從白江口之役的大敗體會到自己國力與唐的巨大差距，調整心態，從八世紀開始恢復與唐的往來，並在制度與文化上努力推動全面唐化。[74]影響所及，至九世紀初，平安時

[72] 高明士，〈從律令制看唐宋間的演變〉，收入《臺大歷史學報》32 期（臺北：臺灣大學歷史學系，2003），頁 11。

[73] 參見（日）惟宗直本撰，《令集解》卷 31〈公式令〉解釋「明神御宇日本天皇詔旨」引《古記》云：「御宇日本天皇詔旨，對鄰國及蕃國而詔之辭。問：『鄰國與蕃國何別？』答：『鄰國者大唐。蕃國者，新羅也。』」又引《穴》云：「問：『蕃國與鄰國有別哉？』答：『合有也。假，遣蕃國者用此式，使來時亦同。通鄰國者合別勘，不依此式。但使來明合放用此式也，無別條故也。』」（收入（日）黑板勝美、國史大系編修會編，《新訂增補國史大系》，東京：吉川弘文館，1974，頁 774。）禮儀上，則視唐為「大國」。關於六至八世紀，中國與日本互動時，日本對本身定位的詳盡說明，可參見前引高明士《天下秩序與文化圈的探索》中篇第六章〈隋唐使臣赴倭及其禮儀問題〉，頁 191-193。

[74] 雖然法制上參考唐制，援引今人學者意見，「日本律之制度並不一昧拘於中國，同時也參照了朝鮮半島的文明，注目點是實用，如將百濟成果用於區劃土地、徵稅、造曆。」參見孫猛，〈漢籍東傳與《日本國見在書目錄》〉，收入氏著《日本國見在書目錄詳考》（上海：上海古籍出版社，2015），頁 2148。

代後陸續編成的日本「六國史」[75]中，可以見到許多日本自稱為「夏」[76]，視朝鮮諸國及渤海國為「蕃國」的記錄，以及新羅、渤海向日本進貢、日本給予賞賜的事例，[77]甚至連唐也被記載為「蕃」，將唐使視為蕃使，稱唐人為「蕃人」的例子。

舉例而言，《續日本紀》在（光仁天皇）寶龜九年(778)「十月己未（23日）」條記載，乘遣唐使第三船歸國的判官小野朝臣滋野上奏言：「……但今唐客隨臣入朝，迎接祇供，令同蕃例。臣具牒大宰府，仰令准擬。」[78]即是視唐使為蕃國使。又如《日本後紀》「（桓武天皇）延曆十四年(795)七月辛巳（16日）」條記載：「唐人等五人授官，以優遠蕃人也」[79]、同書「延曆十七年(798)六月戊戌（20日）」條：「唐人……遠辭本蕃，歸投國家……宜特優恤，隨便賜稻」[80]，均可為做為例證。

---

[75] 按，日本歷史上未發生改朝換代的異姓革命，故亦未形成新王朝編纂前王朝歷史的傳統，但是日本仿唐的律令制，成為律令國家，撰寫國史乃律令制下國家事業的一環，所以日本在奈良、平安時期，由官方主導，編纂了六部史書：《日本書紀》、《續日本紀》、《日本後紀》、《續日本後紀》、《日本文德天皇實錄》、《日本三代實錄》，即所謂的「六國史」，均具備官修正史的地位。除《日本書紀》外，後五部均成書於平安時期。

[76] （日）菅野真道等奉敕撰，青木和夫、稻岡耕二、笹山晴生、白藤禮幸校注，《續日本紀》（二）卷11（聖武天皇）天平三年（732）「七月乙亥」條：「定雅樂寮雜樂生員……其大唐樂生，不言夏蕃，取堪教習者。百濟、高麗、新羅等樂生並取當蕃堪學者。」（東京：岩波書店，1990），頁246。據青木和夫等人的校注意見，此處的「夏」指日本人，「蕃」指渡來系氏族出身者，頁247。

[77] 可參見（日）鈴木靖民・金子修一・石見清裕・浜田久美子編，《訳註　日本古代の外交文書》（東京：八木書店，2014）中所整理諸事例。

[78] （日）菅野真道等奉敕撰，青木和夫、稻岡耕二、笹山晴生、白藤禮幸校注，《續日本紀》（五）卷35（東京：岩波書店，1995），頁76。實際執行上，據後文次年「四月辛卯（21日）」條記載的內容，唐使孫進興等人在進入日本京城時，雖然儀仗被日方要求「唯聽帶仗，勿令建旗」，不過由於唐在日本眼中地位較高，推論唐使得到的待遇應較朝新羅朝貢使、渤海國使為優遇。孫進興等朝見到辭見的記事內容，文見同書同卷頁92、94、96。

[79] （日）藤原冬嗣、藤原緒嗣等編，《日本後紀》卷3「（桓武天皇）延曆十四年(795)七月辛巳（16日）」條，收入《新訂增補國史大系》冊3（東京：吉川弘文館，1974）。

[80] 見前引《日本後紀》，頁380。

法令上，將日本以外的人民定義為「夷狄」[81]，至於「歸化」一詞的定義，則如《養老・職員令》中「大宰府」條對「帥」的職掌之一「歸化」所做的詮釋：「（義解）謂，遠方之人欽化內歸也。」[82]平安時代後，衍生出將從外國赴日居住的人群及其數代的子孫均稱為「歸化人」的用法。[83]

從這些仿唐制定的諸法律名詞，即可看出日本中心主義，以及政治上因認同而在法制與文化上主動模仿中國天下體系思想，即日本學者所謂的「小帝國」[84]或「小中華」思想。[85]日本初與中國接觸時，並未掩飾此種態度，故在兩唐書中都記有中國對倭的懷疑。但從八世紀起，日本遣使入唐時，表現出「化外慕禮」[86]的態度，採用兩面手段，在未受唐冊封的情況下，一方面在禮法上表現低姿態，採取事大主義，[87]以外臣地位獲得與唐之間的和平及促進文化進步所需的各種書籍文物，一方面對內保持天皇制的威儀，在法令上明示日本中心主義的立場。[88]

---

[81] 例如（日）惟宗直本撰，《令集解》卷4〈職員令〉「玄蕃寮」條，解釋「及在京夷狄」，引《古記》云：「在京夷狄，謂墮羅、舍衛、蝦夷等。又說，除朝聘外，在京唐國人等，皆入夷狄之例」，頁91。

[82] 參見（日）清原夏野等撰，《令義解》，收入黑板勝美編，《新訂增補國史大系》冊22（東京：吉川弘文館，1974），頁60。

[83] 可參見（日）關晃，《歸化人》（東京：至文堂，1966初版，1968再版），〈序論〉頁1、6-7說明，謂不僅指一開始移居至日本的外國人，其子孫也包括在內。增補後於2009年由東京講談社學術文庫出版，頁9。另參考三省堂《大辭林》辭典說明，近年常見說法為「渡來人」。

[84] （日）石母田正，《日本の古代国家》，收入《石母田正著作集・三》（東京：岩波書店，1981），頁21。

[85] 例如（日）森公章，《古代日本の対外認識と通交》第2章〈古代日本における対唐観の研究─「対等外交」と国書問題を中心に─〉（東京：吉川弘文館，1998），頁30，對此名詞有所述及。

[86] （日）西嶋定生，《古代東アジア世界と日本》（東京：岩波現代文庫，2000），頁64、95。

[87] 參見前引高明士，《天下秩序與文化圈的探索》中篇第6章〈隋唐使臣赴倭及其禮儀問題〉，頁191-194、220-223。

[88] 以上並可參見前引（日）森公章，《古代日本の対外認識と通交》第2章〈古代日本における対唐観の研究─「対等外交」と国書問題を中心に─〉，頁37-65。

二、渡唐日人攝取唐文化歷程

由於渡唐日人數量有限，未若胡人、新羅人的數量可以多到集結成坊，故較知名的例子多半屬於遣唐使節團成員或留學生、留學僧。

七世紀時，經醫（藥）師惠日等奏議後，[89]日本自西元 630 年開始，至 894 年之間，共計派出二十次遣唐使，積極學習先進的制度與文化。[90]遣唐使團原則上分為四等官制：大使、副使、判官、錄事，通常還有官吏、水手、技術者、臨時任命官員、長期的留學生、留學僧與短期的請益生、請益僧隨行，平均十六年到二十年派遣一次。[91]日本政府選擇學有專精及儀表端正的人物擔任使者，派遣入唐，故唐對日本的整體認識雖然是「其人入朝者，多自矜大，不以實對，故中國疑焉」[92]，但對單獨的個人，還是給予正面評價，次一小節將以實例說明。

原則上，唐將日本的遣唐使節團視為朝貢使，例如《入唐求法巡禮行記》卷一（唐文宗開成三年(838)九月）「廿日」條記事：

[89] 見《日本書紀》（四）卷 22「推古卅一年(623)秋七月」條，頁 470。

[90] 20 次為合計日本派出遣隋使與遣唐使的總次數，如再細分，尚有成行與任命使節但未能成行的情形，故各家對總次數的看法有異。20 次說，可舉（日）古瀨奈津子，《遣唐使の見た中国》，（東京：吉川弘文館，2003，頁 3）及（日）鈴木靖民，〈遣唐使と古代の東アジア〉，收入遣唐使船再現シンポジウム編，《遣唐使船の時代——時空を駆けた超人たち》（東京：角川選書，2010，頁 11）的說法為例。

[91] 十六年說，見（日）古瀨奈津子，《遣唐使の見た中国》頁 3、12-14，二十年則是八世紀後日本留學者對日本朝廷派出遣唐使團時間的普遍觀念，因留學生/僧在唐較久，通常是隨同下一次遣唐使團歸國，必須要有長時間留在中國的心理準備。如九世紀時，知名的留學僧空海大師在其作品集《遍照發揮性靈集》卷 5〈為橘學生與本國使啟〉中有「豈待廿年之期」的說法，收入祖風宣揚會編，《弘法大師全集》冊 11（東京：吉川弘文館，1910），頁 78。

[92] 參見（後晉）劉昫等撰，《舊唐書》卷 199 上〈東夷列傳・日本〉，頁 5340。

> 寫得相公牒狀，稱日本國朝貢使數內僧圓仁等七人，請往台州國清寺尋師。右奉詔朝貢使來入京，僧等發赴台州，未入可允許，須待本國表章到，令發赴者。委曲在牒文。[93]

這段文字並可佐證，《唐律疏議．衛禁律》第 31 條「越度緣邊關塞」（總 88 條）中，「《疏》議曰」引《主客式》對異國使節（蕃使）的行動管制，即使至晚唐也不曾鬆懈。

若依性質將遣唐使節團分期，亦有不同學者提出觀點不同的分期方式，已見於〈緒論〉說明。拙稿著眼在時段上的區分，而傾向認同日本學者鈴木靖民於 2010 年提出的分期方式，依政權、時代、性格及特色的不同，將全部的遣唐使區分為七世紀、八世紀、九世紀三期。[94]七世紀的遣唐使，主要是在吸收新思想、學藝、制度，移植文化和改變倭國（日本）的支配秩序，建立法制體系，並帶有強烈的政治調解性質，[95]八世紀的遣唐使除了移植唐文化外，還多了政治、外交上的目的。九世紀的遣唐使則偏重導入以佛教為中心的唐文化，並加以日本化。[96]

初期為了讓唐易於瞭解使者的身分，會將使者的名字依發音改為唐式的名字，如第一次遣唐使小野妹子改名為「蘇因高」、起士雄臣改名為「乎那利」。[97]使者在日本的官銜也改為對應唐的官制，以利唐人瞭解其身分，

---

[93] （日）圓仁撰，顧承甫、何泉達點校，《入唐求法巡禮行記》卷 1，頁 14。

[94] 說見（日）鈴木靖民，〈遣唐使研究と東アジア史論〉「II・遣唐使の時期区分と性格」，收入《専修大学東アジア世界史研究センター年報》4(2010)，頁 53-58，亦可見〈遣唐使と古代の東アジア〉，收入遣唐使船再現シンポジウム編，《遣唐使船の時代——時空を駆けた超人たち》（東京：角川選書，2010），頁 13-34。

[95] 同前引（日）古瀨奈津子，《遣唐使の見た中国》，頁 6。

[96] 參見（日）鈴木靖民，〈遣唐使と古代の東アジア〉，收入遣唐使船再現シンポジウム編，《遣唐使船の時代——時空を駆けた超人たち》（東京：角川選書，2010），頁 13-34。

[97] 《日本書紀》（四）卷 22「推古十六年(608)夏四月」條記載：「小野臣妹子，至自大唐，唐國號妹子臣曰『蘇因高』」，頁 462。起士雄臣，見同年九月辛巳（11 日）條，頁 463-464。

如703年入唐的執節使粟田真人，在日本的官銜為民部卿，至唐則比擬為「戶部尚書」[98]。八世紀以後的日本使節團赴唐，除了進貢，主要是為了參與外交禮儀及與唐確認關係的各種儀式，唐的法典、制度、文化及文物的輸入的比重也提高。[99]但是因海途多險，從八世紀中期後至九世紀以前，實際成行的遣唐使僅有兩次（777年第十六次，然而歸途中四船全數沈沒，以及779年第十七次），故知名者多為八世紀前半期的使節團成員。從以下數例知名的渡唐日本人事例中，可以看出日本對中華文化要素，亦即漢字、儒教、律令、中國式佛教、科技、生活方式等方面，既有主動直接攝取，亦有間接推動文化傳布，進而在生活中達到模仿乃至認同的事例。以下舉數例主動吸收、攝取唐文化的人物。

（一）粟田朝臣真人

日本方面對於粟田朝臣真人（?-719，以下簡稱「粟田真人」）的記載始見於《日本書紀》天武十年(681)「十二月癸巳」條，授位小錦下（相當於後來的從五位下）。[100]他應當即是白雉五年(653)的遣隋留學僧道觀，[101]還俗後入朝為官。於日本大寶元年(701)[102]再次被選為遣唐使節團成員，史載「以守民部尚書直大貮粟田朝臣真人為遣唐執節使」，[103]「遣唐執節使」為

98 同前引（後晉）劉昫等撰《舊唐書》卷199上〈東夷列傳・日本〉，頁5340。

99 參見前引（日）古瀨奈津子，《遣唐使の見た中国》，頁8。

100 （日）舍人親王等奉敕撰，坂本太郎、井上光貞、家永三郎、大野晉校注，《日本書紀》（五）卷29（東京：岩波文庫，1995），頁422。

101 參見（日）木宮泰彥，《日華文化交流史》二篇五章〈歸化唐人・印度人・西域人と文化の移植〉（東京：冨山房，1955初版，1972年3版）、森公章，《遣唐使の光芒——東アジアの歷史の使者》頁32、86。

102 粟田真人入唐年份及內容隨記載典籍不同而略有差異，以下提及粟田在日本記事，年分取《續日本紀》說，入唐後記事，年分取《舊唐書》說。詳細考論可見（日）增村宏，《遣唐使の研究》二篇一章〈遣唐使粟田真人の入唐年次について〉，頁201-231。

103 參見（日）菅野真道等奉敕撰，青木和夫、稻岡耕二、笹山晴生、白藤禮幸校注，《續日本紀》（一）卷2「（文武天皇大寶元年正月）丁酉（二十三日）條，頁34。

遣唐使團四等官編制之外的特殊身分，持天皇所授之節刀，代表掌有天皇的部分權力。[104]其俗名「真人」，推測與道教有關。粟田真人因為具備中國典籍的知識，尚參與了大寶律令的編撰。[105]亦即此人同時兼具中國儒家、道家、佛教及法學家的學問背景，智識淵博，氣質出眾。

《舊唐書‧日本傳》述及粟田真人時，有很長一段詳細敘述：

> 長安三年(703)，其大臣（粟田）朝臣真人來貢方物，朝臣真人者，猶中國戶部尚書，冠進德冠，其頂為花，分而四散，身服紫袍，以帛為腰帶。真人好讀經史，解屬文，容止溫雅。則天宴之於麟德殿，授司膳卿，放還本國。[106]

這段關於粟田真人的記載，可認為是日本使節團為求融入先進國家——唐的社會與政治秩序，特地模倣唐所認可的行止，讓唐社會成功留下深刻印象，甚至史書也描寫其細節。[107]粟田真人因肩負重要任務，[108]從衣著上就

---

[104] 參見前引《續日本紀》（一）〈補注2-五三〉「節刀」條之說明，頁312。

[105] 參見前引《續日本紀》（一）卷1「（文武天皇）四年(700)六月甲午（十七日）」條（東京：岩波書店，1989），頁28。《大寶律令》編成時論功行賞，粟田真人亦在賞賜之列（《大寶律令》施行於701年）。

[106] 《舊唐書》卷199上，〈東夷列傳‧日本〉，頁5340-5341。

[107] 參見王勇，〈中國史中的日本〉，收入陳柏傑譯，（日）尾形勇等著，《日本人眼中的中國：過去與現在》（臺北：臺灣商務印書館，2017），頁239意見。按，進德冠依（唐）劉肅《大唐新語》卷10〈厘革第二十二〉：「至貞觀八年(634)，太宗初服翼善冠，賜貴官進德冠……尋廢矣。」（北京：中華書局，1984，頁148）就粟田真人入唐時間(703)而言，此前日本已三十餘年未派遣使節團入唐，粟田真人晉見時若著初唐裝束，當為前次在唐時所習得，又或是七世紀後半遣唐使團傳回情報。另檢《舊唐書》卷29〈音樂志〉記載初唐時期的坐部伎‧讌樂部「承天樂」提及：「舞四人，紫袍，進德冠，並銅帶」（頁1061），綜合以上，愚意以為粟田真人上朝冠服在禮制層面上有探究空間，近期將另文討論。

[108] 應是正式報告倭國改名日本事，並見《舊唐書‧東夷日本傳》：「倭國自惡其名不雅，改爲日本」，實際改名為「日本」時間，當為670年稍前，參見高明士，〈「日本」國號與「天皇」制的起源—以最近發見的墓誌、木簡為據—〉專文討論，收入臺灣師範大學歷史學系編，《臺灣師大歷史學報》48(2012)，頁259-280。

徹底改變，其出使赴唐時的穿著，當是日本吸收唐文化後的產物，和《魏志・東夷倭人傳》中描寫的「倭水人好沈沒捕魚蛤，文身亦以厭大魚水禽，後稍以為飾。諸國文身各異，或左或右，或大或小，尊卑有差。」[109]相去不可以道里計。僅有衣著改變尚不足，必須連內在氣質都加以變化，比本地人更加道地，才有可能贏得本地人的認可。日本政府以粟田真人為持節使，讓粟田真人展現深受中國文化薰陶的言行（「好讀經史，解屬文，容止溫雅」），一方面模仿唐人的文化習俗以求被唐認同，一方面向唐誇耀展示日本自身文明化的成果。兩唐書除了對粟田真人的衣裝特別詳細記錄，尚特別強調「容止溫雅」、「容止閑雅」，可見粟田真人的舉止應該形成了唐人對日本使的印象。[110]就本次使節團的收穫來看，日本已達成讓唐認可的目標。另由近年發現的〈徐州刺史杜嗣先墓誌〉中記載：

> 又屬皇明遠披，日本來庭，有敕令公（杜嗣先）與李懷遠、豆盧欽望、祝欽銘等賓於蕃使，共其語話。

從〈徐州刺史杜嗣先墓誌〉後文「至神龍元年(705)，又除徐州刺史」，可推知「又屬皇明遠披⋯⋯共其語話」這一段內容應是指武則天時期，日本派出遣唐使團，以粟田真人為持節使入唐的相關記載，同時也是「倭」改名為「日本」的早期記事。中國方面，則派出杜嗣先、李懷遠、豆盧欽望及祝欽銘來接待粟田真人等日本使。杜嗣先時為正四品下的禮部侍郎，李懷遠、豆盧欽望、祝欽銘等三人當時雖非宰相，但在此時期前後出任宰相

---

109 （晉）陳壽撰、（南朝宋）裴松之注，《三國志》（北京：中華書局點校，1959），頁 855。

110 （日）池田溫，〈日本國とあだ使人名された呂延祚〉，收入氏著《東アジアの文化交流史》（東京：吉川弘文館，2002），頁 70。體格上的具體印象，則見於（唐）張鷟，《朝野僉載》卷 4：「舍人呂延嗣長大少髮，（魏光乘）目為『日本國使人』」，頁 91。

職，就接待層級來說，可謂中國對日本使節團的厚遇。[111]

附帶一提，這些遣唐使回國述職時，除了獻上唐的文物及知識結晶，甚至有使節們「皆著唐國所授朝服」的例子，[112]相較西元651年，新羅貢調使萬沙餐等赴日時「著唐國服，泊於筑紫。（日本）朝庭惡恣移俗，訶嘖追還」[113]，這種心態同當年遣隋使所攜國書自稱「日出處天子」，以及「後稍習夏音，惡倭名，更號日本」其實是一致的：當時倭國雖然有高向漢人玄理等歸國留學生的積極活動，沉溺於本國自尊的王權保守派仍然保持著強大的影響。[114]兩事隔僅五十餘年，可以看出日本官員對唐國官服的看法已大為改變，這些遣唐使對於唐文物制度的認同與景仰，竟到了穿異國朝服向本國君主述職的程度。影響所及，使得日本政府在養老三年(719)二月壬戌（三日）「初令天下百姓右襟，職事主典巳上把笏」[115]，更進一步在衣裝及朝儀的細節上唐化，為日本政府主動攝取採用唐文化的史實之一。

（二）阿倍仲麻呂

第二個知名的例子，是阿倍仲麻呂(698-770)。兩唐書均記載他的事蹟，《舊唐書・東夷日本傳》的記載如下：

> 其偏使朝臣仲滿，慕中國之風，因留不去，改姓名為朝衡，仕歷左補闕、儀王友。衡留京師五十年，好書籍，放歸鄉，逗留不去。（唐玄宗）天寶十二年(752)，（日本）又遣使貢。（唐肅宗）

---

111 參見（日）金子修一，〈則天武后と杜嗣先墓誌—粟田真人の遣唐使と関連して—〉，國史學會編，《國史學》197號（東京：國學院大學，2009），頁1-4。

112 見《續日本紀》（二）卷8，「（元正天皇）養老三年(719)正月己亥（十日）」條，頁50。

113 《日本書紀》（四）卷25「（孝德天皇）白雉二年(651)是歲」條，頁523。

114 王小甫，〈由遣唐使看古代日本對外政策的變化〉，《周秦漢唐文化研究》4（陝西：三秦出版社，2006.3），頁176。

115 見《續日本紀》（二）卷8，「（元正天皇）養老三年（719）二月壬戌（三日）」條，頁52。

上元中，擢衡為左散騎常侍、鎮南都護。[116]

阿倍仲麻呂是日本奈良時代的貴族子弟，在當時留學制度整備之下，許多年輕的人材得以成為遣唐使團中的留學生與留學僧，[117]阿倍仲麻呂亦於弱冠前[118]被選拔為遣唐留學生，時為日本元正女帝靈龜二年，唐玄宗開元四年(716)。第九次遣唐使團，由多治比縣守率領，自難波（今大阪）出發，同行者尚有吉備真備、僧人玄昉、日後參與編撰《養老律令》的明法家大倭忌寸小東人（即後文將介紹的大和長岡），及近年發現其墓誌銘，同樣在唐任官的井真成等人，皆是一時之選。阿倍仲麻呂在唐期間進入太學就讀，通過科舉在中國任官，並結交大量中國詩友，除以實際行動表現對唐文化的認同，並為順應唐社會生活而另取漢名「朝衡」或「晁衡」（晁為朝字的古寫）[119]，堪稱完全融入唐人社會文化結構的日本菁英。

阿倍仲麻呂留唐十四年後，湧起回鄉的念頭，從第十次遣唐使來唐（唐玄宗開元二十一年，733）起，他便以親老為由向唐玄宗申請返鄉，但始終未獲准，他因而賦詩：

慕義名空在，愉忠孝不全。報恩無有日，歸國定何年。[120]

---

[116] 《舊唐書》卷 199 上，〈東夷列傳・日本〉，頁 5341。《舊唐書》記載的「鎮南都護」，《新唐書》作「安南都護」。

[117] 同前引（日）鈴木靖民，〈遣唐使と古代の東アジア〉，頁 24。

[118] 阿倍仲麻呂被選為留學生的年齡，有十六及十九歲二說。

[119] 其漢名於中國史料中亦有多種記載，多為誤記誤植，拙作行文中僅取常用者介紹。朝衡漢姓「朝」，前引《舊唐書・日本傳》初稱其名為「朝臣仲満」，可知當源自於其日本官位「朝臣」簡化，衡或取自「阿衡」（商湯宰相伊尹代稱）。參見（日）杉本直治郎，《阿倍仲麻呂傳研究 手沢補訂本》（東京：勉誠出版，2006）頁 200、235-242 討論。

[120] （日）晁衡，〈思歸〉，《群書類從》卷 258〈和歌部・雜〉引《國史》，又見於前引（日）杉本直治郎，《阿倍仲麻呂傳研究 手沢補訂本》頁 158、218，詩題據陳尚君輯校，《全唐詩補編》（北京：中華書局，1992），頁 558。

直到天寶十二載(753)才獲准。[121]

天寶十二載(753)，阿倍仲麻呂欲跟隨第十二次遣唐使團乘船回日本，王維寫下〈送祕書晁監還日本並序〉詩一首：

> 積水不可極，安知滄海東？九州何處所，萬里若乘空。向國唯看日，歸帆但信風；鰲身映天黑，魚眼射波紅。鄉樹扶桑外，主人孤島中；別離方異域，音信若為通。[122]

阿倍仲麻呂本人也寫了〈銜命還國作〉：

> 銜命將辭國，非才忝侍臣；天中戀明主，海外憶慈親。伏奏違金闕，騑驂去玉津；蓬萊鄉路遠，若木故園林。西望懷恩日，東歸感義辰；平生一寶劍，留贈結交人。[123]

阿倍仲麻呂詩中所戀的明主，一般都解為是唐玄宗，畢竟他在唐土受到了重用，從最初階的正九品下左春坊司經局校書[124]晉陞，至此時的官職已升

---

[121] 阿倍仲麻呂歸國年分與動機，並可參見（日）杉本直治郎，《阿倍仲麻呂傳研究 手沢補訂本》頁 216-219 之討論。

[122] （唐）王維撰，〈送祕書晁監還日本並序〉，收入陳鐵民校注，《王維集校注》卷 4，〈編年詩〉（北京：中華書局，1997），頁 317-324。

[123] （日）晁衡，〈銜命還國作〉，收錄於（宋）李昉、宋白、徐鉉等編，《文苑英華》卷 296（北京：中華書局，1966）及（清）曹寅等編，《全唐詩》（增訂本，冊 11）卷 732，（北京：中華書局點校，1997，頁 8456）。按，《文苑英華》將晁衡誤作「胡衡」，詩題訂為〈銜命使本國〉。

[124] 「春坊校書」職銜，可見於（唐）儲光羲，〈洛中貽朝校書衡 朝即日本人也〉：「萬國朝天中，東隅道最長。吾（一作朝）生美無度，高駕仕春坊。出入蓬山裏，逍遙伊水傍。伯鸞游太學，中夜一相望。落日懸高殿，秋風入洞房。屢言相去遠，不覺生朝光。」此詩題可能為唐詩中最早出現的「日本」二字。收錄於《全唐詩》（增訂本，冊 2）卷 138，頁 1405。

遷至從五品下的「儀王友」。[125]但他心中對日本的君主是否有所懷念？就文面不能得知。閱讀阿倍仲麻呂的漢詩，可看出他對於漢詩的表現方式相當嫻熟，也已將中華文化內化為自己的思想，才始終有忠孝難兩全的感慨。從阿倍仲麻呂的詩題為「銜命還國」，以及王維的詩序中有「詠七子之詩，佩兩國之印。恢我王度，諭彼蕃臣」之句，今人學者推測阿倍仲麻呂帶有兩種身分，一是遣唐使使節團員，以外交使節身分參加活動；一是同時接受了唐玄宗的敕命，要代表唐皇帝宣佈對日本天皇的詔敕。[126]

在離開長安，準備從從蘇州離開前，[127]阿倍仲麻呂吟詠了〈三笠山之歌〉：

翹首望東天，神馳奈良邊；三笠山頂上，想又皎月圓。

他心中並沒有忘記過自己原來的文化，因為這首〈三笠山之歌〉原是和歌，[128]中國友人說無法理解，阿倍仲麻呂才譯成了漢詩。不幸返國途中遇上大風暴，阿倍仲麻呂與大使藤原清河所乘船下落不明。消息傳到長安，眾詩友以為他已遇難，李白遂寫下著名的七言絕句〈哭晁卿衡〉：

日本晁卿辭帝都，征帆一片遶篷壺；明月不歸沉碧海，白雲愁

---

[125] （唐）李林甫等撰，陳仲夫點校，《唐六典》卷 29，〈諸王府公主邑司〉「親王府」條：「友一人，從五品下」（北京：中華書局點校本，1992），頁 729。

[126] 參見武安隆，《遣唐使》（哈爾濱：黑龍江人民出版社，1985），頁 101-102。

[127] 亦有明州之說，參見（日）紀貫之等奉敕編撰，竹岡正夫著，《古今和歌集全評譯》（上）卷 9，〈羈旅歌〉第 406 首解說（東京：右文書院，1976），頁 941。

[128] 原文為：「あまの原ふりさけ見れば　かすがなるみかさ（三笠）の山にいでし月かも」，收錄於《古今和歌集》、《小倉百人一首》等和歌集。另參見（日）紀貫之等奉敕編撰，竹岡正夫著，《古今和歌集全評譯》（上）卷 9，〈羈旅歌〉第 406 首，頁 935-942。

色滿蒼梧。[129]

這首詩也明白的提及了「日本」，除了這首詩以外，前後尚有儲光羲作〈洛中貽朝校書衡〉、趙驊作〈送晁補闕歸日本國〉[130]、包佶作〈送日本國聘賀使晁臣卿東歸〉[131]，除了可以從中得知阿倍仲麻呂在唐遷轉情形，並說明藉由使節團及遣唐使們的努力，從則天時期後，至玄宗時期，日本的國號已廣為唐朝詩人所知，甚至連唐玄宗也有詩〈送日本使〉[132]，用以送別第十二次遣唐使節團藤原清河等人。

阿倍仲麻呂此次返國所乘船隻，因風暴漂流到驩州（今越南），遇上海盜，一百七十餘人被殺。他與藤原清河等十餘人生還，輾轉逃回長安，但又遇上安史之亂，隨玄宗入蜀，年餘後返京，肅宗任命為左散騎常侍，又奉命赴安南處理事宜，旋任鎮南都護。唐代宗永泰二年(760)時，更成為安

---

[129] （唐）李白撰，〈哭晁衡卿〉，收入（清）王琦注，《李太白全集》卷25，（北京：中華書局，1977），頁1198-1199。

[130] （唐）趙驊，〈送晁補闕歸日本國〉：「西掖承休浣，東隅返故林。來稱郯子學，歸是越人吟。馬上秋郊遠，舟中曙海陰。知君懷魏闕，萬裏獨搖心」，收錄於《全唐詩》（增訂本，冊2）卷129，頁1320。

[131] （唐）包佶，〈送日本國聘賀使晁臣卿東歸〉：「上才生下國，東海是西鄰。九譯蕃君使，千年聖主臣。野情偏得禮，木性本含真（一作仁）。錦帆乘風轉，金裝照地新。孤城開蜃閣，曉日上朱輪。早識來朝歲，塗山玉帛均。」收錄於《全唐詩》（增訂本，冊3）卷205，頁2144。

[132] （唐）思托撰，《延曆僧錄》第二〈勝寶感神聖武皇帝菩薩傳〉中記載：「（聖武天皇）又發使入唐，使至長安，拜朝不拂塵，唐主開元天地大寶聖武應道皇帝云：『彼國有賢主君，觀其使臣，趍揖有異』，即加號日本為有義禮儀君子之國。復元日拜朝賀正，敕命日本使可於新羅使之上。又敕命朝衡領日本使，於府庫一切處遍宥，至彼披三教殿。……皇帝又敕，摸取有義禮儀君子使臣大臣副使影於蕃藏中，以記送遣。大使藤原清河拜特進，副使大伴宿彌胡萬拜銀青光錄大夫光祿卿，副使吉備朝臣真備拜銀青光祿大夫秘書監，及衛尉朝衡等致設也。開元皇帝御製詩〈送日本使〉五言：『日下非殊俗，天中嘉會朝。朝餘懷義遠，矜爾畏途遙。漲海寬秋月，歸帆駛夕飈。因驚彼君子，王化遠昭昭。』特差鴻臚大卿蔣挑捥送至揚州看取，發別牒淮南，敕處致使魏方進，如法供給送遣。」原作已散逸，本段轉引自（日）筒井英俊編，《東大寺要錄》卷1，〈本願章第一〉（大阪：全國書房，1944）頁21-23。從這段記載中，尚可見到朝衡擔負了接待故國使者的工作。

南節度使，[133]最後於大曆五年(770)正月終老於長安，享年七十三歲。他自二十歲離鄉，始終未能再回日本。縱觀阿倍仲麻呂生平，雖然未能如其他遣唐使般，為日本帶回文物或知識，卻在生活中更加深入地攝取唐文化。他在唐期間，既是日本的留學生，又出任唐朝官吏，在思念故國之餘，為其他的遣唐使、留學生、留學僧等效力，[134]同時又為唐日之間的文化交流做出許多貢獻，堪稱日本的名譽公使。[135]

（三）吉備真備

吉備真備(695?-775)的事蹟不見於中國方面的正史，但散見於《續日本紀》。吉備真備出生於下級貴族之家，是吉備地方（現日本岡山縣）的豪族，本姓下道，二十二歲時以留學生身分與阿倍仲麻呂一起入唐，返國後，經歷政治鬥爭，再次以副使身分入唐，罕見的參與兩次遣唐使節團，並且為日本帶回大量文物與唐的最新知識。

吉備真備概略傳記，見於《續日本紀》光仁天皇寶龜六年(775)「十月壬戌（二日）」條，以下引其〈薨傳〉記載：

前右大臣正二位勳二等吉備朝臣真備，薨。右衛士少尉下道朝

---

[133] （元）黎崱撰，武尚清校，《安南志略》〈唐安南都督（都）護經略使交愛驩三郡刺史〉「朝衡」條：「日本人。開元中，奉幣來朝。慕中華之風，因留焉。歷使中國，永泰二年(760)，為安南都護。時生蠻侵德化、龍武二州境，詔朝衡往勞之。」（北京：中華書局，1995），頁 216。

[134] 例如開元廿二年(734)第 10 次遣唐使團返回日本，其中判官平群朝臣廣成所乘第三船飄至崑崙國（林邑國），《續日本紀》（二）卷 13，（聖武天皇天平十一年(739)）「十一月辛卯（三日）」條記載：「初廣成，天平五年(734)，隨大使多治比真人廣成入唐。六年十月，事畢卻歸。四船同發，從蘇州入海。惡風忽起，彼此相失。廣成之船一百一十五人，漂著崑崙國。有賊兵來圍，遂被拘執。船人或被殺，或迸散。自餘九十餘人，著瘴死亡。廣成等四人，僅免死，得見崑崙王。仍給升糧，安置惡處。至七年，有唐國欽州熟崑崙到彼。便被偷載出來，既歸唐國。逢本朝學生阿倍中滿（按，即阿倍仲麻呂）。便奏，將入朝，請取渤海路歸朝。天子許之，給船糧發遣。」雖然這段記載中對阿倍仲麻呂著墨不多，仍可看出阿倍仲麻呂為平群廣成等人歸國而盡力。頁 356。

[135] 同前引（日）杉本直治郎，《阿倍仲麻呂傳研究 手沢増補本》，頁 334-335。

臣國勝之子也。靈龜二年(717)，年廿二，從使入唐，留學受業。研覽經史，該涉眾藝。我朝學生，播名唐國者，唯大臣及晁衡二人而已。天平七年(735)，歸朝。授正六位下，拜大學助。高野天皇師之，受《禮記》及《漢書》。恩寵甚渥，賜姓吉備朝臣……勝寶四年(752)，為入唐副使。……，（天平）寶字七年(763)，功夫略畢，遷造東大寺長官。八年，（藤原）仲滿謀反。大臣計其必走，分兵遮之，指麾部分，甚有籌略。……神護（景雲）二年(768)，任中納言，俄轉大納言，拜右大臣，授從二位。先是，大學釋奠，其儀未備。大臣依稽禮典，器物始修。禮容可觀。（後略）[136]

據此傳記可知，吉備真備與阿倍仲麻呂均是出色的人才。然而阿倍仲麻呂留唐未歸，吉備真備則為日本攜回有體系的唐文化。據《扶桑略記》記載：「（吉備真備）留學之間歷十九年。凡所傳學，三史五經、名刑算術、陰陽曆道、天文漏剋、漢音書道、秘術雜占、一十三道，夫所受業，涉窮眾藝。」[137]第一次留唐歸國後，任大學助，所學全部奉獻給大學教育，所授包羅當時日本大學寮所有學科：「至於天平之代，右大臣吉備朝臣，恢弘道藝，親自傳授。即令學生四百人，習五經三史、明法、算術、音韻、籀篆等六道。」[138]又擅兵學，晚年能使得日本「禮容可觀」，可想見其人允文允武，學識淵博，對中國文史學有專精，對禮的認識尤深。又從吉備真備教授高野天皇（即孝謙女帝，當時為皇儲）《禮記》及《漢書》的事例看來，當時的日本

[136] 同前引《續日本紀》（二）卷12，（光仁天皇）寶龜六年（775）「十月壬戌」條，頁458、460。

[137] （日）阿闍梨皇圓撰，《扶桑略記》第六「（聖武天皇）天平七年（735）四月」條，收入《國史大系》，冊6，（東京：經濟雜誌社，1897），頁558。

[138] （日）三善清行〈意見十二箇條・請加給大學生徒食料事〉，收入（日）藤原明衡編，大曾根章介、金原理、後藤昭雄校注，《本朝文粹》卷2，〈意見封事〉（東京：岩波書店，1992），頁152。

天皇也必須具備儒家的文史修養，是日本上層社會認同中華文化的另一個例證。吉備真備兩度留唐期間，應當有機會親自見到唐禮的施行，運用留唐經驗，參酌唐的禮制，實施在日本太學釋奠上。[139]其攜回文物，主要見於《續日本紀》聖武天皇天平七年(735)「四月辛亥（二十六日）」條：

> 入唐留學生從八位下下道朝臣真備，獻《唐禮》一百卅卷，《太衍曆經》一卷，《太衍曆立成》十二卷，測影鐵尺一枚，銅律管一部，鐵如方響寫律管聲十二條，《樂書要錄》十卷，絃纏漆角弓一張，馬上飲水漆角弓一張，露面漆四節角弓一張，射甲箭廿隻，平射箭十隻。[140]

這是吉備真備第一次入唐所攜回物品的部分內容。吉備真備的獻上品中，包括了唐禮、曆書、尺、音樂方面的呂律和樂書及弓箭，皆是唐的文化結晶，且包含了國家禮儀、科技、工藝、藝術，範圍廣泛。《舊唐書》對遣唐使的敘述中有幾句話：「開元初，又遣使來朝……所得錫賚，盡市文籍，泛海而還。」[141]《日本國見在書目錄》在〈正史家〉「《東觀漢記》百卌三卷」條下記載：「右，《隋書・經籍志》所載數也。而件漢記，吉備大臣所將來也。……真備在唐國多處營求，竟不得其具本。」[142]可以想見，吉備真備在唐除了學習各方面知識外，也花費心力在蒐羅典籍，為日本選擇欠缺的新知文物。

惟就法紀角度看來，值得注意的是，此處的弓箭是屬於工藝品性質或

[139] 關於吉備真備自唐返國後，對日本教育貢獻，參見高明士，《日本古代學制與唐制的比較研究》（臺北：學海出版社，1977 初版，1986 增訂一版），頁 146-147、頁 153-154。

[140] 同前引《續日本紀》（二）卷 12（聖武天皇）天平七年（732）「四月辛亥」條，頁 288。

[141] （後晉）劉昫等撰，《舊唐書》卷 199 上，〈東夷列傳・日本〉，頁 5341。

[142] （日）藤原佐世撰，《日本國見在書目錄》（臺北：新文豐出版公司據清光緒黎庶昌校刊古叢書本影印，1984），頁 28-29。

是兵器？若為後者，[143]則顯為犯禁，因唐律「越度緣邊關塞」條明文規定：「私與禁兵器者，絞」。同條的《疏》議說明：「化外人越度入境，與化內交易，得罪並與化內人越度、交易同，仍奏聽敕。」吉備真備第一次入唐時僅是留學生身分，論地位則屬化外蕃人，如何能夠獲得並攜出此類禁物？

所謂「禁物」，在《唐律疏議》卷四〈名例律〉「故和誘人等赦後故蔽匿」條（總35條），《疏》議解釋了禁物的範圍：

> 私有禁物者，注云「謂非私所應有者」，謂甲弩、矛矟之類。「及禁書」，謂天文、圖書、兵書、七曜曆等，是名「禁書」。稱「之類」者，謂玄象器物等，既不是書，故云「之類」。[144]

《唐律疏議》卷八〈衛禁律〉「齎禁物私度關」條（總87條）規定：

> 諸齎禁物私度關者，坐贓論；贓輕者，從私造、私有法。

本條《疏》議對「禁物」做了再一次的解釋：

> 禁物者，謂禁兵器及諸禁物，並私家不應有者，私將度關，各計贓數，從『坐贓』科罪。

《疏》議並引《關市令》說明：

> 錦、綾、羅、縠、紬、綿、絹、絲、布、犛牛尾、真珠、金、銀、鐵，並不得度西邊、北邊諸關及至緣邊諸州興易。……其

143 工藝品說，可參見（日）森公章，《遣唐使と古代日本の對外政策》第五章〈遣唐使と唐文化の移入〉（東京：吉川弘文館，2008，頁91），但文中未說明如何得知為工藝品。

144 同前引《唐律疏議》卷4，頁94。

私家不應有，雖未度關，亦沒官。[145]

再參考《天聖令・關市令》宋 14 條規定：

諸造弓箭、橫刀及鞍出賣者，並依官様，各令題鑿造者貫屬、姓名，州縣官司察其行濫。劒及漆器之屬，亦題姓名。[146]

綜合上述法律規定與史料記載，吉備真備前後兩次入唐所攜回的物品，並未全數呈現在《續日本紀》聖武天皇天平七年(735)「四月辛亥（二十六日）」條開列的清單之內，例如清單中即無《東觀漢記》。

就法制角度觀之，吉備真備第一次以留學生身分返國攜回的物品，弓箭屬於兵器，即屬私家不應有，化內人不許私自賣給化外人的物品，吉備真備的弓箭顯然也不是得自「別敕賜」[147]，否則唐日雙方的史書應當會有所記載。若被關津官吏查獲，其上應當有工匠姓名可供追查，即使還未過關，只要被查到即沒收，各項規定均很嚴格，但吉備真備卻能成功攜弓箭回日本，愚意猜測可能和唐的國防重心有關。在開元二十三年(735)時，唐廷是否只是依律令持續著重於西北邊防與關防檢查，卻對東方的港口檢查不夠周嚴，有所忽略，未逐項檢查遣唐使節團成員所攜帶離境的物品，吉備真備才得以成功帶禁物出境？

從吉備真備攜回的物品清單，可見吉備真備認同這些圖書與器物是唐先進的文化，且是日本應當盡速攝取者，亦即八世紀前期日本不僅渴求治國所需的儒家思想和禮法制度，尚急需天文、曆法、音樂、兵器等方面的

[145] 同前引《唐律疏議》卷 8，頁 176-177。

[146] 參見《天聖令校證》，校錄本頁 307。

[147] 《天聖・關市令》宋 8 條：「諸禁物不得出關者，若住在關外因事入關及蕃客入朝別敕賜者，連寫正敕，牒關聽出。（注曰：即蕃客在內賜物，無敕施行者，所司勘當知實，亦給牒聽出）。」同前引《天聖令校證》，校錄本頁 306。

實用技能，此亦與八世紀後半到九世紀選拔遣唐使、留學生時，著重在文學方面的能力，背景身分從明經生轉變為文章生的情形不同。[148]

吉備真備歷盡千辛萬苦，攜回唐的科技結晶《大衍曆》，可惜日本的天文觀測設備和知識仍遠落後於唐，在其他人沒有能力使用的情況下，只能持續使用自七世紀末期透過新羅傳來的唐《儀鳳曆》。吉備真備於聖武天皇天平七年(735)攜回唐《大衍曆》，經過三十餘年，至淳仁天皇天平寶字七年(763)八月戊子始用《大衍曆》[149]，至日本光仁天皇寶龜十一年(780)，具唐人血統的遣唐使羽栗翼，攜回唐人郭獻之製成，於唐代宗寶應元年(762)施行的《五紀曆》，但《五紀曆》在日本實際行用已是文德天皇齊衡三年(856)年的事。[150]故日本雖然積極攝取唐的先進文化，卻須經過社會體制內的調整及消化，以致實際可應用的時間，會與傳入的時間出現落差與延遲。然而吉備真備活躍於唐與日本之間，不僅造就漢籍與文物東傳的盛況，更可謂八世紀中數一數二具影響力的文化媒介人物。[151]

（四）大和長岡

日本令制定過程中，理論上是由皇權決定要以什麼樣的內容來取代唐令中和日本風土民情不符的部分，但實際制定時，則應該是交由負責制定律令的官員來取捨。以大寶律令編纂過程為例：

---

[148] （日）古瀨奈津子，〈遣唐留學生と日本文化の形成〉，《東アジア世界史研究センター年報》第 1 號（日本川埼：專修大學社會知性開發研究センター，2008），頁 43-49。中譯參見（日）古瀨奈津子，〈遣唐留學生與日本文化的形成〉，收入王勇編，《東亞坐標中的的遣隋唐使研究》第 14 章，（北京：中國書籍出版社，2013），頁 156-157。

[149] 《續日本紀》（二）卷 24，（淳仁天皇）天平寶字七年(763)「八月戊子（十八日）」條：「廢儀鳳曆，始用大衍曆」，頁 434、436。

[150] 詳見（日）藤原基經等奉敕撰，《日本文德天皇實錄》卷 8，「（文德天皇）天安元年(857)正月丙辰（17 日）」條，收入（日）黑板勝美編，《新訂增補國史大系》冊 3，（東京：吉川弘文館，1934 第 1 版，2000 新裝版），頁 88。

[151] 類似意見，以及吉備真備所攜回重要書刊之價值，可參見王勇，《書物の中日交流史》（東京：國際文化工房，2005）、孫猛，《日本國見在書目錄詳考》，頁 2152-2154。

> (日本文武天皇四年(700)六月)甲午(17 日),敕淨大參刑部親王、直廣壹藤原朝臣不比等,直大貳粟田朝臣真人,直廣參下毛野朝臣古麻呂,直廣肆伊岐連博得,直廣肆伊余部連馬養,勤大壹薩弘恪,勤廣參土部宿禰甥,勤大肆坂合部宿禰唐,務大壹白猪史骨,追大壹黃文連備、田邊史百枝·道君首名·狹井宿禰尺麻呂,追大壹鍜造大角,進大壹額田部連林,進大貳田邊史首名·山口伊美伎大麻呂,直廣肆調伊美伎老人等,撰定律令。賜祿各有差。[152]

引文中所提及這些人應該是編輯大寶律令至完成時,具代表性的主導角色,未名列其中的中下層官員也許還很多。再如養老律令的修撰,則有以下:

> (日本元正天皇養老六年(722)二月)賜正六位上矢集宿禰蟲麻呂田五町。從六位下陽胡史真身四町。從七位上大倭忌寸小東人四町。從七位下鹽屋連吉麻呂五町。正八位下百濟人成四町。並以選律令功也。又賜諸有學術者廿三人田各有數。[153]

由這些賜祿與賜田的記載,可知除了列名者以外,尚有其他不知姓名但參與修撰律令事業的人員存在。吾人或可將這批修撰者想像成一群把關者,他們負責詮釋、刪除或增加唐令原本的文字,以使帶著中國禮教思想的法條適於日本國情。選取適用自己現狀的條文加以行用,近則增進本身文化的層次,遠則可以提升以唐為中心的天下秩序中的地位,在他們的選擇刪增之中,事實上也展現了日本的主體性。賜田名單中的「大倭忌寸小東人」,

---

[152] 《續日本紀》(一)卷1,頁28。

[153] 《續日本紀》(二)卷9,(東京:岩波書店,1990),頁110、112。

即是日後與吉備真備共同負責編纂《刪定律令》的大和長岡。

大和長岡(689-769)，原名大倭寸忌小東人，與前面所提及的阿倍仲麻呂、吉備真備同樣是八世紀的渡唐留學生，返回日本後，參與編撰《養老令》。在《續日本紀》卷三十「（稱德天皇）神護景雲三年(769)十月癸亥（29日）」條有〈卒傳〉如下：

> 大和國造正四位下大和宿禰長岡卒。刑部少輔從五位上五百足之子也。少好刑名之學，兼能屬文。（元明天皇）靈龜二年(716)，入唐請益，凝滯之處，多有發明。當時言法令者，就長岡而質之。（孝謙天皇天平）勝寶年中，改忌寸賜宿禰。（孝謙天皇天平）寶字初，仕至正五位下民部大輔兼坤宮大忠。（淳仁天皇天平寶字）四年(760)遷河內守。政無仁惠，吏民患之。其後授從四位下，以散位還第。（天平寶字）八年(764)任右京大夫。以年老自辭去職。（稱德天皇神護）景雲二年(768)，賀正之宴。有詔特侍殿上。時鬢髮未衰，進退無忒。天皇問之曰：「卿年幾？」長岡避席言曰：「今日方登八十。」天皇嘉嘆者久之，御製授正四位下。[154]

大和長岡出身於具有悠久祠官傳統的家族，但他卻跟隨父親投身於刑學，渡唐後回國，參與編修律令工作。[155]就《續日本紀》中簡短的傳記，可知他能夠成為遣唐使節團中的請益生，應當是因為「少好刑名之學，兼能屬文」的理由而入選為赴唐成員，亦即大和長岡在少年時期即具備了漢學與法律方面的修養，以此為根基，赴唐深造。由於史籍關於大和長岡的記載有限，僅能從有限的史料中推測其入唐的活動狀況。對照《舊唐書》記載：

---

[154] 《續日本紀》（三），頁 264-266。

[155] （日）岩橋小彌太，〈大和宿禰長岡〉，收入氏著《律令叢說》（東京：吉川弘文館，1973），頁 222。另參見《續日本紀》（二）青木和夫等對大和長岡生平及說明校注意見，頁 111。

開元初，又遣使來朝，因請儒士授經。詔四門助教趙玄默就鴻臚寺教之……所得錫賚，盡市文籍，泛海而還。[156]

日本靈龜三年同年改元養老元年，亦是唐開元五年(717)，當時日本使節團入唐，聘請儒士授經的同時，大和長岡可能也把握機會，向唐的刑法博士請益對律令的疑義。[157]返國之後，參與修撰養老律令。雖然當時的右大臣藤原不比等領銜主事編修，實際參與，貢獻心力的則是大和長岡等五人。[158]從傳記中可看出他確實在唐習得了律令相關知識，並且運用在國家事業上，「凝滯之處，多有發明。當時言法令者，就長岡而質之。」其意見在律令修撰完成時，得到了相應的賞賜。或許因為太過講求遵守法律，在出任地方官時被評為「政無仁惠，吏民患之」。大和長岡對律令的釋疑，留存在《令集解》中。[159]

《續日本紀》「（桓武天皇）延曆十年(791)三月丙寅（六日）」條中尚記有：「故右大臣從二位吉備朝臣真吉備、大和國造正四位下大和宿彌長岡等，刪定律令二十四條……至是下詔，始行用之。」[160]由此記載中，尚可知這部刪定《律令》，由大和長岡和吉備真備共同負責，但遲至兩人過世後

---

[156] 《舊唐書》卷 199 上，〈東夷列傳．日本〉，頁 5341。相似記事尚可見於《冊府元龜》卷 170〈帝王部．來遠〉、卷 974〈外臣部．褒異〉，但誤將吉備真備記為粟田真人。

[157] （日）利光三津夫，《律の研究》（東京：明治書院，1961），頁 141。

[158] 《續日本紀》在「（元明天皇）養老六年（722）二月戊戌（二十七日）」條（冊二，頁 110、112）及「（淳仁天皇）天平寶字元年（756）十二月壬子（九日）」條（冊三，頁 238）均記載協助不比等編撰律令者的名字，比對前引大和長岡傳記載後可知，養老六年所記載的「大倭忌寸小東人」即是後來改名為「大和宿禰長岡」。

[159] 例如《令集解》卷 18，《考課令》「內外官」條，在「考其屬官」下引「釋云」說明：「當司次官以下，謂之屬官。或『釋云』：唐令釋云：屬官謂所管局署等。大和山田說亦同此義。」見（日）惟宗直本撰，黑板勝美、國史大系編修會編，《新訂增補國史大系．令集解》（東京：吉川弘文館，1974）頁 532。此處的「大和」，據日本學者瀧川政次郎意見，應是大和長岡。參見（日）瀧川政次郎，《律令の研究》（東京：刀江書房，1931 年初版，1966 年復刻版 ）頁 207。

[160] 見《續日本紀》（五）卷 40，頁 494。

才開始行用，在延曆十年(791)頒布施行，在日本的國家法令中，展現兩人攝取唐文化成果後的思想結晶。

（五）普照、榮叡等邀請鑑真赴日

除了主動攝取中國文化以外，也有間接促成唐文化在日本境內流傳，攝取吸納中國文明的事例。以下以八世紀時期，普照、榮叡等人邀請鑑真赴日背景及經過作為說明。

佛教於六世紀中葉透過百濟傳入日本，至八世紀，佛教信仰才逐漸從上層普及至民間。當時日本的佛教，有理論卻無戒法，自度或私度的僧侶增多，欠缺適當的戒師與授戒制度，使佛門亂象叢生，而脫離本籍投身於寺院以規避課役和租稅的農民增加，動搖了律令政治的基礎，也影響日本的社會秩序。[161]

為改變這種情形，經日本政府許可，留學僧普照、榮叡等人，隨同由多比治廣成為大使的第十次遣唐使團，於日本聖武天皇天平五年(733）出發，赴唐招聘有德望的高僧前往日本傳戒弘法，希望將中國寺院有紀律的授戒受戒制度引進日本。

據唐僧思託所撰《延曆僧錄》記載，榮叡(?- 749)出生於日本美濃，氏族不詳，是興福寺僧，其人「機棟（捷）神叡，論望難當，瑜伽唯識為業」[162]。普照生卒年不詳，雖然在《延曆僧錄》中也有傳，但其出身背景資料更少，「住興福寺」四字無法說明其來歷，僅能從《續日本紀》卷廿七「（稱德天皇）天平神護二年(766)二月甲午（八日）」條記事：「授正六位上白豬與呂志女從五位下。入唐學問僧普照之母也」看出普照的背景，乃是百濟

[161] 以上尚可參照楊曾文，《日本佛教史》第一章，〈佛教的輸入與早期傳播〉（杭州：浙江人民出版社，1995，頁 17-61）以及（日）真人元開撰，汪向榮校注，《唐大和上東征傳校注》（北京：中華書局，1995），頁 35-36，汪向榮對「戒」的說明。

[162] （唐）思托撰，《延曆僧錄第一・高僧沙門榮叡傳》，因原書已散逸，本文轉引自（日）宗性編，《日本高僧傳要文抄》第三，收入（日）黑板勝美、國史大系編修會編，《新訂增補國史大系》，冊 31，（東京：吉川弘文館，1930 年 1 版，2000 年新裝版），頁 80。

後裔，其族人多從事與海外有關事業。[163]

普照、榮叡於唐玄宗開元二十一年(733)抵達中國後，除在洛陽、長安一帶學習佛法外，可能也同時培養人際關係與交情，才有機會邀請唐土高僧前往日本。他們先邀請到洛陽大福先寺律師道璿，道璿於開元二十四年(736)隨副使中臣名代先行赴日傳戒。可能因為道璿在唐地位尚不夠崇高，普照、榮叡留唐十年之後，又於天寶元年(742)赴揚州大明寺邀請鑑真(687-763)東渡授戒，並獲得首肯。[164]陪同普照、榮叡一起邀請鑑真的日本留學僧，尚有玄朗與玄法。但玄朗、玄法在鑑真第一次準備渡日時，被誣告與海盜牽連，因此與普照、榮叡一同下獄，監禁四個月。出獄後，玄朗、玄法提前返日。[165]

從天寶二年(743)，鑑真五十五歲起開始嘗試赴日，花費十二年時間，歷經五次失敗，期間甚至雙目失明，至第六次（唐玄宗天寶十二載，753年10月）才東渡成功，此時鑑真已六十六歲。據《唐大和上東征傳》記載，至鑑真第六次赴日時為止，不幸在過程中喪失性命者有日本留學僧榮叡、揚州崇福寺僧祥彥等卅六人，前後曾參與同行的僧俗計二百餘人，其中日本的留學僧人普照、中國的天臺僧人思託是「始終六度，經逾十二年」，堅持追隨鑑真的知名弟子。[166]在鑑真第六次赴日時一起同行赴日的弟子，例如法進、惠雲，藤州善通寺尼智首，胡國人安如寶、昆崙人軍法力、瞻波

---

[163] 見《續日本紀》（四）頁110。白豬氏為百濟系渡來氏族，相關說明參見同頁校注意見。

[164] 同前引《唐大和上東征傳校注》，頁38-40。又及，在《續日本紀》（三）卷24，「（淳仁天皇）天平寶字七年（763）五月戊申（13日）。大和上鑑真物化」條記事中，曾提及邀請鑑真的留學僧是「普照、業行」，但同書其他相關內容皆是普照、榮叡並稱，業行究竟是另有其人，或即是榮叡，因傳世資料有限，暫難斷言。

[165] 詳見《唐大和上東征傳校注》，頁40、46。

[166]《唐大和上東征傳校注》，頁93。又及，據汪向榮意見，思託似是鑑真從僧，而非弟子，見同書頁86。

國人善聽等，漢胡僧尼及俗人合計二十四人，[167]於日本九州上岸。

鑑真等人抵達日本平城京後，進入東大寺住下，吉備真備前來宣讀敕命，朝廷安排鑑真「傳戒授律，一任和尚」，並授予傳燈大法師位，在東大寺設戒壇，為聖武太上天皇、光明皇太后、孝謙天皇授菩薩戒，為澄修等四百四十名沙彌授具足戒。除此之外，尚有靈福、賢璟、志忠等八十餘名日本僧侶，捨棄過去已受的舊戒，請鑑真重新授戒。[168]此後至唐招提寺落成之前，鑑真在東大寺內所設的戒壇院成為全日本的中心戒壇，並在戒壇院北建唐禪院，作為講授戒律之所。[169]

天平寶字三年(759)，鑑真建成了知名的唐招提寺。唐招提寺是鑑真與弟子共同設計指揮建造，其內供奉的佛像有的是從中國帶去，有的是在日本雕造，且在金堂內的佛像擺設上，加入了密教的元素。[170]唐招提寺除做為傳戒中心外，由於有安如寶及軍法力參與修造，使得西域和南海的佛教藝術風格也經由唐招提寺的建築過程介紹到了日本。[171]

鑑真除了帶領中日僧侶赴日外，亦曾在第二次試圖赴日時，帶著玉石、繪畫、雕刻、石碑、刺繡等方面工匠隨行，僧俗共 158 人。可見鑑真除了佛教教義本身外，亦試圖將中國的藝術人才及文化成果引入日本。最後一次的成員規模雖無法與過去相比，仍為日本帶去中國式的佛教、傳戒制度、佛經、佛教著作、經義、佛舍利、佛具、珍貴文物及工藝品等貴重珍寶。[172]

---

[167] 其中於唐受戒者有：仁韓、法進、曇靜、法顆、思託、義靜、智威、法載、法成、靈曜、懷謙等十一人，於日本受戒者有如寶、惠雲、惠良、惠達、惠常、惠喜六人，見於凝然〈律宗瓊見章〉，轉引自（日）木宮泰彥，《日支交通史》（東京：金刺流芳堂，1926），頁 329-330。

[168] 參見前引（日）真人元開撰，汪向榮校注，《唐大和上東征傳校注》，頁 91-93。

[169] 參見楊曾文，《日本佛教史》第一章，〈佛教的輸入與早期傳播〉，頁 82。

[170] 同前引（日）安藤更生，《鑑真》，頁 219-220。

[171] 參見周一良，〈鑑真的東渡與中日文化交流〉，收入氏著《中日文化關係史論》（江西：江西人民出版社，1990），頁 91。

[172] 另據《唐大和上東征傳》所載鑑真於第一次和第五次東渡準備的物品清單推測，第六次赴日時攜帶的物品，除了文本開列的諸多貴重物品以外，可能另攜有香料、藥材等物。例如（日）阿奮梨皇圓所撰《扶桑略記》拔萃卷中即提及「（鑑真）和上持來天臺止觀等文書十餘部、二百九十餘

除了有形的物品外，和鑑真同行赴日的眾人或可視為一個技術使團或學團。[173]鑑真最後帶至日本的都是能傳佈佛法的優秀成員，成員中同時也具備了佛教工藝方面的人材。鑑真渡日後十年，於淳仁天皇天平寶字七年(763)五月圓寂，年七十六。[174]臨終前，將唐招提寺託付給法載、義靜、如寶三人。

鑑真另對日本大藏經校正、提供醫學知識作出貢獻。鑑真不僅長於律學，且連醫學、藥物學亦學有專精。《日本國見在書目錄》中，在「醫方家」下列有《鑑上人秘方》一卷，[175]是鑑真對日本醫學的貢獻。由於對聖武天皇的母親宮子皇太后的病情有所幫助，[176]授位大僧正，後改授大和上之號，鑑真也得以集中精力在唐招提寺傳授律學，培育人才。[177]

鑑真東渡時攜去日本的各種典籍中，天臺宗的主要教典全部在內，除號稱「天臺三部」的《摩訶止觀》、《法華玄義》、《法華文句》以外，還有《四教義》、《次第禪門》、《行法華懺法》、《小止觀》、《六妙門》[178]。在弘傳律學的同時，鑑真亦講述《天臺止觀》，《唐招提寺緣起略集》云：

從（天平寶字）三年(759)八月一日，初講讀《四分律》並《疏》

卷、□子三門、王右將軍真行書一帖、天竺朱和等雜書五十帖，阿育王塔樣金銅塔一基，如來肉舍利三千粒，花嚴經八十卷、大佛名經十六卷、四分律一部六十卷、六妙門一卷、明瞭論一卷……香藥等多」，頁 570。

[173] 汪向榮，〈唐大和上東征傳考〉，收入氏著《中日關係史文獻論考》（長沙：嶽麓書社，1985），頁 103。

[174] 鑑真圓寂年齡，此處採《唐大和上東征傳》之說。《續日本紀》對此記載為「時年七十有七」。

[175] （日）藤原佐世撰，《日本國見在書目錄》，頁 75。

[176] 此據青木和夫、稻岡耕二、笹山晴生、白藤禮幸等人的校注意見，見前引《續日本紀》（三），頁 433。

[177] 參見《續日本紀》（三）卷 21，「（淳仁天皇）天平寶字二年（758）八月庚子朔」條：「其大僧都鑑真和上，戒行轉潔，白頭不變。遠涉滄波，歸我聖朝。號曰大和上，恭敬供養，政事躁煩，不敢勞老。宜停僧綱之任。集諸寺僧尼，欲學戒律者，皆屬令習。」頁 276。

[178] 同前引（日）真人元開撰，汪向榮校注，《唐大和上東征傳校注》。

> 等，又《玄義》、《文句》、《止觀》等，永定不退軌則。……兼和上（鑑真）天臺教觀，稟法進僧都、如寶少僧都、法戴、思托等和上，化講天中，代代相承而今不絕。[179]

可見鑑真本身雖是律宗，但他將天台宗的教義也傳至日本，引起日後日本僧侶對天台宗之興趣。鑑真對於日本真言密宗的開創亦有貢獻。綜合以上，鑑真等人除了將戒律帶給日本，在日本確立律宗地位，傳授律學，按律法傳授戒律，使律儀逐漸嚴整，並影響了其他宗派，如日後日本的天臺宗及密教。[180]唐的建築技術、雕塑工藝、書法、繪畫風格透過鑑真等人傳至日本，經由日本人的模仿學習，在日本境內傳佈，流傳後世，對日本文化的影響是多方面的。在此過程中，赴唐邀請鑑真的普照、榮叡、玄朗、玄法、業行等人功不可沒，可視為文化上的媒介人物，即間接促成日本更加吸收、認同唐文化的重要人物。

附帶一提，普照在隨鑑真入住東大寺後，曾於天平寶字三年(759)上書奏請比照唐的兩京，在畿內七道諸國驛路城外道路兩邊植果樹，以供往來行人遮蔭止飢，意見獲日本朝廷採納。[181]故知普照除了在唐攝取唐文化，發揮文化媒介人物的功能外，自身亦將唐式的公共建設、都市景觀及佛教慈悲的精神傳播至日本各地。到平安時代前期，《延喜式》中仍能見到道路兩旁種果樹的相關規定。[182]

---

[179] （日）賢盛誌，《唐招提寺緣起抜書略集》，收入（日）高楠順次郎等編，《大日本佛教全書》冊 85〈寺誌部 3〉（東京，有精堂出版，1932），頁 103-111。

[180] 汪向榮，〈鑑真在日本佛教史中的作用〉，收入氏著《古代的中國與日本》（北京：三聯書店，1989），頁 250，另參見（日）安藤更生，《鑑真》，頁 218-221。

[181] 事見（日）佚名編，《類聚三代格》卷 7〈牧宰事〉「天平寶字三年六月廿二日‧乾政官符」條，收入黑板勝美編，《新訂增補國史大系》冊 25（東京：吉川弘文館，2000），頁 298。

[182] （日）藤原忠平等奉勅撰，《延喜式》卷 50〈雜式〉「驛路邊植菓」條，收入（日）黑板勝美編，《新訂增補國史大系》（東京：吉川弘文館，1937 初版，1972 普及版），頁 995。

（六）最澄、空海與橘逸勢

日本平安初期的佛教，經由最澄、空海的入唐求法，而在思想及教義上均大有突破，究其根源，仍與日本主動派遣高僧入唐學習有關。

1.傳教大師最澄

傳教大師最澄(767-822)，俗姓三津首，幼名廣野，近江國滋賀郡人，為歸化人後裔，傳說其祖先是後漢孝獻帝後裔，[183]是日本天台宗始祖。十三歲成為近江大安寺高僧行表的弟子，十四歲於近江國分寺剃度，改名最澄。十九歲在東大寺受具足戒。最澄先學習法相唯識章疏，借抄當年由鑑真大師帶來的《摩訶止觀》、《法華玄義》、《法華文句》、《四教義》等，通過披覽華嚴宗的經典，知曉天台學說的存在，並以天台的釋義為指南，[184]精進佛學。以下對其生平要事做更詳細說明。

奈良時代末期，即桓武天皇（781-806 在位）時期，最澄以十九歲之齡，於延曆四年(785)，進入京都東北的比叡山結庵修行，傳教活動。延曆七年(788)自刻藥師如來佛像，進入比叡山，營建佛殿安置。此即知名的根本中堂，後稱為「一乘止觀院」。至最澄卅二歲時，成為「內供奉十禪師」，表示他是德行兼具的十大宗教家之一。[185]延曆廿一年(802)，最澄由於在高雄山寺（神護寺，和氣氏氏寺）法會上講授法華經，從而得到桓武天皇器重。同年，最澄被選為「還學生」（又名「請益生」，為短期留學身分），由於最澄未學過漢音，上表請求，帶著任通譯的弟子義真，於延曆廿三(804)隨遣唐使藤原葛野麻呂的使船，乘第二船從肥前國松浦郡田浦同時出發，當年九月十五日得到明州牒，二十六日到達台州，傳世文獻中，現今仍有

183 （日）村上專精著，楊曾文譯，《日本佛教史綱》（北京：商務印書館，1981），頁 51。

184 參見王海燕，《日本平安時代的社會與信仰》（杭州：浙江大學出版社，2012），頁 147。

185 參見楊永良，《日本文化史：日本文化的光與影》（臺北：語橋文化出版一版，1999，致良出版社修訂再版，2008），頁 100。

最澄明州牒。[186]

最澄以「還學生」身分在唐停留八個半月，在台州國清寺從道邃學習天台學，與義真一同受菩薩戒，師從禪林寺僧翛然，得授牛頭山之禪，[187]又透過台州刺史陸淳賣金買紙，由道邃組織人員協助抄寫天台教典，求取天台宗未傳到日本的經釋典籍，[188]在唐求法期間，不僅學習天台教學，還研修禪、大乘戒和密教等佛學。歸國前一個月，又至越州（今浙江紹興）龍興寺從順曉大師受密宗灌頂。[189]唐貞元二十一年，日本延曆廿四年(805)五月，最澄、義真從台州領取公驗，乘遣唐使船返抵日本，向天皇上表覆命，獻上帶回的經書章疏等 230 部 460 卷，以及圖像、法器等。最澄歸國時，桓武天皇實已臥病在床，故於宮中為天皇祈求康復。同年七月，桓武天皇敕命南都七大寺抄寫最澄攜回經卷，最澄為八高僧講授天台宗法門，次月在高雄山的神護寺設灌頂壇，九月，為道證、修圓等來自南都六宗的八高僧灌頂，開日本佛教灌頂之始。[190]次年（平城天皇大同元年，806）最澄正式開創了日本的天台宗，在中國的天台宗基礎上，加上了密宗、禪宗、菩薩圓戒，奠定比叡山佛法的基礎。[191]此後雖然天台宗得到國家承認，日本佛教思想有飛躍性的進步，但是隨著後續的天皇逐漸關注密教、最澄與空海之間因弟子泰範而關係破裂，最澄精研義理、發揚大乘戒之餘，尚需致力於維護天台宗的地位。

---

[186] 按，此牒說明最澄旅行目的、所攜物品，以及隨行成員、發給人，甚至包含最澄當時的身體狀況。此牒的錄文和價值，可參見（日）礪波護，〈唐代の過所と公験〉說明，收入氏編，《中国中世の文物》，（京都：京都大学人文科学研究所，1993），頁 661-720。圖片可參見 https://commons.wikimedia.org/wiki/File:Dengy%C5%8D-daishi_nitt%C5%8Dch%C5%8D.jpg

[187] 同前引（日）村上專精著，楊曾文譯，《日本佛教史綱》，頁 52。

[188] 同前引（日）村上專精著，楊曾文譯，《日本佛教史綱》，頁 45。並參考王海燕，《日本平安時代的社會與信仰》，頁 148。

[189] 同前引楊永良，《日本文化史》，頁 100。

[190] 同前引（日）村上專精著，楊曾文譯，《日本佛教史綱》，頁 53。

[191] 同前引（日）村上專精著，楊曾文譯，《日本佛教史綱》，頁 54、57。

弘仁十三年(822)六月四日，最澄大師於比叡山的中道院圓寂，時年 56 歲。日本貞觀八年(866)，清和天皇（858-876 在位）追賜最澄諡號「傳教大師」，為日本有「大師」稱號之始。其著作有《山家學生式》、《守護國界章》、《法華秀句》等。後世輯有《傳教大師全集》。

2.弘法大師空海

空海(774-835)俗姓佐伯，幼名真魚，生於日本讚岐國多度郡弘田鄉，家為地方望族，十五歲至京城（長岡京）隨擔任東宮學士的外舅阿部大足習儒學，十八歲通過考試入大學明經科，[192]故有中國文化的修養。空海於延曆十七年(798)在奈良大安寺受戒，學習三論宗。大安寺因為與唐招提寺相距不遠，在八世紀後半，是一個與外國僧侶、唐文化淵源極深的重要地點。[193]空海曾向惠雲學律，而惠雲是隨鑑真赴日成功的二十四名僧侶之一，因而空海與唐文化早有淵源。經過在各地苦行和修習懺悔之法，並深受已傳入日本的部分密教教義吸引。

九世紀初(804)，空海由於對教義及梵文真言均有所疑惑，決心赴唐留學，得到桓武天皇特旨，與最澄同時隨遣唐使團入唐，與大使藤原葛野麻呂、橘逸勢共乘第一船，自當年五月，從難波津（位於今日的大阪）出發，七月至九州，七月六日自筑紫出發，途中遇暴風雨，飄流三十餘天後，八月十日終於從福州赤岸鎮（今福建霞浦）南邊的海口上岸，於十月出發前往長安，[194]抵達後，空海與藤原葛野麻呂共同住宣陽坊官舍，後與橘逸勢兩人入住長安西明寺，期間空海求師訪書，遊歷諸寺，結交中土友人，最後投入青龍寺密教高僧惠果門下，於 805 年七月獲得「遍照金剛」稱號，

---

[192] 韓昇，〈開啟日本佛教新時代的兩位大師〉，收入陳燮君，陳克倫編，《鑒真和空海：中日文化交流的見證》（上海：東方出版中心，2010），頁 15。

[193] 參見（日）藏中しのぶ，〈渡来僧と大安寺文学圏－新羅僧元暁と淡海三船－〉，（日）收入田中隆昭・王勇編《アジア遊学》4「日本の遣唐使」（東京：勉誠出版，1999.05），頁 81-95。

[194] 參見李健超，〈日本留唐學生橘逸勢史迹述略〉，《西北大學學報》（哲學社會科學版）101，1998:4，頁 93。

成為惠果的衣缽諦傳。在惠果入寂後，甚至代表眾弟子為惠果撰寫碑文〈大唐神都青龍寺故三朝國師灌頂阿闍梨惠果和尚之碑〉，[195]以優異漢學文采彰顯惠果成就。

空海在唐期間兩年餘，他的才華、機遇及深厚的唐文化修養，對其日後的人生起了莫大影響。由於空海留唐時間較最澄為久，故空海能更深入的學習當時唐土流行的密教，不僅習得梵語，且竭盡所能透過各種方式學習土木、藥學等不同領域學問，大量蒐羅中國佛教文物和外典，攜回日本，許多中國珍貴文物透過這番機緣傳入日本，得到珍藏，避過日後的武宗廢佛法難。806 年 8 月，空海透過遣唐使判官高階遠成上書請求，將二十年的留唐時間縮短成二年，得到唐的許可，與橘逸勢一同返國，然抵達日本時因桓武天皇崩殂，不能入京，只能停留於大宰府，故先託同船回國的高階遠成將所攜回大量經論章疏和法器目錄等物轉交繼位的平城天皇，810 年 10 月，嵯峨天皇（809-825 在位）平定藥子之變後，空海上表請求率弟子入高雄山寺修法，建立灌頂壇，鎮護國家，成為傳布真言密宗的基地。最澄與空海兩位大師均為日本既有的佛教帶來了新的氣息：既仿傚唐土佛教，建立新的教團，並設法遠離政爭，專注佛學義理研究。空海後又將基地移往高野山，與最澄的比叡山成南北對峙。[196]

空海才智過人，在他傳世諸多作品中，〈綜藝種智院〉描述唐朝教育普及，回國後，仿唐朝地方教育，於 828 年在平安京設立「綜藝種智院」[197]，爭取到當時天皇、貴族及高僧支持，聘請僧俗教師講授儒佛道三家經典，不分僧俗貴賤都可入學，實是日本最早的平民教育學校。此外，空海也是文藝理論家，著作豐富，其早年代表性著作，以駢文撰寫的《三教指歸》

---

195 內容見於前引《遍照發揮性靈集》卷 2，收入（日）空海著，祖風宣揚會編，《弘法大師全集》冊 11，頁 36-41。

196 以上見前引韓昇，〈開啟日本佛教新時代的兩位大師〉，收入陳燮君，陳克倫編，《鑒真和空海：中日文化交流的見證》，頁 15-16。

197 「綜藝」意為學習各種各樣的學問，「種智」意為將佛陀的教誨廣弘於世間。

討論儒佛道三教的優劣，《遍照發揮性靈集》為詩文集，《文鏡秘府論》論作詩方法，是日本漢詩學的第一部著作，尤其引用與保存許多已於今日中國失傳的文學理論書籍名稱及散逸內容，[198]對後世學者影響深遠。空海同時也是有名的書法家及發明家，其書法功力，與嵯峨天皇、橘逸勢共稱「三筆」，又進行過治水灌溉、礦山開採等工程。空海藉以上種種方式弘揚在唐所習得佛法與知識，對後世的日本佛教及文化均影響深遠，時至今日，空海在日本各地仍大受民間歡迎，且因為日治時期真言宗傳入臺灣，帶來日本佛教文化淵源，開啟新的文化交流，今日臺北西門町天后宮內尚供奉空海畫像及塑像，及弘法大師緣起繪卷。[199]

最澄、空海兩位高僧分別開啟天台宗和真言宗，於佛學造詣上可謂各擅勝場，且均攜回大量的佛教經典，對日本佛教發展影響甚大。佛學義理思想，非拙稿所欲深論，唯做為文化媒介人物，空海對於漢文化的傳播程度遠勝於最澄，其關鍵當在於對學問體系的思考與建立。就教育及思想傳承而言，最澄在世時，其佛學思想恐尚未能發展完備，乃使得日後天台宗的名僧如圓仁、圓珍等必須再入唐求法請益尋求唐決，也未及留下對於教育體系的思考記錄，無法使所擁有的學問直接普及於一般平民。但空海自唐朝請來的文獻法器等，不僅完全傳承給密教，且空海於在世時即完成其學問體系，對於教育的環境、師資及學生生活，甚至教育機會應均等的先進看法，也透過其作品之一〈綜藝種智院〉的文字內容而彰顯，其對於教育的思考，對今天仍深具意義。平安初期，漢文化諸要素能廣布於日本民間，空海居功厥偉。

另外，在最澄和空海兩位高僧到中國的前後，也有不少僧侶同時來中國求學。日本所謂的「入唐八家」：前往中國學習，將密教知識攜回日本的

---

[198] （日）內藤湖南，〈弘法大師の文芸〉，收入氏著《日本文化史研究》（上）（東京：講談社學術文庫，1976）頁 140-179，尤其頁 160-161。

[199] 可參見 https://zh.wikipedia.org/wiki/%E5%8F%B0%E5%8C%97%E5%A4%A9%E5%90%8E%E5%AE%AE （台北天后宮）對此事之說明，查閱日期：2019.05.05。

八位知名僧侶，就是以開啟天台宗的最澄，和創立密宗的空海貢獻最大（另六人是常曉、圓行、圓仁、惠運、圓珍、宗叡，又合稱「八家真言」或「真言八家祖師」），他們吸收了唐朝的中國式佛教，加入日本特點，予以日本化，甚至成為日本的國家佛教。

3.橘逸勢

橘逸勢(?-842)僅在唐留學兩年，是與空海一同赴唐的留學生。雖然他日後在日本並不能算是功成名就的人物，但兩唐書、《冊府元龜》中都留有他的名字（雖誤為「橘免勢」），故仍值得一提。

橘逸生平資料不多，但由他是橘諸兄（美奴王與橘三千代之子，於聖武天皇時期，743 年出任左大臣）的曾孫，是嵯峨天皇皇后橘嘉智子的再從堂兄弟，可知他也是皇親貴戚。《日本文德天皇實錄》卷一，「（嘉祥三年(850)五月）壬辰」條記有〈橘逸勢卒傳〉[200]：

> 壬辰（15 日），追贈流人橘朝臣逸勢正五位下。詔下遠江國，歸葬本鄉。逸勢者，右中辨從四位下入居之子也。為性放誕，不拘細節。尤妙隸書，宮門榜題，手迹見在。延曆之季，隨聘唐使入唐。唐中文人，呼為橘秀才。歸來之日，歷事數官。以年老羸病，靜居不仕。承和九年(842)，連染伴健岑謀反事，拷掠不服，減死配流伊豆國。初逸勢之赴配所也，有一女，悲泣步從。官兵監送者叱之令去。女晝止夜行，遂得相從。逸勢行到遠江國板築驛，終于逆旅。女攀號盡哀，便葬驛下。廬于喪（墓）前，守屍不去。乃落髮為尼，自名妙沖。為父誓念，曉夜苦至。行旅過者為之流涕。及詔歸葬，女尼負屍還京。時人異之，稱為孝女。

[200] 同前引（日）藤原基經等奉敕撰，《日本文德天皇實錄》，頁 12。

橘逸勢與最澄、空海一同入唐，已如前述。橘逸勢可能是為學習在日本社會上日益具影響力的中華文化，而選擇成為遣唐留住學生。結果僅前往兩年，即因經濟拮据和語言困難，留學失敗返國，回國後官位僅至從五位下的但馬守，更不幸的是日後牽連入謀反事件，因而留存的記錄很少。但他在唐時和文人往來，四處請益，故他與空海連袂返日時，得到許多唐朝詩人贈詩惜別。橘逸勢在藝術上甚有成就，他自稱在唐「且溫所習，兼學琴書」[201]，可能代表了遣唐留學生學習內容已有所改變，從建設國家所需的律典制度轉向藝術文章方面。[202]雖然琴書並舉，讓他成名的是書法，和空海、嵯峨天皇同為知名三筆之一，連宮門的題名也出自其手。有傳聞他向柳宗元學習草書。[203]其書法藝術成就，或為在唐精益求精，更上層樓，唐朝文人呼他為「橘秀才」。此外，如同前引〈橘逸勢卒傳〉及〈橘逸勢傳〉[204]內容所見，橘逸勢的女兒在父喪後哀慟不已，展現中國的儒教家風及孝道思想，此或許是透過其父而習得。[205]

（七）圓仁、圓珍、圓載

由於圓仁在唐日記《入唐求法巡禮行記》對於唐朝末年社會與會昌毀佛期間社會狀況記載翔實，能補傳世史料不足的缺憾，圓珍入唐日記《行歷抄》對於研究唐日文化交流亦有其價值，兩部作品中均提及圓載入唐後

---

[201] 同前引（日）空海，《遍照發揮性靈集》卷 5〈為橘學生與本國使啟〉，收入祖風宣揚會編，《弘法大師全集》冊 11（東京：吉川弘文館，1910），頁 78。

[202] 參照（日）古瀨奈津子，〈遣唐留學生と日本文化の形成〉，《東アジア世界史研究センター年報》第 1 號（日本川埼：專修大學社會知性開發研究センター，2008），頁 43-49。中譯參見王勇編，《東亞坐標中的的遣隋唐使研究》第 14 章〈遣唐留學生與日本文化的形成〉（北京：中國書籍出版社，2013），頁 155。

[203] 同前引李健超，〈日本留唐學生橘逸勢史迹述略〉，頁 94。

[204] 〈橘逸勢傳〉，亦見《續群書類從》第八輯上。謀反遭拷問事，另見《續日本後紀》卷 12 承和九年(842)七月己酉（17 日）至庚申（28 日）條，頁 137-141。

[205] 黃約瑟，〈日本留唐學生橘逸勢考〉，收入劉健明編，《黃約瑟隋唐史論集》（北京：中華書局，1997），頁 115-138。

的活動，故以下介紹圓仁、圓珍和留學僧圓載。

1.慈覺大師圓仁

圓仁(794-864)出生於下野國（日本櫪木縣），以最澄弟子身分，在比叡山修行。至四十歲，以請益僧身分參加最後一次的遣唐使節團，西渡入唐。因為風浪，本次使節團實際成行的時間是日本仁明天皇承和五年（唐文宗開成三年，838），圓仁與留學僧圓載隨遣唐大使藤原常嗣入唐求法，先到達揚州。其後，因為唐朝廷只允許圓載前往天台山尋師求法，而不允許請益僧身分，屬短期留學的圓仁長期停留，他便未跟隨使節團回國，而是帶著三名從僧留在中國繼續求法請益，在五台山及長安等地巡禮及學習新知。好不容易習得大法，準備回國時，遇上了唐武宗會昌毀佛事件。圓仁幾經曲折，備嘗驚險艱辛，歷時九年七個月左右，終於在唐宣宗大中元年(847)，乘坐唐人商船返國。圓仁攜回在揚州、五臺山與長安等處求得的佛教經論、章疏、傳記等共五百八十五部、七百九十四卷以及胎藏、金剛兩部曼荼羅諸尊壇樣等法門道具。這些經歷，以及圓仁本人的感想，都記載在圓仁撰寫的《入唐求法巡禮行記》中。由於其資料豐富，因而和玄奘的《大唐西域記》、馬可波羅的《馬可波羅遊記》並稱世界三大東方遊記。圓仁返日過程，將於次章再詳加介紹。

圓仁返日次年(848)入京，受賜傳燈大法師位，任內供奉十禪師之一。圓仁歸國後先後受到三位天皇的崇信，繼空海之後再次掀起密教熱。一時之間，天台密教風靡朝野，勢力和影響都超過真言宗。[206]日本清和天皇貞觀六年(864)圓仁去世，年七十一歲。日本貞觀八年(866)，由清和天皇賜「慈覺大師」稱號。

在佛法的傳承上，圓仁為最澄弟子，當初最澄從中國傳入天台宗，就已經把天台宗原有的念佛三昧傳入日本。圓仁對當初最澄的「顯密一致論」

---

[206] 參見楊曾文，〈圓仁和日本天台宗〉，《中華佛學學報》10（新北：中華佛學研究所，1997.7），頁 269。

作了進一步的發揮，在「理同事別」的口實下，為建成天台、密教的結合，實質是天台依附密教的「台密」提供理論的依據。另外圓仁回國時曾把南梁時法照撰成的《淨土五會念佛略法事儀贊》帶回，在回國後，於比叡山建立常行三昧堂，仁壽元年(851)「移五台山念佛三昧之法，傳授諸弟子等」[207]。從此比叡山興起按照法照的「五會念佛」的方法修持彌陀淨土法門。這種五會念佛的方法，容易受到民眾的歡迎和接受，流傳迅速，[208]因而圓仁在傳布中國式佛教，使民眾更加認同上，也有重大貢獻。

2.智證大師圓珍

圓珍(814-891) 俗姓和氣，十歲時已學《毛詩》、《論語》、《漢書》、《文選》等漢籍，十五歲時隨叔父仁德和尚（最澄弟子）赴平安京，進入比叡山，師事最澄弟子——隨其入唐的義真和尚，十九歲通過比叡山的考試選拔，正式出家。圓珍於唐宣宗大中七年(853) 入唐，時間略晚於圓仁在唐期間，時年四十歲。圓珍非國家派出的學問僧或請益僧，而是以私人身分申請公驗。由於遣唐使實質上已廢止，他為完成赴中國學習佛法心願，乘坐唐人李延孝商船至唐福州求法、求經，除前往天台山，也踏足洛陽、長安等地：[209]到越州（今浙江紹興）開元寺從良諝和尚，受學許多以前未傳日本的天台宗祕要、校勘《法華經論》。在洛陽從青龍寺法全受學瑜珈密旨、蘇悉地大法，並受三昧耶戒及密教金、胎兩部的阿闍梨位灌頂；之後又在長安大興善寺由智慧輪三藏授以密教灌頂與教義。大中十一年(857)，圓珍至國清寺從天臺宗十三祖正定物外大師學天臺教觀，同時「將右大臣給充路糧砂金三十兩買材木，于國清寺止觀院，起止觀堂，備長講之說。又造

---

207 參見（日）寬平親王，〈慈覺大師傳〉，收入（日）塙保己一、続群書類従完成會編，《續群書類從》（東京：経済雜誌社，1905 初版，1932 四版）第八輯下。

208 同前引楊曾文，〈圓仁和日本天台宗〉，頁 273、275-276。

209 （日）齋藤茂〈關於殘存在日本的唐詩資料〉，收入張寶三、楊儒賓合編，《日本漢學研究初探》（臺北：臺大出版中心，2004），頁 221-222。

三間房，填祖師之願，即請僧清觀為主持人」[210]，至大中十二年(858)回國。撰成的旅行記，以《行歷抄》之名傳世。有研究認為傳世的《行歷抄》可能是節錄本，後人只取自己需要的部分，使內容在時間順序上跳躍甚大；《入唐求法巡禮行記》在第三卷也有類似情形。

圓珍在傳承密宗，弘揚佛法上亦有其巨大貢獻。他繼承最澄以來的理念，正式提出「理同事勝」，「顯劣密勝」的理論。[211]唯圓珍可能將圓仁視為比較對象，進行了各種仿效的行動，除了也僱用圓仁的譯語隨從丁滿（丁雄萬），[212]由於有唐朝的鄉貢進士為圓仁寫傳（詳見次章），圓珍甚至透過浙江婺州的唐商李達，也找了一名唐朝的鄉貢進士來撰寫碑文，其曰：

> 初和尚在唐，造國清寺止觀堂，合寺歡喜，題曰天台國清寺日本國大德僧院，令鄉貢進士沈懽述作記。[213]

沈懽所作的文章，〈國清寺止觀堂記〉既收入《天台霞標》[214]，亦見於《全唐文》[215]。此文記載，止觀堂落成於大中十年(856)九月七日。止觀堂原是最澄在唐時所建，圓載在其中的「日本新堂」（日本新院）抄寫經文運回日本，至圓珍赴唐時，已經毀壞，圓珍出資將止觀堂修整完成。故知圓珍除了帶回有形的佛教文物（經典 441 部，合計千餘卷，道具法物十六種，碑銘拓本多種），也回饋了止觀堂給唐土，做為唐日宗教文化交流有形的見

---

[210] 參見（日）三善清行，〈天台宗延曆寺座主圓珍傳〉，收入《續群書類從》第八輯下，卷 212，頁 708。相似記事亦見（日）成尋，《參天台五臺山記》卷一「（1072 年五月）十五日」條。

[211] 同前引楊曾文，〈圓仁和日本天台宗〉，頁 272。

[212] （日）圓珍撰，《在唐日錄》，收入《大日本佛教全書》冊 125《天台霞標初編》卷 2 頁 43-47。

[213] 參見（日）三善清行，〈天台宗延曆寺座主圓珍傳〉，頁 709。並參見見佐伯有清，《智証大師伝の研究》（東京：吉川弘文館，1989），頁 344。

[214] 《大日本佛教全書》冊 125《天台霞標初編》，頁 50-51。

[215] （唐）沈懽，〈國清寺止觀堂記〉，收入《全唐文·唐文續拾》卷 6，頁 18。

證。圓珍一生著作豐富，其著作及相關史料，見於《智證大師全集》[216]，攜回經典、法具類，全數記錄於《智證大師請來目錄》[217]，至於最澄、圓珍所獲牒、公驗等重要的唐日交通史文獻，目前收藏地點整理如表 1-1：

表 1-1：現存過所・公驗文書一覽表[218]

名稱	所藏機構	接受者	件數
過所	三井寺	圓珍	2
公驗	延曆寺	最澄	2
	東京國立博物館	圓珍	7
太政官給公驗牒	三井寺	圓珍	1
圓珍請傳法公驗奏狀案	三井寺	朝廷	1
圓珍書狀	東京國立博物館	-	1

日本貞觀十年(868)，圓珍成為天台第五代座主，為推廣佛教而努力。其門下弟子五百餘人，受其教誨者據稱三千餘人。寬平三年(891)十月二十九日，以七十八歲之齡入滅。延長五年(927)，由醍醐天皇贈智證大師謚號。

3.圓載

前已述及，《入唐求法巡禮行記》和《行歷抄》之中，均出現一位重要的日本留學僧——圓載(806?-877?)。圓載以留學僧身分入唐，與圓仁同為仁明天皇時期遣唐使節團成員，同船前往中國學習佛法，希望為日本攜回

216 同前引《大日本佛教全書》，冊 25-28。

217 詳見《大正藏》冊 55。

218 部分整理參照（日）荒川正晴，〈唐の通過公証制度と公・私用交通〉「過所・公驗文書一覽表」，收入氏著《ユーラシアの交通・交易と唐帝國》（名古屋：名古屋大學出版會，2010），頁 407。

欠缺的經典和教義，各自見識了晚唐及日本平安初期的法制與禮俗。但是圓載在唐四十年，中間遭受會昌法難，被迫還俗，因與圓珍交惡，所以圓珍雖然在《行歷抄》中記錄了圓載受日本政府封「傳燈大法師」，卻也記錄下圓載的負面形象及傳聞。更不幸的是圓載在返國途中溺死，所攜大量儒佛書籍一併沈入大海，日久被本國遺忘，直至 20 世紀才有人開始為圓載生平著墨。[219]所幸圓載在世時，曾遣弟子仁好於會昌三年(843)先行攜回部分蒐集到的書刊，例如《法華五百問論》，並附上圓載本人所寫的跋文，以及唐人寫經、[220]《天台經籍目》一卷等書[221]等返回日本。圓載署名的唐決及《法華五百問論》，另見於《新纂大日本續藏經》[222]。其中關鍵性的內容，圓載的識語內容為：

> 開成四年 (839)六月，於大唐台州國清寺日本新堂，書寫此本。會昌三年(843)三月三日，付僧仁好等，送上日本國延曆寺，徒眾大德三綱宿德耳。
>
> 圓載記上。

這段文字交待了圓載在國清寺日本新堂抄經的時間，以及由從僧仁好送回日本的時間、預計送抵的地點與用途等等。由於兩年後，發生「會昌毀佛」重大事件，《法華五百問論》在中國散逸，幸得圓載傳寫，先於 843 年託付

[219] （日）宮崎市定，〈留學外史〉即為一例。收入《宮崎市定全集》(22)(東京：岩波書店，1992)，頁 8-26。亦收入氏著，《日出づる国と日暮るる処》（東京：中公文庫，1997），頁 1-35

[220] 參見王勇，〈最後一次遣唐使的特殊使命——以佚存日本的唐代文獻為例〉。

[221] （日）佐伯有清，《悲運の遣唐僧—円載の数奇な生涯》（東京：吉川弘文館，1999），頁 52。

[222] （日）最澄．圓澄．義真．光定．德圓問，（唐）道邃．廣修．維蠲．宗穎 答〈天台宗未決（附釋疑）〉6 卷，以及《法華五百問論》，俱收入《大藏新纂卍續藏經》56 冊（臺北：白馬精舍印經會，出版年不詳），原刊《新纂大日本続蔵経》（東京：國書刊行會，1989）。

仁好將《法華五百問論》等書送至日本延曆寺保存，經日本歷代天台宗僧侶保存，以及東大寺僧的傳寫，[223]使圓載的苦心不致完全成為泡影，得以保留至今。

在〈維蠲書狀〉中，記載了維蠲對圓載的評語及協助：

> 圓載闍梨是東國至人，洞西竺妙理，梯山航海，以月繫時，涉百餘萬道途之勤，歷三大千世界之遠，經文翻於貝葉，鄉路出於扶桑，破後學之昏迷，為空門之標表。遍禮白足，淹留赤城，遊巡既周，巾錫將返，懇求印信以為公憑，行業眾知，須允其請。
>
> 開成五年(840)　月　日朝議郎使持節台州刺史上柱國賜緋魚袋漆邁給[224]

維蠲先對圓載的行動與修為讚譽有加，復請求台州刺史漆邁發給圓載返國所需公驗。[225]從而可知圓載在開成五年(840)也已經完成巡禮與尋求唐決的任務，準備返回日本，乃尋求維蠲協助請求公驗，以使自己的留學成果及國家事業得到權威認定。[226]《續日本後紀》中除記載對圓仁、圓載的金援[227]

---

[223] 釋真定撰，《《法華五百問論》校釋》（下）（上海：上海古籍出版社，2012），頁 748。

[224] 〈維蠲書狀〉，收入《卍新纂大日本續藏經》第 56 冊 No.942-3 天台宗未決（附釋疑），頁 16。

[225] 對於「漆邁」，據王勇意見，應為「滕邁」，作品見《全唐詩》。此書狀用途解析，可參見王勇，〈最後一次遣唐使的特殊使命——以佚存日本的唐代文獻為例〉，收入氏編《東亞坐標中的遣隋唐使研究》（北京：中國書籍出版社，2013），頁 70-74。

[226] 參見前引王勇，〈最後一次遣唐使的特殊使命——以佚存日本的唐代文獻為例〉，頁 76-79。

[227] （日）藤原良房等編，《續日本後紀》卷 14「（仁明天皇）承和十一年(844)七月癸未」條：「敕曰：『在唐天台請益僧圓仁、留學僧圓載等，久遊絕域，應乏旅資。宜附圓載傔從僧仁好還，賜各黃金二百小兩者。』所司准敕，分付如前，云云」，收入（日）黑板勝美、國史大系編修會編，《新訂增補國史大系》冊 3（東京：吉川弘文館，1966）。

補助以外，尚記載了圓載和日本政府的關鍵性連絡：

> （仁明天皇承和十四年(847)秋七月）辛未，天台留學僧圓載傔從僧仁好及僧惠蕚等至自大唐，上奏圓載之表狀。唐人張友信等卌七人同乘而來著。[228]

「承和十五年(848)六月壬辰」條，則可以看到日本政府對圓載的回應：

> 是日，太政官牒，送在唐天台宗留學問僧圓載。其辭曰：「奉敕：『省圓載表款，容服變更，心事艱阻。然自強不息，乞留數年。凡人心也，皆戀鄉土。非敦求法，誰樂遠偏。事須遂其實歸，不厭年深。又風潮萬里，齎獻遠臻。物豈在奇，唯嘉乃情。宜因于遠成等還次。令知此意。裁賜金物，以充旅資者。』准敕。聽更住數年。兼賜黃金一百小兩，宜領之。」

從朝廷發出的消息，表示已經知道了圓載「容服變更，心事艱阻」，首先暗示日本政府瞭解唐發生了會昌法難，僧尼必須還俗的窘迫苦痛處境。由於最後一次成行的遣唐使團早已在 840 年返回日本，消息應是得自於圓載的弟子仁好、惠蕚，以及圓仁（於 848 年二月抵達京城），為政府陸續帶回的消息。圓載在世時，即受日本政府封為傳燈大法師，圓珍的《行歷抄》中，記錄了他 853 年入唐與圓載相見，轉交敕牒與金援後，圓載欣喜之情。[229]

除了宗教與文化方面的貢獻以外，這些九世紀的留學僧因為是得到國家許可留學，擁有正式身分，能長久滯留於唐，所以尚肩負為日本政府收

---

[228] 見（日）藤原良房等編，《續日本後紀》卷 17。

[229] 敕牒事見（日）圓珍撰，白化文、李鼎霞編，《行歷抄校注》「（唐大中七年十二月）十五日」條（石家莊市：花山文藝出版社，2004），頁 19，以天皇名義賜與圓載「賜傳燈大法師位」之說明，見頁 21。

集海外情報，而政府也會主動連絡，給予金援，與八世紀的留學生、留學僧性質有所不同。[230]

圓載在唐四十年，期間遇會昌法難，遭逢諸多心酸辛勞，而也有其收穫與貢獻。他長住長安，廣泛學習，與諸多高僧、文士往來，至其晚年，住長安西明寺，曾接待入唐求法的真如親王，[231]欲回本國之前，得唐懿宗賜紫遣還：

> （唐懿宗咸通）十一年(870)十一月十四日延慶節，兩街僧道赴內，於麟德殿講論，可乎賜紫。又日本國僧圓載住西明寺。辭迴本國。賜紫遣還。[232]

延慶節為唐懿宗誕節，當日的固定行事之一，是令長安兩街高僧與道士入唐論道，由皇帝賞賜紫衣（袈裟）。事例始於唐初，因為不能賜僧侶官位金授，故改贈紫衣。[233]圓載欲返國前，得當時名詩人皮日休、陸龜蒙、顏萱等贈詩送別，皮日休《送圓載上人歸日本國》詩，首句「講殿談餘著賜衣」，即是指圓載得賜紫衣，在宮中講經之事，足見圓載得到懿宗器重，在唐也建立起崇高地位。而後可能是於秋季，[234]如同圓珍一般，乘唐商李延孝船返日，不幸成為波臣，在唐四十年收集，全入海中，從僧智聰則生還歸國。[235]《智證大師別傳》中亦記有圓珍夢見圓載返國時，漂沒於滄海中的記事。

---

[230] 說見（日）河內春人，《東アジア交流史のなかの遣唐使》（東京：汲谷書院，2013），頁 137。

[231] 參見前引（日）佐伯有清，《悲運の遣唐僧—円載の数奇な生涯》，頁 172-173。

[232] （宋）贊寧，《大宋僧史略》卷 3「賜僧紫衣」條，收入《大正新脩大藏經》冊 54。

[233] 說明見前引（宋）贊寧，《大宋僧史略》卷 3「賜僧紫衣」條。

[234] 皮、陸、顏三位詩人送圓載詩，均作於咸通十一年。據「白象新秋十二圍」、「射馬臺深玉署秋」、「卻待秋風泛舶歸」諸句，愚意推論圓載歸國船期在秋季，是以甚有可能在此期間遭遇北上日本的颱風。

[235] 事見《日本三代實錄》「元慶元年(877)十二月丁亥（21 日）」條。

三、分類與分析

綜合以上幾例赴唐人物的生平經歷可知，在八世紀前後，對唐文化由學習而認同的關鍵在於漢字文化，如無漢字作為載體，則中華文化的其他幾項要素：儒教、律令、中國式佛教、科技、生活方式均難以用知識的形式傳佈。在國家事業上，如律令整理研究、歷史書撰寫，以及漢詩漢學的盛行推廣，均展現出日本對中國文化的攝取及認同。在個人表現上，例如粟田真人、阿倍仲麻呂、吉備真備均具備了漢學知識，而能以自身在日本習得的漢學知識為基礎，為日本攝取唐文化以及中日交流做出貢獻。大和長岡主要的成就在律令方面，吉備真備幾乎在每項要素上都可以看到其成就與貢獻。由普照、榮叡等人所邀請的鑑真雖是東渡的唐僧，就日本政府的角度來看屬歸化僧人，但鑑真及其教團向日本人傳布中國式佛教、藝術風格及科技（如建築及醫學），就取得的成就論，普照、榮叡等人除了以留學僧身分學習中國式佛教及文化外，在日本攝取乃至移植中國文化的過程中亦有不容小覷的影響。[236]最澄、空海各自傳布受到漢文化影響的教派與學問，橘逸勢的留學經驗則代表日本留學生學習內容的過渡與轉變。

九世紀後的代表性人物，多半是高僧，赴唐尋求新的佛教思維及經籍文物等。但在他們不惜生命危險跨界往返的旅行過程中，既傳播了中華文化圈的諸要素，也在中國宣揚了日本本身的存在，這些渡唐日人一貫性的積極努力，留給唐人正面的印象，更為日後日本揉合亞洲大陸的文明，創出屬於日本自己的新文化，提供了基礎與養分，甚至可以回饋有形或無形的文化結晶給當時及日後的中國，如圓珍修止觀堂、許多中國亡佚的典籍，

[236] 參見（日）木宮泰彥，《日華文化交流史》第二篇第五章〈歸化唐人・印度人・西域人と文化の移植〉（東京：冨山房，1955 初版，1972 年 3 版），頁 215-235。

幸得於日本保存，而使吾人今日可以一窺其面貌。故此類文化上的媒介人物，對傳播、保存唐文化實功不可沒。

拙稿所選擇代表性渡唐日人，如對其身分進行分類，至少可分為以下三類：

表 1-2：8-9 世紀代表性渡唐日人分類表

類別	姓名
遣唐使（含使節團成員）	粟田朝臣真人（第二次）、吉備真備（第二次）
遣唐留學生	粟田朝臣真人（第一次）、阿倍仲麻呂、大和長岡、吉備真備（第一次）、橘逸勢
僧侶	普照、榮叡、最澄、空海、圓仁、圓珍、圓載。

雖不脫傳統的類別，在八至九世紀間，能有赴唐留學經驗之俗人，本身均是早有特殊成就，兼具高度漢文化修養，而得以入選為留學生；學成歸國後，原則上均有極大機會在日本朝廷受到重用。海途固然多險，有幸生還者，由於具有出使唐朝、與唐人往來的經驗，往往也有再次前往唐朝的機會。僧侶除攜回宗教經典及教義以外，對日本的文學、音樂、美術、生活形態等亦深具影響力，特別是多能在所吸收的中國式佛教因素上，又融會貫通其他思想元素，在日後逐漸演變成為具日本特色的佛教。九世紀的代表性赴唐人物，除了政府賦予的任務以外，亦從傳播知識、資訊逐漸轉變為經典、藝術，以及物質的傳布。這些代表性人物過去在日本或唐習得的中華文化成果，展現在其個人成就上，並受到日本政府的認同與主動採用。

日本政府從七世紀後半，透過文字、法律、詔敕等方式，讓所有民眾模仿經政府選擇後的中國文化，中國節日禮俗也透過這些規範而進入日本官民生活。例如奈良時代頒布的法令，《養老令．衣服令》中規定的仿唐樣式的朝服及禮服、《養老令．雜令》中規定的「諸節日」條：「凡正月一日、七日、十六日。三月三日、五月五日、七月七日、十一月大嘗日，皆為節日。其普賜，臨時聽敕」，每一節日均是來自於中國傳統節日，[237]均可以看出日本擷取唐文化的明確痕跡。

隨著日本對於唐文化、唐土有形的文物日益憧憬，自然會出現相應的行動，在官方方面，最顯著的行動是平安時代初期，桓武天皇遷都至模仿長安、洛陽城而建設的平安京(794)[238]，並在次年延曆十四年舉行初次朝賀時，群臣百官歌舞：「新京樂，平安樂土萬年春」。再如前述元正天皇時期(719)，以及嵯峨天皇弘仁十年(819)、仁明天皇承和九年(842)[239]均有詔，要求更積極的唐風化，「天下儀式、男女衣服，均從唐法，五位已上位記，改從漢樣，諸宮殿院堂門閣，皆著新額」，甚至將原本以氏姓為稱號的宮城十二門也改為唐式稱號，均是從上而下的推行唐文化。

上有所好，下必甚焉，故也會看到官民爭奪唐物的社會現象。《類聚三代格》卷十九，延喜三年(903)八月一日太政官符記載「應禁遏諸使越關私買唐物事」：

> 右，左大臣宣：「頃年如聞，唐人商船來著之時，諸院諸宮諸王臣家等，官使未到之前遣使爭買。又郭內富豪之輩心愛遠物，踊直貿易，因茲貨物價直定准不平，是則關司不慥勘過，府吏簡略檢察之所致也。(禁衛)律曰：『官司未交易之前，私共蕃人交易者准盜論，罪止徒三年。』(關市)令云：『官司未交易之前，不得私共諸蕃交易。為人糺獲者，二分其物，一分賞糺人，一分沒官。若官司於所部捉獲者，皆沒官』者，府司須因准法條，慎其檢校，而寬縱不行，令人狎侮，宜更下知公家未交易之間，

---

[237] 參見拙作，《唐日令中所見節假生活初探》（新北：稻鄉出版社，2017）二章二節對日本令「諸節日條」說明。

[238] 陳水逢，《日本文明開化史略》（臺北：臺灣商務印書館，1995 修訂版），頁 114。

[239] 事見《續日本後紀》卷 12「承和九年十月丁丑（17 日）」條。

嚴加禁遏，勿復乖違。若猶犯制者，没物科罪，曾不寬宥。」[240]

這個事例，雖然說的是將引用何等律令法條來懲處官民爭買唐物的行為，卻可以做為八、九世紀後期一直到十世紀之初，日人喜愛唐土舶來物品的明證。而即令是施行於日本的法條，也是源自於唐土的產物，更能進一步說明八至九世紀日本攝取中國禮法文化後，從上而下，在民眾生活中的各個層面推展，廣布其認同。

除了派遣使節、長期的留學生、留學僧與短期的請益生、請益僧赴唐學習外，招請唐人來日也是一種吸收文化方式，有名者如鑑真、蕭穎士（未成行）[241]等。另外八世紀的日本也會對赴日唐人授官、賜姓，目的在於希望此類唐人可以傳授日本唐文化，但由於日本是選擇性的接受唐文化，故也有拒絕的情形，例如鑑真第六次嘗試赴日時，唐玄宗曾希望派道士同行傳佈道教，但使節團並不願意攜回道士，因而以「日本君王先不崇道士法」為由婉拒，[242]即是不願接受道教與道士，只好連正式招聘鑑真也予以放棄。

---

240 《類聚三代格》卷19〈禁制事〉，頁612。

241 《新唐書》卷202〈文藝中・蕭穎士傳〉記載蕭穎士事蹟：「蕭穎士字茂挺……四歲屬文，十歲補太學生。觀書一覽即誦，通百家譜系、書籀學。開元二十三年，舉進士，對策第一。……倭國遣使入朝，自陳國人願得蕭夫子為師者，中書舍人張漸等諫不可而止。」（頁5767-5768）《舊唐書》卷190，〈文苑下・蕭穎士傳〉則作：「是時外夷亦知穎士之名，新羅使入朝，言國人願得蕭夫子為師，其名動華夷若此。終以誕傲褊忿，困躓而卒。」（頁5048-5049）由於《舊唐書》作「新羅」，《新唐書》作「倭國」，究竟是哪一國聘請蕭穎士，仍有爭議。池田溫在〈蕭穎士招聘は新羅か日本か〉中認為是新羅（頁141），但由於日本方面的史料較多，日本招聘說也很有力，後來池田溫參考其他日本招聘說的講法，在〈天寶後期の唐、羅、日關係をめぐって〉文末提出結論：「無論是新羅或日本邀請蕭氏，都應該不要忽視後進國積極的文化攝取行動。」（頁119-121）二文均收入氏著《東アジアの文化交流史》。

242 （日）真人元開撰，汪向榮校注，《唐大和上東征傳校注》記載：「（唐玄宗）天寶十二載（753），歲次癸巳，十月十五日壬午，日本國使大使特進藤原朝臣清河、副使銀青光祿大夫、光祿卿大伴宿彌胡麿、副使銀青光祿大夫、秘書監吉備朝臣真吉備、衛尉卿安倍朝臣朝衡等，來（至）延光寺，白和上云：『弟子等早知和上五遍渡海，向日本國，將欲傳教。今親奉顏色，頂禮歡喜。弟子等先錄和上尊名，並持律弟子五僧，已奏聞主上，向日本傳戒。主上要令將道士去，日本君王但是在藤原佐世撰，成書於日本宇多天皇寬平三年(891)的《日本國見在書目錄》中，記載了至遣唐使時代結束（實際最後一次成行為 838 年，返回日本為 840 年）為止漢籍的輸入狀況。就《日本國見在書目錄》的記載看來，日本雖不願意接受唐所崇奉的道教傳入，卻可以接受以書籍輸入道教的相關知識，日本輸入的書籍偏重於經部（特別是小學）與子部（特別是天文、曆數、五行、醫學），對於後進國而言，選擇的重點在於導入重要的技術。[243]若從《日本國見在書目錄》所著錄之漢籍，與《舊唐書・經籍志》、《新唐書・藝文志》做分類比較，更會發現日本在天文、曆數、五行、醫方之部數、卷數較兩唐書高出許多，正可說明日本攝取唐文化，重在實用，包含仿唐設置的官學學制在內，都反應出此特質。[244]

另參考日本學者意見，在八世紀中期，兩次遣唐使回日(734-736、754)都帶回有技能的唐人，可能日本政府有計畫的赴唐進行人才募集，但是赴日的唐人除了鑑真以外，都不是一流的文化人或知識人。[245]個人淺見以為安史之亂後，因為唐本土對某些人來說未必是個有前途的地方，所以二、三流的音樂家或技師會試著冒險前往日本，在日的朝廷求取優於唐的地位。比起文化認同，恐怕謀生更為重要。赴日唐人之中，除了偷渡者及混血兒之外，還包括了嫁給日本人的唐朝女性，例如大春日淨足之妻李自然，由於隨夫返日，於日本桓武天皇延曆十一年(792)在日本得到從五位下的地

先不崇道士法，便奏留春桃原等四人，令住學道士法，為此和上名亦奏退，願和上自作方便。弟子等自有載國信物船四舶，行裝具足，去亦無難』」，頁 83。

[243] 參見前引（日）森公章，《遣唐使と古代日本の對外政策》第五章〈遣唐使と唐文化の移入〉，頁 100-101。

[244] 統計見（日）太田晶二郎，〈《天地祥瑞志》略說—附けたり、所引の唐令佚文—〉，收入《東京大學史料編纂所報》7 號（東京：東京大學，1972），頁 7-8，並參見高明士，《日本古代學制與唐制的比較研究》（臺北：學海出版社，1977 初版，1986 增訂一版），頁 83-84。

[245] （日）榎本淳一，〈來日した唐人たち〉，收入遣唐使船再現シンポシウム編，《遣唐使船の時代—時空を驅けた超人たち》（東京：角川選書，2010），頁 126-146。

位。[246]雖然《唐律疏議·衛禁律》第31條「越度緣邊關塞」（總88條）《疏》議曰：

> 越度緣邊關塞，將禁兵器私與化外人者，絞。共為婚姻者，流二千里。其化外人越度入境，與化內交易，得罪並與化內人越度、交易同，仍奏聽敕。出入國境，非公使者不合，……因使者，謂因公使入蕃，蕃人因使入國。私有交易者，謂市買博易，各計贓，準盜論，罪止流三千里。若私與禁兵器及為婚姻，律無別文，得罪並同「越度」、「私與禁兵器」、「共為婚姻」之罪。……國內官人、百姓，不得與客交關。私作婚姻，同上法。如是蕃人入朝聽住之者，得娶妻妾，若將還蕃內，以違敕科之。[247]

此即唐律中明文規定人民不可以私自出境，兵器不得私自販賣給化外人，蕃人所娶漢女不得帶離中國，訂出許多嚴格的限制。實際上，人為了實現內心願望或現實利益等需要，仍可能無視法律，突破人為的國界與自然環境的限制。就法律的執行面來說，法網難免有疏漏，但對文化傳布來說，卻可能有無心插柳成蔭的結果。

第四節　小結

八至九世紀的日本政府與遣唐使團，針對日本自身需求，設定目標，

[246] （日）佚名編，《日本紀略》〈前篇十三〉（桓武天皇延曆十一年（792））「五月甲子（十日）」條：「唐女李自然，授從五位下。自然從五位下大春日淨足之妻也，入唐娶自然為妻。歸朝之日，相隨而來。」收入（日）黑板勝美編，《新訂增補國史大系》冊10（東京：吉川弘文館，2000），頁369。

[247] 參見前引（唐）長孫無忌等撰，劉俊文點校，《唐律疏議》卷8，頁177-178。

透過主動攝取，逐步將唐文化內化為自己的文化。中華文化中重要的漢字、儒教、律令、中國式佛教、科技、生活方式等要素，經由八至九世紀時期日本的國家建設及媒介人物的傳播，透過智識階層的生活風尚及僧侶的學養德行等外顯的影響，將中國文化推波助瀾，落實到日本朝野民眾日常生活中。即如八世紀時渡唐的粟田真人、阿倍仲麻呂、吉備真備、大和長岡，普照、榮叡等人，渡日唐僧鑑真，九世紀時的最澄、空海、橘逸勢，九世紀的圓仁、圓珍等人，在八世紀前後，以漢字為媒介，在日本或唐習得中華文化成果，進而將儒教、律令、中國式佛教、科技等相關文化，乃至包括禮俗在內的生活方式在日本傳布，顯現先進文明由高處向低處、中心向邊緣普及的自然過程。日本人積極、熱衷學習中國事物，亦使得日本國與日本人在唐人心中的形象逐漸改變，不再如同唐朝以前是風俗怪異的異類，儒、佛、禮法在日本的傳布盛行，符合了唐人心中「夷狄變華夏」的期待與想像。[248]

然而日本在唐人心中塑造出「服聖人之訓，有君子之風。正朔本乎夏時，衣裳同乎漢制」[249]形象之餘，並沒有放棄其自我中心的立場。無論唐的天下觀當中，將日本定為何種地位，或唐對日本的看法如何變化，日本始終保持著自我意識，有選擇性的吸收唐文化。此種在國內強調自主與對等，對外採取以小事大的恭敬態度，接受不對等關係，即所謂「事大主義」；呈現出小國對大國的兩面矛盾性，[250]這樣的文化認同，似乎視唐文化為一種可因應狀況變化利用，用以求進步或求生存的工具。[251]不獨日本如此，

[248] 參見張哲俊，《中國古代文學中的日本形象研究》第二章〈唐代的日本形象〉（北京：北京大學出版社，2004），頁 74-106。

[249] （唐）王維撰，〈送祕書晁監還日本．並序〉，收入陳鐵民校注，《王維集校注》卷 4，〈編年詩〉（北京：中華書局，1997），頁 317-324。

[250] 參見高明士，《天下秩序與文化圈的探索》中篇第六章〈隋唐使臣赴倭及其禮儀問題〉，頁 220-221。

[251] 參見王明珂，《華夏邊緣——歷史記憶與族群認同》（北京：社會科學出版社，2006），頁 19-20 對族群認同「工具論」的說明。

新羅、高句麗等與唐交往的周邊各國，除在外交上均出現兩面性的矛盾情形，攝取中國文化時，也出現選擇性。例如高麗建國之初，太祖王建曾謂：「惟我東方，舊慕唐風，文物禮樂，悉遵其制，殊方異土，人性各異，不必苟同。契丹是禽獸之國，風俗不同，言語亦異。衣冠制度慎勿效焉。」[252]或可做為此等實用性認同的例證。

唐末，日本透過遣唐使節團及唐商把握唐的情勢，得知唐的國力大不如前，在吸收了足夠的先進文化後，經由菅原道真奏請，於日本宇多天皇寬平六年(894)正式停止派出遣唐使團，結束官方的文化交流：

> 請令諸公卿議定遣唐使進止狀
>
> 右臣某謹案，在唐僧中瓘，去年三月附商客王訥等所到之錄記，大唐凋弊，載之具矣。更告不朝之問，終停入唐之人。中瓘雖區區之旅僧，為聖朝盡其誠。代馬越鳥，豈非習性。臣等伏撿舊記。度度使等，或有渡海不堪命者，或有遭賊遂亡身者。唯未見至唐有難阻飢寒之悲。如中瓘所申報，未然之事，推而可知。臣等伏願，以中瓘錄記之狀，遍下公卿博士，詳被定其可否。國之大事，不獨為身。且陳欵誠，伏請處分。謹言。
>
> 寬平六年九月十四日　大使參議勘解由次官從四位下兼守左大辨行式部權大輔春宮亮菅原朝臣某[253]

[252] （韓）鄭麟趾，《高麗史》卷2，太祖廿六年(944)夏4月條，收入域外漢籍珍本文庫編纂出版委員會編，《域外漢籍珍本文庫第三輯．史部》冊1（重慶：西南師範大學出版社、北京：人民出版社，2012），頁201。

[253] 見（日）菅原道真，《菅家文草》卷9，收入（日）川口久雄校注，《菅家文草．菅家後集》（東京：岩波書店，1966），頁568。

文中屢敘往事，引用歷史典籍中赴唐苦狀，以求說服朝廷停止派遣遣唐使。其背後隱藏的心理動機之一，除了畏懼海途多險，或許也含有國策轉向保守內斂的意味，[254]而唐則在907年滅亡。日本在其後的平安時期，逐步發展出屬於自己的國風文化，只是對中國有形的文物仍然滿懷憧憬，諸如冠上「唐」字物品，通常都是高級舶來品；貴族教養中，漢學與詩文依舊是重要的一部分，這種以「唐」為貴的心態，仍可以說明八世紀以後日本對中華文化的憧憬與認同。

[254] 同前引王小甫，〈由遣唐使看古代日本對外政策的變化〉，《周秦漢唐文化研究》4，頁177-178。

第二章 《圓仁三藏供奉入唐請益往反傳記》中所見唐人樂部
——兼論九世紀後半渡日唐人於唐日交流中所扮演角色

第一節 前言

唐宣宗大中元年（日本仁明天皇承和十四年，847）九月，圓仁結束入唐求法之旅，與唐客四十餘人一起抵達日本。同年十一月二日，渡日唐人樂部獻上他撰寫的圓仁傳記給日本朝廷。圓仁的日記《入唐求法巡禮行記》記載至當年十二月四日，唐人樂部所撰的《圓仁三藏供奉入唐請益往返傳記》（以下簡稱〈部記〉），亦即後文欲討論的《慈覺大師入唐往反傳記》，其實比圓仁的日記還早完成。

唐人樂部，生卒年不明，與圓仁同船東渡，抵日後撰寫前述圓仁略傳，並附記自己簡歷，故知其為晚唐時期西蜀人氏。該文如同《入唐求法巡禮行記》般，最初僅留存於東瀛而不見於中土，亦長期不為世人所知。雖被譽為「希代珍書」，也受到前輩學者矚目，卻殊少為當今學界所運用，管見亦幾乎未見到此傳記以史料的角色實際運用在歷史研究上。

本章標題中所謂「渡日唐人」，意指從中國跨海前往日本的唐朝人士。但是除唐朝正式派出的使者以外，其餘渡日唐人似均為非法前往，即以偷渡的方式赴日。筆者在閱讀樂部所撰圓仁傳記過程中，除思考其史料價值與意義外，尚注意到樂部提及與圓仁同船赴日的唐人背景，以及樂部在全文之末為自己所寫的小傳。根據樂部的記載，晚唐時期的渡日唐人，除公使、僧侶、海商之外，其實還有庶民階層未受學界注意，遑論其渡日行動所涉及唐日法制層面。拙稿以下將先簡介〈部記〉已知的諸版本，再藉〈部記〉內容，分析對處在唐朝晚期渡日唐人的背景、動機及赴日過程，說明〈部記〉的史料價值，做為探討中國中古社會變化及晚唐時期唐日交流的切入視角，並尋找相關事例，說明九世紀後半渡唐日人在唐日交流中所扮演的角色。

第二節《慈覺大師入唐往反傳記》諸版本簡介

有感於樂部所撰圓仁傳記諸本題名不一，甚至各抄本間文字也有若干差異，本節選擇以叡山文庫藏無動寺 1813 年真超抄本封面題稱《慈覺大師入唐往反傳記》做為標題。選擇此版本，乃因它是目前筆者所見最古版本，抄錄者真超（日後改名為豪實）為日本江戶時期天台宗碩學，極力使抄本與來迎院如來藏本形制上一致，[1]經與來迎院本圖版比對，真超抄本甚至連來迎院本蟲蝕處也描繪出一樣形狀，細心若此，當可信任。

樂部所撰圓仁傳記，內標題均為「圓仁三藏供奉入唐請益往反傳記」，刊本「往反」二字下有二行割註云：「反返通還也」。筆者曾赴叡山文庫考察，當時所見傳世抄本及刊本，封面標題基本均為《慈覺大師入唐往反傳記》（明德院藏刊本無「記」字）。王勇等認為：「考『慈覺大師』名號，乃圓仁去世後所得諡號，樂部在圓仁生前撰寫傳記，不可能使用諡號，則原題應該是〈圓仁三藏供奉入唐請益往返傳記〉。」[2]此說甚是。愚意以為諸寫本及刊本的外封面標題有此更動，應是圓仁身後，門徒與時人避諱直呼大師法號，故將抄本的外封面標題改為「慈覺大師」，以示尊敬。查閱日本《國書總目錄》、《昭和現存天台書籍總目錄》等書，均將《慈覺大師入唐往返傳（記）》與《圓仁三藏供奉入唐請益往返傳記》視為不同作品，比對

---

[1] 參見（日）小野勝年，〈「圓仁三藏供奉入唐請益往返傳記」について〉，《東方宗教》40（東京：日本道教學會，1972）頁 2 說明，圖版見頁 11。

[2] 王勇等意見，見王勇、王麗萍，〈唐人樂部《圓仁三藏供奉入唐請益往返傳記》校錄〉，（《文獻》2004.4，北京：書目文獻出版社，頁 21。後改題為〈樂部《圓仁三藏供奉入唐請益往返傳記》校錄〉，收入王勇主編，《東亞坐標中的書籍之路研究》19 章，北京：中國書籍出版社，2013 初版，頁 235-236。

內文後，確認為目錄編輯者的誤會，實為異版異題而同源的內容。[3]

與《慈覺大師入唐往反傳記》版本問題直接相關的專論，首篇當為 1972 年日本學者小野勝年所發表〈關於《圓仁三藏供奉入唐請益往返傳記》〉[4]，該文對樂部的記載做了簡要的版本介紹、日語白話文翻譯、原文校錄，提供數幀來迎院如來藏抄本照片，但忽略〈部記〉為最早的圓仁傳記，甚至也未將之列入圓仁傳記。[5]

據小野氏考察，〈部記〉現存最古抄本應為來迎院如來藏抄本，在東京大學史料編纂所編《來迎院如來藏聖教》圖版集（編成於 1958 至 1975 年之間）中，推定此抄本為日本平安時代後期成書，[6]但小野氏從其裝訂為冊子本，以及所抄字蹟為楷行體，推定於日本鎌倉時代(1185-1333)年間抄寫。該文對如來藏抄本源流，以為：「（封面）所載青龍藏，恐只是在如來藏中碰巧相遇，與叡山青龍寺不必然有直接關係。」[7]從其文字質樸，推論樂部稍有《法華經》的教養，能從文中看到樂部對圓仁傾倒之情。該文並附當時所攝抄本照片三幀，能據字跡與其他版本稍做比對。小野氏謂該抄本「多有蟲蝕」，[8]觀雜誌內頁中所附圖片，確是如此。由於部分書頁破損難辨，因此小野氏的錄文與現代日文語譯難免有誤讀之處，但在〈部記〉研究上

[3] 並可參考王勇等意見，見前注。

[4] （日）小野勝年，〈「圓仁三藏供奉入唐請益往返傳記」について〉，《東方宗教》40（東京：日本道教學會，1972），頁 1-11。

[5] 小野勝年認為，最早的圓仁傳記為日本《三代實錄》（清和天皇）貞觀六年(864)正月十四日條（圓仁卒傳）。說見（日）加藤友康等編，《日本史文獻解題辭典》「慈覺大師傳」條（東京：吉川弘文館，2000），頁 446、447。

[6] 轉引自王勇，〈『圓仁三藏供奉入唐請益往返傳記』諸本雜考及び注釈〉，《日本漢文学研究》2（東京：二松學舎大学，2007.03），頁 353。《來迎院如來藏聖教》圖版編目資料，雖登錄於東京大學史料編纂所資料庫網頁，但實際查閱後，網頁僅見圖書編目，而未提供圖片內容，有待日後確認。該資料庫網址為：http://wwwap.hi.u-tokyo.ac.jp/ships/shipscontroller （2017.07.26 查閱）

[7] 與叡山文庫所編目錄對照，亦可知比叡山所藏抄本，與比叡山青龍寺無涉。同前引（日）小野勝年，〈「圓仁三藏供奉入唐請益往返傳記」について〉，頁 2。

[8] 同前引（日）小野勝年，〈「圓仁三藏供奉入唐請益往返傳記」について〉，頁 2。

仍具重要價值。

中文研究著作方面，首先注意到樂部所著圓仁傳記者，應是顧承甫〈圓仁事跡的最早記載〉[9]一文。該文對樂部所寫圓仁傳記做簡單介紹，雖然認為「所記堪與圓仁《入唐求法巡禮行記》彼此印證，頗有史料價值。」但未見其後有進一步的相關研究。該文問世經過二十年，才再有王勇、王麗萍合著〈唐人樂部《圓仁三藏供奉入唐請益往返傳記》校錄〉[10]刊登，簡介各版本間的系譜與校錄，屬於文獻學性質的專文，並附若干叡山文庫抄本影印本照片（收錄於《東亞坐標中的書籍之路研究》論文集時刪去）。2007年，王勇以前文為基礎，擴大內容，寫成〈《圓仁三藏供奉入唐請益往返傳記》諸本雜考及注釋〉一文，[11]以日文在日本發表，更加詳盡說明各個版本之間的淵源、系譜及文字校勘，整理諸本間的關係，並進一步提供小野論文中未提及的訊息，內容十分詳盡，甚有價值。由於該文已考證各抄本的版本源流及校刊者的背景，拙文不擬重覆，僅欲提出數點問題，以及在現行諸排印本中，未受先行研究注意到的外圍訊息：

（一）〈《圓仁三藏供奉入唐請益往返傳記》諸本雜考及注釋〉一文寫作細緻，提供訊息豐富。例如，小野勝年錄文之末，記載原件按語「以上戒心之本交（校）合了」，王勇等推論「戒心」，應是平安末期歌人暨畫家藤原隆信(1142~1205)出家後之法號，戒心於 1201 年出家，已進入鎌倉時代，可說明小野勝年理解正確。此事甚有參考價值。但或許因王氏等未見《叡山文庫文書繪圖目錄》中的分類，而將無動寺藏真超、豪實抄本和明德院藏刊本混為一談。兩冊抄本和一本刊本的原始收藏地點實際是不同，只是今日集中至叡山文庫收藏。至於延曆寺（叡山文庫）所編目錄，當因知曉真超、豪實為同一人物，而將目錄編為共用同一編目的兩本。但真超

[9] 顧承甫，〈圓仁事跡的最早記載〉，《中華文化論叢》29（上海：上海古籍出版社，1984），頁40。

[10] 王勇、王麗萍，〈唐人樂部《圓仁三藏供奉入唐請益往返傳記》校錄〉，《文獻》2004.4，頁 19-29。

[11] 同前引王勇，〈『圓仁三藏供奉入唐請益往返傳記』諸本雜考及び注釈〉，頁 335-356。

本標題記為《慈覺大師入唐往反傳記》，豪實本標題記為《圓仁三藏供奉入唐請益往反傳記》，若只讀目錄，容易混淆，以為兩本為不同作品。[12]

（二）〈《圓仁三藏供奉入唐請益往返傳記》諸本雜考及注釋〉一文，在提及真超寫本時，謂「卷末小野勝年錄文未載，『以上戒心之本交合了』上書有原本『秘也』二墨字」，[13]此事有誤。首先，小野氏論文中附有來迎院如來藏抄本最末頁之照片，就該文圖版所見範圍，冊子上端確無「秘也」字樣，並非小野氏疏漏。筆者閱讀叡山文庫所藏原件，比對前文字蹟，該頭注文字實際上乃分寫為兩行之眉批：「原本『挍』也」，可知其意非指秘件。有此誤讀，或因兩者字形相近，而頭注文字較小，影印本不易看清原件筆順墨跡濃淡所致。根據此條頭注，亦提供可進一步推論的訊息，即真超所用抄本，可能曾經與其他不同來源的抄本互相校對過，所以才以眉批形式附上頭注：「原本『挍』也」。另外，在 1828 年豪實抄本中並無此注（實際自 1822 年慈本校抄本開始，即不見「以上戒心之本交合了」之句，連帶使得往後據該校抄本發行的所有刊本、排印本均不見此注）。據此可推論該書籍非秘件，反而說明了〈部記〉因為非屬秘件，故豪實在時隔多年後，命弟子校對抄寫之餘，再次親自抄錄，以期備用或廣傳於世。

（三） 1828 年豪實抄本因為晚出，似受先行研究及文獻目錄編輯者忽略，實則在此抄本中，記錄了高僧為文獻校錄所付出的勞苦與心力，故擬披露於此，供讀者閱讀〈部記〉時參酌。其所記之事項如下：

1.形制：真超、豪實兩抄本外封面相同，豪實抄本內封面左上記《圓仁三藏供奉入唐請益往返傳記　　青龍藏》，右下以藍黑色戳章蓋上「山門無動寺藏」，背面如同真超抄本一般，於頁面下方中央蓋有「沙門真超」之篆體朱印。書冊長 27.1cm，寬 20.1cm，共 8 面 15 頁，冊子本，封面用紙與真超寫本相同。頭注與返讀點以朱筆寫，頭注文字較 1813 年真超寫本為

[12] 參見叡山文庫編《叡山文庫文書繪圖目錄・6 無動寺・明德院・法曼院文書抄出目錄》（京都：臨川書店，1994），頁 331。

[13] 同前引王勇，〈『圓仁三藏供奉入唐請益往返傳記』諸本雜考及び注釈〉，頁 352、351（橫書）。

少。較長之註解則浮貼小紙條於書冊下緣，再反折進書冊內。但與如來藏抄本、真超抄本相較，仍維持 12 字一行、每面七行之近似格式。

2. 按語（寫本奧書）：

在文末「以上戒心之本交合了」之後，另有三筆按語，首先記錄與前次抄本相似內容：

文化十年(1813)秋八月以右[14]記書寫之
台嶽沙門金剛護法真超

此處交待前次抄寫時間。真超於此所署頭銜，與前述 1813 年真超寫本所署頭銜「台嶽法曼院大僧都真超」不同。

第二筆按語，為「追考」（見後文分析）。第三筆記載該次抄寫時間與原由：

文政十一年(1828)四月日以先年書寫之本更寫一本
叡嶽執行探題前大僧正豪實識

此處所謂「先年」，稍難知悉意指 1813 年真超寫本，或 1822 年慈本抄本，留待考索。尤為特殊者，最末頁中尚夾有字條，紙張略短，共三折六面，內容分別是《續日本後紀》的卷 17、18、13 中所述與圓仁圓載相關事蹟，以及《（慈覺）大師別傳》內容。卷末署名真超，為行書抄寫的讀書筆記，筆跡豪邁。筆者起初在閱讀時，並無法立刻做出判斷，此件箚記，究竟是豪實將舊日筆記特意夾入新抄成的本子中，或是過往時間中，曾經的讀者一時不慎，隨手置入的結果？然而若取之與明德院藏刊本中所載慈本按語

[14] 目前所見諸抄本及排印本，此字均被解為「古」，真超 1813 年所寫，亦是「古」字，但此抄本所寫，看來較似「右」，因「古記」略感文意不通，「右記」則合於冊子書寫狀況，但豪實本人筆跡豪邁，在快速揮毫之際，或有古、右不分之情形，故附筆者意見於此，以就教方家。

對讀，即能找到解答：「（法曼院）真超僧正又就《大師別傳》及《續日本後紀》而校，更囑慈本訂正之。」所夾讀書筆記，當是真超（豪實）曾經據史籍校訂過抄本的物證。

回想起來，筆者身為一介外國學習者，在日本受到各方關照，因緣俱足，方能成功申請親赴叡山文庫查閱原件。猶記當日遠行，置身於琵琶湖畔，比叡山腳下的比叡文庫外，青空下楓紅片片，戶外山澗流淌，閱覽室內清幽閑靜，研讀之餘，可從座位上透過大片玻璃窗，欣賞群樹爭高，竹影搖曳風景，就中翻閱文件，感到心曠神怡。調查得以成行之前，從來不曾料及能與真超大師所遺留墨寶在百餘年後的時空中相會。此行能夠親眼目睹抄本、箚記等原件，實是人生中的大幸運，更可謂是與歷代關注樂部作品的高僧們之間意外的緣分。真超大師百餘年前認真研讀此文、抄寫箚記，讚歎「希代珍書」的情景，歷歷如在目前，拜讀之餘，設想其關注學問精神，著實令人深深感佩。

言歸正傳，透過真超大師親筆抄錄文件，更可凸顯此件抄本在〈部記〉傳抄系譜之間的特殊位置。為求容易理解，做成流傳系譜，請參見次頁圖2-1：

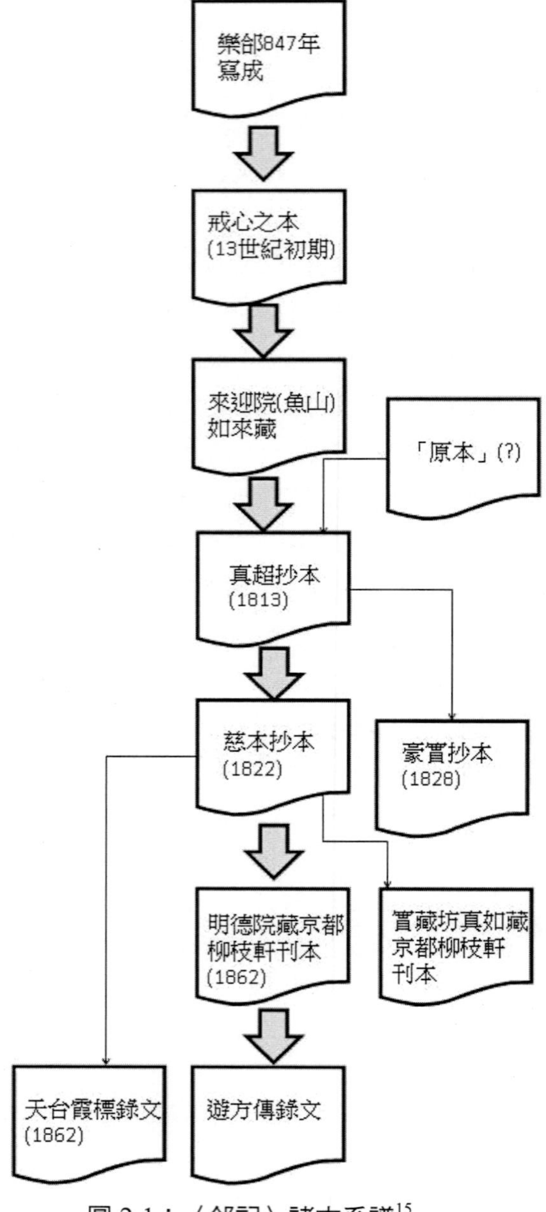

圖 2-1：〈部記〉諸本系譜[15]

---

[15] 據前引王勇，〈『圓仁三藏供奉入唐請益往返傳記』諸本雜考及び注釈〉頁 354 整理重繪。

至於活字排印錄文，除以上所介紹小野氏與王勇等錄文外，另可參考《大日本佛教全書》中所收二版本，[16]以及《全唐文補編》[17]中所載內容。

綜合以上，依時間順序開列目前已知版本如下：

表 2-1：目前已知部記版本

形制	封面標題	內標題	收藏地點/收錄圖書	完成時間	抄寫/校對者	備註
抄本	慈覺大師入唐往反傳記　青龍藏	圓仁三藏供奉入唐請益往返傳記	來迎院如來藏	鎌倉時代	不明	卷末按語：「以上戒心之本交合了」
抄本	癸弟十　慈覺大師入唐往反傳記　青龍藏	圓仁三藏供奉入唐請益往反傳記	叡山文庫無動寺藏	江戶時代文化十年(1813)	真超寫、虛堂句讀、祝希烈加朱筆	借用魚山如來藏書抄寫
抄本	不明	圓仁三藏供奉入唐請益往反(割注:返反通還也)傳記		江戶時代文政五年(1822)	實融句讀，真超、慈本注、祝希烈校	慈本記註按語:「固無別本可以校正，則闕其疑者，而俟後正耳。」
抄本	癸弟十一　慈覺大師入唐往反傳記　青龍藏	圓仁三藏供奉入唐請益往返傳記	叡山文庫無動寺藏	江戶時代文政十一年(1828)	豪實	豪實為真超之改名

[16]《慈覺大師入唐往返傳》，收入《遊方傳》卷 1，《圓仁三藏供奉入唐請益往反傳記》，收入《天台霞標》四編卷之二；《遊方傳》見（日）高楠順次郎等編，《大日本佛教全書》冊 113，頁 283-285，《天台霞標》見冊 125，頁 418-420。

[17] 陳尚君輯校，《全唐文補編》（下）又再補卷 6〈圓仁三藏供奉入唐請益往返傳記〉（北京：中華書局，2005，頁 2320-2321），參考文末按語說明，該段文字乃採用小野勝年錄文，並提供《天台霞標》所收卷次，然該按語對於小野勝年說明叡山青龍藏之事，理解有誤。

形制	封面標題	內標題	收藏地點/收錄圖書	完成時間	抄寫/校對者	備註
刊本	慈覺大師入唐往反傳	圓仁三藏供奉入唐請益往反(注曰：:返反通還也)傳記	叡山文庫明德院藏	江戶時代文久二年(1862)	文政五年(1822)慈本校	
排印本		圓仁三藏供奉入唐請益往反(注曰：返反通還也)傳記	天台霞標四編之二（大日本佛教全書冊 125）	昭和 6 年(1931)		據京都柳枝軒刊本排印
排印本	慈覺大師入唐往返傳	圓仁三藏供奉入唐請益往反(注曰：返反通還也)傳記	遊方傳一（大日本佛教全書冊 113）	昭和 7 年(1932)		據慈本校抄本排印
錄文		圓仁三藏供奉入唐請益往返傳記	東方宗教 40	1972	小野勝年	據來迎院如來藏抄本校錄
錄文		圓仁三藏供奉入唐請益往返傳記	文獻 2004:4	2004、2013	王勇、王麗萍	據真超寫本、豪實寫本、明德院本、天台霞標本及小野校錄本
錄文		圓仁三藏供奉入唐請益往返傳記	全唐文補遺	2006		據小野及天台霞標本校錄
錄文		圓仁三藏供奉入唐請益往返傳記	日本漢文学研究 2	2007	王勇	以 2004 年本為基礎，用真超寫本為底本，據豪實寫本、明德院本、天台霞標本及小野校錄本對校
錄文(本文)		圓仁三藏供奉入唐請益往反傳記				據真超抄本，參酌祝希烈等注文做抄錄及修正

第三節 從圓仁、樂部事例探討唐人赴日的境遇

以下將運用〈部記〉文本，配合《入唐求法巡禮行記》（以下簡稱《行記》）記錄，展開分析與討論，並提出〈部記〉在史料上的價值。

一、唐人赴日流程與經歷

（一）出發赴日

從《入唐求法巡禮行記》卷四，唐宣宗大中元年(847)二月以降的諸記載，可以見到圓仁即將回日本的記錄，實際出發是九月二日，抵達日本已是當年九月十日：

> 十日平明，向東遙見對馬島。午時，前路見本國山，從東至西南，相連而分明。至初夜，到肥前國松浦郡北界鹿島泊船。[18]

〈部記〉對於行程也有相應的記載：「今歲季秋，方帆渡於巨海；不逾十日，已達日源。」據圓仁後文記載，共有「唐人金珍等卌四人」[19]隨圓仁一行抵達日本。

雖然圓仁記錄有唐客四十四人，《續日本後紀》則記錄「唐客卌二人到

---

[18] （日）圓仁撰，顧承甫、何泉達點校，《入唐求法巡禮行記》卷 4（上海：上海古籍出版社，1986），頁 202。

[19] 同前引（日）圓仁撰，顧承甫、何泉達點校，《入唐求法巡禮行記》卷 4（日本仁明天皇承和十四年，847）十月十九日條，頁 204。

自大唐」。[20]參考圓仁在 847 年六月九日的日記中記載書信內容，開列名單如下：「得蘇州船上唐人江長、新羅人金子白、欽良暉、金珍等書云」[21]，以及〈部記〉所敘述「兼與大唐數客，同載而還」，可推論圓仁所謂「唐人」應該是泛稱日本以外的外國人士，此四十四人並非全部都是唐人，而是各國旅客與多重國籍商人組合而成。一般以為此類商船上的唐人多為唐商與唐僧，[22]但尚有一群沒沒無聞的庶民罕受注意，即樂部及〈部記〉中所提及的無名唐人（詳後）。

（二）大宰府鴻臚館[23]

《行記》847 年九月十八日條：「到鴻臚館前」，十九日條：「入館住」[24]。其間省略許多日本對於抵日商客的管理細節。

首先介紹位在今日九州地區的大宰府鴻臚館。太宰府地區屬古代的筑前國，相對於京城，素有「遠朝廷」之稱。此地做為日本面對亞洲大陸的門戶，自古便與中國、韓國頻繁往來，漢朝時是奴國所在。從日本的飛鳥時代起，這裡的長官可能已擁有統治九州的實權，並接送來自亞洲大陸的外國使節，具有重要地位。

自八世紀初，日本施行大寶律令 (701)開始，大宰府確立為律令制下的政府機關，負責與中國、朝鮮半島的軍事、外交重責，而成為擁有很大

[20] （日）藤原良房等編，《續日本後紀》卷 17（仁明天皇承和十四年冬十月）甲午（2 日）條：「遣唐天臺請益僧圓仁及弟子二人、唐人卅二人，到自大唐。」收入（日）黑板勝美、國史大系編修會編，《新訂增補國史大系》冊 3（東京：吉川弘文館，2000），頁 200。

[21] 同前引（日）圓仁撰，顧承甫、何泉達點校，《入唐求法巡禮行記》卷 4，頁 200。

[22] 舉例而言，如田中史生對 847 年 7 月惠萼等從明州乘坐返日的船，將唐人張友信等 47 名乘客分類為：日本官人、日僧、唐商、唐僧。見（日）田中史生，〈最後の遣唐使と圓仁の入唐求法〉，收入遣唐使船再現シンポシウム編，《遣唐使船の時代—時空を駆けた超人たち》（東京：角川選書，2010），頁 207。

[23] 按，「太宰府」為地名，但在做為歷史名詞及稱呼官廳時寫作「大宰府」，兩者在日語中發音相同，特此說明。

[24] 同前引（日）圓仁撰，顧承甫、何泉達點校，《入唐求法巡禮行記》卷 4，頁 204。

權限的行政機關。《大寶令》現已亡佚，故難以確認其中對大宰府人員職掌相關規定，今參考後續編成的令文，《養老・職員令》「大宰府」條規定，可知在八世紀中期，大宰府的編制規模龐大，所掌事務亦幾乎無所不包。大宰府政廳做為當地政治中心，從政廳中央向南延伸出南北向的中央大道，推測此地發展出了模仿京城，亦即模仿唐里坊制的城市。至今這條大道仍存，當地名為「朱雀大路」。大宰府另設有鴻臚館（位於今日九州福岡市，接近博多灣）以接待外國賓客。大宰府鴻臚館週邊地區，即博多灣附近，因為地點和地勢良好，適合避風浪，走水路能很快抵達畿內與瀨戶內海，越過對馬海峽到朝鮮半島僅五百公里，中途有小島可供停船補給，在平安時代已發展成重要的商業與國際交流重鎮，成為當時日本國內最大的貿易都市。中國、新羅的海商頻繁往來於海道，也受日本政府管理，將於後文說明。九世紀後，大宰府尚成為唐宋商船進行海上貿易的重要地點，一直維持到 12 世紀鎌倉時代。[25]

參考考古成果，樂部等入居的鴻臚館，在歷史發展上曾有三期，從七世紀後半起，日本政府就在博多設置對外公館，做為遣唐使、遣新羅使及留學生出發的地點，以及迎接外國使節的迎賓館。最初稱為「筑紫館」，分為南北兩館，至九世紀前半，改稱為「鴻臚館」。中國商人來此交易的記錄，不見於中國方面的史書，始見於《日本紀略》「（嵯峨天皇弘仁十年(819) ）六月壬戌（16 日）」條：

> 壬戌，大唐越州人周光翰、言升則等，乘新羅人船來。問唐國消息，光翰等對曰：「己等遠州鄙人，不知京邑之事。但去元和十一年(816)，円洲(按，應為淄青)節度使李師道反，所擁兵馬

---

[25] 以上並參見拙稿，〈2014 年夏參訪日本嶋評戶籍木簡紀要〉，收入《中國唐代學會會刊》20 期（臺北：樂學書局經銷，2014），頁 88。

五十萬，極為精鋭。天子費諸道兵討，未克。天下騷擾。」[26]

周光翰、言升則等人，可能是最早的中國海商，乘新羅船赴日，日本政府透過這些人獲得唐國消息，商人也樂於藉此換得交易順暢。

圓仁《行記》卷一「（開成四年(839)正月）八日」條則記載：

> 新羅人王請來相看，是本國弘仁十年(819)，流著出州國之唐人張覺濟等同船之人也。問漂流之由，申云：「為交易諸物，離此過海，忽遇惡風，南流三月，流著出州國。其張覺濟兄弟二人，臨將發時，同共逃留出州。從北出州，就北海而發，得好風，十五箇日流著長門國」，云云。頗解本國語。[27]

此事被圓仁記載，距李師道謀反已經過二十餘年，雖未必與《日本紀略》中提及的周光翰、言升則等為同一批人，但可佐證早期的唐日海上貿易風險未必遜於日本遣唐使節團，若運氣不佳，即可能淪為波臣。唯利之所趨，人之所欲，投機者就算賭上生命、挺而走險，也要謀求巨大利益，此乃任何時代和地區都存在的現象，不足為怪。

九世紀後，日本逐漸減少派出遣唐使，也不再與外國交換使節。相對的，唐與新羅的海商頻繁前來，鴻臚館成為收留唐人海商的設施，或許也是管理商業交易的官衙。鴻臚館因為多用以招待各種身分階層的唐人，逐漸從外交場所變成了交易場所。[28]鴻臚館附近的區域，逐漸成為日後宋日交易的商業重鎮。在十一至十三世紀，甚至發展出中國人的居留區，今日

[26] 參見（日）佚名撰，《日本紀略》前編 14，收入（日）黑板勝美、國史大系編修會編，《新訂增補國史大系》冊 10，（東京：吉川弘文館，1929 初版，2000 新裝版），頁 309。

[27] 同前引（日）圓仁撰，顧承甫、何泉達點校，《入唐求法巡禮行記》卷 1，頁 26。

[28] 參見（日）山內晉次，〈9~12 世紀の日本とアジア—海域を往来するヒトの視点から—〉，收入《專修大學東アジア世界史研究センター年報》第 6 号，2012，頁 113-127。

的九州福岡市仍有「唐人町」地名存在。

（三）抵日後檢驗流程

有唐船來到日本港口，要向官方提出報告，並加以記錄。參考成書於十世紀中葉，日本平安朝末期編纂的《本朝世紀》第七，朱雀天皇天慶八年(945) 七月廿六日「吳越船來著肥前松浦郡柏島」條[29]的記載，或可說明當時外籍船抵達日本的檢查流程：

> 廿六日庚申。今日，唐人來著肥前國松浦郡柏嶋。仍大宰府言上解文在左。
>
> 其文多不載，只取其大綱。
>
> 大宰府申請官裁事。
>
> 言上大唐吳越船來著肥前國松浦郡柏狀。
>
> 舶壹艘勝載參仟斛　乘人壹佰人（注曰：交名在別）。
>
> 一船頭蔣袞、二船頭俞仁秀、三船頭張文遇
>
> 右。得管肥前國今月十一日解同日到來偁：管高來郡肥最埼警固所，今月五日解狀，同月十日亥剋到來云：「今月四日（注曰：如本按語謂「此下恐脫字」）三剋，件船飛帆自南海俄走來。警調兵士等以十二艘追船，留肥最埼港嶋浦。爰五日寅一剋，所司差使者問所送牒狀云，大唐吳越舶今月四日到岸。伏請准例速差人船，引路至鴻臚所。牒者，送加實撿。所申有實，仍副彼牒狀。言上如件者（注曰：云々）。蔣袞申送云，以去三月五

[29] （日）藤原通憲編，《本朝世紀》第七，收入（日）黑板勝美、國史大系編修會編，《新訂增補國史大系》冊 9，（東京：吉川弘文館，1999），頁 108。

日始離本土之岸，久□滄海（注曰：云々）。

天慶八年(945)六月廿五日
唐人百人交名書在辨官。

據引文所載，船到港後，將船上外籍乘客帶到鴻臚所，檢查所攜隨身貨物、將成員依船次開列名冊交呈。並且檢驗他們所帶的牒狀等物，要求其報告出發日期及航海過程等細節，以確認其身分沒有問題。

另參考成書於 12 世紀中葉的《朝野群載》卷二十〈異國·大宋國商客事〉長治二年(1105)八月廿日「警固所解　申請申文事·言新來唐船壹隻子細狀」[30]，可見到報告文如下：

右。件唐船，今日酉時，筑前國那珂群博多津，志駕島前海到來者。任先例子細言上如件。以解。

長治二年八月廿日　　　鎰取田口吉任
本司兼監代百濟惟助

此處所謂唐船，實為宋人商船，已是樂部抵日二百五十餘年之後。但有此記載，代表日本在奈良時代從唐朝吸收的法制，至平安時代後期仍有一定程度施行。合併此二例看來，應是依據《養老·關市令》「欲度關」條：[31]「凡欲度關者，皆經本部本司請過所官司檢勘，然後判給。還者連來文申牒勘給」、《養老·關市令》「蕃客」條：「凡蕃客初入關日，所有一物以上，

[30] （日）三善為康編，《朝野群載》卷 20〈異國〉，收入（日）黑板勝美、國史大系編修會編，《新訂增補國史大系》冊 29，（東京：吉川弘文館，1999），頁 450-451。

[31] 見（日）清原夏野等奉勑撰，《令義解·關市令第廿七》，收入（日）黑板勝美、國史大系編修會編《新訂增補國史大系》（東京：吉川弘文館，1974），頁 297。

關司共當客官人，具録申所司。（注云：謂。關者，初所經之關。若無關處者，國司撿校。當客官人者，領客使也。所司者，治部省也。）入一關以後，更不須撿。若無關處，初經國司亦准此。」[32]以及《養老・公式令》「遠方殊俗」條：「凡遠方殊俗人，來入朝者，所在官司，各造圖。畫其容狀衣服具序名號處所並風俗隨訖奏聞。」[33]綜合而成的措施。由於人與物均需要「奏聞」，所以《朝野群載》在次條「宋國商客存問記」的記事中會看到官員與宋客李允的問答，含報告隨身物件、貨物等。[34]完成此種類似今日建檔列管的處置後，才能進一步對異國人士加以管理。

（四）安置措施

圓仁等同船共四十四人，歷經旅途疲憊，終於抵達日本，下船入住鴻臚館。此鴻臚館除了接待外賓，也供外國人民暫居，圓仁日記所載「入館住」，應是依《養老・公式令》「驛使至京」條，其曰：「其蕃人歸化者，置館供給，亦不得任來往」的因應措施，而不能放任這些人隨意進入日本本土。實例可參考《日本三代實錄》卷十二，清和天皇貞觀八年(866)「五月廿一日甲子」條記事：「唐人任仲元，非有過所，輙入京城。令加譴結，還大宰府。重下知長門大宰府，嚴關門之禁焉。」任仲元為貞觀三年(861)隨同頭陀親王及惠萼入唐的唐人，往返於日本與中國之間活動。任仲元無過所入京事，實際發生在至少一個月前，見於同卷「四月十七日辛卯」條：「……譴責豐前、長門等國司曰：『司出入，理用過所。而今唐人入京，任意經過，是國宰不慎督察，司不責過所之所致也。自今以後，若有警急，必處嚴科。』」（後略）[35]至於九世紀後半，日本是否確實落實「不得任來往」的規定，

[32] 同前引（日）清原夏野等奉勅撰，《令義解・關市令第廿七》，頁 298。

[33] 同前引（日）清原夏野等奉勅撰，《令義解・公式令第廿一》，頁 266。

[34] 同前引（日）三善為康編，《朝野群載》卷 20〈異國〉，頁 451-452。

[35] 以上並見（日）藤原時平等編，《日本三代實錄》卷十二，收入（日）黑板勝美、國史大系編修會編，《新訂增補國史大系》冊 4（東京：吉川弘文館，1972），頁 183-184。任仲元其事，另可

參考前引史料可知，實際實行上，恐有疏漏之虞。

另外，當時的海商往往在記錄上呈現多重國籍狀態，[36]依《類聚三代格》卷十八〈夷俘並外蕃人事〉，承和九年(842)八月十五日太政官符「應放還入境新羅人事」規定，「新羅……商賈之輩飛帆來者，……不得安置鴻臚以給食」，而唐人則可「安置鴻臚以給食」。[37]或許因此《行記》當年七月記載的「新羅人……金珍」，才變成了「唐人金珍」，金珍因而可獲得日本政府提供食宿。

解決了住的問題，隨即面臨冬季寒冷襲來，衣食無著的窘境，《行記》「十月六日」條記載：[38]

> 借得官庫絹八十疋、綿二百屯，給船上四十四人冬衣。六日，生料米十碩送來。依國符，從十月一日起充行。

這是圓仁為同行者張羅衣食。對照〈部記〉中所言：「供奉湣同骨肉，迺至分衣共煖，減食均食。欲知菩薩化身，即仁供奉大師是也。」透過樂部這段文字，可知旅程中及抵日之後，圓仁相當關照同行者，是真正「同舟共濟」的展現，能從第三者的角度得知圓仁深具佛家慈悲精神，樂部與圓仁非親非故，卻深受其關照，感念之情躍然紙上，實屬必然。回頭看圓仁日記，僅寫「依國符」，雖其細節不明，但處置可追溯到十月一日。

《行記》「（十月）十九日」[39]條又謂：

參見《入唐五家傳・眞如親王入唐略記》中記事，收入（日）塙保己一、続群書類従完成會編，《續群書類從》冊 8 卷 193（東京，経済雑誌社，1904），頁 105、107。

[36] 參見（日）渡邊誠，《平安時代貿易管理制度史の研究》第一章〈承和・貞觀期の貿易政策と太宰府〉（京都：思文閣出版，2012），頁 26-31 之說明及表格整理。

[37] （日）森公章，《遣唐使の光芒——東アジアの歴史の使者》（東京：角川選書，2010），頁 227。

[38] 同前引（日）圓仁撰，顧承甫、何泉達點校，《入唐求法巡禮行記》卷 4，頁 204。

[39] 同前引（日）圓仁撰，顧承甫、何泉達點校，《入唐求法巡禮行記》卷 4，頁 204。

> 太政官符來太宰府：「圓仁五人速令入京。唐人金珍等卌四人仰太宰府量加給者。」官符在別。

〈部記〉為十一月二日撰成，再看《行記》十一月十四日記事：「得太政官十月十三日符，有優給唐客金珍等事。」[40]所謂「優給」，雖然一時不明實際的給予明細，但《延喜式》卷三十〈大藏省〉「賜蕃客例」條中規定：「大唐……使丁并水手（注云：各絲帛三疋，細布六端。）……右賜蕃客例，宜依前件。或有階品高下、職事優劣者，並宜臨時商量加減。」[41]又或可參考《天聖・賦役令》唐 12 條[42]規定：

> 外蕃之人投化者，復十年。其夷僚（獠）新招尉（慰）、及部曲奴被於（放）附戶貫者，復三年。應給賜物，於初到州給三段，餘本貫給。

初到唐是給絹三段，在日本可能會依比例酌減。[43]另參考推定成立於平安時代晚期的《参議要抄・陣役事》[44]中的內容：

---

[40] 同前引（日）圓仁撰，顧承甫、何泉達點校，《入唐求法巡禮行記》卷 4，頁 204。

[41] （日）藤原忠平等撰，《延喜式》卷 30〈大藏省〉，收入（日）黑板勝美、國史大系編修會編，《新訂增補國史大系》（東京：吉川弘文館，1937 一版，1972 普及版），頁 738-739。

[42] 參見天一閣博物館、中國社會科學院歷史研究所天聖令整理課題組校證，《天一閣藏明鈔本天聖令校證附唐令復原研究》（北京：中華書局，2006），校錄本頁 271。

[43] 舉例而言，《唐律疏議》卷 4《名例律》「平贓及平功庸」條（總 34 條）第二段：「平功、庸者，計一人一日為絹三尺」，一個人一天的法定工資，給絹三尺，但到了日本令中，《令義解・營繕令第廿》「計功程」條，《義解》引《律》云：「平功庸者，計一人一日，為布二尺六寸。」由此推論如果日本有類似賜物制度，應該也是依比例減少。唐律內容見（唐）長孫無忌等，《唐律疏議》卷 4《名例律》「平贓及平功庸」條，頁 92。《營繕令》內容，見（日）清原夏野等奉敕撰，《令義解》，收入（日）黑板勝美、國史大系編修會編《新訂增補國史大系》（東京：吉川弘文館，1974），頁 221。

[44] 《参議要抄》下〈臨時・僉議要事〉收入（日）塙保己一編，《群書類從》第 7 輯（公事部）卷 101（東京：續群書類從完成會，1959 訂正三版，1929 初版），頁 394。

> 唐人來朝年紀。上古三十年，給糧料三百石云々。中古十餘年，給糧料百石云々。被送唐朝物數，在大藏省《式》。

意即留日越久，領得糧料越多。雖然沒有提及新來乍到的唐人可以領得多少糧料，但《參議要抄》以十年為基準，追溯其源，恐是《養老令》仿效唐令的影響。在法制的層面上，此時期日本對待「流來」與「投化」的異國人士，處理方式不同。「流來」屬非出於當事人意願，例如新羅常有飄流到日本的漁民，是以送還本國處理，但投化則是給予照料安置。[45]可以想見，新到日本生活的這批唐客，應當也得到了日本政府一定程度的物資援助，做為新生活的開始。

（五）在日生活

通過入國身分審查後，外國人今後在日本的活動受何等規範？《朝野群載》卷二十〈異國〉中「公憑・提舉兩浙路市舶司」[46]中所提到的處置方式，或可做為參考。（全文甚長，此處只引與拙文相關部分。）

> 勘會諸蕃船州商客，願往諸國者，官爲撿校，所去之物，及一行人口之數，所詣諸國，給與引牒，付次捺印，其隨船防盜之具，兵器之數，並量曆抄上，候回日照點，不得少欠，如有損壞散失，亦須具有照驗一船人保明文狀，方得免罪。
>
> 勘會商販人，前去諸國，並不得妄稱作奉使名目，及妄作表章，妄有稱呼，並共以商販爲名，如合行移文字，只依陳訴，州縣體例，具狀陳述。（後略）

---

[45] 參見前引（日）森公章，《遣唐使の光芒——東アジアの歴史の使者》，頁 197-199 之說明及表格。至於日本政府對待新羅投化人待遇不佳問題，暫不在拙文討論內容內。

[46] （日）三善為康編，《朝野群載》卷 20〈異國〉，頁 454。

表示在官署檢查過所攜物品，確認過身分沒有問題後，可發給身分證明與通行證，讓當事人進入日本的內陸土地。兵器防盜等武器屬管制物品，不可無故缺少，當然生活上也要受到日本法律管束，不可妄言自己具有何等官職或偽造文書欺騙他人。

無論任何時代的人，離開故鄉到了一塊陌生土地，仍然需要面對現實生活中的食衣住行與謀生問題。在七、八世紀之際，渡日唐人如有一定技能，多可賜姓甚至授官，至少在延曆七年(788)五月為止尚實施賜姓。[47]至九世紀後半，日本政府雖然不再如七、八世紀時，對渡日唐人封官賜姓，但仍善加照撫。拙稿第二節述及叡山文庫藏《慈覺大師入唐往反傳記》1828年豪實抄本，卷末第二段按語為現行諸排印本所無，今抄錄於下供做參考。

追考

《慈覺大師別傳》云　寛平入道親王撰

唐客四十餘人賜衣糧，是賞將大師歸本朝也。

嘉詳（祥）元年(848)春奉　詔入京。

所引文字，在《續群書類從》第八輯下〈慈覺大師傳〉亦可看到，[48]意謂對唐客的優遇（給衣糧）是賞賜。不過在九世紀的日本眼中，唐是「鄰國」或「大國」，地位較日本附近其他國家高，[49]所以唐客得到的待遇也較好，

[47] （日）菅野真道等奉敕撰，青木和夫、稻岡耕二、笹山晴生、白藤禮幸校注，《續日本紀》（五）卷39（桓武天皇延曆七年(788)五月）丁巳（10日）條：「唐人馬清朝，賜姓新長忌寸」，頁404。

[48] （日）寬平親王撰，〈慈覺大師傳〉，收入（日）塙保己一原編，太田藤四郎補，《續群書類從》第八輯下傳部卷211（東京：續群書類從完成會，1907初版，1932年四版），頁691上。本資料感謝日本國學院大學亞洲史特別研究．《巡禮行記》專題研究課程學友高橋紘同學惠示。

[49] 參見（日）惟宗直本撰，《令集解》卷31〈公式令〉「明神御宇日本天皇詔旨」條引《古記》、《穴》云之問答，收入（日）黑板勝美、國史大系編修會編，《新訂增補國史大系》，東京：吉川弘文館，1974，頁774。

乃於理有據。

《三代實錄》卷卅一記錄日本政府安排唐人崔勝居住事宜，對於九世紀後半的渡日唐人受到日本政府何等照料，相當具有參考價值：

> （陽成天皇元慶元年(877)六月九日戊寅）先是，貞觀十三(871)年八月十三日太政官處分：「令唐人崔勝，寄住右京五條一坊庶人伴中庸宅，地卅二分之八。」至是，崔勝言：「歸化之後，廿八年於茲矣。未有立錐之地，曾无處身之便。平生之日，無復所愁，身亡之後，妻孥何賴？請永給此宅，以為私居。」詔賜之。[50]

據此內容計算，崔勝應是於 848~849 年左右歸化日本，與圓仁、樂部等人抵日時間（847 年 9 月）相近，此後在仁和天皇嘉祥年間(848-851)，不再有唐人抵日的記錄。由於此前貞觀十三年(871)閏八月，暴雨導致鴨川發生大水災，死傷慘重，[51]崔勝可能也在水災中失去住所，無宅可居，故有此等安排。日本政府命令崔勝與庶人共用京中住宅之地，在待遇上有參考性。《三代實錄》卷四十四又記載：

> （陽成天皇元慶七年(883)冬十月）廿七日庚申……加賜唐人崔勝居宅地卅二分之二也。元是庶人伴中庸沒官之宅地卅二分之十也。元慶元年(877)，勅賜崔勝卅二分之八。其遺二分，在四

---

[50] 同前引（日）藤原時平等編，《日本三代實錄》卷 31，頁 406-407。

[51] 同前引（日）藤原時平等編，《日本三代實錄》卷 20，「（清和天皇貞觀十三年(871)閏八月）七日」條：「庚戌，雷，大雨。諸衛陣於殿前。河水暴溢，京師道橋流損者眾，壞人廬舍不知其數。頒遣使者班幣諸神社，請止雨。」以及「（貞觀十三年(871)閏八月）十一日甲寅」條：「霖雨未止。東京居人遭水損者卅五家百卅八人，西京六百卅家三千九百九十五人。賜穀鹽各有差。」

至之內。崔勝申請，故賜之。[52]

可見崔勝後來在原屬伴中庸的土地上建造家屋時，比日本朝廷所給予的地(8/32)再自行多圍了一些地，日久之後，多圍的小片地(2/32)，因為在牆內，經過崔勝向日本政府申請，也變成崔勝所有。根據這兩段文字，可再追索的問題尚多，例如崔勝顯未被任官，歸化日本廿八年間，如何營生？妻孥國籍為何？其妻孥合計有多少人？是否為渡日之時結伴而來？另外，伴中庸家在 871 年時，是否有其他唐人家族寄居？京城中其他日本庶民的家中，是否也有人與 847 年前後歸化的唐人共同居住？更想進一步追問的是，當時在日本的唐人之中，到底有多少人獲准可以住在京城，又有多少人是「不得任往來」，希望日後能找到更多資料加以討論。

從前文所引崔勝的待遇，可知九世紀後半的赴日唐人待遇雖較新羅人為優，居住衣食無虞，但也不再被奉為上賓。竊以為樂部在圓仁離開後特地撰寫〈部記〉撰上的動機之一，即是想表示自己也有一定程度身家背景及才能，冀望在甫抵達的國度裡得到善遇。但平安時代以降，似少有授官給唐人的例子，目前管見未尋獲日本政府給樂部官職的史料。由於現下未能查獲更多的資料，筆者推測樂部此後或許就以一介異國文士的身分在日生活。

二、唐人渡日理由

〈部記〉正如前輩學者所言，在唐日文化交流史上是絕好材料，它補足了《行紀》在圓仁返日航程部分的空白，[53]也從唐人的角度說明了圓仁

[52] 同前引（日）藤原時平等編，《日本三代實錄》卷 31，頁 542-543。

[53] 參照前引（日）小野勝年，〈「圓仁三藏供奉入唐請益往返傳記」について〉，頁 7。

的德行乃是不分國界的受到景仰，而拙稿著眼於法制文化的部分，從〈部記〉中發現了渡日唐人之中，實有庶民階層的存在，並以實際行動越境，成為文化媒介人物，這一點是過去較少注意者。這些被〈部記〉記錄的唐客，包括樂部自己在內，一起前往一個全然不曾前往的陌生國度，成功抵達後，預期展開和以往全然不同的人生，可能就此老死異鄉。如此大費周章，冒生命危險赴日，然則日本對唐人的吸引力何在？即是拙稿關心的重點所在。

以下先就「樂部以外唐客」進行討論。樂部在〈部記〉文末，首先列出幾位同行者的背景：

> (仁供奉)兼與大唐數客，同載而還。或有志在琴書，或則好遊山水；其有簪纓鼎族，或是累世衣冠；或則術比扁秦，或有義同管鮑；文能備體，武勇絕倫，皆受供奉原(厚)恩。

據此記載看來，所謂「大唐數客」(以下稱「唐客」，以與前文提及日本泛稱日本以外人士為「唐人」，以及行文中所指「唐（朝）人」區分)，這些「唐客」全部不是商人或僧侶，而是士人與民眾階層。眾所周知，唐人注重身分階級區別，顯非親族的幾類不同身分階層者混在一起同船赴日，引人好奇。首先需要知道的是，「數客」的人數有幾人？為便於思考，製作簡單計算表如下。

表 2-2：847 年九月與樂部同船抵日唐客人數推估表[54]

性格、背景或技能特徵	推估人數 （未知是否有家眷隨行，暫不列入計算）
有志在琴書	至少 1 人

[54] 按，由於樂部在後文另為自己寫傳，並且提及自己時言詞謙遜，和前面抬舉他人的口吻不同，應是把自己獨立於全體之外，故此推估中不包括樂部。

好遊山水	至少 1 人
簪纓鼎族	至少 1 人
累世衣冠	至少 1 人
術比扁秦	至少 1 人
義同管鮑	至少 2 人
文能備體	至少 1 人
武勇絕倫	至少 1 人
小計	至少 9 人

唐客 44 人中，扣除已知的「唐人江長、新羅人金子白、欽良暉、金珍等」再算上樂部本人，39 人中至少有 10 人不是商人或船員，而是一般的民眾，幾乎佔了全部成員 1/4，是個不低的數字。據樂部所開列，「簪纓鼎族」、「累世衣冠」者，此種形容可確定他們是世家士族之後，出身高貴，應當也擁有一定程度的學問。明顯擁有技能者，是醫生（「術比扁秦」）、文士（「文能備體」）與武人（「武勇絕倫」），其他人的職業或才能狀況不明。小野勝年認為，私貿易船上也需要有處理涉外業務的乘組員，不論是具備教養或是技術都是當然的，[55]亦即將樂部所記錄的這些人當成船務人員。由於無法得知這些人日後是否隨商船返回唐土或定居日本，拙稿仍暫先將樂部所記的唐客們視為歸化日本的人物。另有意見認為「有志在琴書」、「好遊山水」者應是「數名有教養的知識階層」[56]，即使如此，這批人仍非商人或船員，彼此間社會階層也有差異。

樂部對這些人形容詞的排列順序，除了文意性質上的對杖，似乎稍有內在邏輯，並不像是胡亂放在一起，其順序是否代表著樂部與這些人之間

[55] 同前引（日）小野勝年，〈「圓仁三藏供奉入唐請益往返傳記」について〉，頁 7。

[56] 參見（日）河野保博，〈円仁の同行者たち〉，收入（日）鈴木靖民編，《円仁と石刻の史料学—法王寺釈迦舍利蔵誌—》（東京：高志書院，2011），頁 291。

的親疏遠近關係？一時不明，留待日後查考。若將樂部所提及的特徵視為代號或綽號，然後將這批唐客加以分類，則這些被樂部記錄的唐客之中，「簪纓鼎族」、「累世衣冠」顯為社會地位較高的人物，可能為中下階層文人者為「有志在琴書」、「好遊山水」、「文能備體」及樂部本人。至於「義同管鮑」者，也許彼此間確實有著很真摯的情誼，但無法從這麼簡單的形容確認是否擁有技能或屬特定社會階層，只好先視為平民。

唐前期的法令規定，民眾基本上不可以出國，只有公使才可以出境，[57]要出國需有公驗或過所，做為通行證明兼身分證明文件，[58]私度、越度、冒度均為不合法。[59]當時雖然政治混亂，但對於出入國管理仍執行相當程度法制。舉例而言，在《行記》卷四會昌五年(845)的內容中，可看到圓仁為申請回國公驗東奔西走，會昌五年(845)五月十六日條，記有一年輕僧人欲赴新羅的逸事，由於冒名頂替而遭「縣司申府尋捉」。[60]再如《行記》卷四會昌五年七月三日條，圓仁在楚州欲申請過海公驗被拒，文中提及「此間是文法之處」，意即因為縣司守法，不能通融，也不接受新羅譯語劉慎言請託。同月十五日條，圓仁想從海州歸國，亦遭拒，此後一年間都處於申

[57] 詳見（唐）長孫無忌等撰，劉俊文點校，《唐律疏議》卷 8〈衛禁律〉第 31 條「越度緣邊關塞」（總 88 條），《疏》議曰：「越度緣邊關塞，……出入國境，非公使者不合。（後略）」（北京：中華書局，1983），頁 177-178。

[58] 程喜霖，《唐代過所研究》，（北京：中華書局，2000），頁 297。

[59] 詳見《唐律疏議》卷 8〈衛禁律〉《唐律疏議》卷 8〈衛禁律〉25 條「私度及越度關」（總 82 條）規定：「諸私度關者，徒一年。越度者，加一等；（注：不由門為越。）

《疏》議曰：「水陸等關，兩處各有門禁，行人來往皆有公文，謂驛使驗符券，傳送據遞牒，軍防、丁夫有總曆，自餘各請過所而度。若無公文，私從關門過，合徒一年。「越度者」，謂關不由門，津不由濟而度者，徒一年半。」

已至越所而未度者，減五等。謂已到官司應禁約之處。餘條未度準此。

《疏》議曰：「水陸關棧，兩岸皆有防禁。越度之人已至官司防禁之所，未得度者，減越度五等，合杖七十。餘條未度準此者，謂城及垣籬、緣邊關塞有禁約之處，已至越所而未度者，皆減已越罪五等。若越度未過者，準上條『減一等』之例。」

[60] 同前引（日）圓仁撰，顧承甫、何泉達點校，《入唐求法巡禮行記》卷 4，頁 187。

請公驗不順利的狀況。據此，這批身分階層、背景迴異的唐客能同時乘坐商船向日本出發，當非如今日託辭想去日本遊山玩水即可出國，私下必是經過一番打點，經過不為人知的管道，才得以順利離開唐土，前往日本。

圓仁在《行記》卷四大中元年(847)六月九日條提到日本商人春大郎、神一郎付錢金顧張支（友）信船等事，《行記》後續在圓仁一行歸國細節安排事宜都寫得節略，不比抵唐初期的詳細，〈部記〉亦無說明，故只能從文字中透漏的蛛絲馬跡中加以推論當時情形。但《行記》六月九日條的內容說明了支付適當費用即可乘船，因此拙稿推論諸唐客得以赴日，屬於交易行為，除了檯面上的「船腳價」[61]，可能也包含打通關節等部分。再者，全船四十四人，為何特地只提到一小群身分背景各異的唐客同舟而還，其他人為何被略去不提？鄙意大膽推論，這群唐客並非單純的船員，而是基於不同打算，而東渡的一批人，以今日的觀點言，實際是偷渡客集團，樂部的意識中，當是認定自己屬於這群人的一分子，考慮到傳記若能發揮作用，便可以協助到他們，或許因此之故而將他們寫入文章。

另一可以佐證筆者論點的文章細節，是〈部記〉中，除記錄作者樂部、圓仁與維政（正）、性海四人的名字之外，未見其他同行者的名字，此點或許是文字記錄，有隱藏訊息之意，也是一種文學手法。或是為了凸顯樂部本人的存在，以及為保護當事人的偷渡行為，而蓄意隱藏其名，甚至可能是這些人自己要求，不要在給朝廷的文書中提到他們名字。無論動機為何，除樂部以外，其他唐客的名字已消失在歷史之中，誠為千古遺憾。[62]

回到唐客們的身分與技能。筆者推測，在十人之中，識字者包含醫生可能有七人，醫生可以憑藉醫術懸壺濟世，武人也有其專長，其他的識字

[61] 語見《行記》卷 4，大中元年(847)四月十七日條，頁 199。

[62] 按，《三代實錄》記事中，投化者是唐人或新羅人，區分得很清楚，前文論及唐人待遇時提到的唐人崔勝，由太政官安排生活居住，依此等待遇，判斷此處的「唐人」應非指廣意的外國人。根據前面引文內容，崔勝抵日時間不明，但可算出他歸化日本年分為 848 至 849 年左右，推測他有可能是 847 年七月與惠萼、仁好、張友信等 47 人一起到日本的唐朝人，由於其崔姓，也或許崔勝即是與樂部同船唐客中「簪纓鼎族」、「累世衣冠」者，亦未可知。

者在抵日初期，或許可以做些代筆寫信或文書類工作，甚至於進入貴族之家教授漢學及漢音，為當家增添唐風氣息。實際的例子，如菅原道真(845-903)家塾，曾由唐人王度教授《論語》，王度課後則伴隨學生下圍棋。[63]「義同管鮑」的兩人就算沒有特定的技業技能，或許也能從事農業，或充當通事、[64]通譯，即赴日後的工作不必與原本在唐職業一致，[65]相對而言亦不必具備特定職業技能，亦可靠語言能力謀生。另外前文已介紹，鴻臚館一帶在九世紀時已成為商業重鎮，因而其他渡日唐人也可能在當地經營買賣之類，甚至加入唐、新羅海商的行列，以波為馬，往返亞洲大陸與日本群島之間，經營國際貿易或處理涉外事務，用以營生或牟利。即諸唐客在日本可望展開與以往完全不同的新生活，對於原本生活艱困苦悶的人們而言，在異國展開美好新生活，此事當有強大吸引力。然而現實人生畢竟不能僅靠幻想，即使成功抵達日本，也可能無法適應新環境。苦於謀生之餘，淪落社會底層，落草為寇，或成海盜之流，乃至因各種天災人禍殞命，亦不無可能。

---

[63] 如《菅家文草》卷一 031〈觀王度圍碁獻呈人〉詩：「一生一死爭道頻，手談厭卻口談人。殷勤不愧相嘲哢，漫說當家有積薪。」（注云：世有大唐王積薪《碁經》一卷，故云。）及卷一 043〈王度讀論語竟。聊命盃酌〉詩：「圓珠初一轉，舞象遂丁年。自此窮墳點，何唯二十篇。」據此二詩題及其內容，可知王度為在菅原道真家塾中教授漢學及漢音的唐人，課餘並與菅原家諸公子對奕談笑，將唐風教養寓教於樂。另可參見（日）靜永健，〈從古抄卷來看平安文人對漢籍的閱讀方式〉，收入（日）靜永健、陳翀著，《漢籍東漸及日藏古文獻論考稿》（北京：中華書局，2011），頁 91-101，尤其頁 93、97 對「來自唐土的外國語教師」之說明。

[64] 《日本三代實錄》卷九（清和天皇貞觀六年(864)八月）十三日丁卯條：「先是，大宰府言：『大唐通事張友信渡海之後，未知歸程，唐人來往，亦無定期。請友信未歸之間，留唐僧法惠，令住觀音寺，以備通事。』太政官處分：『依請。』」因法惠為僧人，故非令住於大宰府鴻臚館，而是住在附近的觀音寺。從此記事得知，唐商張友信身兼二職，除以海商身分營生外，尚為日本政府擔任通事。另可據此段文字推論法惠是唐朝晚期赴日的僧侶。

[65] 圓仁、圓珍在中國求法旅行時，所聘譯語人丁雄満，最初本為水手，名丁勝小麿，但至中國後，從事與原先不同職業，可為事例。事見《入唐求法巡禮行記》卷一（開成三年(838)八月）一日、四日條，頁 9。

第四節 樂部的《慈覺大師入唐往返傳記》史料價值——兼論渡日唐人在文化交流中所扮角色

將樂部撰圓仁略傳內容與目前已知幾篇傳世〈慈覺大師傳〉相較，諸如《日本三代實錄·圓仁卒傳》和《扶桑略記》裡的記載，可知日本人撰寫的圓仁傳記多強調圓仁出生時有紫雲瑞，喜記其夢境及靈感事蹟，此為當時的寫作風尚。相形之下，〈部記〉不強調圓仁的靈異事蹟，而著重於記載圓仁的能力、風範與行誼，就今人眼光而言，做為史料較可靠。

然而〈部記〉對圓仁於會昌年間所遭遇武宗滅佛事件支字未提，對圓仁回國前的記事亦與圓仁《行記》內容相反，也是不可諱言的事實。有意見認為，樂部對圓仁事蹟應是得自圓仁口傳，考量其心情而撰成。[66]雖然兩相對照，在赴日之行的敘述上大略一致，但〈部記〉在寫圓仁出發赴唐到出發回日本之前的經歷，顯得簡略，甚至稍有添油加醋之感。愚意以為樂部既然和其他同行者一起在船上如此長一段時間，甚至可能於出發前即已相互結識，〈部記〉中應該也有茶餘飯後從他人處（例如圓仁弟子惟正、性海，或其他與圓仁較接近的人）聽說，加入若干渲染後的傳聞；或者是樂部本人一時興起，寫了一些浮誇的內容，如「唐國帝聞，愴然惜別，勅書手詔，數局盈箱。」依圓仁的形象，就算確實和樂部聊過在唐的經歷，圓仁也沒有需要無中生有，吹噓自己回日本之前得到唐帝惜別。至於會昌年間的慘況，不愉快的事不需要主動提起，這部分也是可理解的。至於是否有可能如傳世的《行記》、圓珍《行歷抄》般，被抄寫者刪去部分內容？暫留日後查考。

樂部在為圓仁撰寫的傳記之後，用大約 1/3 篇幅交待了同船唐人赴日的動機，並附加了自己的小傳，一傳之中實有二傳，這是非常罕見的例子。

---

[66] 同前引（日）佐伯有清，《円仁》，頁 217。

竊以為〈部記〉全文一千三百餘字中，此部分比前 2/3 圓仁在唐經歷更值得注目。

一、樂部其人

雖然樂部在船旅赴日過程中，受到圓仁關照，因而非常感念其行誼，但將圓仁和樂部的記載相互比對，其實可以看得出來，樂部與圓仁並不是特別親近，否則《行記》裡不會完全沒有提到樂部的名字。因而樂部其人，必須看〈部記〉中記載己身諸事的內容追索。如將樂部傳記的部分，視為樂部給日本朝廷的履歷表兼自我介紹，包括為同船一起前往的唐客團體做低調宣傳，或許可以對〈部記〉一傳中實際有兩傳的原因有所理解。

樂部在〈部記〉中對自己的生平與赴日動機交待較為清楚，比起前 2/3 的圓仁事蹟，當事人敘述自己的事情，可信度當然更高。以下依據叡山文庫藏 1813 年真超抄本文字為主，參酌各家錄文及釋文，長引如下。

> A)邰望本南陽，寓居西蜀。幼常好學，B)不事生涯。應舉無成，思遊本國。C)邰以叔任道州刺史，名公父（文）；叔任度支員外郎，名坤。伏以鸞索之後，顯達亦多；或已薨亡，不敢具載。當今榮顯，唯叔父二人。D)顧已遠地無親，畧言本末，E)欲使他年魚鴈，尋知苗裔之由；人信往還，冀有誰何之問。F)邰以學非內典，況供 奉藝廣難窮，輙以九九薄能，敢紀摩騰之德。G)所書傳記，未書(盡)徽猷。粗述往返之因事，略陳於一二。H)時承和十四年十一月二日，I)大唐鄉貢進士樂部撰上。
> (按，為便於分段討論，英文字母及標點為筆者所加，非原文)

A、C、I 段是樂部的身家、背景與頭銜，B 段是赴日動機，D、E 段是寫作自己小傳動機，F、G 段是寫作圓仁入唐往返的因緣。H 段是寫作時間。

從 A 段得知樂部郡望南陽。眾所周知，唐人看重門第，唐朝時期郡望的價值及身分認同為另一問題，其他社會史相關先行研究文獻中已有深入討論，[67]此處從略。結合 A、C 段來看，樂部特地在小傳中強調自己「望南陽」、「鸞索之後，顯達亦多」，確有可能是昔日顯貴之後，只是不幸家道中衰，地位下降。但也可能僅是攀附之托辭，用以搏取日本政府青睞。惜未能從文中得知是樂部出生前父母即已在西蜀居住，或是出生後才隨家人至蜀地，無法做更進一步推論。千里迢迢從西蜀至明州，何時出發及抵達，其旅程經過如何，因樂部本人沒有記錄而無法得知。C 段中，樂部提及自己家族中有「當今榮顯，唯叔父二人」，這兩個叔父——道州刺史樂公父（文）、度支員外郎樂坤，[68]也許有各自的理由，故未對族子樂部提供援助，或樂部不願與之往來。

D 段中，樂部隱晦提及家人均已過世，「或已薨亡，不敢具載……遠地無親」。這或許是他可以無後顧之憂，拋卻故國渡日求職的原因。從 E 段可看出，由於樂部對新生活有所期待，預期自己日後會有子孫，子孫可能需要知道祖先來歷，或是有朝一日故鄉會有人試圖尋找他，所以先寫下這篇小傳備考。

F 段屬於以退為進的說詞，首先以「學非內典（佛學）」，暗示自己擅於外典（儒學），謙稱自己「九九薄能」[69]，來表示自己不僅懂外典，還懂易學或算學。讀者尚可從〈部記〉前 2/3 中看出樂部有一定程度佛學語彙

[67] 可參見宋德熹，〈中國中古門第社會史研究在臺灣—以研究課題取向為例（1949-1995）〉，《興大歷史學報》第六期（臺中：中興大學歷史學系，1996），頁 139-147。

[68] 據顧承甫考證，「樂坤又名樂沖，見徐松《唐登科記考》卷 18。」參見顧承甫，〈圓仁事跡的最早記載〉，《中華文化論叢》29，頁 40。樂沖事，見（清）徐松輯，《登科記考》卷 18「（唐憲宗元和）十三年」條引《雲溪友議》內容，謂樂沖未改名前「出入文場多蹇」，因靈異夢境而改名，而後及第。（北京：中華書局，1984）頁 673-674。

[69] 意指僅會九九算，才能淺薄。參見《說苑》卷八〈尊賢〉：「東野鄙人有以九九之術見者……『夫九九薄能耳，而君猶禮之，況賢於九九乎？』」

的修養，至少讀過《法華經》，能運用經中的譬喻來轉喻、抬升與美化仁明天皇與圓仁的諸行動。G 段承 F 段謙沖說法，對文章做一收尾。

以下對於 B 段的赴日動機，與 E 段寫作自己小傳動機做更進一步討論。

（一）赴日動機

樂部決定赴日，可能有很多難以為外人道的理由，B 段言及「不事生涯」、「應舉無成」，筆者推測這就是讓他決心赴日本謀生的關鍵所在。

樂部在 I 段對自己的頭銜是寫「大唐鄉貢進士」，兩相對照，可知樂部原是試場中失意人。鄉貢即州縣貢士，寒素多循此途徑出身。[70]所謂「鄉貢進士」，五代的王定保在《唐摭言》卷一中敘述此制從漢代至唐初的施行，[71]岑仲勉在《通鑑隋唐紀比事質疑》一書中亦解釋，「唐人稱得解者為『鄉貢進士』」[72]，此稱為唐後期社會所習用，學子須完成一定學業以應貢舉，地方學生在應貢舉前，須先決定參加何科考試，故有「鄉貢進士」之稱。故樂部可能曾以鄉貢身分應進士科考試，[73]但樂部前文中說自己應舉無成，所以他應只是曾為西蜀地方推薦給中央的人選，或曾懷牒列於州縣試而已，不見得真的具備進士頭銜。唐代士人之為學，多半在攫取功名利祿，[74]樂部就算確實有心向學，應試無成，傳統出人頭地的道路便已斷絕，然而又不具其他謀生技能，生活上出現危機。此時也許是從何處聽說了日本曾從唐招聘人才，諸如開元年間的鑑真、蕭穎士。[75]為了尋找謀生的機會，

---

[70] 參見高明士，《隋唐貢舉制度》第 5 章〈唐代貢舉對儒學研究的影響〉（臺北：文津出版社，1999），頁 246。

[71] （五代）王定保，《唐摭言》卷 1〈鄉貢〉，收入《唐五代小說筆記大觀》（上海：上海古籍出版社，2000），頁 1581。

[72] 參見岑仲勉，《通鑑隋唐紀比事質疑》「進士科之始」條（北京：中華書局，1964），頁 4。

[73] 參見前引高明士，《隋唐貢舉制度》第 1 章〈隋代的科舉〉，頁 26、30 之相關說明。

[74] 同前引高明士，《隋唐貢舉制度》，頁 246。

[75] 參見前章註 241 說明。

才下定決心拋棄故鄉，前往異國日本。雖然無法從文中知道他是在西蜀時即聽說日本消息；還是到了明州蘇州沿海一帶後，接觸到消息靈通的化外人如劉慎言之輩，[76]或是其他瞭解日本狀況的人物，甚至於是因緣際會結識了同船唐客或圓仁身邊的人之後，才得知日本事情，但終究是下了不容易的決心，並且實際採取行動。

與前文所提的醫生、文士、武人等有職業技能的渡日唐人相較，身無長技而想赴日謀生，考量的地方，除了實在是無法在唐找到出路，或許也基於唐日文化在社會、政治、文化上，具有近似性，適應相對容易；有同伴偕行，亦可增加前往陌生土地的勇氣。樂部可能得到情報，知道奈良時代的日本以唐為貴，雖然論學識，樂部可能不是唐社會中頂尖精英，但若到了當時還在努力進步中的日本，卻已足夠謀生。或許這也是另外幾名世家貴族後裔、「有志於琴書者」等唐人，敢於冒「越度邊緣關塞」的罪名與生命危險，前往異域日本的共同動機。

（二）寫作自己小傳動機

前已述及，在七、八世紀，渡日唐人如有一定才能，多可授官賜姓，即使女性亦可獲贈官位。八至九世紀前半，是日本唐風文化最盛之時，如嵯峨天皇曾下詔「經國治家，莫善於文，立身揚名，莫尚於學」[77]，積極推動唐風文化，以求達到文章經國的目的。至仁明天皇時期，不但在承和十至十二年之間每年釋奠，亦擅經史與唐音。[78]儒學、唐音在當時日人心中有所連結，樂部既是唐土文人，自然能發唐音，且雖科舉不第，仍具備

[76] 詳可見《行記》諸卷對劉慎言之記載。透過《行記》記載可知，劉慎言起初為新羅譯語，但到圓仁回國前，已成為楚州新羅坊總管，與圓仁、海商金珍等均有所往來，可知此人不僅能通中國、新羅、日本等多國語言，且是消息靈通，在地方上有一定威望的人物。

[77] 見《日本後紀》卷廿二（嵯峨天皇弘仁三年(812)）五月戊寅（廿一日）條。

[78] 見《續日本後紀》嘉祥三年(850)三月癸卯（廿五日）條所述：「（仁明天皇）最耽經史，講誦不倦，能練漢音，辨其清濁。柱下漆園之說，《群書治要》之流，凡厥百家，莫不通覽。兼愛文藻，善書法。」

儒學教養。此處再以八世紀時期唐人音博士袁晉卿為例。袁晉卿雖非唐土碩儒，但在唐開元廿四年，即日本聖武天皇天平七年(736)時，以弱冠前後的年紀，隨第十次遣唐使團赴日，日後得到任官且在日本成家，生有九子。[79]尤其九世紀前半音博士多委歸化人擔任，[80]這些渡唐日人赴日後得到授官的事例，應為當時往來於唐日之間營生的人們所知，眾口爍金後，或許更給樂部希望。由此可推知樂部謙稱自己「學非內典」，實為暗示自己擅於外典（儒學），但又在文章前 2/3 引用大量佛學典故，均是欲投君主所好，理由不外乎期盼求得一官半職。樂部撰寫自己小傳介紹自己身家，實是低調地毛遂自薦，尚寄託寓意其中：「欲使他年魚鴈，尋知苗裔之由；人信往還，冀有誰何之問」，雖然放棄了故鄉，但從唐土帶來的文化認同，還是讓他重視自己的身家背景，也對未來有所期待。

綜合全傳內容，鄙意猜測樂部此時當是尚未成婚的年輕人，雖然沒有太好的本事，仍懷抱希望，準備在日本成家立業。面對新生活，需要有替自己打知名度的方法，故樂部先將自己所知的圓仁行誼記下，再將自己的小傳附在後面，希望日本朝廷藉此知道他的來歷，也寄望子孫能知道祖先的家世。此種想法，雖稍有投機取巧之感，卻也是離鄉背井以謀活路者的人情之常。時隔千餘年後，閱讀〈部記〉，仍能感受與今日世道若合符節的情緒。

二、史料價值

如小野勝年所言，〈部記〉彰顯了樂部真心誠意的感激圓仁，又補足了

---

[79] 袁晉卿為音博士事，略見《續日本記》卷 30 稱德天皇神護景雲八年(769)二月條：「音博士……袁晉卿」。其在日仕途及學問詳盡說明，尚可參閱葛繼勇，《七至八世紀赴日唐人研究》三篇二章〈唐人袁晉卿之研究〉（北京：商務印書館，2015），頁 415-464。

[80] 制度說明，見高明士，《東亞傳統教育與法文化》（臺北：臺大出版社，2007），頁 182。

《行記》未載的圓仁返日過程，故無須懷疑不是出自樂部手筆，是研究唐日交流的絕好材料，在關聯上甚至可比美真人元開之《唐大和上東征傳》、空海撰《惠果和尚之碑》。[81]

愚意則認為〈部記〉記載圓仁之事有實有虛，或有浮誇之處（參見表3），但抬升日本地位，將日本放在與中國齊高的地位，展現對日本政治與教化的高度肯定，恐是傳統中國文獻中論及外族事情的異例。樂部寫作〈部記〉，正面目的是要表彰圓仁才學與人格魅力，顯露唐日人民互助親善、同舟共濟的一面。又由於它記述內容的特殊性質，即一傳中含有二傳，也就是同時向讀者介紹了樂部本人——唐朝晚期一介中下層士人的流轉經歷，更重要的是透過樂部在後半所介紹的唐客群，透過其描述，可辨識出這些人的身分階層，有助吾人瞭解晚唐社會秩序變動和崩解的狀況。文中雖有行銷自己甚至同行者們的部分，但也可從側面反映出晚唐社會在經歷接連不斷的天災荒年與人禍後，身分相異的人民在故里生活的困難，不得已集體離開家鄉祖國，赴海外尋求營生的窘境。

如前所述，依唐朝法令，除了公使之外，其他人出境均不合法，所以樂部等唐客，恐屬偷渡赴日。偷渡失敗者，會被逮捕，而在唐朝官府留下記錄（如玄奘西行、鑑真東渡）。唐末天災流行，內憂外患，導致社會秩序混亂，局勢動盪，民眾求生無門，接連幾場大亂，如：裘甫之亂(859 -860)、龐勛之亂(868-869)、黃巢之亂(874 -889)，實際是將唐逐步帶向覆亡。故而這批唐客選擇冒著在海上犧牲生命的危險，背負違反國家法禁的罪名，前往陌生的日本，結局雖未必是福，但也未必是禍。

[81] 同前引（日）小野勝年，〈「圓仁三藏供奉入唐請益往返傳記」について〉，頁7、8。

三、渡唐日人在唐日交流中所扮演的角色

唐文化包含法制在內，影響力遍及四鄰。它既形塑了日本人對國家與體制的想像，造就了日本政府對施行唐朝風格統治國土的憧憬，實際也用唐朝風格的法制約束日本人民與來到日本的唐朝人。

樂部與唐客們在故國未留記錄，跨越有形的國界和大海，帶著以往在唐土習得的習俗與文化，成功抵達日本，在甚為相似的文化裡營生，可以想見這些唐客若順利在日定居，日後會在生活中，將他們以往所習得的各種唐文化及生活方式，傳布給所遇到的異國人群。渡日唐人無論原本身分為何，抵達日本之後，只要能夠長久定居，當能成為文化媒介人物：[82]帶著有形的典籍與無形的智慧或技能，傳播於尚未擁有先進知識的地區。在日本早期歷史中，此類人物往往也是越境人物（渡來人）。文化交流與傳播時，雖然有主動與被動之別，卻也能跨越有形或無形的疆界，進行自然的傳播與吸收。唐日各自的文化及傳統在人群的接觸下相互激盪，經過時間汰除不適用者，或在調整適應後留存，兩者終將融合為一。[83]

〈部記〉讓今日吾人得知渡日唐人中，實際是存在庶民階層，這群人透過樂部記錄，方為今人所知，可謂留下了以往所難想像的集體偷渡成功記錄，揭示了圓仁求法返國之旅背後，尚有隱而不彰的不同群體，同時在進行著組織運作，並有一群無名庶民曾孤注一擲，賭上性命，越過大海進行人生冒險。短短千餘字，卻蘊藏了大量隱匿訊息，文字所引發的歷史想

---

[82] 拙稿援引楊聯陞所述「文化上的媒介人物」觀念。楊聯陞認為，在文化中的媒介是一種作用，雖然任何人都可以發生媒介作用，但是在溝通知識時，非有大學問，不能成為媒介人物，不能發生媒介作用。」參見楊聯陞，〈中國文化中的媒介人物〉，收入《大陸雜誌》15:4（臺北：大陸雜誌社，1957），頁 29-36。

[83] 並可參見本書下篇第五章說明。

像，更如同池中漣漪、海浪波濤般接連不絕，餘韻綿綿。就此角度觀之，〈部記〉雖文字質樸，卻不愧為「希代珍書」，從中映射出的史料價值更是多方面的，值得今後進一步探討。

第五節 小結

歷史的後見之明讓我們知道九世紀中期的日本，透過遣唐使帶回唐的訊息，得知唐的國勢已大不如前，逐漸不再將唐放在眼中，也覺得不必再靠遣唐使去換取日本所需，承和三年(836)出發的遣唐使團，亦即圓仁、圓載等僧侶隨同赴唐的該次，實質上已是最後一次成行的遣唐使節團。圓仁返國之旅，照顧了樂部，使樂部大受感動，抵日後決定記錄圓仁入唐請益往返日本的略傳，同時行銷自己，也留下同行唐客赴日的記錄。樂部的名字，不見史傳，因在《圓仁三藏入唐請益往返傳記》留下自己小傳，同時藉著比叡山僧人的傳抄，得以留傳至今。

拙稿透過實地考查，整理《圓仁三藏入唐請益往返傳記》現存傳世諸本狀況，同時從樂部的文字中，注意到渡日唐人除了前人研究所揭示的僧侶、公使、海商幾類人物以外，尚有隱而不彰的庶民階層存在，並藉以探討唐日在九世紀後半對於歸化人、境外商旅入國後的管理等法制問題，以及九世紀後半渡日唐人作為文化媒介人物的角色，是過去研究論述較少觸及者。然而尚有許多關於唐日往返越境的法制問題，以及〈部記〉文本內容本身，一時未能深入細索。舉例而言，晚唐時期的渡日唐人既然不僅止於前賢所論海商，而包含了庶民，此等階層對平安時代初期的日本影響力如何？這些越境人物在故國既屬社會中下階層，本身具備的資源，是否足以令其如七、八世紀時期的日本「歸化人」，凝聚成一特殊階層，活躍發揮影響力，或是隨時間過去，無聲的消失在歷史洪流中？相關問題，盼今後有機會再持續進行探討。

附錄：1813 年真超抄本錄文[84]

（外封面）慈覺大師入唐往反傳記　　　　青龍藏

（內題）圓仁三藏供奉入唐請益往反傳記／

且夫地雖沃壤，非播種而田則荒；百／穀用成，非陽和而苗不實。竊聞日／本　政化，人一其心。苟非宿植善／緣，必是多生幸會。好生惡緣／煞，豈止／公侯；崇善脩父（文），達于士庶。雖專／佛理，祇得升堂；數百年來，衣／珠未啓。每居火宅，焉知外有三／車；逃逝雖還，豈測家藏七寶。／會以今上初登　　九五，尤務／善門，爲欲度脫於有情，遂斆（效）／漢明之故事。迺馳心國內，游想／雲林；散覔辨（辯）惠高僧，旁求多聞／大德。故知時雨將降，山川出雲；／嗜欲將至，有開（聞）必先。　　／上迺專意揣求，果獲　　圓仁／大德。聖意以本國　　賢良善根，／已亘多刧；惛惛衆庶，非釋教厥／道轉迷。欲以无上善緣，救度沉／淪郡群品。是以肝（旰）食思弘至道，／宵衣願達深微。緬思五印土中，／洼（法）与友（支）那不異。邀　　　　　／師為國，西詣大唐。求　　思大之／旨（卓）言，究　　六祖之妙義。將還／此國，普潤羣生。勿憚罷音疲勞，／迺心觖望。仁供奉德亘本固，惠／自天上（生）。既受綸言，果齊宿志。／遂於其歲，命上足惟政而行。囊／不貯金，手空持錫；東辞日本，西／頋大唐。雖歷險涉於滄溟，若嬉／游渡於阿褥（耨）。經行九土，登陟／五臺。聞善靡不參尋，覩經靡／不抄賢（覽）。或居外府，爲方嶽欽／崇；及處京華，獲　帝王瞻／仰。六年住於資聖，且（旦）暮　　公／卿継来。　敕

[84] 原件中空白處（含挪抬）、衍文以不同字體標示後，均予以保留，以供查考。分行以“／”標示，盡量保持異體字原貌，括號及其內文字為原件之校正或筆者按語。□內文字，如抄本中附註解者從之。不明者，參考他家錄文。返讀點從略。標點並參考王勇、王麗萍，〈樂邰《圓仁三藏供奉入唐請益往返傳記》校錄〉，頁 236-242。

使音史內養安存，／神有加毗雍護。至於給舍員／郎、內官高品，在長安再閏，討／尋頂禮者，內不下百；或則／持香獻菓，或有捨施資財。／皇帝常饋齋糧，　至信每／供衣鉢。彼迺燃金食王（玉），薄福／者不可須臾暫居。而　　供奉／常持忍辱在心，斷得貪嗔／離已。故居桂玉，曾不捿遲；縱／處荒年，豈愁香飯。　　　／供奉晝迺逢迎賓客，夜則剖覽／修多。三藏妙叵，一見皆悟。雨（兩）街大／德，五嶽禪僧，盡与挍量，精窮／義理。至於真如秘密，玄妙覺心，／彼則　指實喻空，將空喻性。／師迺覺有非有，悟性亦空。三業／乘之理備詳，不二之門頓得。既／而惠有餘地，心鏡轉明；智愈衆／人，覺（學）兼內外。聞善相告，見義必／爲。斆唐言即有梁漢之正音，仿／梵書迺同迦葉之真體。言辭俯仰，／曾不失口於人；禮度謙恭（恭），未常／蘊（慍）見於客。足可以爲模範，足可／教導後耒（來）。　　供奉則藝癢思／還，　帝迺懸心萬里。遂令弟子／性海，賫詔迓歸。唐國帝聞，愴然／惜別。　勅書手詔，數已盈箱；／制誥諸蕃，恙（悉）令勤仰。公侯卿士，雨／淚而辞供奉，名僧若離親戚。門口（侶？）／有友，无不悽然；資聖仁人，悉皆／流涕。以唐會昌五載，離彼長／安，陸往登州。今歲季秋，方帆／渡於巨海；不逾十日，已達日源。想／念叵由，事歸道力。兼与大大唐／數客，同載而還。或有志在琴書，／或則好游山水；其有簪纓鼎族，／或是累世衣冠；或則術比扁秦，／或有義同管鮑；文能備體，武／勇絕倫，皆受

／　　供奉原恩。　　　供奉／愍同骨肉，迺至分衣共煖，減食／均食。欲知菩薩化身，即仁供奉／大師是也。能令滄溟萬里，平如／指掌之途；兩國雖遙，可比荊吳／之近。自離日本十載，□□大唐，遂／便（使）一音之義遍聞，耳（甘）露之言／均潤。今則國異法同，人殊道／合。豈不因　　　／我豢（承）和國王，普爲非（兆）人，勸請　／大師之力也。部望本南陽，寓居／西蜀。幻（幼）常好學，不事生涯（涯）。應／举無成，思遊本國。部以　　／叔任道道州刺史，

名公父（文）；叔／任度友（支）員外郎，名坤。伏以　　　／鸞索之後，顯達亦多；或已薨／亡，不敢具載。當今榮顯，唯　／叔父二人。顧已遠地无親，　畧／言本末，欲使他年魚鴈，尋知／苗裔之由；人信往還，冀有誰何之問。部以學非內典，況　　／供　奉藝廣難窮，輒以九九薄／能，敢紀　　摩騰之德。所書傳／記，未書（盡）徽猷。粗述往返之因事，／略陳於一二。時羕（承）和十四年十一月二日，大唐鄉貢進士樂部撰上。／

以上戒心之本交合了　／

表 2-3：《行記》、〈部記〉概要對照表

時間順				書名	
西元	唐朝紀元	日本紀元	月/日	圓仁《入唐求法巡禮行記》（部分記錄取概要）	樂部《圓仁三藏供奉入唐請益往返傳記》
				？	邀師為國，西詣大唐。
838	開成三年	承和五年	6/13 ｜ 7/2	卷一，（日本仁明天皇）承和五年(838)六月十三日~七月二日條（第一舶登陸）	囊不貯金，手空持錫；東辭日本，西顧大唐。
838	開成三年	承和五年	8/4	卷一，開成三年八月四日條：「彼狀稱：『還學僧圓仁，沙彌惟正、惟曉，水手丁雄滿，右，請往台州國清寺尋師，便住台州。』」，（惟曉後死於中國。）	遂於其歲，命上足惟政而行
838 ｜ 840	開成三年至五年	承和五年至七年		例 1：卷一開成三年七月十四日條：「開元寺僧元昱來，筆言通情，頗識文章。問知國風，兼贈土物。」 例 2：同卷開成三年九月廿一日條：「塔寺老僧宿神玩和尚來相看慰問。」	或居外府，為方嶽欽祟
838 ｜ 840	開成三年至五年	承和五年至七年		例 1：卷一，開成四年(839)四月五日條，圓仁一行滯留中國，遭地方巡軍盤查。 例 2：卷二，開成五年(840)三月二日狀：「右圓仁等，日本國承和五年(838)四月十三日，隨朝貢使乘船離本國界；大唐開成三年(838)七月廿二日，到揚州海陵縣白潮鎮。八月廿八日，到揚州，寄住開元寺。開成四年(839)二月廿一日，從揚州上船發。六月七日，到文登縣青（寧）鄉，寄主赤山新羅院，過一冬。今年(840)二月十九日，從赤山院發。今(3)月二日黃昏，到此開元寺宿。」	雖歷險涉於滄溟，若嬉游渡於阿耨。

				→開成五年四月一日得公驗。三日，圓仁一行從青州出發往五臺山。十一日午，渡黃河。	
839 | 842	開成四年至會昌二年	承和六年至承和九年		唐言：卷一開成四年(839)四月五日條，圓仁一行滯留中國，遭地方巡軍盤查時，尚無法說唐語，多靠言筆通情，後逐漸能夠與唐人對談。至卷三開成五年(840)十月十六日條謂「天竺難陀三藏不多解唐語。」推測圓仁此時對唐語已有一定程度瞭解，能比較出彼此語言能力高下。卷四會昌二年(842)年五月十六日條：「起首，於青龍寺天竺三藏寶月所，重學《悉曇》，親口受正音。」	斆唐言即有梁漢之正音，仿梵書乃同迦葉之真體。
839	開成四年	承和六年	7/23	卷二開成四年七月廿三日條，聽說志遠、文鑑等人事跡，決定赴五台山巡禮，學天台教義、抄寫教典。	聞善靡不參尋
840	開成五年		3/25	卷二開成五年三月廿五日圓仁諸狀，記饑荒、乞糧記事：青州「三四年來蝗蟲災起，吃卻五穀，官私饑窮。登州界專吃橡子為飯。客僧等經此險處，糧食難得。粟米一斗八十文，粳米一斗一百文。無糧可吃。便修狀。進節都副使張員外乞糧食。」	縱處荒年，豈愁香飯。
840	開成五年	承和七年	4/28	卷二開成五年四月廿八日條：「自（四月）廿三日申時入山，至于今日。入山谷行，都經六日。未盡山源，得到五臺。自去二月十九日，在路行正得卌四日也。」	經行九土，登陟五台。
839 | 840	開成五年至會昌元年	承和七年至八年		例1：卷三，（開成五年五月）廿三日條：「始寫天台文書日本國未有者。」 例2：卷三開成五年十月十六、十七、十九日條，借得大興善寺僧元政所藏《新譯經論》、《念誦法門》等經籍抄寫，並摹寫佛像。 例3：卷三會昌元年四月廿八條「興善寺新譯經、念誦法等四月廿二日寫了」。	覩經靡不抄覽。

840	開成五年	承和七年	8/22	從五台山出發，經過約五十天旅行抵達長安。 卷三開成五年八月廿二日條：「到大興善寺西禪院宿」。	及處京華
				？	獲帝王瞻仰。
840	開成五年	承和七年	8/23	卷三開成五年八月廿三條：「知巡侍禦差巡官一人，領僧等於資聖寺安置。」此後圓仁寄住資聖寺，以此地為據點尋師訪道。	六年住於資聖，旦暮公卿繼來
840 ｜ 842	開成五年至會昌二年	承和七年至十年		卷三開成五年十月廿九日條：「往大興善寺，入敕（置）翻經院。參見元政和尚。始受金剛界大法。入敕置灌頂道場，禮諸大曼荼羅。設供養，受灌頂。」 卷三會昌元年五月三日條：「始受胎藏毗盧遮那經大法兼蘇悉地大法。 卷三會昌二年二月廿九日條：「于玄法寺全阿闍梨所始受胎藏大法。又于大安國寺元簡阿闍梨所重審決《悉曇章》。」 卷三會昌二年四月條：「玄法寺法全座主解三部大法，施《胎藏大軌儀》三卷、兼《別尊法》三卷、《胎藏手契》，宛遠國廣行。送書謝展。」	三乘之理備詳，不二之門頓得。
841	會昌元年	承和八年	5/1	例 1：卷三會昌元年五月一日條：「敕開講。兩街十寺講佛教，兩觀講道教。當寺內供奉講論大德嗣標法師（于）當寺講《金剛經》，青龍寺圓境法師于菩提寺講《涅盤經》。自外不能具書。」 例 2：卷三會昌元年九月一日條：「敕兩街諸寺開俗講。」	兩街大德，五嶽禪僧，盡與挍量，精窮義理。 （所謂兩街大德，佐伯有清認為是街東大安國寺元簡，與街西淨影寺惟謹。見氏著《慈覺大師傳研究》，頁 234。）
841	會昌元年	承和八年		卷三會昌元年五月廿日條：「新羅譯語劉慎言今年二月一日寄仁濟送書云：『送朝貢使、梢工、水手，前年秋迴彼國，玄濟闍梨附書狀，並砂金廿四小兩，見在弊所。』」 十月十三日條，惟正攜回書信、刀子、金廿四小兩，但「據圓載闍梨	皇帝常饋齋糧

				命，先已用矣」。 （即日本政府對在唐日本留學、請益僧提供適量金援。）	
841 ︱ 845	會昌元年至五年	承和八年至十二年		卷三會昌元年八月七日條：「為歸本國，修狀進使。」 卷四會昌三年八月十三日條：「為求歸國，投左神策軍押衙李元佐。」 卷四會昌五年三月三日條：「敕令天下諸寺，僧尼年卌已下，盡敕還俗，遞歸本貫訖。……外國（僧）等，若無祠部牒者，亦勒還俗，遞歸本國者。」 圓仁自道：「心不憂還俗，只憂所寫聖教不得隨身將行。」 卷四會昌五年五月十四日條：「然從會昌元年已來，經功德使，通狀，請歸本國，百有餘度。」	供奉則藝癢思還
				?	唐國帝聞，愴然惜別。敕書手詔，數已盈箱；制誥諸蕃，悉令勤仰。
845	會昌五年	承和十二年	5/14、5/15	送別場面，見卷四會昌五年五月十四、十五日條。 同年八月十六日到登州。	公侯卿士，雨淚而辞供奉，名僧若離親戚。門侶有友，无不悽然；資聖仁人，悉皆流涕。以唐會昌五載，離彼長安，陸往登州。
				?	帝迺懸心萬里
846	會昌六年	承和十三年	4/27	卷四，會昌六年四月廿七日條：條：「新羅人王宗從揚州將性海法師書來，中具說來由。」 五月一日條：「王宗卻歸揚州去。便付書，招喚性海師。」 （應是圓仁尚在人世的消息傳至日本，故性海自比叡山來迎接）	遂令弟子性海，賫詔迓歸。
847	大中元年	承和十四	9/2	卷四，圓仁一行於大中元年九月二日正午，乘新羅船從赤山浦出發。	今歲季秋，方帆渡於巨海

		年			
847	大中元年	承和十四年	9/8	卷四，九月八日條：「八日聞惡消息。異常驚怕。無風，發不得。船眾捨鏡等祭神求風。僧等燒香，為當島土地及大人小人神等念誦，祈願平等得到本國。即在彼處。為此土地又大人小人神等，轉金剛經百卷。至五更，雖無風而發去。纔出浦口，西風忽至。便上帆向東行。似有神理相扶。」	想念因由，事歸道力。
847	大中元年	承和十四年	9/10	卷四，九月十日條：「平明，向東遙見對馬島。午時，前路見本國山，從東至西南，相連而分明。至初夜，到肥前國松浦郡北界鹿島泊船。」	不逾十日，已達日源。

下篇　唐代禮令對日本的影響

第三章　唐日喪禮的異同——以挽歌、遊部為例

第一節　前言

唐代禮法之間的緊密關係，前賢論述精詳，無須贅言。五禮之中的凶禮，雖然尚分為喪禮、荒禮、吊禮、禬禮、恤禮五者，但一般用法是特指喪葬禮儀，喪禮流程環節繁瑣，但也最能說明禮區分出的制度性與等級性。喪禮細節規範隨時代與社會風氣變化。

無論是法律、禮制、社會風俗，都有與時俱進的一面，承襲自前代或異國的法律，亦有不合時宜或本土民情，而需要加以變通或增刪之處。對照新近重見天日的《天聖令》內容，可知日本《養老令》基本上是亦步亦趨地隨著唐令進行編纂，而《天聖令》與《養老令》的一致性，也證明了天聖令在制定過程中，基本上是參照唐令順序，唐令本身即有一定的編排邏輯。[1]但反過來看，如果日本令與唐令之間出現差異，則應是日本令在制定時，對唐令有意識的進行選擇及增刪，以求適合日本國情。

日本令選擇捨棄的項目，可舉喪禮中使用的「挽歌」為例。挽歌歷史悠久，性質多元。唐朝前期，仍依「漢魏故事」，只有「大喪及大臣之喪」始有挽歌。[2]至唐代中後期，挽歌成為低階官員喪葬禮儀的一部分（「挽」

---

[1] 參見吳麗娛，〈唐喪葬令復原研究〉，收入天一閣博物館、中國社會科學院歷史研究所天聖令整理課題組校證，《天一閣藏明鈔本天聖令校證附唐令復原研究》（北京：中華書局，2006，以下簡稱《天聖令校證》），頁 701-702。

[2] 參見（唐）房玄齡等撰，《晉書》卷 20〈禮志中・凶禮〉：「漢魏故事，大喪及大臣之喪，執紼者輓歌。」（北京：中華書局，1974）頁 626。又見（唐）杜佑撰，王文錦等點校，《通典》卷 86〈禮四十六・沿革四十六・凶禮八〉（北京：中華書局點校，1998），頁 2339。

亦作「輓」)。雖然法令不允許，但民間喪家亦請挽歌歌手演唱。此俗因法令而成為普遍的禮儀，其形成過程是法令對民間風俗的吸納，或是民間模仿上層社會生活的結果？除思辨其內在實情，也審視此時期的日本。日本模仿唐律令制，理論上也等於透過法律吸收了中國此時期的禮俗。以《令集解・喪葬令》中的「親王一品條」為例，條文中有照本宣科接受唐喪葬習俗的部分，例如保留方相氏；也有加入日本自身的喪葬禮俗者，例如給「遊部」，但未給予親王以下挽歌隊伍。另再以《天聖・喪葬令》宋 16-18 條及《令集解・喪葬令》中的「親王一品條」相互比較可知，在《天聖令》中提及挽歌隊伍，但日令中只有樂器與其特殊的「遊部」，沒有人聲的部分。

綜合以上這些特殊性，筆者嘗試以唐與日本的喪服規範、《天聖・喪葬令》宋 16-18 條及《令集解・喪葬令》中的「親王一品」條令文相互比較，試圖從中釐清法制禮俗在實際行用時變化的面向，對於日本令有所不取的原因，提出個人看法。

第二節　日本喪服制度與唐代禮令

一、日本對中國禮俗的吸收

自七世紀中期大化革新以後，到九世紀停止派遣遣唐使之前，日本對唐制的模倣，幾乎達到全盤接受的地步。[3]日本從唐文化中吸收新思想、學藝、制度，移植文化和改變倭國（日本）的支配秩序，導入並建立禮法體

[3] 參見高明士，《日本古代學制與唐制的比較研究》第三章〈日本古代學校教育的發展〉（臺北：學海出版社，1977 年初版，1986 增訂一版），頁 116。

系，傾舉國之力學習唐風文化。日本以唐的律令為藍本，編纂了《大寶律令》，並於八世紀初頒行。至於確實可考的引進唐禮，即是下道真備第一次留唐，習得一十三道學問，並攜回《唐禮》一百三十卷等物。此《唐禮》當為《顯慶禮》[4]。日本學者古瀨奈津子認為，在吉備真備第二次以遣唐副使身分入唐（唐玄宗天寶十一載、日本聖武天皇天平勝寶四年，752）時，可能攜回了《大唐開元禮》。[5]經過這兩次有系統的引進中國的禮制，加以唐的律令中即含有承襲魏晉南北朝乃至隋朝的禮制與法制，使得日本令也隨之吸收了中國不同時期的禮制。八世紀後半到九世紀中期，日本積極的朝唐風文化發展，但因日本和唐國土規模不同，風土民情也有所差異，因而不能完全將唐的法令照本宣科施行，要內化異國的禮制文化成為日本自己的一部分，也需要時間，故在施行時間上有落差。

從《續日本紀》中可讀到許多從奈良時代起，日本仿唐施行各種禮制的記載，但是在實際仿唐實行時間上則有落差，短則二、三十年，長則可能達到一世紀以上，例如日本嵯峨天皇弘仁九年(818)下詔「天下儀式，男女衣服，皆依唐法」，弘仁十二年(821)年才編成日本首部敕撰儀式書《內裏式》。除了依賴原則上二十年一次遣唐使攜回唐的新知與學問來更新日本各方面制度，也是因為必須要有時間消化、接受非日本本土產生的中國文化。

二、日本令中的喪服制度

中國所謂的喪服制度，或曰五服制度、服紀、服制，包括五等喪服的

---

[4] 同前引高明士，《日本古代學制與唐制的比較研究》第三章〈日本古代學校教育的發展〉，頁 147。

[5] （日）古瀬奈津子，〈儀式における唐礼の継受〉，收入池田溫編，《中国礼法と日本律令制》（東京：東方書店，1992），頁 365-394。又收入國學院大學日本文化研究所編《律令法とその周辺》（東京：汲古書院，2004），頁 176。

服飾、服敘、守喪三種制度，以服敘為主幹，既規範了中國古代親屬關係的範圍，因為進入了令制，使得原本屬於禮俗範圍內的服喪行為也成為法令規範下的行動。服敘、守喪，是歷來學者研究喪服制度的重點，[6]兼具禮制與法制的面向，在文化與制度上的重要性無需贅言。五服制其實和日本傳統的文化特質、家庭結構、親屬關係並不相同，日本在繼受唐的律令制時，為了要符合日本自古以來的社會習慣，而大幅加以修改。[7]

九世紀的日本大臣橘廣相(837-890)在清和天皇為祖母服喪的禮議中提及：

> 至於喪制，則唐令無文。唯制唐禮，以據行之。而國家制令之日，新制服紀一條，附《喪葬令》之末。夫喪禮委曲條流千萬，而一條之內，事自不盡，自成此疑也。然則《儀制令》只說不視事之日數也，《喪葬令》只說喪服之衣色也。至於喪制日月，則引《禮》而准行耳。[8]

次章將述及，橘廣相沒有看到唐令中附入《喪葬令》最末的「喪服年月」條。參考近年重見天日的《天聖令》殘卷，其中《喪葬令》以「喪服年月」條做為附令，對於服飾、服敘、守喪時間一併規範。唐令中是由「喪服年月」條限定範圍，亦即用禮制、服敘來規範適用範圍，包含確保官員守喪的時期（詳見《假寧令》中的官員喪假相關條文），為家族主義精神的展現。

---

[6] 參見前引丁凌華，《五服制度與傳統法律》第 1 章〈緒論〉頁 3 及皮慶生，〈唐宋時期五服制度入令過程試探——以《喪葬令》所附《喪服年月》爲中心〉註 2 對「五服制度」的說明，收入《唐研究》14 期（北京：北京大學出版社，2008），頁 381。

[7] （日）明石一紀，〈古代の喪礼と服仮制〉，收入孝本貢、八木透編《家族と死者祭祀》（東京：早稲田大学出版部，2006），頁 25。

[8] （日）藤原時平等編，《日本三代實錄》卷 20，頁 297。

[9]而唐律則是用具體的親屬稱謂來補救服敘制罪時的不足之處，親屬等級與五服服敘略有差異。[10]若橘廣相的議論內容確實可信，亦即《喪葬令》末的「服紀」條是在「國家制令之日新制」，可推論「服紀」條是在《大寶令》、《養老令》制定時所增加，以仿母法唐令，也用以規範日本令中應用服敘時的範圍。這樣的增添卻使得《養老令》中出現了雙軌制的親等規範，尚且未規範至守喪期間服飾的使用。從史料上可知，扣除天皇服喪以外，[11]凡遇凶事，臣下等一律穿素服。[12]愚意認同今人學者推測，法規如此安排，是最初的日本令（例如《飛鳥淨御原令》）為因應日本社會現實，對唐令有所取捨簡化的成品。[13]

橘廣相的議論中提及《儀制令》，所引令文為天皇遇二等親以上喪的場合，並非用於界定親屬範圍。實際上，《養老・儀制令》中有「五等親」條，其內容為：

> 凡五等親者，父母、養父母、夫、子，為一等。祖父母、嫡母、繼母、伯叔父姑、兄弟、姊妹、夫之父母、妻、妾、姪、孫、子婦，為二等。曾祖父母、伯叔婦、夫姪、從父兄弟姊妹、異父兄弟姊妹、夫之祖父母、夫之伯叔姑、姪婦、繼父同居、夫前妻妾子，為三等。高祖父母、從祖祖父姑、從祖伯叔父姑、夫兄弟姊妹、兄弟妻妾、再從兄弟姊妹、外祖父母、舅姨、兄

[9] 至於唐令修改過程中，「喪服年月」條如何在不同令文之間移動，可另參考前引皮慶生，〈唐宋時期五服制度入令過程試探——以《喪葬令》所附《喪服年月》爲中心〉文中所說明。

[10] 前引丁凌華，《五服制度與傳統法律》第三章〈服敘制度在傳統法律上之適用〉，頁 214。

[11] 《令義解・喪葬令》「天皇服」條：「凡天皇，為本服二等以上親喪服錫紵，為三等以下及諸臣之喪，除帛衣外，通用雜色。」同前引《令義解》卷 9，頁 291。

[12] 實例如第四章引用《日本三代實錄》中藤原順子喪事相關內容，此不贅引。唯此處之「素服」是否僅是素白之服，或有錫、緦、疑三等之衰（弔服，用以往弔）的分別，有待日後詳加考查。

[13] 參見（日）明石一紀，〈大宝律令と親等法—服紀条・五等親条の意義〉，收入氏著《日本古代の親族構造》（東京：吉川弘文館，1990），頁 98-134 之說明。

弟孫、從父兄弟子、外甥、曾孫、孫婦、妻妾前夫子，為四等。妻妾父母、姑子、舅子、姨子、玄孫、外孫、女聟（按，壻），為五等。[14]

現試以「五等親」條內容繪親等示意圖如下：

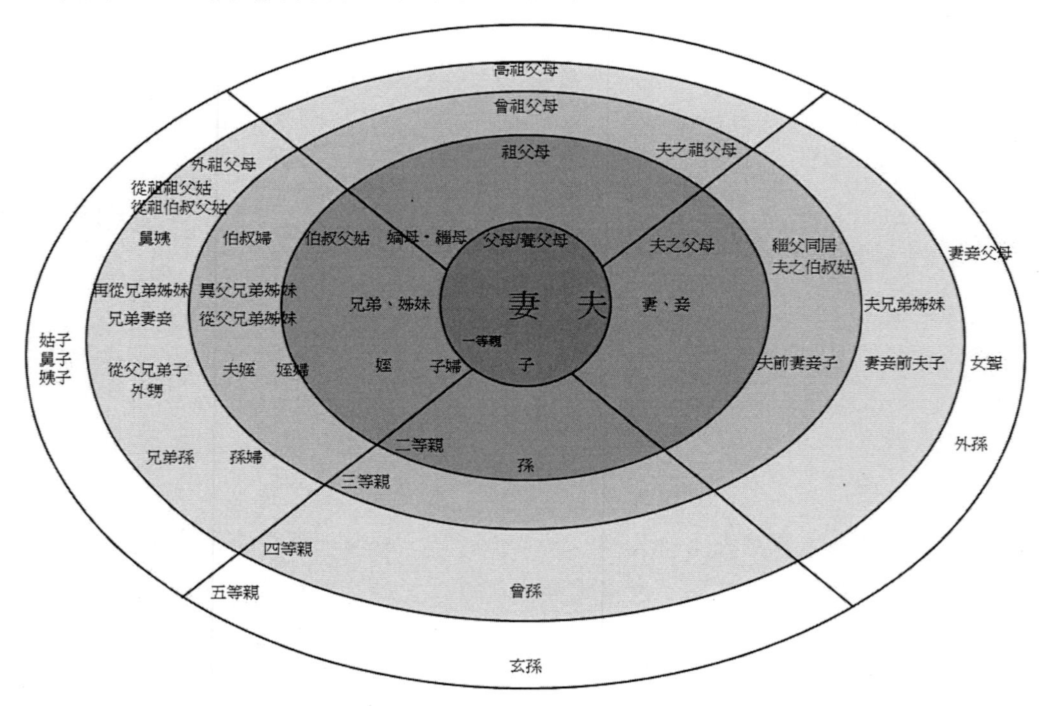

圖 3-1：《養老・儀制令》「五等親」條示意圖

（圖片說明：夫／妻＝自己，由己身向外推展出的家族圈，即為親屬。向上為長輩，向下為晚輩，以顏色深淺代表血緣或親屬關係親疏遠近。原則上右方為夫、妻族成員，左方為父、母方成員。）

[14] 參見（日）黑板勝美編，《新訂增補國史大系》冊 22《令義解》卷 6，頁 211-212。

從「五等親」條的圖示，可以看出它的親屬關係是由夫婦雙方為中心向外延伸。為了更清楚顯示這一點，另單獨繪製妻子視角的姻親關係圖如下。

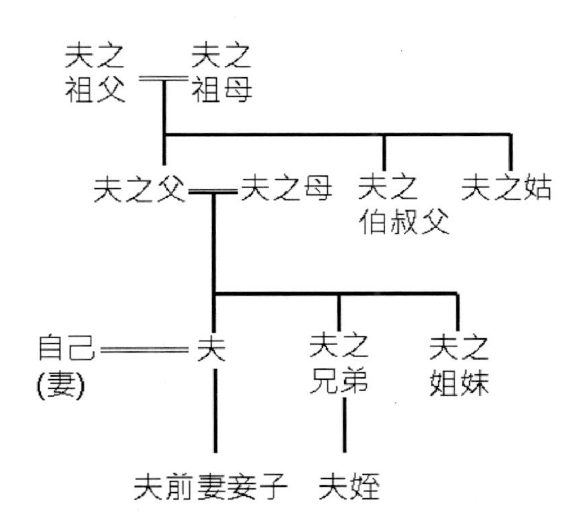

圖 3-2：妻之姻親關係圖[15]

如眾所知，中國家人之禮，有「家無二尊」之說。《禮記．喪服四制》云：「天無二日，土無二王，國無二君，家無二尊，以一治之也。故父在為母齊衰期者，見無二尊也。」「家無二尊」是對應「國無二君」而來，家父是唯一之尊。[16]「五等親」條此種規範方式，是否反映其天人關係觀念受遠

---

[15] 改繪自（日）明石一紀，〈大宝律令と親等法—服紀条・五等親条の意義〉「養老令制親等圖」，頁 101。圖中稱謂依令文。由於是從妻子的視角看親屬關係，從圖 3-2 中，更可從家族稱謂中思考中國對家庭成員結構重視的層面：漢語中除了夫之父母，甚缺給予妻子稱呼姻親的獨立稱謂。

[16] 參見高明士，《東亞古代的政治與教育》對君與家庭對應關係說明（臺北：臺灣大學出版社，2004），頁 226。

古中國影響，[17]或輾轉顯示出《永徽令》修撰時唐朝的婦女地位不低，或是顯示出古代日本母系社會中，女性掌握家的實權，甚至於是因應日本七至八世紀時女帝[18]頻出的現象，[19]特別《大寶令》修撰時，持統女帝在位，發布時，持統亦是上皇，身分尊貴，後續的《養老令》發布時，在位的天皇是孝謙女帝，亦是女性，愚意以為甚有可能是因應當時政治現象，而將「五等親」條修撰成現存的內容。

至於《喪葬令》末的「服紀」條，內容則為：

> 凡服紀者，為君、父母、及夫、本主一年。祖父母、養父母，五月。曾祖父母、外祖父母、伯叔姑、妻、兄弟姊妹、夫之父母、嫡子，三月。高祖父母、舅姨、嫡母、繼母、繼父同居、

---

[17] 日本的創世神話中，伊奘諾尊（古事記作「伊邪那岐命」）、伊奘冉尊（古事記作「伊邪那美命」）被稱之為二尊，是日本最早與死穢、禊祓觀念相關的故事，似與《周易．序卦下》：「有天地然後有萬物，有萬物然後有男女，有男女然後有夫婦，有夫婦然後有父子，有父子然後有君臣，有君臣然後有上下，有上下然後禮義有所錯。」之說遙相呼應。另外，《周易．說卦》謂：「乾，天也，故稱乎父。坤，地也，故稱乎母。」日本天皇自認是天照大神（女性）的後裔，是神子、神孫，而天神即是皇室祖神，故其王權來自天授。另參見王吉林，《漢唐文化與古代日本文化》（天津：天津人民出版社，1996），頁185-188。

[18] 「女帝」是《養老．繼嗣令》中的正式名稱，「皇兄弟條」記載：「凡皇兄弟皇子。皆為親王。注云：女帝子亦同。」，《令集解》在此引用了許多明法家的註解，由於《古記》可說明八世紀初期的法制規範，意即從《大寶令》頒布時即已有「女帝」一詞，用以相對男性帝王，抄錄如下：「女帝子亦同。謂，父雖諸王猶為親王。父為諸王，女帝兄弟，男帝兄弟一種」，亦即從大寶年間即承認女系，或許可視為文武天皇時期編成頒行的《大寶令》，在法令中維護自己繼承自祖母持統天皇的皇統。相較於《儀制令》「天子」條中的諸規範：「天子條：天子。注云：祭祀所稱。／天皇。注云：詔書所稱。／皇帝。注云：華夷所稱。／陛下。注云：上表所稱。太上天皇。注云：讓位帝所稱。乘輿。注云：服御所稱。車駕。注云：行幸所稱。」顯見「女帝」一詞不是襲自唐朝或中國歷史，而是日本自行創造的新名詞，用以符合當時日本歷史與社會實情。

[19] 到目前為止，日本史上共有十任八位女帝，即女性天皇，分別是推古天皇(592-628)、皇極天皇(642-645)、舒明天皇（皇極重祚，655-661）、持統天皇(690-697)、元明天皇(707-715)、元正天皇(715-724)、孝謙(749-758)、稱德（孝謙重祚，764-770）、明正天皇(1629-1643)、後櫻町天皇(1762-1770)。到目前125任天皇中，在七至八世紀之間就出現了八任，而且其中又有兩位是退位後又復位，女帝頻出的現象令人注目。

異父兄弟姊妹、眾子、嫡孫，一月。眾孫。從父兄弟姊妹、兄弟子，七日。[20]

兩者文字相較，即發現同一部《養老令》中出現了雙軌制的親等規範。楊鴻烈認為日本《喪葬令》中的「五服」純為喪服之規定，不以之別親等。[21]再參考日本學者意見，「五等親」條本是給予官員在對外、公事、行政上使用的規範，然而刪去服敘，過度簡化，致使法令無法規範與服敘有關的事項，於是在制定《大寶令》、《養老令》中的《喪葬令》時，比照唐令，於全篇最末補上「服紀」條，以規範與制度、行政無關，與個人、對內相關的事項，[22]一方面參考唐令，又大幅刪去姻親內容，以符合日本式的親屬關係。[23]「服紀」條雖然也是要規範服喪期間，但是在服喪一年（相當於一等親）的部分，除了中國式的家族主義，又添上了「君」、「本主」這兩項跟政治、公務相關，而與家族血緣無關的人物。現試繪「服紀」條示意圖如下。

---

[20] 參見（日）黑板勝美編，《新訂增補國史大系》冊22《令義解》卷6，頁295。

[21] 同前引楊鴻烈，《中國法律在東亞諸國之影響》三〈中國法律在日本之影響〉甲節〈自天聖天皇時代至醍醐天皇時代〉頁222-223。（台版）

[22] 參見前引（日）明石一紀，〈大宝律令と親等法—服紀条・五等親条の意義〉，頁125。

[23] 同前引（日）明石一紀，〈大宝律令と親等法—服紀条・五等親条の意義〉，頁128-129。

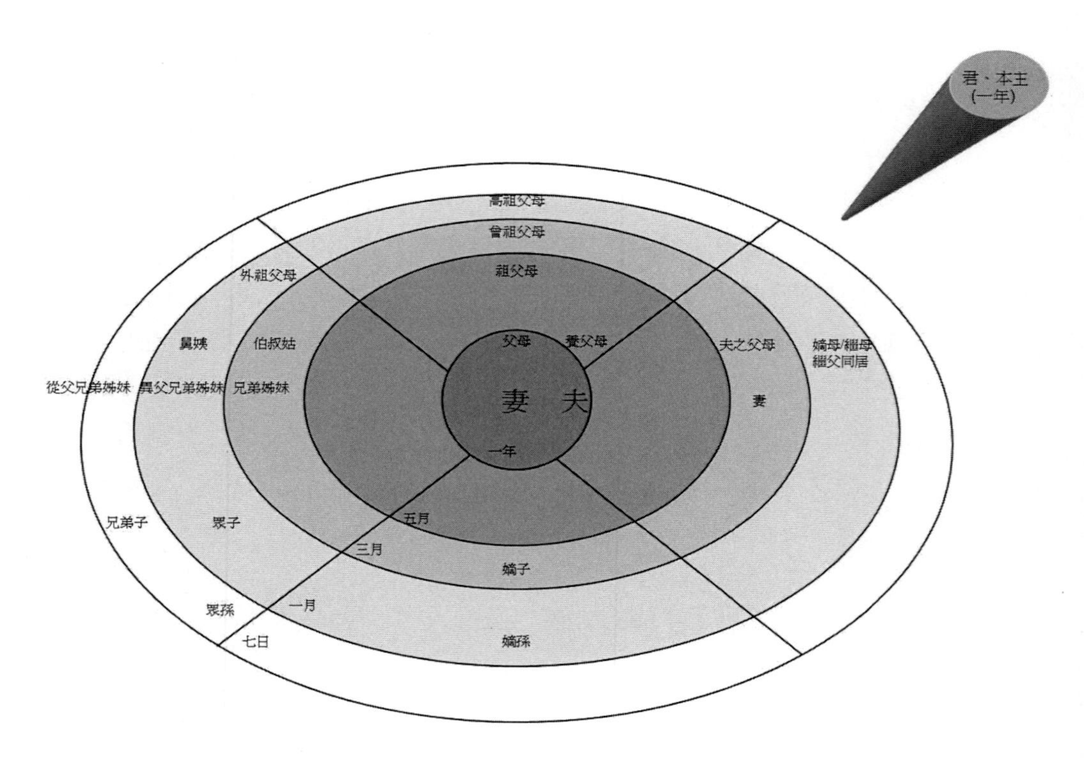

圖 3-3：《養老．喪葬令》「服紀」條示意圖

（圖片說明：因為君與本主不屬於夫妻＝自己向外推展出的家族成員，故拉至血緣圈外另行標示。原則上右方為姻親，左方為父、母方親屬及家族卑幼。）

與前圖 3-1 相較，可發現將服喪對象又做了大幅簡化，妻的親屬關係範圍，則較「五等親」條縮限。從「服紀」條可以看出，妻對夫的服制減一等，在唐屬期親。妻族不在律令中規範，外親規範很少，這是唐律令的大原則，[24]日本令也遵守。這造成「服紀」條在規範的對象上有所不盡，所以後來在《延喜式》中加入了「凡妾為夫服一年，夫為妾無報服。」做為補充。此外，雖然加入了「君」為一年服的對象，八到九世紀期間的天皇或上皇，

[24] 參見劉俊文，《唐律疏議箋解》（北京：中華書局，1996），頁 50。

除了光仁天皇駕崩後，朝廷讓全體國民實際服喪七個月餘，幾乎都在一個月內就結束服喪期，臣下或服心喪，並搭配元日廢朝表示哀悼，至淳和太上天皇駕崩(840)時，以權變方式，將服喪一年（13 個月）的期間以日易月，改為服喪 13 日，並成為定制。[25]國君服喪期間稱為「諒闇」，服喪結束須舉行大祓以除穢。唯參考同時期中國唐宋之間的禮制，「漢魏以來，時君皆行易月之制」，[26]皇帝或三后過世，多半在遺詔中要求「以日易月，皇帝三日而聽政，十三日小祥，二十七日大祥。」[27]在以日易月、皇帝聽政時間，日本的做法和唐是一致的，但在服喪期的計算上，一年為何是十三個月，不是十二個月？所參考引用典據為何？（較為相近的時間計算，例如，《大唐開元禮》五服制度，「婦為舅姑，及女子適人，為其父母，皆齊衰不杖周」、「皇后為父母服十三月」）又如「王肅以二十五月為畢喪，而鄭康成以二十七月」[28]，意在減少三年之喪的全程時間，以做為變禮，用以減少服喪期，若日本感到中國的三年之喪太長而要減少成一年，則將 13 個月計算成兩年，一年還可以再縮短成十二個月。日本令制定服喪期時，其間的考量與依據為何，暫留待日後考查探討。

另外，在《大寶令》、《養老令》之間，「服紀」條內容應有所差異，兩者的對應也有所變動，例如在《養老・戶令》「奴姧主」條中，令文規定：「凡家人奴，姧主及主五等以上親，所生男女，各沒官。」《古記》的問答：

---

[25] 參見前引（日）明石一紀，〈古代の喪礼と服仮制〉，收入孝本貢、八木透編《家族と死者祭祀》，頁 32-34 整理及說明。

[26] 《唐會要》（上）卷 38〈服紀下〉，頁 804。

[27] 例如前引《唐會要》（上）卷 38〈服紀下〉載：「會昌五年(845)正月……義安殿皇太后遺令：皇帝三日不聽政，十三日小祥，二十五日大祥，二十七日釋服者。」又或是（元）脫脫等，《宋史・禮志・凶禮一》記載宋太祖遺詔：「以日易月，皇帝三日而聽政，十三日小祥，二十七日大祥。」頁 2489。

[28] （元）脫脫等，《宋史・禮志・凶禮一》：「禮院言：『……謹按禮學，王肅以二十五月為畢喪，而鄭康成以二十七月，《通典》用其說，又加至二十七月終，則是二十八月畢喪，而二十九月始吉，蓋失之也。天聖中，《更定五服年月敕》斷以二十七月，今士庶所同遵用。夫三年之喪，自天子達，不宜有異。』」（頁 2853-2854）附記於此，以供參考。

「問，諸條有服親准四等親。未知此若為處分？答，此條准凡人也。（後略）」[29]，意謂服的範圍，在《大寶令》時期是對應至四等親，所謂准凡人，則是應用《養老・戶令》「為夫妻」條規定。[30]其差異如何，亦留待日後追考。

不同時期的令文編纂，容或有互相矛盾或錯誤之處，《養老令》中的「五等親」條為何置於《儀制令》，而不是置於最需運用親等或服敘的《假寧令》[31]或《喪葬令》篇中，目前屬未解之謎，或許是反映母法（唐令）變動的狀況。將「五等親」條與「服紀」條共同比較時，可看出親等與服敘之間差異、變動及稍難理解的部分。額外規定尚有父母喪稱為「重服」，其他親屬為輕服的區別。[32]

[29] 《令集解》卷 11《戶令》，頁 340。

[30] 令文見《令義解》卷 2《戶令》「為夫妻」條：「凡官戶、陵戶、家人、公私奴婢，與良人為夫妻所生男女，不知情者從良。皆離之。其迯（按，逃）亡所生男女，皆從賤。」頁 105。並參見前引（日）明石一紀，〈大宝律令と親等法—服紀条・五等親条の意義〉，頁 87。

[31] 中國的《假寧令》後附五服制度，始見於後唐，參見（宋）歐陽修、宋祁等撰，《新五代史》卷 55〈馬縞傳〉（北京：中華書局，1974，頁 634）中的記載：「司封郎中曹琛，請下其議，并以禮、令之違者定議。詔尚書省集百官議。左僕射劉昫等議曰：『令於喪服無正文，而嫂服給大功假，乃假寧附令，而敕無年月，請凡喪服皆以《開元禮》為定，下太常具五服制度，附于令。』令有五服，自縞始也。」但實際上《養老令》將「服紀」條置於《喪葬令》之末，做法是比較接近唐令原始面貌。在北宋仁宗天聖十年(1032)頒行的《天聖令》，採天聖五年(1027)時孫奭意見，喪服制度做為附令，重新回到《喪葬令》中。另可參見趙大瑩，〈唐宋《假寧令》研究〉一文中對於《假寧令》與喪服制度的關係說明，收入黃正建編，《《天聖令》與唐宋制度研究》（北京：中國社會科學出版社，2011），頁 302-303。

[32] 《令義解》卷 5〈軍防令〉「衛士下日」條規定：「……雖有重服，謂，父母喪也。不在下限。注云：下番日令終服。」對於此注，《義解》又謂：「凡衛士，雖遭重服，不在下限。心喪從公，猶奪情從職者。而稱下番日令終服者，是欲免朞年之徭役，非言更行居喪之禮，即諸作樂嫁娶之類。皆以正服年論。下番日者非。其防人遭喪，亦准衛士。但火頭者，非在此例也。」頁 188。又及，《令集解・軍防令》闕文，今另參考《令集解・儀制令》中的「遭重服」條引「朱云」：「遭重服，謂父母喪也。五月以下不云」，頁 723。

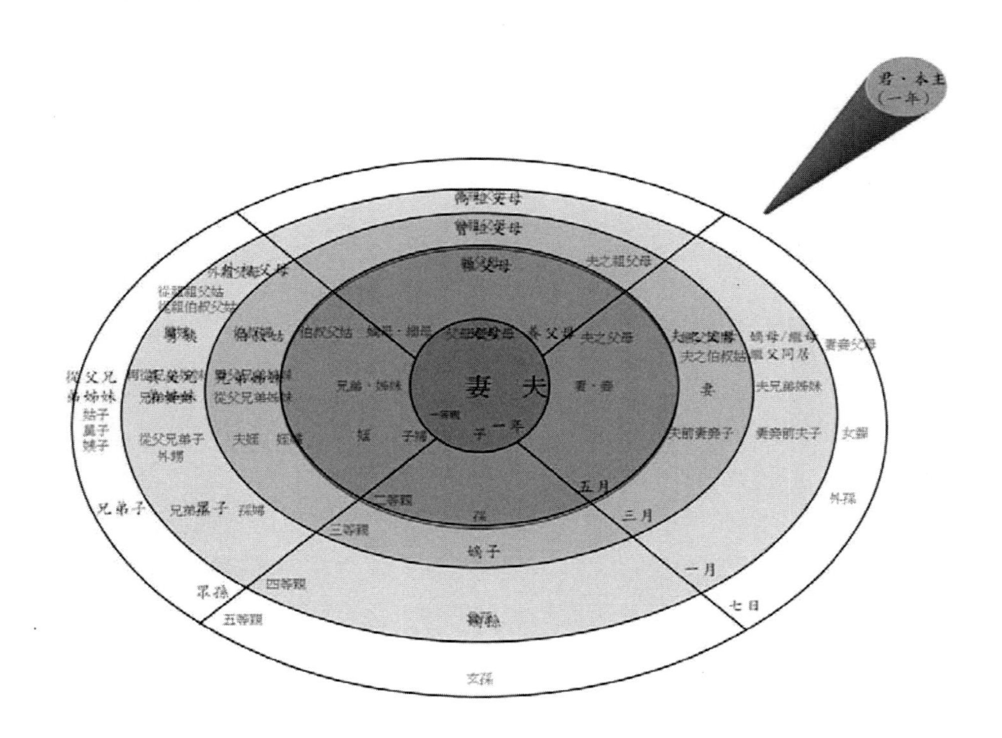

圖 3-4：「五等親」條、「服紀」條比對示意圖

（圖片說明：「服紀」條文字以楷體字形表示，其餘文字為「五等親」條。）

從圖 3-4 可看出夫妻＝自己向上推出的父方直系血親在親等與服制上維持一致，但外家親屬及晚輩的變動則相當大，並且多所簡化。

參考學者意見，「五等親」條反映出日本法令模倣唐朝律令之初，尋求貼近唐制，重視律令之間的體系性、一貫性，而《養老令》添加「服紀」條做為修正，則是反映了日本社會的現實狀況，為落實法令，而逐步對唐制加以修正，[33]同時也考量如何將法條應用於現實。

[33] 同前引（日）明石一紀，〈大宝律令と親等法—服紀条・五等親条の意義〉，頁 130。

第三節　橫跨俗禮法之間的唐代挽歌

一、概說

唐代的喪葬禮俗中有「挽歌」一項，或寫作「輓歌」，用以寄託悲傷，哀悼亡者。追溯其源，挽歌因其性質，在不同時期中具備多種不同面向，既可以指哀悼死者的歌曲或歌者，其辭也可以是反映當時哀挽習俗、生死觀念、寄託哀思的文學作品；隨著時間推演，挽歌在喪葬禮俗中益發受到重視，不僅持續應用於唐宋時期的喪葬場合，甚至進入國家法令與禮典之中。史籍有寫作「輓歌」，此處則依《天聖·喪葬令》錄文，統一作「挽歌」。

筆者在學習唐日文化交流史的過程中，注意到挽歌存在於《天聖令》的宋《喪葬令》，卻未進入日本《養老令》的令文中，對此事感到困惑，蓋日本《喪葬令》原則上為亦步亦趨仿唐令制定，[34]然而為何日本令中不採納唐朝法令中的挽歌？管見目前暫未發現有深入討論的作品。因此，本節擬先耙梳唐前乃至唐宋之際，喪葬禮令中行用挽歌的情形，期望透過整理，思考、理解唐代挽歌在中國禮俗與法制中的規範與地位，以做為後續研究的預備。

在研究方法上，拙稿將先整理挽歌出現的背景，檢視挽歌以歌曲型態做為喪儀的一部分，乃至進入禮法之中的歷史脈絡，適當採用分類及比較方法，檢視挽歌作為禮制的一環時，不同身分者可使用的葬儀，並審視允

---

[34] 吳麗娛，〈唐喪葬令復原研究〉，收入天一閣博物館、中國社會科學院歷史研究所天聖令整理課題組校證，《天一閣藏明鈔本天聖令校證附唐令復原研究》（以下簡稱《天聖令殘卷》），頁 675-676、701-702 之說明。

許不同身分者使用的葬儀、葬具，從不同時段的法律中，尋找挽歌做為禮制的一環，行用於庶民生活的若干證據，歸納說明禮制演進方向，並提出個人看法。

二、挽歌入禮

（一）挽歌歌曲起源

挽歌起源甚早，其起源說法亦不一。參考《通典》、《太平御覽》等書記載，以及前輩學者所匯整資料，[35]至唐末為止，歷來最常被引用的挽歌起源有二，一是〈虞殯〉，另一是田橫故事。挽歌隨歷史時間推演，指涉面向甚多，本小節先說明挽歌做為附於喪儀的送葬歌曲起源。

挽歌最初並無專名，凡喪事中的哀挽歌曲均可視為挽歌，其中既有人的歌聲，亦有表達情意的哀辭，藉以哀悼死者，宣洩哀思。常為後人引用的挽歌起源，見於《左傳・哀公十一年》載：「吳子伐齊。將戰，齊將公孫夏命其徒歌〈虞殯〉」。晉・杜預注：「〈虞殯〉，送葬歌曲，示必死。」[36]

據此，挽歌最早可能在春秋時代，魯哀公十一年(484B.C)就已行用，其性質主要是哀歎生命短促，其中〈虞殯〉起源或許來自齊地的哀傷歌曲——〈齊謳〉。[37]亦有說挽歌始為引柩用力之勞歌，聲辭哀切，歌者借以訴

---

35 參見（東晉）干寶撰、李劍國輯校，《新輯搜神記》卷 23〈挽歌〉（北京：中華書局，2007）校注對挽歌典故出處所做整理，頁 395。

36 （晉）杜預注，（唐）孔穎達疏，《春秋左傳正義・哀公十一年》（臺北：藝文印書館，1993），頁 1017。

37 說見林育信，〈挽歌之禮儀與文體考察〉，《興大中文學報》16（臺中：中興大學中國文學系，2004），頁 213。

苦。[38]唐代孔穎達疏對於杜預注中提出的看法並不贊同，謂：

> 賈逵云〈虞殯〉遣殯歌詩，杜（預）云送葬歌曲，並不解〈虞殯〉之名。《禮》，啟殯而葬，葬即下棺，反，日中而虞，蓋以啟殯將虞之歌謂之〈虞殯〉。歌者，樂也。喪者，哀也。送葬得有歌者，蓋挽引之人為歌聲以助哀，今之挽歌是也。舊說挽歌漢初田横之臣為之，據此挽歌之有久矣。[39]

此處概略說明孔穎達反駁杜預的原因：因人死後所行凶禮至「葬」為止，自「虞」（安撫死者魂魄）後轉為吉禮，故〈虞殯〉歌曲的曲調或許哀傷，但和挽歌哀悼死者的性質不同，緣此孔穎達不認同杜預說法，並補充說明挽歌使用場合為送葬時由挽引人演唱，代表送葬即將開始，提示挽歌做為喪葬歌曲，起源於漢代。《晉書・禮志》尚提及「挽歌出於漢武帝役人之勞歌，聲哀切，遂以為送終之禮。」[40]至白居易輯《六帖》，所敘主要典故仍為〈虞殯〉、田横故事，謂為喪家之樂。[41]諸說紛陳，淵源複雜，無論何者為是，均可見挽歌起源甚早。[42]

---

[38] 文見《世說新語》卷下之上〈任誕〉「張驎酒後挽歌甚淒苦」條，劉孝標注文引《莊子》佚文：「紼謳所生，必於斥苦」。司馬彪注：「紼，引柩索也。……引紼所以有謳歌者，為人有用力不齊，故促之急也。」其中，〈謳〉指齊地歌曲，《莊子》佚文所言，因與挽歌用以哀悼亡者的性質關聯性較低，聊備一說。參見（南朝宋）劉義慶著、（南朝梁）劉孝標注，余嘉錫箋疏，周祖謨等整理，《世說新語箋疏》（北京：中華書局，2007，頁 892）及前引任半塘，《唐聲詩》第 8 章〈雜歌與聲詩・挽歌〉，頁 420。

[39] 同前引（晉）杜預注，（唐）孔穎達疏，《春秋左傳正義・哀公十一年》，頁 1017。

[40]（唐）房玄齡等撰，《晉書》卷 20〈禮志中・凶禮〉（北京：中華書局點校，1974），頁 626。

[41] 參見（唐）白居易撰，（宋）孔傳續撰，《白孔六帖》冊 2 卷 66，（明嘉靖壬午年(1522)刻本，臺北：新興書局影印，1971），頁 953-954。

[42] 明人章懋在其作品《楓山語錄》中總括性提及挽歌的流變，附記於此供作參考：「挽詩何始乎？其仿諸古虞殯之歌乎。蓋送葬者歌以挽柩，即莊周氏之所謂紼謳者也。漢田横死，吏不敢哭，但隨柩敘哀以為歌，厥後相承，遂以《薤露》送王公貴人，《蒿里》送大夫士庶，是則哀死之詞，而因以為引紼者之所歌也。近世士大夫於故舊交遊之哭，或相去數千百里，不能匍匐往弔、執紼

早期挽歌在民俗中的使用事例，如《太平御覽》引《風俗通》曰：「京師賔婚嘉會，酒酣之後，續以挽歌」[43]，《後漢書》劉昭注與干寶《搜神記》亦引《風俗通》，但寫此事較為清楚，例如《搜神記》在卷六〈嘉會挽歌〉記載：「漢時，京師賓婚嘉會，皆作魁櫑，酒酣之後，續以挽歌。魁櫑，喪家之樂；挽歌，執紼相偶和之者。……自靈帝崩後，京師壞滅，戶有兼屍蟲而相食者。魁櫑 、挽歌，斯之效乎？」[44]這段文字，雖認為東漢靈帝崩後，京師壞滅，可能與婚禮嘉會的場合演唱葬禮中使用的挽歌有關，但可從中得知挽歌在漢代確實是普遍民俗，雖然是喪事上使用的歌曲，卻也有娛樂性質，並不限於喪事時才演唱。

至北魏時期，楊衒之在《洛陽伽藍記》卷四〈城西・法雲寺〉「市北」條記載，「慈孝、奉終二里。里內之人以賣棺槨為業，賃輀車為業」，夾注並記載挽歌歌者孫巖夫婦的靈異故事。[45]據此可從《洛陽伽藍記》的記載文字，推知北魏的洛陽城中，已出現備辦喪禮相關器具的行業店鋪，與在喪禮上提供挽歌的人員。挽歌歌曲實際也非只在喪禮時才得以聽聞，是以引起文人名士的注目，藉撰寫挽歌詩以表達悲傷之情。例如在文學作品中，東晉陶淵明所撰〈擬挽歌詩〉三首甚為知名，第一首想像自己過世前後的場景，以及親人朋友的哀泣，第二首寫親友祭奠和出殯的情景，第三首寫送葬時的悲哀之情和蕭條景色，想像自己身後的淒涼。

臨穴，於是乎有哭之以詩者，則非復為挽柩之用，而徒以寄其哀耳。蓋一變矣。又有孝子慈孫，不忍死其親，而托諸能言之士為詩以哀之，則今之挽詩是矣。是又一變也。夫以生不相知，而哀其死，不幾於涕之無從者乎。然以孝子慈孫之故，不逆其情，與其人平生有足哀者，則為是以洩其哀。事雖非古，其亦庶乎禮之以義起者歟。」參見（明）章懋，《楓山語錄》，收入《文淵閣四庫全書》冊 714，頁 124-125。

[43] （宋）李昉等奉敕編，《太平御覽》卷 552〈禮儀部三十一・挽歌〉（臺北：臺灣商務印書館，1975），頁 2630-2631。

[44] （東晉）干寶撰、李劍國輯校，《新輯搜神記》卷 23〈挽歌〉，頁 394-396。

[45] （北魏）楊衒之著，楊勇校箋，《洛陽伽藍記》卷 4〈法雲寺〉（北京：中華書局，2006），事見頁 177-178。

或許因挽歌抒發生者集體的哀傷，曲調與歌詞哀淒，詩人、歌者與聆聽者均能寄託感傷悲苦情緒於其中，使日常生活中也會出現個人演唱挽歌，或是寫作挽歌詩的場景。[46]史籍及《世說新語》中記有數則與挽歌相關的故事，如《世說新語》記載：「袁山松（崧）出遊，好令左右作挽歌。」[47]同書次段故事記載：「張驎酒後挽歌甚淒苦」[48]。又如《宋書・范曄傳》記載：「彭城太妃薨，將葬，祖夕……（曄與他人）夜中酣飲，開北牖，聽挽歌為樂」[49]等。

此外，鐸是有舌的大鈴，同為喪葬禮儀中使用的喪具，與挽歌配合，由挽歌歌者手持歌唱，可能是用於打節拍。如晉武陵威王司馬晞「喜為挽歌，自搖大鈴為唱，使左右齊和」[50]、《梁書・謝幾卿傳》記載「（謝幾卿）醉則執鐸挽歌，不屑物議」[51]。這些均是聆聽或演唱挽歌，抒發心中塊壘，或用以取樂的事例。

類似的唐朝故事，參考《白孔六帖》卷六十六〈挽歌〉孔傳記載，「命挽士唱」條，夾注說明：「承天皇帝倓追帝號。迎喪既至，李泌為挽詞二解，追述倓志，命挽士唱。」[52]再如「自製挽歌羣臣畢和」條，夾注說明：「衛國文懿公主，咸通十年(870)薨。帝（唐懿宗）既素所愛，自製輓歌，羣臣畢和」。在「帝擇其尤悲者令歌之」條，夾注說明：「代宗皇后獨孤氏薨，詔羣臣為挽詞，帝擇其尤悲者令歌之」。

---

[46] 按，其演唱時機及聆聽場合是否允當與合乎禮教，非本文重點，此不深論。

[47] 同前引《世說新語箋疏》卷下之上〈任誕〉，頁 890。相似記錄另見於（晉）裴啟撰《裴子語林》，收入上海古籍出版社編；王根林等校點，《漢魏六朝筆記小說大觀》，頁 584。

[48] 同前引《世說新語箋疏》卷下之上〈任誕〉，頁 892。

[49] （梁）沈約，《宋書》卷 69〈范曄傳〉（北京：中華書局點校，1976），頁 1819-1820。

[50] （唐）房玄齡等撰，《晉書》卷 28〈五行志〉引《世說・黜免》注（北京：中華書局，1974），頁 836。

[51] （唐）姚思廉等撰，《梁書》卷 50〈謝幾卿傳〉（北京：中華書局點校，1973）頁 709。李延壽《南史》對此事所載略同。

[52] 同前引（唐）白居易撰，（宋）孔傳續撰，《白孔六帖》冊 2 卷 66，頁 954。

綜合以上，可知中國的喪禮中使用挽歌做為喪事時演唱的歌曲，起源甚早，雖然其用途與演唱場合幾經變化，但是在葬禮中用來表達哀傷感情的用途則未有改變。挽歌從漢代之後，到南北朝時期，已發展成普遍的喪俗，當時挽歌不僅限於喪事時演唱，名士亦會命左右作挽歌詩，甚至即興演唱，用以抒發情緒。唐人承此風，挽柩者所歌稱為「挽柩歌」，製「挽歌辭」加以演唱，自宮廷至民間社會的喪儀均有挽歌，[53]又擴大其應用範圍，刻於墓誌內容與誌蓋上。[54]至北宋初年，挽鐸之中仍有歌聲。[55]

（二）挽歌進入禮制

1.唐代以前概況

前已述及挽歌歌曲及歌辭的可能起源。就制度言，挽歌並非正禮，所以禮經無文。挽柩歌需由眾聲歌唱，故演唱人員在喪儀中被歸類為「挽歌」，皇帝大喪或皇親官員喪禮中挽柩並演唱挽歌的人員，在晉唐之間的典籍中被稱為「挽郎」[56]、「挽士」[57]。追溯其源，漢朝除了使用律令之外，尚使用經義與「故事」，即漢家典制與往事前例來處理行政事務，做為常制。[58]此等故事，亦即不成文的慣例，可能逐漸為後世取則。有謂漢代大喪時，

[53] 參見前引任半塘，《唐聲詩》第8章〈雜歌與聲詩．挽歌〉說明，頁420-422。

[54] 參見前引胡可先，〈墓誌新輯唐代挽歌考論〉說明及整理。

[55] 同前引任半塘，《唐聲詩》第8章〈雜歌與聲詩．挽歌〉說明，頁430。

[56] 見於正史者，如前引（唐）房玄齡等撰，《晉書》卷20〈禮志中．凶禮〉：「成帝咸康七年，皇后杜氏崩……依舊選公卿以下六品子弟六十人為挽郎，詔又停之。」頁633。挽郎在唐前屬蔭官，已見於前引毛漢光、黃正建等文，此不贅述。

[57] 挽士由武士擔任，常與「虎賁千人」連用，參見前引吳麗娛，〈助葬必執紼——唐代挽郎一角〉頁3說明。

[58] 邢義田，〈漢代「故事」考述〉，收入《中國歷史論文集》（臺北：臺灣商務印書館，1986），頁371-429，並見頁371-373對「故事」說明。

喪禮編制中的「羽林孤兒、巴俞擢歌者六十人，為六列」即是在指挽歌。[59]既提及人數，當為喪禮中引柩並演唱挽歌人員。另在三國吳太史令丁孚撰《漢儀》中，記載東漢明帝永平七年(64A.D.)，陰太后崩，頒布〈晏駕詔〉，提及陰太后葬禮配有挽歌行列，其曰：「女侍史官三百人皆著素，參以白素，引棺挽歌」。又提及至東漢安帝時，「和憙鄧后葬，案以為儀，自此皆降損于前事。」[60]經此，挽歌人員從習俗而制度化，成為皇親喪禮中固定出現的一部分。

另一個可供參考的挽歌禮制化方向，是前漢霍光與後漢東平獻王劉蒼的喪儀禮制，依身分區別，劉蒼為皇親，霍光為外戚權臣。劉蒼為前述陰太后之子，因其文武功勳皆著，過世之後，東漢章帝詔有司「加賜鸞輅乘馬，龍旂九旒，虎賁百人」，西晉安平王孚喪儀仿效其制，[61]從此常被做為「故事」，成為加以比照的對象。至於西漢時期的權臣霍光，得到漢宣帝為之臨喪、賜轀輬車、黃屋左纛等，[62]兩者均成為晉唐之間皇親大臣加禮以

[59] 文見（南朝宋）范曄撰、（唐）李賢等注，《後漢書》〈禮儀志下．大喪〉（北京：中華書局點校，1965），頁 3145。又及，清聖祖審定的類書《淵鑑類函》將此則記事列入〈挽歌〉。

[60] （三國吳）丁孚《漢儀》，收入（清）孫星衍等纂輯，周天游點校，《漢官六種》（北京：中華書局，1993），頁 219。事亦見前引（南朝宋）范曄撰，（唐）李賢等注，《後漢書》〈禮儀志下〉，頁 3151。

[61] 晉安平獻王司馬孚為晉宣帝（司馬懿）之弟，是歷經漢末、曹魏以至西晉的學問家，雖然遺言要求「當以素棺單椁，斂以時服」，《晉書》卷 37〈安平獻王孚傳〉云：「泰始八年(272)薨，時年九十三。帝於太極東堂舉哀三日，……其以東園溫明祕器，朝服一具、衣一襲、緋練百匹、絹布各五百匹、錢百萬、穀千斛，以供喪事，諸所施行，皆依漢東平獻王蒼故事。……帝再臨喪，親拜盡哀。及葬，又幸都亭，望柩而拜，哀動左右。給鑾輅輕車、介士武賁百人，吉凶導從二千餘人，前後鼓吹，配饗太廟。」頁 1085。

[62] 《漢書．霍光傳》記載，「光薨，上（宣帝）及皇太后親臨光喪。太中大夫任宣與侍御史五人持節護喪事。中二千石治莫府冢上。賜金錢、繒絮，繡被百領。衣五十篋，璧珠璣玉衣，梓宮、便房、黃腸題湊各一具，樅木外臧椁十五具。東園溫明，皆如乘輿制度。載光尸柩以轀輬車，黃屋左纛，發材官輕車北軍五校士軍陳至茂陵，以送其葬」，參見（漢）班固撰；（唐）顏師古注《漢書》（北京：中華書局，1965），頁 2948。另《後漢書．祭遵傳》李賢注引《東觀漢記》提及：「霍光薨，宣帝及上官太后親臨光喪，使太中大夫任宣、侍御史五人持節護喪事。《東觀記》曰：「時下宣帝臨霍將軍儀，令公卿讀視，以為故事」，參見前引（南朝宋）范曄撰；（唐）李賢等注，《後漢書》，頁 741。

示哀榮的基準。在司馬孚喪儀中，皇帝所賜諸葬器，較劉蒼喪儀增加了「吉凶導從二千餘人、前後鼓吹」，[63]此後劉宋長沙景王道憐、其妻長沙太妃檀氏、[64]清河王元懌、[65]名臣桓溫、[66]王導[67]等人均比照司馬孚喪儀。再對照記載，「吉凶導從二千餘人」的部分，此後均寫為「挽歌二部」，可知實際是給予執紼演唱挽歌的挽郎或挽士，「相偶和之」[68]，以為殊禮。謝安及其妻則比照桓溫，[69]實際是比照司馬孚。此時期葬禮中皇帝所賜挽郎，多出身世族名家，[70]名門子弟以挽郎做為釋褐，日後在仕途上亦可能有良好發展。[71]

但西晉初期，挽歌之制尚未明定於禮典。至晉武帝太康年間議定《新禮》一百六十五篇，才正式將「執拂挽歌」之俗納入喪禮儀制中。[72]在《晉書・禮志》裡有這樣一段討論：

> 漢魏故事，大喪及大臣之喪，執紼者挽歌。《新禮》以為挽歌出

[63] 按，鼓吹屬軍禮，由此可見五禮中，軍禮與凶禮中的喪禮，兩者有所交會。宋人郭茂倩《樂府詩集》卷 16〈鼓吹曲辭〉題解中說明鼓吹屬軍禮，整理鼓吹在漢唐之間流變，甚為詳細，此不具引。

[64] 參見（北宋）王欽若等編《冊府元龜》卷 276〈宗室部・褒寵〉（北京：中華書局，1994），頁 3259-1、3259-2。

[65] 同前引（北魏）楊衒之著，楊勇校箋，《洛陽伽藍記》卷 4〈沖覺寺〉，頁 163。

[66] 同前引（北宋）王欽若等編《冊府元龜》卷 318〈宰輔部・褒寵〉，頁 3761-1。

[67] 參見前引（唐）房玄齡等撰，《晉書》卷 65〈王導傳〉，頁 1753。

[68] 參見前引（東晉）干寶撰、李劍國輯校，《新輯搜神記》卷 23〈挽歌〉內容。

[69] 參見前引（唐）房玄齡等撰，《晉書》卷 79〈謝安傳〉、〈謝琰傳〉，頁 2076-2077

[70]《世說新語箋疏》卷下之下〈紕漏〉「任育長年少時，甚有令名。武帝崩，選百二十挽郎」條，余嘉錫箋疏整理後漢出現挽郎之制，至晉朝停選挽郎的流變（頁 912），基本上挽郎背景均出身於公卿家，為清官六品子弟。

[71] 前引（北魏）楊衒之著，楊勇校箋，《洛陽伽藍記》卷 3〈城南・景明寺〉記錄國子祭酒邢子才遷轉故事，亦提及其早年曾任北魏世宗挽郎之事，頁 125。

[72]《新禮》依《周禮》中的五禮形式編撰，由虞摯於晉惠帝元康元年(291)獻上。因西晉承曹魏之舊，而欲改制，編成《新禮》，亦即《晉禮》，是第一部由國家頒行的禮典。關於晉制定《新禮》的過程及意義，可參見高明士，《中國中古禮律綜論》（臺北：元照出版社，2014），頁 17-22。

於漢武帝役人之勞歌，聲哀切，遂以為送終之禮。雖音曲摧愴，非經典所制，違禮設銜枚之義。方在號慕，不宜以歌為名。除不(按，此「不」字恐衍文)挽歌。

摯虞以為：

挽歌因倡和而為摧愴之聲，銜枚所以全哀，此亦以感眾。雖非經典所載，是歷代故事。《詩》稱：「君子作歌，惟以告哀」，以歌為名，亦無所嫌。宜定《新禮》如舊。

在晉代制定《新禮》時，一度認為傳統禮經中，喪事沒有「挽歌」的禮制，欲加以刪去，由於摯虞引經據典，且所言合理，故「詔從之。」[73]

2.唐宋禮法規範

在唐初制禮之際，援用漢、魏、西晉之禮樂政刑典章文物，流變所及，不止限於漢魏，東晉南朝前半期俱包括在內。[74]由於今日留存文獻有限，無法具引，但唐前期的禮制，或可用玄宗時期，崔沔在開元二十四年(736)提出的意見來涵蓋其特點：

我國家由禮立訓，因時制範，考圖史於前典，稽周漢之舊儀。清廟時享，禮饌畢陳，用周制也而古式存焉；園寢上食，時膳具設，遵漢法也而珍味極焉。職貢來祭，致遠物也；有新必薦，順時令也。[75]

此事雖然討論的是宗廟與喪服相關禮制，但提及了唐人制禮理論上有三個面向：「因時制範」、「考圖史於前典」、「稽周漢之舊儀」。將此三者結合，

[73] 同前引（唐）房玄齡等撰，《晉書》卷 20〈禮志中・凶禮〉，頁 626-627。

[74] 參見陳寅恪，《陳寅恪集：隋唐制度淵源略論稿》（北京：三聯書店，2001），頁 3-4。

[75] （後晉）劉昫等撰，《舊唐書》卷 188〈崔沔傳〉（北京：中華書局點校，1975），頁 4929-4930。

實踐上則「用周制」、「遵漢法」、「順時令」。[76]禮制為今世服務，有現世性，順應自然法則，因時而變，即如唐玄宗所言：「是知……率於禮，緣於情，或教以道存，或禮從時變，將因宜以創制，豈沿古而限今」[77]。在挽歌的行用上，因為「稽周漢之舊儀」，故對舊禮有所留存，但也從時而變。

接著說明自盛唐至北宋《天聖令》出現之間，禮制中行用挽歌的變化。現存可查的傳世規範，參考《唐六典．大理寺鴻臚卿》「司儀署」條下記載，

> 凡設鬲及銘旌、輀車之屬有差。(注：一品縣鬲六，五品已上四，六品已下二。凡銘旌，三品已上長九尺，五品已上八尺，六品已下七尺，皆書云「某官、封、姓名之柩」。其輀車三品已上油幰，朱絲絡網，施襈，兩廂畫龍，幰竿諸末垂六旒蘇；七品已上油幰，施襈，兩廂畫雲氣，四旒蘇；八品已下無旒蘇。男子幰、襈、旒蘇皆用素，婦女皆用綵。庶人鼈甲車，無幰、襈、畫飾。)凡引、披、鐸、翣、挽歌、方相、魌頭、纛、帳之屬亦如之。(注：三品已上四引，四披，六鐸，六翣；挽歌六行三十六人；有挽歌者，鐸依歌人數，已下準此。五品已上二引，二披，四鐸，四翣，挽歌四行十有六人。九品已上二鐸，二翣。其執引、披者皆布幘、布深衣；挽歌者白練幘、白褠衣，皆執鐸、披。其方相四目，五品已上用之；魌頭兩目，七品已上用之；並玄衣、朱裳，執戈、楯，載於車。其纛五品已上竿長九尺，六品已下五尺。其下帳五品已上用素繒。六品已下用練，婦人用綵。)[78]

---

[76] 參見楊華，《新出簡帛與禮制研究》第六章〈論《開元禮》對鄭玄和王肅禮學的擇從〉（臺北：臺灣古籍出版社，2007），頁318-319。

[77] （後晉）劉昫等撰，《舊唐書》卷25〈禮儀志〉，頁953。

[78] （唐）李林甫等撰，陳仲夫點校，《唐六典》卷18〈大理寺鴻臚卿〉「司儀署」條（北京：中華書局點校本，1992），頁508。

上面的文字說明了在葬禮儀節上，依死者品官、身分給予不同儀仗，男女亦有別，重點是「皆示其禮制焉」。[79]值得注意的是，在這裡出現了對庶人規範，用作身分上的對比，突顯與品官的分別，強調差異。庶人的葬儀在此時是不能使用挽歌的。至於庶人如何界定，因此處未明寫，僅能推測即使任職公衙，但無官品者，亦視為庶人。茲略作整理如下圖，由圖可再度確認，禮制規範的社會秩序，在於強調「貴貴、尊尊」的原則。

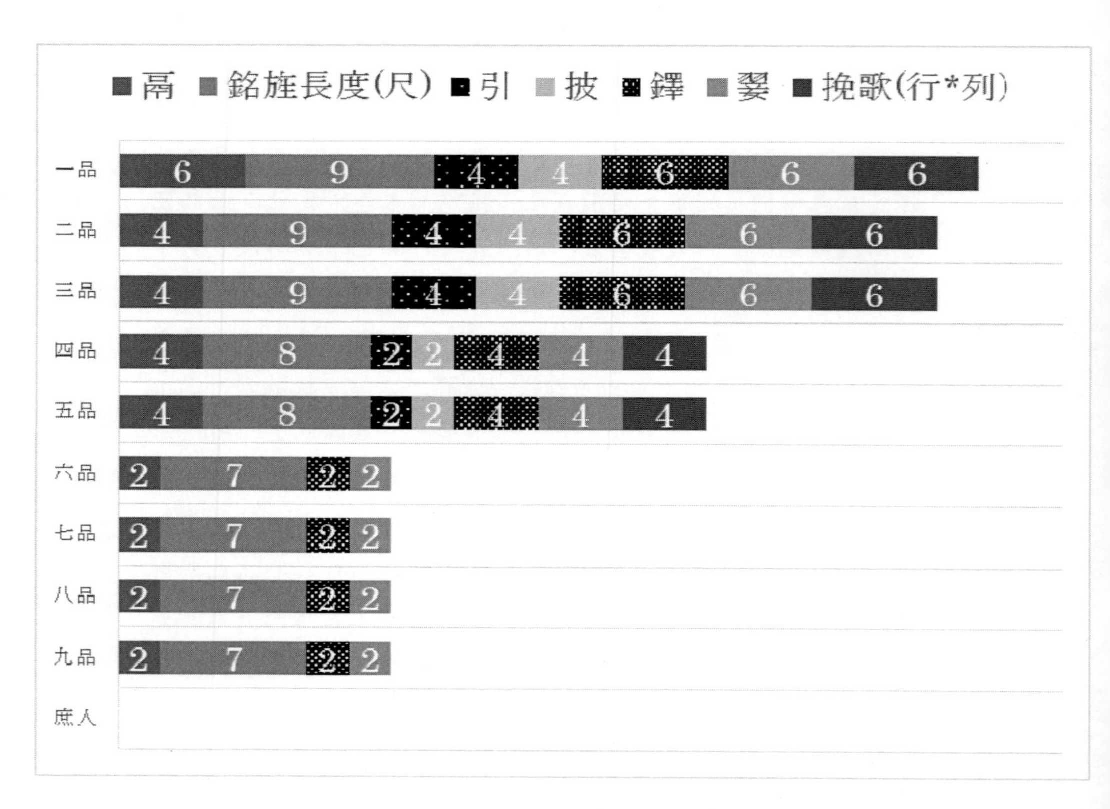

圖 3-5：《唐六典．司儀署條》所見喪禮儀制分配圖

[79] 同前引《唐六典》卷 18〈大理寺鴻臚卿〉「司儀署」條，頁 508。

至唐朝後半，顏真卿在《大唐元陵儀注》記載皇帝大喪與官人喪禮中的挽歌配制：

> 大唐元陵之制：「屬三繆練紼於輼輬車為挽，凡六紼，各長三十丈，圍七寸。執紼挽士，虎賁千人，皆白布袴褶，白布介幘。分為兩番。挽郎二百人，皆服白布深衣，白布介幘，助之挽兩邊，各一紼。挽歌二部，各六十四人，八人為列，執翣。品官左右各六人，皆服白布褠衣，白布介幘。左右司馬各八人，皆戴白布武弁，服白襹布，（注，襹音屬，謂襦長）。無領緣，並執鐸。代哭百五十人，衣幘與挽歌同。至時，有司引列於輼輬車之前後。其百官制，鴻臚寺司儀署令掌挽歌。三品以上六行三十人，六品以上四行十六人，皆白練褠衣，皆執鐸帗。」[80]

皇帝的葬禮的規格在傳統社會中毫無疑問是最高的，可擁有「挽郎二百人……挽歌二部，各六十四人」，但是這裡對於「三品以上六行三十人」的記載，和前述《唐六典》、《天聖・喪葬令》宋 17 條規定的「三品以上……挽歌六行三十六人」記載有所出入，恐有脫文。[81]李端為代宗作了挽歌，略為描寫了代宗出殯及進入陵墓的場景，附於此供作參考。

> 祖庭三獻罷，嚴衛百靈朝。警蹕移前殿，宮車上渭橋。寒霜凝羽葆，野吹咽笳簫。已向新京兆，誰云天路遙。[82]

---

80 參見（日）金子修一主編，《大唐元陵儀注新釋》，（東京：汲古書院，2013），頁 269。

81 另參照日本學者江川氏部意見，亦認為此處人數可能有誤。見（日）江川氏部，〈挽歌〉，收入（日）金子修一主編，《大唐元陵儀注新釋》，頁 269。

82 （唐）李端，〈代宗輓歌〉，收入《全唐詩》冊 9 卷 285（北京：中華書局，1960），頁 3266-7。

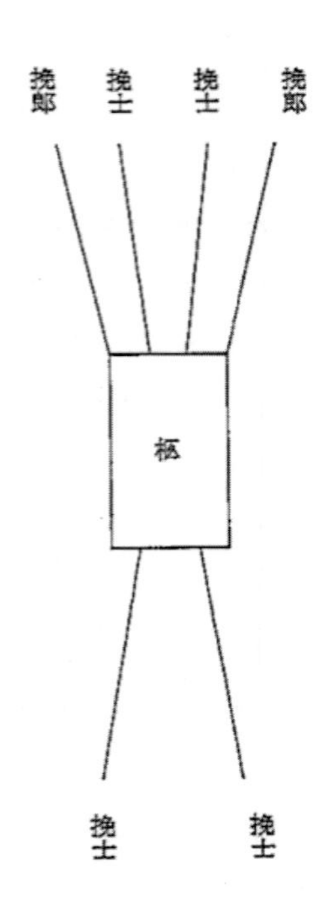

圖 3-6：皇帝葬列挽士、挽郎構成圖[83]

至於晚唐官員與民間的送葬禮儀如何進行，首先可參考白居易為悼懷太子、官員（元稹）與平民所著挽歌詩多首，其中均述及葬儀場面。例如〈元相公挽歌詞三首〉提及元稹葬禮「銘旌官重威儀盛，騎吹聲繁鹵簿長……送葬萬人皆慘澹，反虞駟馬亦悲鳴。」[84]杜佑《通典》據《開元禮》說明，銘旌上題「某官封姓君之柩」，[85]要隨棺入墓，由白詩可證此事至晚

[83] 引自（日）金子修一主編，《大唐元陵儀注新釋》，頁 270。

[84] 參見（唐）白居易撰，朱金城箋校《白居易集箋校》卷 26（上海：上海古籍出版社，1988），頁 1853。

[85] 參見（唐）杜佑撰，王文錦等點校，《通典》冊 2 卷 84〈禮四十四・沿革四十四・凶禮六・設銘〉（北京：中華書局，1988），頁 2275。

唐無改變。萬人送葬雖有誇飾成分，但是已說明了官員送葬行列中，不僅有龐大的送葬隊伍，還有騎在馬上的人員，與喪具發出的諸多聲響。

白居易〈挽歌詞〉描寫葬禮場面，內容亦有參考價值：

> 丹旐何飛揚？素驂亦悲鳴。晨光照閭巷，輀車儼欲行。蕭條九月天，哀挽出重城，借問送者誰？妻子與弟兄。蒼蒼上古原，峨峨開新塋。含酸一慟哭，異口同哀聲。（下略）[86]

此詩中提及的旐與銘旌，都是象徵往生者的旗幡，其中銘旌入墓，旐要隨柩車而還。[87]詩中提及的送葬者僅有「妻子與弟兄」，相較於前引〈元相公挽歌詞三首〉所稱「送葬萬人」，落差甚大，據此人數，推測詩中所描寫可能是下層官員或平民家庭所備辦的簡素葬禮，由少數親人為往生者唱挽歌表達不捨之情，一路送葬至埋葬的地點。

民間在喪禮中使用挽歌（包括挽歌歌手、歌詞與歌聲），可能是仿效上層社會的生活時尚而成為民俗。當高層的禮與一般民俗相互吸收，並受社會風尚影響之後，民間禮俗的規格隨之提高，使得中國中古時期，民間喪葬禮儀的細節也開始走向專業分工，如前引《洛陽伽藍記》中提及挽歌歌者孫巖故事，[88]明顯非貴冑子弟，而是市中之人，當是因應城中居民在喪葬上的需求，故而出現專業服務。喪儀社尚有喪具可出售。[89]

---

[86] 參見（唐）白居易撰，朱金城箋校《白居易集箋校》卷 12，頁 644。

[87] 吳麗娛，《敦煌書儀與禮法》第 8 章〈喪禮與吊祭的人世悲情〉（甘肅：甘肅教育出版社，2013），頁 325。

[88] （北魏）楊衒之著，楊勇校箋，《洛陽伽藍記》卷 4〈法雲寺〉條，頁 177-178。

[89] 如《洛陽伽藍記》記載，北魏時期洛陽大市北的「奉終里」出售棺槨喪具，卷三甚至記載因死者甦生後講述陰間見聞，造成柏木製的內棺價格踴貴，致使有人懷疑是出售棺木的商人設計，放出風聲。參見（北魏）楊衒之著，楊勇校箋，《洛陽伽藍記》卷 3〈城南．菩提寺〉「在慕義里」條下，夾注記載：「洛陽大市北奉終里，里內之人，多賣送死人之具及棺槨」，引文及故事俱見頁 154。

民俗若影響廣泛，其內容無違禮義，且為天下士庶所奉行者，縱使源頭不足稱道，也可能因為影響範圍廣，適宜教化，而回頭影響國家禮典，受到國家保護並奉行。[90]唐代此類事例，除了本稿所論之挽歌，寒食上墓之俗，在唐開元年間亦入禮典，[91]挽歌入禮並非孤例，也側面說明了唐代禮制因應日常生活及實際需要變動的狀況。

唐代庶民喪禮中使用挽歌，除了傳承既有民俗，另一可能是遵照書儀的教導。除了魏晉以來即有世家大族創作書儀，以引領社會風尚的歷史背景外，參考今人學者意見，從唐朝前半，朝廷即已重視對民間婚喪禮的指導，書儀由士族人士主持制作，除反映士族家族禮法之好尚，獲得社會認同，制度層面亦吸收朝廷正禮內容，用以導俗，結合現實生活習俗，變成約定俗成的規範。在唐開元年間，唐中期後，亦出現政府組織大臣進行書儀創作的事例，具代表性者，如鄭餘慶的《大唐新定吉凶書儀》和五代後唐劉岳的《書儀》，幾乎被視為正禮看待，既兼具官方禮書功能，又結合古禮、國家正禮、民間世俗之禮。因此書儀有其時代性，除了是禮制與民俗的結合，有時也會反過來影響朝廷正禮。元和時期書儀吸收或承襲《開元禮》，反映了貞元、元和時期朝廷禮制回歸的現實趨向。[92]

唐朝後半，民間禮俗使用挽歌的實際事例，或可參考敦煌文書 P.2622 號《新集吉凶書儀》述及柩車發引的內容：

> 至吉日，主饌設祭，祭文在後(卷)中。三獻訖，孝子哭再拜，至夜排比，挽郎持翣，振鐸唱歌，又排比車輿。輀車入□門東，

[90] 並可參見張文昌，《制禮以教天下——唐宋禮書與國家社會》第 5 章〈唐宋禮典的性質〉（臺北：臺大出版中心，2012）頁 332 說明。

[91] 並可參見拙著，《唐日令中所見節假生活初探》（新北：稻鄉出版社，2017）中頁 92-94 對「寒食上墓——民俗進入禮典」之說明。

[92] 吳麗娛，《敦煌書儀與禮法》第 3 章〈正禮時俗的結合與吉凶書儀的禮儀來源〉，頁 94、124，142-143。

> 盟（明）器陳於南垣，魂車于門外左右，比庭祭訖，柩出昇車。少頃，以薄帛吊□魂車裏，則掌事昇柩上車，以葛□奄勒之，勿搖動，則以帛兩疋屬輴車，兩邊以挽郎引之，持翣振鐸，唱《薤露》之歌。[93]

引文《新集吉凶書儀》中的文字，說明民間的出殯，挽郎唱的送葬歌曲是《薤露》之歌，哀歎人的生命如草上露水般短暫。其中薄帛應是魂帛，代表死者靈魂的依繫與所在，用兩疋帛繫於輀車外，夜間由挽郎牽挽，並且拿著翣，搖動鐸，唱挽歌《薤露》，準備出發下葬。[94]

除此之外，參考《太平廣記》卷二六〇「李佐」條中記載，李佐少時因安史之亂而與親人失散，他的父親在「鬻兇器家」工作三十年後，李佐迎回其父，李佐父：

> 散召兩市善《薤》歌者百人至，初即列坐堂中。久乃雜謳。及暮皆醉，眾扶佐父登榻。而《薤》歌一聲，凡百齊和。俄然相扶父出，不知所在。行路觀者億萬。

觀者億萬，頗見誇飾。其中《薤》即《薤露》之歌。

唐代《傳奇》中另一則更知名的記載，白行簡所著〈李娃傳〉[95]中的

---

[93] 部分錄文參照周一良，〈敦煌寫本書儀中所見的唐代婚喪禮俗〉，收入周一良、趙和平《唐五代書儀研究》（北京：中國社會科學出版社，1995），頁 299。原件圖像，參見 http://gallica.bnf.fr/ark:/12148/btv1b8304033f/f1.image.r=Pelliot%20chinois%202622.langEN，查閱日期：2017.04.09。另參照前引吳麗娛《敦煌書儀與禮法》第 8 章之 P.2622 張敖書儀錄文，頁 324。

[94] 同前引吳麗娛《敦煌書儀與禮法》，頁 150、325。頁 325 並說明葬禮相關細節，可一併參考。

[95] 對於此文中所展現的長安城中庶民生活禮俗等相關分析，可參見（日）妹尾達彥，〈唐代後期的長安與傳奇小說——以《李娃傳》的分析為中心〉，收入劉俊文主編，《日本中青年學者論中國史·六朝隋唐卷》（上海：上海古籍出版社，1995），頁 509-553。《李娃傳》內容，參見（宋）李昉等編，張國風會校，《太平廣記會校》卷 484（北京：燕山出版社，2011），頁 8725。另吳

男主角也是以歌《薤露》之章，「舉聲清越，響振林木。曲度未終，聞者歔欷掩泣」，以風度與歌聲大勝西肆歌《白馬》之詞的長髯者。透過以上內容可知，從晉朝崔豹《古今注》即記載的由挽柩人（挽郎）吟唱《薤露》之歌[96]的風俗，在唐代民間仍持續留存，[97]《新集吉凶書儀》教導民眾進行的葬禮內容，即是古典正禮與當世之俗的結合。

唐朝後期民間歌唱挽歌的事例，除了〈李佐〉、〈李娃傳〉所提及的故事背景，另在《五代會要》中提及，「兩市葬作行人白望、李溫等四十七人」，他們因為從前朝（後梁）以來就協助喪家備辦踰越制度與身分的喪禮，成為官府處罰對象。推論被懲處者中，當有挽歌歌者。[98]

透過以上引證諸歷史事例，可略知唐宋之際民間喪禮中使用挽歌的情形，在此將唐前至北宋前期禮制中的挽歌做一統整。傳統認為「禮不下庶人」[99]，恐是因為制禮者考量到不同身分者的能力，規範其規格、行動及義務。但禮具備人倫日用的層面，雖未寫成文本，庶人實際不可能無禮，故而仿照下層士人行禮。能有能力仿照者，自然是生活較為富裕的庶民階層。民眾受到魏晉南北朝士族以至唐朝政府重視禮的風氣影響，亦有重禮儀的風尚。[100]

麗娛亦引用妹尾氏論述，推論富裕的百姓階層應不僅使用挽歌，尚及於其他葬送儀具，見吳麗娛《終極之典》（下），頁 505-506。

[96] （晉）崔豹，《古今記》卷中〈音樂第三〉記載：「《薤露》、《蒿里》，並喪歌也。出田橫門人。橫自殺，門人傷之，為之悲歌。言人命如薤上之露，易晞滅也。亦謂人死魂魄歸乎蒿里裏，故有二章，一章曰：「薤上朝露何易晞，露晞明朝還復滋，人死一去何時歸。」其二曰：「蒿里誰家地？聚斂魂魄無賢愚，鬼伯一何相催促，人命不得少踟躕。」至孝武時，李延年乃分為二曲。《薤露》送王公貴人，《蒿里》送士大夫庶人。使挽柩者歌之，世呼為挽歌。」（北京：中華書局，1965），頁 10。又，蒿里指埋葬之野原。

[97] 同前引周一良，〈敦煌寫本書儀中所見的唐代婚喪禮俗〉，收入周一良、趙和平，《唐五代書儀研究》，頁 299。

[98] 參見前引（宋）王溥，《五代會要》卷 9〈喪葬下〉，頁 142。

[99] 《禮記．曲禮上》：「禮不下庶人」，孔穎達疏云：「禮不下庶人者，謂庶人貧無物為禮，又分地是務，不服燕飫，故此禮不下庶人行也。」

[100] 見吳麗娛《唐禮摭遺》（北京：商務印書館，2002），頁 202。

唐朝以後，隨著生活水準的提高，有財力的民眾自然也會希望在哀悼亡者的場合誇耀自己的財力或孝心，因而開始有人使用逾越自己身分的禮制。皇帝的葬禮規格之高，固為平民百姓不可企及，至於富裕庶民逾越禮制，備辦不合當事人身分的喪儀，在記錄中屢屢出現，無法禁絕。即使從唐前期以來朝廷三令五申，發布〈禁喪逾禮制〉、〈誡厚葬敕〉(開元二年(714)八月）等詔令，如後者認為「失禮違令，殊非所宜」，要求民眾從明器到墳墓「務遵簡儉」，如果不能遵守，「違犯者先決杖一百。州縣長官不能舉察，並貶授遠官。」[101]但是並未能產生扼阻的效果，只能從制度面限約官員百姓的侈靡之風。從前引《唐六典》的記載中可知，政府開始變更作法，增加對下層官員與庶民的喪葬規定，強調身分上的差別，試圖在禮制與法律中重新建立等級秩序。[102]

唐代中期，政府持續整頓葬制。舉例而言，如《唐會要》卷三十八〈喪〉中記載唐憲宗元和六年(812)十二月「條流文武官及庶人喪葬」及敕旨、[103]唐武宗會昌元年(842)十一月「奏請條流京城文武百寮，及庶人喪葬事」[104]，都是整頓葬制的產物，並且將庶人明文納入禮法的規範，明寫其可用或不可用的喪具。《唐會要》中記載唐憲宗元和六年的規範是「九品以上挽歌十人」，但《五代會要》引同一奏議卻記載「九品以上……輓歌一十六人」，人數上出現差異。

雖然庶人不可用挽歌，但「工商諸色人吏無官者、諸人無職掌者……其輓歌、鐸、翣，並不得置喪車之前（後略）」，故知庶人之中，不包含「工商諸色人吏無官者、諸人無職掌者」，亦即「工商諸色人吏無官者、諸人無

---

[101] （宋）宋敏求編，洪丕謨、張伯元、沈敖大點校，《唐大詔令集》卷 80〈典禮．喪制〉（上海：學林出版社，1992），頁 419。

[102] 同前引吳麗娛，《終極之典——中古喪葬制度研究》（下）第 6 章〈喪葬令、格、式、制敕的作用關係及唐宋喪葬制度的發展變化〉，頁 494。

[103] （宋）王溥，《唐會要》卷 38〈葬〉（上海：上海古籍出版社，1991），頁 813。

[104] 同前引《唐會要》卷 38〈葬〉，頁 816。

職掌者」可有限度使用輓歌。

另外，唐憲宗元和六年(812)後，九品以上官員，送葬時挽歌人員可有十人，但由於禮制強調「別尊卑」，詔勅與法令始終規範無官位的庶人(包含差役、胥吏) ，不可於葬禮中使用挽歌。[105]同勅對於庶人的喪儀用具及明器等也增加新規定，與唐前期禮制相較，庶人可使用的喪具，等級逐步提高。[106]

從以上的詔敕內容可以再進一步看出，從唐憲宗時期至宋初，隨著社會發展，民間踰越禮制的情形越來越多，政府為導正厚葬侈靡風氣，建立更為全面的儀制，既在國家正禮中強調皇帝的地位，又企圖提升日常生活習俗，讓禮儀庶民化、實用化，不與社會實際生活脫節，故由大臣進行書儀寫作，用以指導民間婚喪禮俗。其目的或許是希望通過建立新規範來鞏固統治，[107]同時強調身分上的差異。[108]對於民間而言，書儀簡明易懂且符合需要，固然受到歡迎，[109]但是實際上，社會風氣及習俗已成，靠柔性的禮制，或採取法律、詔敕這類強制手段，均未必能約束人心趨向，以及外顯的行動。例如《唐會要》記載，元和三年(809)年鄭元修即已請求王公士

[105] 文作：「庶人……挽歌……各儀請不置。」按，若唐元和六年(812)，「工商諸色人吏無官者、諸人無職掌者」的喪儀可使用挽歌，其人數應少於「九品以上……輓歌一十六人」（或少於《唐會要》所記載的 10 人，後唐天成九年規範的 4 人）。其中挽歌（挽柩者）的人數，因《唐六典》、《大唐元陵儀注》中有相同規範，由此可知《開元二十五年令》中規範的，應該也是挽歌三品以上 36 人、六品以上 16 人、九品以上不准使用。全文參見前引（宋）王溥，《唐會要》卷 38〈葬〉鄭元修奏議，頁 813-814。但《五代會要》後唐天成七年(926)御史中丞盧文紀引用鄭元（修）此奏議，內容較《唐會要》記載更詳，挽歌人數也有出入。參見前引（宋）王溥，《五代會要》卷 8〈喪葬上〉（上海：上海古籍出版社，2012），頁 136-138。天成九年事，見《五代會要》卷 9〈喪葬下〉，頁 143。

[106] 並參見吳麗娛，《終極之典——中古喪葬制度研究》（下）第 6 章〈喪葬令、格、式、制敕的作用關係及唐宋喪葬制度的發展變化〉（北京：中華書局，2012），頁 499。

[107] 姜伯勤，〈唐貞元．元和間禮的變遷——兼論唐禮的變遷與敦煌元和書儀文書〉，收入氏著《敦煌藝術宗教和禮樂文明：敦煌心史散論》（北京：中國社會科學出版社，1996），頁 456。

[108] 同前引姜伯勤，〈唐貞元．元和間禮的變遷——兼論唐禮的變遷與敦煌元和書儀文書〉，頁 456。

[109] 同前引吳麗娛，《敦煌書儀與禮法》頁 3、20-23。

庶喪葬節制，結果「是時厚葬成俗久矣，雖詔命頒下，事竟不行」。[110]浙西觀察使李德裕在唐穆宗長慶三年(823)十二月的上書點出了原因：

> 緣百姓厚葬，及于道途盛設祭奠，兼置音樂等。閭里編甿，罕知報義，生無孝養可紀，歿以厚葬相矜。喪葬僭差，祭奠奢靡，仍以音樂榮其送終，或結社相資，或息利自辦，生業以之皆空，習以為常，不敢自廢。人戶貧破，抑此之由。今百姓等喪葬祭，並不許以金銀錦繡為飾，及陳設音樂，其葬物涉於僭越者，勒禁。結社之類，任充死亡喪服糧食等用。伏以風俗之弊，誠宜改張，緣人心習於僭越。莫肯循守，纔知變革，尋則隳違。……伏請臣當道自今以後，如有人卻置，准法科罪。其官吏以下不能節級懲責，仍請常委出使郎官御史訪察，所冀遐遠之俗，皆知憲章。

敕旨：「宜依」。[111]李德裕指出，百姓的喪葬祭奠，因為社會風氣講究奢靡厚葬，不僅要有金銀錦繡等裝飾，甚至祭奠要奢靡、要有音樂來誇耀送終旅程。因為大家都這麼做，人們「習以為常，不敢自廢。」同時「人心習於僭越。莫肯循守，纔知變革。尋則隳違」，屢勸無效。雖然李德裕認為要嚴加法辦、「准法科罪」，但事實上仍不可能禁絕，即如後唐天成元年(926)敕中所言，「臺司又難將孝子盡決嚴刑」[112]，法律與人情之間仍有著裁量空間。再參看《宋史．禮志》中的〈士庶人喪禮〉李昉等奏議所舉的唐朝事例，認為：

> 長慶三年(823)，令百姓喪葬祭奠不得以金銀、錦繡為飾及陳設

[110] 同前引（宋）王溥，《唐會要》卷 38〈葬〉，頁 812-813。

[111] 同前引《唐會要》卷 38〈葬〉，頁 815。《五代會要》卷 8〈喪葬上〉頁 138 所引李德裕上書文字稍有增刪更動，文意略同。

[112] 同前引（宋）王溥，《五代會要》卷 8〈喪葬上〉，頁 134。

音樂，葬物稍涉僭越，並勒毀除。臣等參詳子孫之葬父祖，卑幼之葬尊親，全尚樸素即有傷孝道。其所用錦繡，伏請不加禁斷。其用音樂及欄街設祭，身無官而葬用方相者，望嚴禁之。其詔葬設祭者，不在此限。[113]

由此可知唐朝晚期，政府雖然希望能夠將民間喪葬習俗導向簡樸，因而頒布種種規範，結果卻是與政府的期望相反，人們不但繼續在喪禮使用音樂、當街設祭，甚至在民間的葬禮還出現了四品以上才可使用的的方相氏。[114]庶人雖然仍不可在送葬途中用挽歌，但「工商諸色人吏無官者、諸人無職掌者」卻已可適度使用挽歌。[115]五代後唐時期，因為實在無法完全禁絕厚葬之風，只好屢次以詔敕規範不同身分、不同性別葬禮可使用的喪儀用具。[116]至於十國臣民葬制狀況一時不明，若禮官原則上講求「大禮無違」[117]，暗示依循過去已有的禮儀規範，亦即沿襲唐制。[118]其中南唐的事例，是希望回歸《開元禮》的規定，[119]表示仍依身分有所等差。

綜合以上，挽歌之俗，最初僅是戰國時期齊地的哀歌，逐漸向各地傳播，在尚無挽歌之專名前，即已有做為喪歌演唱的歌曲流傳，如前述之〈虞

---

113 （元）脫脫等，《宋史》卷 125〈禮志·士庶人喪禮　服紀〉（北京：中華書局，1977），頁 2917。

114 參見《天聖·喪葬令》宋 18 條：「諸四品以上用方相，七品以上用魌頭。」《天聖令校證》頁 355。

115 參見前引《五代會要》卷 8〈喪葬上〉，頁 137。

116 參見前引《五代會要》卷 8〈喪葬上〉，頁 133-138 諸事例。按，《五代會要》中均作「輓歌」，本稿引用其內容時從之。

117 參見（宋）徐鉉，〈大唐故中散大夫檢校司徒使持節泰州諸軍事兼泰州刺史御史大夫洛陽縣開國子賈宣公墓誌銘〉，收入（宋）徐鉉撰，（宋）吳淑編，《騎省集》卷 15，《景印文淵閣四庫全書·集部三·別集類二》冊 1085（臺北：商務印書館，1983），頁 115 上。

118 王美華，〈十國禮儀制度考·凶禮〉，收入任爽主編，《十國典制考》（北京：中華書局，2004），頁 70。

119 例如（南唐）陳致雍於保大九年(951)議元宗次子慶王喪禮所提出的〈定虞祭議〉：「伏請準皇唐《開元禮》施行」，參見《全唐文》卷 873。

殯〉、〈薤露〉、〈蒿里〉等。[120]但因為不是正式的禮，故《儀禮》、《禮記》中未規範。約自漢代進入國家禮制，做為皇室貴族喪禮中的人員配制，用以展現喪事排場。直至唐朝前半，禮法規定庶民喪禮不能使用挽歌，是制禮做為教化，強調身分區別，但證諸歷史事例，至中晚唐時期，如果擁有一定財力，包括請歌手唱挽歌在內，喪葬禮儀，均可以由專業商家備辦，到唐朝後期，民間葬禮的各項細節，是往超越儒家傳統禮制的方向發展。顯見禮俗不僅反映社會風氣，且與時俱進。

回顧禮制與官民間行用挽歌的變化，挽歌做為喪葬禮儀一環，固然歷史悠久，若以禮制中的挽歌為基準，尋找唐宋之際官方禮制中「禮下庶人」的可能起點，或為開元年間《唐六典・大理寺鴻臚卿》「司儀署」條所引用的內容，背景當屬唐開元時期，政府進行整頓唐初以來流俗、強化禮制的一環。因目前挽歌在禮制層面的傳世資料尚屬有限，希望今後能發現更早、更有力的內容加以討論。

三、唐代法律中所規範的挽歌

唐朝的立法原則依據禮的精神，以法律來實踐禮的制度，亦即禮法互為表裡，規範特定身分階層所須遵行儀制。[121]相對而言，禮典文字中因為並無懲罰機制，所以須由法典來維護禮的運作，甚至對失禮者進行懲治，即所謂「失禮入刑」。[122]禮也會回頭吸收令式規範，如《開元禮》中吸收了

---

[120] 參見前引林育信〈挽歌之禮儀與文體考察〉頁 213 說明。

[121] 參見高明士，《中華法系與儒家思想・導言并序》之說明（臺北：臺灣大學出版中心，2014），頁 ii-iii。

[122] 參見前引張文昌，張文昌，《制禮以教天下——唐宋禮書與國家社會》第 5 章〈唐宋禮典的性質〉頁 368-377 說明。

開元二十年以前的令式，違禮者以違令處置。[123]這是唐宋之際民間喪儀踰越禮制時，政府以法律進行制裁的重要原因。

前已述及，挽歌原本只是出殯過程中，挽柩者所唱的哀挽歌曲，在喪葬儀式中，因具有禮儀層面的實用功能，人員與歌聲均成為喪葬儀式的一環。[124]挽歌自西晉進入禮制後，至唐朝也開始在法律中具有特定地位。由於法與禮的交纏，挽歌隨著時間推演，從一地之民俗逐漸進入官方禮儀，禮又入律令格式制敕，因此挽歌禮儀也就成為了法律規定的一部分，並且因為在喪禮中的「進引」、「祖夕」場合使用，除了哀悼死者，也宣告送葬即將開始，具有半公開性質，吟唱時間亦不短，故可以做為展現權勢與財力的項目。[125]尤為特別的是，皇室或官員喪禮中，挽歌歌曲雖然是由人聲演唱，挽柩者兼歌者，即「挽士」或「挽郎」，在喪禮上執鐸、翣，引挽魂帛，同時唱挽柩歌，雖然挽歌（挽柩者）由人擔任，卻被禮法制度視為喪儀葬具的一部分。

從現存法典史料中可知，從《開元令》起，即對何等官品可用多少人的挽歌（挽柩者）有所規定，若將前引《唐六典．大理寺鴻臚卿》「司儀署」條與《天聖．喪葬令》中留存的宋令相對照，可見出兩者文字的相似性。

表 3-1：《唐六典．大理寺鴻臚卿》「司儀署」條與《天聖．喪葬令》比較表

《唐六典．大理寺鴻臚卿》「司儀署」條(凡設鬲及銘旌、轜車之屬有差。)	《天聖．喪葬令》	
一品縣鬲六，五品已上四，六品已下	宋	諸重，一品掛（懸）鬲六，五

[123] 違禮即為違令，對違禮者的懲處，參見唐．長孫無忌等撰，劉俊文點校，《唐律疏議．雜律》「違令式」（總 449 條），《疏》議曰：「『令有禁制』……此是『令有禁制，律無罪名』，違者，得笞五十。『別式減一等』……違式文，笞四十，是名『別式減一等』」（北京：中華書局，1983），頁 522。

[124] 同前引林育信〈挽歌之禮儀與文體考察〉，頁 209。

[125] 參照黃旨彥，〈送行者的樂章：唐代挽歌文化初探〉，收入〈第三屆中國中古史青年學者聯誼會〉會議論文集，頁 356。

二。	14	品以上四，六品以下二。
凡銘旌，三品已上長九尺，五品已上八尺，六品已下七尺，皆書云「某官、封、姓名之柩」。	宋15	諸銘旌，三品以上長九尺，五品以上長八尺，六品以下長七尺，皆書「某官封姓名之柩」。
其轜車三品已上油幰，朱絲絡網，施襈，兩廂畫龍，幰竿諸末垂六旒蘇；七品已上油幰，施襈，兩廂畫雲氣，四旒蘇；八品已下無旒蘇。男子幰、襈、旒蘇皆用素，婦女皆用綵。庶人鼈甲車，無幰、襈、畫飾。）	宋16	諸輀車，三品以上油幰，朱絲絡網，施襈，兩廂畫龍，幰竿諸末垂六旒蘇。七品以上油幰，施襈，兩廂畫雲氣，垂四旒蘇。九品以上無旒蘇；（注云：男子幰、襈、旒蘇皆用素，婦人皆用綵。）庶人鱉甲車，無幰、襈、畫飾。
凡引、披、鐸、翣、挽歌、方相、魌頭、纛、帳之屬亦如之。（注：三品已上四引，四披，六鐸，六翣；挽歌六行三十六人；有挽歌者，鐸依歌人數，已下準此。五品已上二引，二披，四鐸，四翣，挽歌四行十有六人。九品已上二鐸，二翣。其執引、披者皆布幘、布深衣；挽歌者白練幘、白褠衣，皆執鐸、披。	宋17	諸引、披、鐸、翣、挽歌，三品以上四引、四披、六鐸、（注云：有挽歌者，鐸依歌人數。以下准此。）六翣，挽歌六行三十六人；四品二引、二披、四鐸、四翣，挽歌四行十六人；五品六品（注云：謂升朝者，皆准此。）挽歌八人；七品八品挽歌六人；九品（注云：謂非升朝者。）挽歌四人。（注云：檢校、試官同真品。）其持引、披者，皆布幘、布深衣；挽歌者白練幘、白練褠衣，執鐸綍並鞋襪，執鐸、綍。
其方相四目，五品已上用之；魌頭兩	宋	諸四品以上用方相，七品以上

目，七品已上用之；並玄衣、朱裳，執戈、循，載於車。	18	用魌頭。（注云：方相四目，魌頭兩目，並深青衣朱裳，執戈揚盾，載於車。）
其纛五品已上竿長九尺，六品已下五尺。其下帳五品已上用素繒。六品已下用練，婦人用綵）。	宋19	諸纛，五品以上，其竿長九尺；以下，五尺以上。

參考上表，宋 18、19 條與《唐六典》記載較有出入，《天聖・喪葬令》宋 14~17 條與《唐六典》文字較為相似，但仍有出入之處。由於《唐六典》基本上是根據《開元七年令》所編撰，增補了少量《開元二十五年令》[126]，《天聖令》編撰根據的源流複雜，除有不同時期唐令的變化，尚有明鈔本的遺漏，以及《天聖令》自身的不嚴密，參考今人學者的意見，目前還難以得出《天聖令》不是《開元二十五年令》的結論。[127]但是經由兩相對照，比較諸送終明器與制度的異同，至少可確定挽歌在唐開元七年已經在法律中有了固定的地位，亦即挽歌之俗成為唐人喪葬禮制和法制中的一項，基本格局在此底定，後雖有調整，但不至於全然改觀。

從前述唐朝後半至五代之間的禮制規範與詔敕內容，可知挽歌規制一度規範至庶人，但由於北宋仁宗時期發布的《天聖令》為依據唐《開元令》修改，使得北宋法令中的挽歌乃至整體的喪葬制度又回歸到唐朝前期的規

[126] 按，《唐六典》所引用唐令令文，學界一般採用仁井田陞的論點，以為主要是《開元七年令》，日本學者中村裕一在《唐令の基礎的研究》（東京：汲古書院，2012）中運用包含《假寧令》在內的多篇令文為例，對通說正式提出不同看法，認為《唐六典》中的令文應是《開元二十五年令》，並再撰〈《大唐六典》唐令の《開元七年令》説への反論〉（古典研究會編，《汲古》63 號，東京：汲古書院，2013，頁 1-5）、《大唐六典の唐令研究—「開元七年令」説の検討—》（東京：汲古書院，2014）等專文專論做為進一步說明。實情如何，有待學界進一步探究。又因目前尚未見其他學者提出相同看法，拙稿暫不取中村氏說。

[127] 同前引吳麗娛，〈唐喪葬令復原研究〉，收入天一閣博物館、中國社會科學院歷史研究所天聖令整理課題組校證，《天聖令校證》，頁 704。

範，即儉約、別身分，庶人無定制。[128]雖然到南宋編成的《慶元條法事類》[129]中還可以看到挽歌的編制，但此時民間喪葬禮俗實際是往較官方禮法簡化的方向發展，如司馬光《書儀》卷八〈陳器〉引《開元禮》後，引《(元豐）喪葬令》:「三品以上六翣、挽歌六行三十六人，四品至九品各有差」做為古今禮法對照比較，以為:「今人不以車載柩，而用轝，則引、披無所施矣。」又提及:「衆乃為行止之節，多用鉦鼓，可以代鐸」，再曰：

> 《禮》(按，指《禮記．曲禮》下)，望柩不歌，里有殯，不巷歌。豈可身挽柩車而更歌乎？況又歌者復非挽柩之人也，此謂葬日行器之敘。若柩自他所歸鄉里，則銘旌、靈轝、龍虎轝之外皆不用也。[130]

北宋後期，民間將魂帛放進棺木，讓挽歌者所牽引的帛從葬禮中消失，就無從「挽」之，鐸也以鉦鼓取代，如從遠方歸葬，甚至可以省略諸葬具至只剩銘旌與轝車。今人學者以為司馬光之意在「貴其簡易」，[131]但也表示北宋中期後，民間似又不見挽歌之事，其詳待考。

綜合以上，思考挽歌在俗、禮、法之間的流變，或可認為挽歌是由一時一地的風俗變成高層的禮制，在不同時地的禮制中有所變通，唐宋之間，

[128] 參見前引（宋）王溥，《唐會要》卷38〈葬．開元二十九年正月十五日敕〉內容，頁810。

[129] 參見（宋）謝深甫等編，戴建國點校，《慶元條法事類》（收入楊一凡等主編，《中國珍稀法律典籍續編》冊1，哈爾濱：黑龍江人民出版社，2002）卷77〈服制門〉所收《慶元服制令》：「諸葬有挽歌者，鐸如歌人之數。即檢校官應用紼、鐸、披、翣，挽歌者，並同真品」（頁836）、《慶元服制格》：「挽歌：四品以上，六行，行六人；六品以上，四行，行四人；八品以上（注：陞朝官准六品）六人；九品，四人。」（頁839）、《慶元服制式．挽歌者》：「白練幘、白練衣，執紼、鐸」（頁841）。

[130] （宋）司馬光《書儀》卷8〈喪儀．陳器〉，清雍正刻本。轉引自劉俊文、北京大學、愛如生公司等製作電子資料庫《中國基本古籍庫》，查閱日期：2017.04.16。

[131] 參見前引吳麗娛《敦煌書儀與禮法》第3章〈正禮時俗的結合與吉凶書儀的禮儀來源〉，頁150。

並經由法律、官方禮典、民間書儀和社會風尚等方式的推廣，而普及中國各地。宋代之後，民間喪禮因朝簡化發展，可能因此使挽歌逐漸民俗中消失，但在官方的禮法中反有所保存。

四、日本令無挽歌

對於日本古代的葬禮與喪葬禮儀，代表性的研究可舉和田萃的《日本古代的儀禮・祭祀和信仰》[132]，他認為日本傳統的殯宮儀禮是有挽歌的，但是和中國喪禮送葬時的「三品以上挽歌六行三六人，五品以上四行一六人」不一樣。在《萬葉集》中所見的挽歌，註記「於殯宮時所作（和）歌」，挽歌內容，甚至包括卷二第 141~145 首〈有間皇子自傷歌〉、〈山上臣憶良追和謌〉在內，其後註記「右件謌等、雖レ不ニ挽レ柩之時所一レ作、准ニ擬歌意一。故以載ニ于挽哥類一焉。」（**右、件の歌等は、柩を挽く時作れるにあらずといへども、歌の意に准擬へて、故、挽歌の類に載せたり。**）[133]，據此，和田萃認為，中國的挽歌是指挽歌歌者，日本在殯宮詠挽歌是禮儀的一環。[134]這樣的說法恐是未考慮到中國的挽歌除了是送葬禮儀的一部分以外，同時也具有文學的面向，唐日的挽歌創作，在哀悼故人、抒發悲傷的文學用途上有相同之處。

日本固有的「殯」是人死後到埋葬之前，將遺體安置在小屋內的假埋

---

[132] （日）和田萃，《日本古代の儀禮・祭祀と信仰》（東京：塙書房，1995），共上中下三冊。

[133] 按，此句為有間皇子自傷歌群中的附記，表示《萬葉集》編者在分類收錄時對和歌歌意昀判斷。按語及引文原文見（日）和田萃，《日本古代の儀禮・祭祀と信仰》（上）第 I 章〈喪葬儀礼と即位儀礼〉，頁 22，〈有間皇子自傷歌〉〈山上臣憶良追和謌〉及按語現代日文，尚可參見（日）佐佐木信綱編，《新訓萬葉集》（上）卷 2〈挽歌〉（東京：岩波書店，1927 初版，1954 改版），頁 82。

[134] 同前引（日）和田萃，《日本古代の儀禮・祭祀と信仰》（上）第 I 章〈喪葬儀礼と即位儀礼〉，頁 20-22。

葬，由遺族與親屬舉行各種悼念死者的禮，期間往往甚長，且須為貴人方能舉行日本的「殯」。參考《隋書・倭國傳》記載：

> 死者斂以棺槨，親賓就屍歌舞，妻子兄弟以白布製服。貴人三年殯於外，庶人卜日而瘞。及葬，置屍船上，陸地牽之，或以小輿。[135]

即可看出在七世紀時，日本和中國的「殯」以及葬禮的不同之處。

推古天皇以後，開始有了薄葬思想，尤其是佛教式的葬儀與火葬傳入，讓「殯」的時間縮短，隨著八世紀初，中國的禮法正式透過法令進入日本，日本固有的喪葬禮儀也出現巨大變化。[136]例如大寶、養老令中的服紀與服喪期，即是七世紀前的日本所無。而「挽歌」二字，則未明文規定在日本令中。此事將於次節說明。

第四節　日本令的抉擇

一、七世紀日本禮制概況

禮是中國社會秩序的行動規範，不僅規範了君臣、家族等方面的人際關係，也是對外關係、宮廷儀式、宗廟祭祀及各種社會活動的準則。回顧日本吸收大陸的禮制、內化為自己的文化的過程，早在西元六世紀初，百

---

[135] （唐）魏徵、令狐德棻撰，《隋書》卷81〈東夷傳・倭國〉，頁1827。

[136] 參見（日）西本昌弘，《日本古代儀礼成立史の研究》第1章〈日本古代礼制研究の現状と課題〉對葬禮、喪葬禮儀之整理，頁27-29。

濟送五經博士到日本時，日本應當就從中吸收了一定程度的儒教思想，以及禮的義理、儀式及禮制。日本在推古十一年(603)建立了和身分制有關的「冠位十二階」制度，推古十二年(604)聖德太子制定《憲法十七條》，其中第三條講君臣秩序，第四條的內容更是直接與禮相關：

> 群卿百寮，以禮爲本。其治民之本，要在禮乎，上不禮，而下非齊。下無禮，以必有罪。是以，群臣禮有，位次不亂。百姓有禮，國家自治。

可從中見出聖德太子對禮的推崇，以及對漢文化的認同之情，除用以律己，並進而用以要求臣民百姓遵守禮秩序。

推古十六年(608)四月，可能由遣隋使攜回隋的《江都集禮》做為日本最初的禮儀範本，甚至可能在同年八月即將隋的禮儀運用在接待隋使裴世清，[137]雖然是否真的運用《江都集禮》在外交場合，尚待考查，但從以上諸點看來，可確定當時日本已有一定程度禮制。[138]

二、日本風俗與唐禮之間的抉擇

中國的禮制本身帶有原始宗教的意涵，對社會也具有規範與限制的力量，尤其是要確保天子地位及國家的權力神聖化，因而必須將傳統宗教層面的人神交流掌握在國家掌控中。先秦時，大致已經發展出祭祀天神、地

[137] 《隋書·東夷倭國傳》裡記載「倭王遣小德阿輩臺，從數百人，設儀仗，鳴鼓角來迎。後十日，又遣大禮哥多毗，從二百餘騎郊勞」。此應為倭國的迎賓之禮。見（唐）魏徵、令狐德棻撰，《隋書》卷81〈東夷傳·倭國〉（北京：中華書局，1973），頁1827-1828。

[138] 以上並參見（日）西本昌弘，《日本古代儀礼成立史の研究》第1章〈日本古代礼制研究の現状と課題〉（東京：塙書房，1997），頁5-7。

祇與人鬼的祠祀體系，官方祠祀有明顯禮制化的傾向，民間祠祀則時有新變，但常受統治者的節制。北朝處於過渡性的階段，唐帝國皇權的伸張則具體反映於禮制上，不是隨便任何人都可以享有與鬼神交流的權力。唐宋之間國家祠祀措施的變化，不限於管制祠祀信仰的作為，而是國家開始大幅關注祠祀信仰的整體表現。禮制並非限於地上世界的秩序觀念，帝國時代的中國就以禮的機制，將皇帝為中心的地上世界之秩序觀念，擴大適用於超自然的世界。[139]

又如前所述，因為唐與日本不論在國土規模或是風土民情上均有所差異，故而不能完全將唐的法令照本宣科施行，此點即使是以唐的中原地區與敦煌地區相較，也會看見相似情形：由於施行禮的所有細節有困難，故在敦煌地區出現了對開元禮的變通。[140]如以唐日《喪葬令》相較，也可見出一端。現試以《天聖令》宋 16-18 條與《令集解・喪葬令》「親王一品條」相較。

表 3-2：《天聖令》宋 16-18 條與《令集解・喪葬令》「親王一品」條比較表

《天聖令》宋 16-18 條		《令集解・喪葬令》「親王一品」條 （《令義解・喪葬令》「葬送具」條）
宋 16	諸輀車，三品以上油幰，朱絲絡網，施襈，兩廂畫龍，幰竿諸末垂六旒蘇。七品以上油幰，施襈，兩廂畫雲氣，垂四旒蘇。九品以上無旒蘇；（注云：男子幰、襈、	凡親王一品。方相轜車各一具。鼓一百面。大角五十口。小角一百口。幡四百竿。金鉦鐃鼓各二面。楯七枚。發喪三日。

[139] 相關論述可參考蔡宗憲，《北朝的祠祀信仰》（臺北：花木蘭出版社，2011）、楊俊峰，〈唐宋之間的國家與祠祀——兼論祠祀的「中心化」〉（臺北：國立臺灣大學歷史學系博士論文，2009）及（韓）金相範，〈唐代禮制對於民間信仰觀形成的制約與作用—以祠廟信仰為考察的中心〉，臺北：臺灣師範大學歷史學系研究所博士論文，2001。

[140] 參見姜伯勤，《敦煌社會文書導論》第 8 章〈社〉之說明（臺北：新文豐出版社，1992），頁 259-260。

	旒蘇皆用素，婦人皆用綵。）庶人驚甲車，無幰、襈、畫飾。	二品。鼓八十面。大角四十口。小角八十口。幡三百五十竿。
宋17	諸引、披、鐸、翣、挽歌，三品以上四引、四披、六鐸、（注云：有挽歌者，鐸依歌人數。以下准此。）六翣，挽歌六行三十六人；四品二引、二披、四鐸、四翣，挽歌四行十六人；五品六品（注云：謂升朝者，皆准此。）挽歌八人；七品八品挽歌六人；九品（注云：謂非升朝者。）挽歌四人。（注云：檢校、試官同真品。）其持引、披者，皆布幘、布深衣；挽歌者白練幘、白練褠衣，執鐸綍並鞋襪，執鐸、綍。	三品四品。鼓六十面。大角三十口。小角六十口。幡三百竿。其轜車鐃鼓楯鉦。及發喪日。並准一品。 諸臣一位。及左右大臣。皆准二品。 二位及大納言。准三品。唯除楯車。三位。轜一具。鼓四十面。大角廿口。小角四十口。幡二百竿。金鉦鐃鼓各一面。發喪一日。 太政大臣。方相轜車各一具。鼓一百四十面。大角七十口。小角一百四十口。幡五百竿。金鉦鐃鼓各四面。楯九枚。發喪五日。以外葬具及遊部。並從別式。
宋18	諸四品以上用方相，七品以上用魌頭。（注云：方相四目，魌頭兩目，並深青衣朱裳，執戈揚盾，載於車。）	五位以上及親王。並借轜具及帷帳若欲私備者聽。（注：女亦准此。）

前文已說明，《天聖喪葬令》宋 14~19 條，基本上和《唐六典》的文字略同，而《唐六典》中所錄法規，是據《開元七年令》加上部分內容《開元二十五年令》編纂而成。雖然《唐六典》的記載和《養老令》所依據的唐令未必相同，但終究較接近唐令原貌。《令集解・喪葬令》「親王一品」條

的內容，雖然也如同唐令，依據皇親及官員官品的階層，而有待遇和規格上的差別，但是內容則有極大差異。

參照日本學者研究，《養老・喪葬令》雖然排列原則和唐令相同，但對於條文和內容則有大幅省略，變更後的獨自規定也很多。[141]前面所舉的《天聖令》宋16-18條與《令集解・喪葬令》「親王一品」條比較即是典型的例子。參考日本學者意見，認為「親王一品」條應對應《天聖令》宋16-18 條。[142]

接著比對《天聖令》宋 16-18 條與《令集解・喪葬令》「親王一品」條的文字，可見出明顯的一點，即唐人給官員喪事的送喪器具非常繁複，而且對送喪者衣物、葬具裝飾亦依官品階層詳加規定規格。而日本令雖然也是依據官員親貴有等級之差，卻簡化修改甚多，送葬具主要是號角、鼓、金鉦鐃鼓等樂器與幡，令文之中既然沒有規定人聲（挽歌），自然也就沒有安排吟唱挽歌，在送葬行列中執紼挽喪車前進的挽郎之輩存在。取而代之的是給予遊部，令文並說「以外葬具及遊部，並從別式」，可見在《式》中應該另有相應的規定。學者運用本條養老令文復原唐令時，懷疑所謂「從別式」，可能是《開元禮》所敘述的明器相關具體制度。[143]

（一）遊部與歌垣的功能

「遊部」是在日本的喪葬禮儀中負有特殊任務的一群人，其功能是一方面施予咒術，祈禱死者復活的施術者，另一方面帶著刀與矛撫去邪氣，

---

[141] （日）服部一隆，〈養老令と天聖令の概要比較〉，收入《古代學研究所紀要》15（東京：明治大學古代學研究所，2011），頁 37。

[142] 同前引（日）服部一隆，〈養老令と天聖令の概要比較〉表 12，收入《古代學研究所紀要》15，頁 45。

[143] 參見吳麗娛，〈唐喪葬令復原研究〉，收入天一閣博物館、中國社會科學院歷史研究所天聖令整理課題組校證，《天聖令校證》，頁 690。

並供奉酒食鎮魂，防止死靈為禍，[144]均是和貴人的喪葬禮儀有關。參考日本學者研究，普遍的意見是，遊部本來就是侍奉貴人殯宮的人物，通解咒術，並能施以鎮魂術，故在日本古代的葬送禮儀中具有重要地位。[145]

在《令集解》中，《古記》有非常長一段遊部起源傳承的說明，甚為特殊，長引如下：

> 古記云：遊部者，在大倭國高市郡，生目（按，垂仁）天皇之苗裔也。所以負遊部者，生目天皇之孽——圓目王，娶伊賀比自支和氣之女爲妻也。凡天皇崩時者，比自支和氣等到殯所，而供奉其事。仍取其氏二人，名稱禰義餘比也。禰義者，負刀並持戈，餘比者，持酒食並負刀。唯禰義等申辭者，輙不使知人也。後及於長谷(按，雄略)天皇崩時，而檠依比自支和氣，七日七夜不奉御食。依此阿良備多麻比岐。爾時諸國求其氏人，或人曰：「圓目王娶比自岐和氣為妻，是王可問云。」仍召問，答云：「然也。」召其妻問，答云：「我氏死絕。妾一人在耳。」即指負其事。女申云：「女者不便負兵供奉。」仍以其事移其夫圓目王，即其夫代其妻而供奉其事。依此和平給也。爾時詔：「自今日以後，手足毛成八束毛遊」詔也。故名遊部君是也。

古記這段話是在解釋遊部的起源、任務與傳承，簡介其意如下：遊部的根

[144] 參見（日）新井喜久夫，〈遊部考〉，收入《續日本紀》研究會編，《續日本紀研究》9:9，1962，頁 1-11。

[145] 和田萃意見，參見前引（日）和田萃，《日本古代の儀禮・祭祀と信仰》（上）第 I 章〈喪葬儀礼と即位儀礼〉，頁 24-25。（日）保坂達雄，〈遊部の伝承と「凶癘魂」〉，收入氏著《神と巫女の古代伝承論》（東京：岩田書院，2003），頁 411-412、（日）中山太郎，《日本巫女史》第 1 篇第 5 章〈巫女の作法と呪術の種類〉（東京：八木書店，1974）。另外遊部與女性、貴人喪禮及方相在文化人類學中相關性，亦可參考楊敬娜，《中国と日本の歌垣に関する文化人類学的研究》（廣島大學総合科学研究科博士論文，2018）第三章，頁 183-293。

據地是在大倭國高市郡(位今奈良市南方)，是生目天皇的後代。天皇駕崩後，在天皇停靈處（殯所），由比自支和氣家族中的兩個人分担「禰義」「餘比」的任務：前者背著刀、拿著戈，後者拿著酒食、背著刀，用以恫嚇和攏絡亡靈，不使其作亂危害人世。但是長谷天皇駕崩的時候，因為他過去將比自支和氣家族的人都殺光，沒有人來担任「禰義」「餘比」的工作，七天七夜沒有供奉食物，[146]以致於天皇亡靈猛烈作亂，不得安寧。於是各國的人都尋找比自支和氣家的遺族。有人說：「圓目王娶了比自岐和氣家的女兒為妻，可問問。」於是找來圓目王的夫人訊問。她回答：「我同族人都已滅絕，只剩妾身一人。」希望她擔任鎮魂工作，夫人說：「女人不方便背著兵器供奉亡魂。」就將這個工作交由她丈夫圓目王，代替他的妻子供奉亡魂，終於使天皇亡魂平靜下來。後來新天皇下詔，從今日起，由圓目王夫婦及其血胤來担任供奉工作，陪伴亡魂同遊，加以安撫，所以叫他們遊部君。說完這段典故，《古記》緊接著又說：

> 但此條遊部，謂野中古市人歌垣之類是。

《古記》認為「親王一品條」中的遊部，是類似野中、古市（兩地均在高市郡附近）的「人歌垣」（男女列隊，互相對唱歌謠及舞蹈的原始活動，帶有求婚及咒術等多重意味），有此等安排，或許是日本導入中國的喪葬禮俗後，因為沒有採納中國的挽歌，故由由野中、古市的「人歌垣」分擔遊部的部分任務，即以歌舞饗亡者。《釋云》對遊部的說明則更加簡明：「遊部，隔幽顯境，鎮凶癘魂之氏也。終身勿事，故云遊部。……其人好為鎮凶癘故，終身无事，免課役，任意遊行，故云遊部。終身課役无差科，故謂之『終身勿事』。」[147]意即，因為遊部成員能隔著幽顯之境（即生與死之境），

---

[146] 傳說是供奉鹿尾菜（一種海藻）做成的菜餚。

[147] 參見《令集解》頁 966-967。

鎮壓凶癘鬼魂，所以國家不向他們課役，也不必擔任任何工作，讓他們隨心所欲的遊走。某一群人可以因為具有鎮魂能力而不予課役，應該會對民心及律令國家的稅賦力役等基礎建設工作造成負面影響，但課役相關問題逸出拙稿目前討論內容，容暫予擱置。

（二）方相

方相和魌頭似乎是用想像中的神仙人偶裝飾的車，據說可以驅疫辟邪，鎮嚇鬼怪。[148]在宋 18 條中可以看到「四品以上用方相，七品以上用魌頭」。「親王一品」條因為規範的全是三品以上的皇親高官，故不提及魌頭。相對應的日令中，完全接受了中國傳統宗教信仰裡的方相，卻不在令典中採用挽歌，其因何在？鄙意以為與古代日本極為忌諱死穢有關，對於沒有科學觀念的古人來說，死亡是有可能會傳染的，並且屍體本身會產生邪靈或妖氣，這些都是忌諱，雖然由現代的角度觀之，牽著轜車上的一條引繩或披帛不見得就能傳染死亡，但對從事此工作的人而言，心理上的陰影與恐懼未必是今日的吾人可以體會想像，故用改變令文的方式，減少接觸靈車的人員，同時加入方相及遊部加以鎮壓邪靈。至於送喪隊伍可以盡量壯大，以榮耀亡者，展示威儀。如一品親王的葬儀隊伍，「方相轜車各一具，鼓一百面。大角五十口。小角一百口。幡四百竿。金鉦鐃鼓各二面。楯七枚。」若每項器具都由至少一人搬運或演奏，則至少有六百三十人左右參與，可以想像是鑼鼓喧天、非常浩大的場面，營造出的氣勢想必也能令送葬途中圍觀的官民感到震撼且印象深刻。

---

148 同前引吳麗娛，《終極之典——中古喪葬制度研究》（下）第 5 章〈以官員為中心的唐朝《喪葬令》與《喪葬禮》〉（北京：中華書局，2012），頁 440-441。

三、下層官員及庶人的埋葬

（一）土葬

《天聖・喪葬令》宋16條規範了庶人送喪用「鱉甲車」，喪事完畢後，後續進行葬儀。唐宋之際，由於佛教普及，一般的葬法，扣除土葬外，常見者有火葬、水葬、林葬等法。[149]

由於《養老・喪葬令》基本上是規範親王及官員喪禮內容，除了「薨奏條」提及「六位以下，達於庶人稱死」，令文對庶人沒有特地規範。參考今人研究成果，下層官員可能可以在平城京郊外東、北、西三邊的丘陵，貴族階層的墓地附近擁有一小塊墓地，又或者是歸葬故鄉。[150]

富裕的庶民可以聚集親故弔唁死者，加以厚葬，[151]《類聚三代格》延曆十一年(793)七月廿七日的太政官符記載如下：

> 應禁斷兩京僭奢喪儀事
>
> 右被右大臣宣偁：「奉勅，送終之禮，必從省要。如聞，豪富之室、市郭之人，猶競奢靡，不遵典法，遂敢妄結隊伍，假設幡

---

[149] （唐）道宣《四分律刪繁補闕行事鈔》（大・1804）卷下之四〈瞻病送終篇第二十六〉「中國四葬：水葬投之江流，火葬焚之以火，土葬埋之岸旁（旁），林葬棄之中野、為鵰虎所食。」文中「中國」，是指印度。參見劉淑芬，〈林葬——中古佛教露屍葬研究之一(1)〉，收入《大陸雜誌》96:1，1998，頁 22-31。另收入氏著《中國的佛教與社會》丙篇（上海：上海古籍出版社，2008），頁 183-243。

[150] （日）馬場基，《平城京に暮らす》（東京：吉川弘文館，2010），頁 162-164。

[151] （日）服藤早苗，〈出產と死〉，收入木村茂光編《平安京くらしと風景》（東京：東京堂，1994），頁 280-281。

> 鐘，諸如此類，不可勝言。貴賤既無等差，資財空為損耗。既宅之後，酣醉而歸，非唯虧損風教，實亦深蠹公私。宜令所司，嚴加捉搦。自今以後，勿使更然。其有官司相知故縱者，與所犯人並科違勅罪。仍於所在條坊及要路，明加牓示。」[152]

可見如同唐朝一般，一旦民眾有了相當的財力，即會有人想用喪禮這種特定場合炫富，形成厚葬侈靡風氣。同時人們聚集的場合，往往伴隨飲宴，觥籌交錯，酩酊大醉後，行為難以自制，故被視為有傷風教。

（二）火葬及其他方式

據《續日本紀》記載，日本的火葬，始於文武四年(700)，有留唐經驗的道昭和尚過世後，採用火葬，[153]與其親近的持統天皇也加以採用，影響所及，使之後文武、元明、元正三位天皇，即持統的孫子、子媳、孫女也都採火葬後安置於陵墓。[154]這和唐朝帝王普遍土葬於山陵有極大不同。然而上述事例，採行火葬者均是皇室成員，八世紀之後，日本的平民身亡，遺體如何處置？

扣除日本原本即已採用的土葬，對日本民眾深具影響力的行基和尚於天平二十一年(749)過世，其葬法採取火葬，可想見此後火葬風氣在社會上傳布開來。及成書於延曆年間的《日本靈異記》，[155]可能是日本最早的平民喪事觀念及事例記錄，可以看到法令以及佛教對喪葬的觀念已入人心。其

---

[152] （日）佚名編，《類聚三代格》卷 19〈禁制事〉，收入黑板勝美編，《新訂增補國史大系》冊 25（東京：吉川弘文館，2000），頁 592。

[153] 《續日本紀》文武四年(700)三月十日條，謂「天下火葬自此而始也」。

[154] （日）三上真由子，〈日本古代の喪葬儀礼に関する一考察—奈良時代における天皇の殯期間の短期化について—〉，收入奈良大学史学会編，《奈良史学》23（奈良：奈良大学大学院，2005），頁 18。

[155] （日）春日和男，《日本靈異記・解說》（東京：岩波書店，1967），頁 7。

中在喪事部分的記載，幾乎均是採火化，《軍防令》「行軍兵士條」[156]提及副將軍以下，「其屍者，當處燒埋」，即社會底層人員用燒埋。相較《魏書・東夷倭人傳》的記載，[157]以及唐的貴族社會、富裕階層採取土葬、建築陵墓，已有所差異。

表 3-3：《日本靈異記》中所見喪葬相關記事

編號	卷次	條數	條名	相關內容（節錄）
1	中卷	第三	惡逆子愛妻將殺母謀現報被惡死緣	吉志火麻呂者，武藏國多麻郡鴨里人也。……時火麻呂，離己妻去，不昇妻愛而發逆謀，思殺我母，遭其喪服，免役而還。
2	中卷	第五	依漢神崇殺牛而祭又修放生善以現得善惡報緣	攝津國東生郡撫凹村，有一富家長公。姓名未詳也。 迄七年頭，臨命終時，語妻子曰：「我死之後，十九日置之，莫燒。」
3	中卷	第七	智者誹妒變化聖人而現至閻羅闕受地獄苦緣	釋智光者，河內國人，其安宿郡鋤田寺之沙門也……臨命終時，誡弟子曰：「我死莫燒。九日間置而待。」
4	中卷	第十六	依不布施與放生而現得善惡報緣	與使人俱入山，拾薪，登于枯松，脫之落死。託卜者曰「我身莫燒。七日置之。」
5	中卷	第四十一	女人大蛇所婚賴藥	昔佛與阿難，自墓邊而過，夫妻二人，

156　《令義解・軍防令》，頁 193。

157　參見（晉）陳壽撰、（南朝宋）裴松之注，《三國志・魏書》卷 30〈東夷倭人傳〉記載：「其死，有棺無槨，封土作冢。始死停喪十餘日，當時不食肉，喪主哭泣，他人就歌舞飲酒。已葬，舉家詣水中澡浴，以如練沐。其行來渡海詣中國，恆使一人，不梳頭，不去蟣蝨，衣服垢污，不食肉，不近婦人，如喪人，名之為持衰。若行者吉善，共顧其生口財物；若有疾病，遭暴害，便欲殺之，謂其持衰不謹。」（北京：中華書局點校，1959），頁 855。

			力得全命緣	共備飲食，祠墓慕哭……。終成子妻，祠自夫骨，而今慕哭。知本末事故，我哭耳。」
6	下卷	第九	閻羅王示奇表勸人令修善緣	藤原朝臣廣足者，帝姬阿倍天皇御代，修病嬰身。為差身病，神護景雲二年二月十七日，至大和國菟田郡於真木原山寺而住。……訂瞪之死。從者悚怖慄，走歸家，告知親屬。親屬聞之，備喪殯物。經之三日，往見之，蘇甦起居待。
7	下卷	第三	將寫法華經建願人斷日暗穴賴願力得全命緣	美作國英多郡部內，有官取鐵之山。帝姬阿倍天皇御代，其國司召發役夫十人，令入鐵山入穴堀取鐵。時山穴口，忽然崩塞動。役夫驚恐，從穴競出，九人僅出。一人有後出。彼穴口塞合留。國司上下，思之所壓而死，故惆悵之。妻子哭愁，圖繪觀音像，寫經追贈福力而逕七日已訖。
8	下卷	第二十二	重斤取人物又寫法華經以現得善惡報緣	蝦夷忽率而死。妻子量言：「丙年之人，故不燒失。(注云：丙年之人，質屬火性，遂不宜火葬。)」點地作塚，殯以置之。死經七日，而甦告言……
9	下卷	第二十六	強非理以徵債取多倍而現得惡死報緣	田中真人廣蟲女者，讚岐國美貴郡大領外從六位上小屋縣主宮手之妻也。……傳語夢狀，即日死亡。逕于七日，不燒而置，請集禪師優婆塞卅二人，九日之頃，發願修福。……

9		第二十七	髑髏目穴笋揭脫以祈之示靈表緣	白壁天皇世，寶龜九年戊午冬十二月下旬，備後國葦田郡大山里人・品知牧人，為買正月物……期之晦暮，至於彼家。靈操牧人之手，控入屋內，讓所具饌，以饗共食，所殘皆裹，并授財物。良久，彼靈倏忽不現。父母為拜諸靈，入其屋裏，見牧人而驚，問於入來之緣……

（說明：在表中加底色者，代表與喪葬有關記事。）

在這九個事例中，當事人多為中下級貴族、富豪和平民。第 2、3、4 例都是臨終的當事人要求死亡後不要立刻燒化（以利復活），可想見火化對於稍有財力者，已成一般的習慣做法。第 8 例是家人未將遺體燒化。第 1 例是想利用親亡須服喪的法令規定以逃避兵役，[158]第 9 例提及準備飲食與亡魂共享，屬日本式的民俗。第 7、9 例提及追善修福，則是佛教式的儀式。第 6 例提及準備喪葬出殯使用的物品。第 5 例雖然故事背景是印度，但準備飲食掃墓、於墓前慕哭，或為中國式的清明上墓風俗。就這些例子，或可一窺八世紀時日本下層貴族及平民在遭遇喪葬和死亡時的處理情形。尤其是第 8 例，提及喪葬禮俗的忌宜，考量丙年生人不宜火化，而改為「點地做塚」採用土葬，此應是來自中國的吉凶忌宜思想，對於瞭解奈良時代平民喪葬方式及禮俗而言，甚有參考價值。

但貧困民眾將病患遺棄，甚至丟在路邊任其等死的事也非罕聞，如《類聚三代格》弘仁四年(813)六月一日，太政官符曰：

[158] 《養老・軍防令》「衛士下日」條：「凡衛士……雖有重服（《義解》謂：父母喪也），不在下限。（注云：下番日，令終服。）」《義解》謂：「令終服者，是欲免朞年之傜役，非言更行居喪之禮。……皆以正服年論。」見前引《令義解》卷 5，頁 188。

應禁斷京畿百姓出棄病人事

右右大臣奏偁：「念舊酬勞賢哲遺訓，重生愛命貴賤無殊。今天下之人各有僕隸，平生之日既役其身，病患之時即出路邊，無人看養遂致餓死。此之為弊不可勝言。伏望仰告京畿，早從停止，庶令路傍無夭枉之鬼，天下多終命之人者。」被中納言從三位藤原朝臣繩主宣偁：「奉勅，宜早下知令加禁制。如不遵改猶致違犯者，五位已上注名申送，六位已下，不論蔭贖決杖一百。臺及職[國]知而不糺，及條例坊長郡司隣保相隱不告，並與同罪。自今以後，永加禁斷，仍牓示要路，分明告知。」[159]

雖然明文規定以嚴刑懲罰，事實是，直到平安時代，將病人捨棄路邊任其等死，或是家屬無力安葬，只能將屍體棄置河原的事所在多有，著實令人同情。至清和天皇十三年(871)年，《日本三代實錄》卷二十閏八月「廿八日辛未」條中，才記載了百姓可以用以埋葬死者的地點：

制定百姓葬送放牧之地。其一處，在山城國葛野郡五條荒木西里。一處在紀伊郡十條下石原西外里十一條下佐比里十二條上佐比里。敕曰：「件等河原，是百姓葬送並放牧之地也。而愚昧之輩不知其意，競好占營，專失人便。須令國司屢加巡檢，勿令耕營。犯則有法焉。」[160]

經此，以敕令初步保障了一般民眾的埋葬權益。然而隨時間推演，至日本

[159] 同前引（日）佚名編，《類聚三代格》卷 19〈禁制事〉，頁 592。

[160] （日）藤原時平等奉勅撰，《日本三代實錄》卷 20，收入黑板勝美編，《新訂增補國史大系》冊 4（東京：吉川弘文館，2007），頁 293-294。

平安時代中後期，葬俗反而演變成上層貴族施行火葬[161]或特殊的水葬，[162]中下層貴族行土葬，平民若負擔不起埋葬或燒化所需的木材費用，仍只能以「風葬」（不埋葬，棄置遺體於河原曠野等待風化）、「鳥葬」（不埋葬，任憑烏鴉或蟲類食盡遺體，同於前文所提及的「林葬」）等方式棄置於京城清水寺附近的鳥邊野[163]或鴨河原等群聚屍體、墳墓之地。

第五節　小結

日本令模仿唐制定法律的過程中，有吸納不同時期唐朝禮文化的層面，法令中被保留、去除或新增的部分，展現出日本自身選擇的主體性以及獨自創造的層面。本章首先比較了日本令中的《儀制令》「五等親」條與《喪葬令》「服紀」條，用以瞭解唐的法條進入日本社會後，如何因應現實所需加以修正。又因為留意到日本《喪葬令》中沒有人聲（挽歌）的部分，故對源頭相同的《天聖・喪葬令》宋 16-18 條，與《養老・喪葬令》「親王一品」條的文字進行比較，試圖尋找日本吸收或拒絕唐喪葬禮俗的理由。繼而著眼唐代凶禮中「挽歌」在禮制的面向，對「挽歌」在俗禮法之間的歷史演變進行初步探討，試圖對唐代「禮下庶人」的過程加以說明。

挽歌最初用途為以歌聲寄託悲傷，哀悼亡者，除了是源於中國古老的

161 參見（日）栗原弘，〈藤原道長家族の葬送について〉，收入《名古屋文理大学紀要》5（名古屋：名古屋文理大学，2005.3）頁 1-11。除了日本平安中後期的喪葬風氣以外，因藤原道長尚是紫式部寫作《源氏物語》時，男主角源氏君的主要人物範本之一，影響所及，《源氏物語》中，故事中源氏君的家人，諸如生父桐壺帝、生母桐壺更衣、正妻葵之上、紫之上等高貴女性，均是火葬。

162 水葬之例，參見（日）栗原弘，〈藤原行成家族の葬送・追善仏事・忌日について〉收入《名古屋文理大学紀要》4（名古屋：名古屋文理大学，2004.4），頁 13-22。

163 （日）古橋信孝，《平安京の都市生活と郊外》（東京：吉川弘文館，1998），頁 68-72。其餘在京都近郊，具代表性的棄葬地點，可舉蓮台野、紫野、化野等地為例，原則上多在京都的五條地區以南。

民俗之外，尚有幾個面向：文學藝術層面（含石刻墓誌挽歌）、禮制層面、法律規範。拙稿著眼唐代「挽歌」在禮俗法制的面向，對挽歌在民俗、禮制、法制之間的歷史演變進行初步整理探討。挽歌普遍行用於禮俗，乃至禮法規範何種身分可使用何等人數的挽歌，雖為中古禮制眾多變化中的一隅，亦能反映出唐代開元年間後，「禮下庶人」的進程，與政府高層企圖以禮制規範社會的難處。雖然從中唐以後，政府有意加以規範已經變得簡單、通俗、形式化的禮儀，使禮制在及於庶人的同時，既能完善實用，又不至於和社會生活脫節，並且再次從喪儀禮制上強調身分上的等差，以求提高中央政府的權威，但社會風氣與庶民生活形態轉變後，習慣已成，即使屢次三禁五申，加以嚴罰，亦無法禁絕庶民階層厚葬或炫富的願望，宋代之後，民間喪禮因朝簡化發展，可能因此使挽歌在民間喪禮中逐漸消失，但在官方的禮法中反有所保存。至於法制中的挽歌，則因禮令密不可分的緣故，使得從唐朝至北宋《天聖令》發布為止，法令和詔敕中也依身分規範了挽歌人數，並一度及於庶人。

從中唐以後，政府有意加以規範已經變得簡單、通俗、形式化的禮儀，期望禮制在及於庶人的同時，既能完善實用，又不至於和社會生活脫節，並且再次從喪儀禮制上強調身分上的等差，以求提高中央政府的權威。但社會風氣與庶民生活形態轉變後，習慣已成，即使屢次三禁五申，加以嚴罰，亦無法禁絕庶民階層厚葬或炫富的願望。

相對而言，同時期的日本，通說以為是對唐文化全盤接收，實際亦有因應其社會需要，對唐制有所不取，在政治制度及現實生活中另行添入自身傳統，以及隨時間衍生出新傳統的部分，諸如上層使用的「遊部」、中下層的葬儀與葬地。本章以數項歷史實例做為對照，以期區辨此事。

第四章　清和天皇為祖母服喪禮儀——唐《喪葬令》對日本的影響

第一節　前言

日本從七世紀起，到九世紀停止派遣遣唐使之前，從唐文化中吸收新思想、學藝、制度，移植文化和改變倭國（日本）的支配秩序，導入並建立禮法體系，傾舉國之力學習唐風文化，特別是吉備真備留唐學習十三道學問，歸國後對日本在文教禮律貢獻甚大。唐風文化在嵯峨、淳和天皇時期達到鼎盛，但是查考傳世文獻，直至清和天皇時期所編纂的《貞觀儀式》成書以前，並無法確認日本仿唐編撰國家禮典如《開元禮》「頒所司行用」[1]，所撰成品，性質上也有所差異。

由於清和天皇為日本史上第一位幼年繼位的天皇，天皇為父母以外的直系尊親服喪問題沒有先例可循，又因天皇地位超越律令，故亦無法令可依。《三代實錄》「（清和天皇貞觀十三年(871)十月）五日丁未」條所載「天皇為祖母太皇太后服喪有疑未決」，提示此事。這篇案例列在由明治政府官修類書《古事類苑・天皇服喪・服喪議》第一條，[2]引人注意。以下擬藉此案例對九世紀時日本對中國法制、禮俗文化吸納與變化進行初步考察，並參照文中諸儒所持意見及禮法源流，試圖回答以下諸問題：(1)唐令無喪制？(2)日本無禮制的「受容」？(3)法制禮俗落實方式。透過此案例，當可理解唐朝的法制禮俗傳入日本後，在實行上有其共通性，也有其差異性。

---

[1] （後晉）劉昫等撰，《舊唐書》卷21〈禮儀志〉（北京：中華書局點校，1975），頁819。

[2] 參見（日）細川潤次郎等編修，《古事類苑》冊38〈禮式部2〉卷24〈天皇服喪下〉（東京：吉川弘文館，1970），頁513-516。

第二節　日本古代史中呈現的法制禮俗問題——以清和天皇為太皇太后服喪問題為線索

一、九世紀日本對中國禮典的倣效

日本既以唐的法制為範本制定律令，當然也就將律令中相伴的不同時期中國禮俗，因應現實狀況一起吸納。如編纂《大寶律令》時，直接的範本是唐的永徽律令，但是《顯慶禮》編成較晚，而《貞觀禮》又未見於《日本國見在書目錄》，參考的可能是隋的禮制。[3]此外，雖然以唐為範本，但為了適應、吸收非日本本土的制度，而在日本的法令中做出適度的調整。此類例子比對現存的唐令與日本令，即可看出。

從大化革新以後，歷經了兩個世紀的調整與適應，至平安時代前期（約當西元 794 年至 10 世紀前半），日本的「唐風文化」在嵯峨、淳和天皇在位時期(809~823、823~833)達到極盛。[4]由嵯峨天皇詔命，編成於弘仁十二年(821)的禮儀書《內裏式》目前僅存三卷，《內裏儀式》存一卷。淳和天皇在位時期，編成了《令義解》（天長十年(833)撰上，翌年承和元年(834)施行）、《日本後紀》等重要著作。此後尚有編於清和天皇貞觀年間的《貞

[3] 同前引（日）古瀨奈津子，〈儀式における唐礼の継受〉，收入氏著，《日本古代王権と儀式》，東京：吉川弘文館，1998），頁 175。

[4] 參見（日）古瀨奈津子，《攝關政治》（東京：岩波書店，2011），頁 6。

觀儀式》，與基於《貞觀儀式》修改撰成的《延喜儀式》。由於原書內容已大多散逸，參考日本學者所功的復原研究與整理，[5]以及現存的殘卷，從這被合稱為《三代儀式》的禮儀書現存篇目中，可知是朝廷禮儀典籍，但僅限於宮廷政事相關的典禮、歲時祭儀（日人所謂「年中行事」）與神事，《內裏式》中不見中國五禮中的凶禮，《貞觀儀式》中與凶禮相關的內容僅有〈舉哀儀〉、〈弔哀儀〉、〈贈品位儀〉三條，繫於全書之末。[6]與現存的《大唐開元禮》禮目相對照，即可看出唐日的禮書有根本性質上的不同。

其關鍵原因，愚意以為與嵯峨天皇詔命甚有關係。以下引用部分《內裏式序》文字以茲說明。（標點與分段為筆者所加）

> 蓋儀注之興，其所由來久矣。所以指曉於輿人，納於軌物者也。皇上（按，嵯峨天皇）雖以樽酌，節文未具，覽之者多岐，行之者滋惑，乃詔……（諸官員之姓名官職節略）等，令修定焉。
>
> 於是抄摭新式，採綴舊章，頻要修緝，□斯朝憲，取拾之宜，斷於天旨。起于元正，訖于季冬，所常履行，及臨時軍國、諸大小事，以類區分，勒成三卷，庶其升降之序、隆殺之儀，披文即曉，臨事靡滯，各修厥職，守而弗忘，眾聞書，義近於此。[7]

從這篇序文中可知，由於吉備真備於 735 年所攜回的唐禮 130 卷篇幅甚大，對於將近九十年後的嵯峨朝而言，在沒有相應知識背景的情況下，「覽之者多岐，行之者茲惑」，有實行上的困難，所以依嵯峨天皇的旨意，「抄摭新式、採綴舊

[5] 參見（日）所功，《平安朝儀式書成立史の研究》（東京：国書刊行会，1985），頁 23-25、50-51、74-82。

[6] 神道大系編纂會編，《神道大系》朝儀祭祀編一〈儀式・內裏式〉（東京：神道大系編纂會，1980），頁 299-301。

[7] 同前引神道大系編纂會編，《神道大系》朝儀祭祀編一〈儀式・內裏式〉，頁 305-306。

章，頻要修緝」，即對過往所吸收的中國禮，與實際在日本使用的儀式加以抉擇、節略、分類，將一年之中，宮廷內舉行的歲時祭儀（「年中行事」）留下，以便使用者查閱。這可以說是日本學習中國文化重視實用性的側面佐證。於是在性質上，《開元禮》在唐玄宗時期是用以做為營造盛世與顯示大唐輝煌的精神產品，[8]除了具備一定的實用功能與參考價值，更重要的是要取代上古禮典，反映一個時代的禮儀面貌與精神，以及禮制的進步。[9]而中國禮進入日本之後產生的首部衍生作品《內裏式》，性質則更傾向於速查易用的禮儀操作說明書，重在實踐，也貼近現實所需。由於當時的日本正在學習先進禮文化，採取可讓自己國民理解的方式，製作適用於本土的禮儀書，竊以為在學習先進文化過程中，此事乃是必然的。

現存《三代儀式》中，《貞觀儀式》是在清和天皇在位期間所編纂，在此書未頒行之前，是否有對應於《類聚三代格》（弘仁、貞觀、延喜三代）的《弘仁儀式》存在，由於受限於寫作時間，目前管見所及，並無法確實回答此問題。以下暫用前文所述尚殘存的《內裏式》與《貞觀儀式》進行討論。

《內裏式》中節略中國禮儀，刪去了所有與凶禮相關的禮文，從另一方面來看，也有可能是未能考慮到中國的禮中尚有傳統源流與精神層次的部分，亦即中國的禮除了「禮之儀」以外，還有「禮之制」與「禮之義」這種屬於制度、義理的層次。在沒有具體的喪葬禮儀指引下，便衍生出新的問題。此即以下欲進行初步探討的《日本三代實錄》中所載「（清和天皇貞觀十三年(871)十月）五日丁未」條所載「天皇為祖母太皇大后服喪有疑未決」的相關記事。

---

[8] 吳麗娛，〈禮用之辨：《大唐開元禮》的行用釋疑〉，收入《文史》71（北京：中華書局，2005），頁 97。

[9] 同前引吳麗娛，〈禮用之辨：《大唐開元禮》的行用釋疑〉，頁 129-130。

二、清和天皇施行喪服禮的疑難

（一）清和天皇與藤原家之淵源

清和天皇的祖母藤原順子是藤原冬嗣的女兒，當時的攝政藤原良房的同母妹。清和天皇的生母藤原明子則是藤原良房的女兒，從母方的角度來看，藤原順子則是藤原明子的姑母，清和天皇的外祖姑。若再加上清和天皇妃（藤原明子的堂妹藤原高子）為清和天皇之子（陽成天皇）的生母這一點來看，上述三位藤原家族的女性可謂奠定平安時期的攝關政治基礎，亦即母后的出身背景與攝政大臣（原則上為幼帝生母之父兄）能否掌握朝政有密切關係。

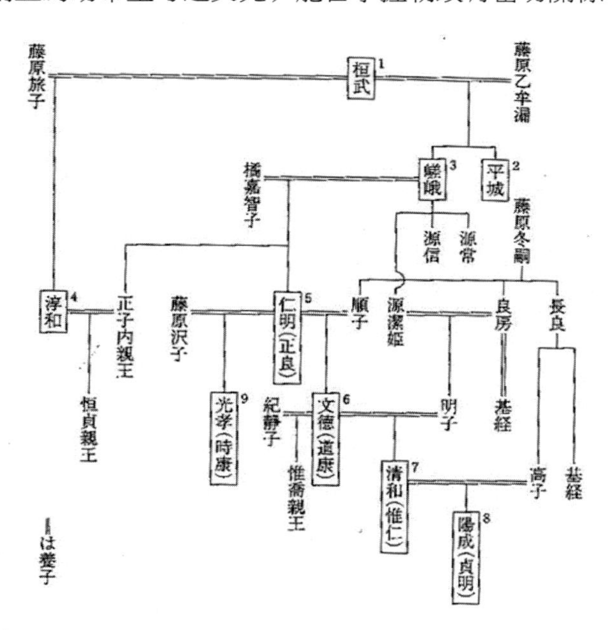

圖 4-1：平安時代前期，天皇家與藤原氏略系譜圖[10]

[10] 引自（日）古瀨奈津子，《攝關政治》（東京：岩波書店，2011），頁 6 附圖。

據《日本三代實錄》(以下簡稱《三代實錄》)卷一記載,[11]清和天皇排行第四子,因為與攝政藤原良房(即藤原氏北家)的淵源,生後九個月就立為太子,在藤原良房家中成長。因文德天皇早逝,而成為日本史上第一位幼帝,九歲即繼位。從此直到日本江戶時代以前,日本史上再也不曾出現像奈良時代,以女帝代替年幼的皇太子繼位之情形。

清和天皇繼位之前,(文德)天皇本來打算立長子惟喬親王為太子,因為藤原良房反對,最後此事未果。在清和天皇得以順利繼位的過程中,其母藤原明子有著關鍵性的地位。在清和天皇順利繼位的過程中,她最關鍵的行動,是陪伴了惟仁親王(後來的清和天皇)進入宮中。《三代實錄》卷一有以下記載:

> (天安二年(858)八月)廿九日丁巳,諸衛鎧甲嚴警。皇太子與皇大夫人[12]同輿遷御東宮。儀同行幸,但不警蹕。先是,廿七日(文德天皇崩),奉迎皇大夫人於東五條宮,欲令擁護幼沖太子也。[13]

由於文德天皇三十二歲即英年早逝,連帶使得當時年僅九歲,正處於皇太子地位保衛戰之中的惟仁親王立刻要準備繼位,為保護年幼的太子,讓他繼位成功,特地由日後的皇大夫人明子陪同皇太子前往東宮。希望明子「擁護幼沖太子」的人,應該即是明子之父藤原良房。因為此事,清和天皇嗣

---

[11] (日)藤原時平等奉勅撰,《日本三代實錄》卷 1,收入黑板勝美編,《新訂增補國史大系》冊 4(東京:吉川弘文館,2007),頁 3。

[12] 按,此時期天皇之生母身分為「夫人」者,天皇繼位後則成為「皇大夫人」。

[13] 同前引《三代實錄》卷 1,頁 5。

統得保。從這一刻開始，日本天皇的皇位不是由嫡長子繼承，而是以是否擁有外戚權臣的血緣，由有政治實力的大臣安排皇位繼承人，以中國禮制的另一個面向，即宗法制度與繼承順序而言，也是可關心的問題。此後繼承人本身，除了要有天皇的血統，母后是否出身權臣之家，也成為能否成為繼承人的重要關鍵。藤原良房父女此番行動，在清和天皇的繼承問題上產生了決定性影響，對此後的天皇皇權也造成了深遠的改變。唯因拙稿旨不在討論日本史上幼帝取代女帝，[14]或攝關政治如何出現等問題，此處暫且擱置。

（二）為祖母服喪問題

日本貞觀十三年(871)八到九月間，接連出現的災異如不祥之兆，九月二十八日，清和天皇祖母藤原順子過世。(相隔一年後，貞觀十四年九月十一日，其兄攝政藤原良房也過世)。《三代實錄》卷二十中，以「薨傳」敘述了藤原順子生平。長引如下：

> （貞觀十三年(871) 九月廿八日辛丑）是日，太皇太后崩。太皇太后，姓藤原氏，諱順子。贈太政大臣正一位冬嗣朝臣之女也。母尚侍贈正二位藤原朝臣美都子。后美姿色，雅性和厚。嘗在父大臣家，晨起澡手，有小虹，降亙兩器。卜占者曰：「至貴之祥，其慶不可言焉。」仁明天皇儲貳之日，聘以入宮，寵遇隆篤，生文德天皇。天長十年(833)，仁明天皇踐祚之初，授從四位下。承和十一年(844)加從三位。嘉祥三年(850)四月甲子，文德天皇即位。是日，尊為皇太夫人。齊衡元年(854)，為皇太后。天安二年(858)八月乙卯，文德天皇崩。后哀慟柴毀，後遂落彩

[14] 相關論述，可參見吉川圭三，《古代政治史における天皇制の論理》第 5 章〈幼帝と摂政〉（東京：吉川弘文館，1986）等著作。

> 為尼。請東大寺戒壇諸僧於五條宮，受大乘戒。屈延曆寺座主圓仁，受菩薩戒。崩葬山城國宇治郡後山階山陵。后貞固天，禮則脩備，母儀之範，求古少比。深信釋教，建立精舍，額曰安祥寺。資財田園，割給甚多。年分度僧，修大乘道焉。[15]

從中可看出，藤原順子乃德行與信仰兼備的女性典範，且兼具傳奇色彩，用以烘托她的尊貴。

由於太皇太后過世屬國家非常事態，如確實依照律令執行，應依《養老·軍防令》「置關條」[16]關閉三關，但是因為時在秋收，故未派出固關使，只是加強警備。藤原順子以太皇太后身分留下遺詔：「太皇大后遺令：不聽天下素菲。仍令京畿七道，停舉哀並著素服。」[17]此即省略喪葬禮儀中的「聞喪舉哀」與素服。[18]其中，舉哀即相當於發哀禮，[19]另外依唐朝的例子，皇后喪禮基本上不干擾民間，且后喪也要比帝喪在規格上略低，有禁忌也限於宮中，[20]此遺詔乃有跡可循。

---

[15] （日）藤原時平等奉勅撰，《日本三代實錄》卷 20，收入黑板勝美編，《新訂增補國史大系》冊 4，頁 294-295。

[16] 此處法源來自《令義解·軍防令》「置關」條：「凡置關應守固者，並置配兵士，分番上下。其三關者，（注：謂伊勢鈴鹿、美濃不破、越前愛發等是也。）設皷吹軍器、國司分當守固。所配兵士之數。依別式。」以上參見《令義解》卷 5，收入（日）黑板勝美編，《新訂增補國史大系》冊 22（東京：吉川弘文館，2007），頁 198。據《義解》謂，三關為伊勢國鈴鹿關，美濃國不破關，越前國愛發關（後改為近江國逢阪關）。但實際上遇緊急事件關閉三關，在桓武天皇延曆八年(789)已廢止，日後演變成為一種軍事性質的禮儀。

[17] （日）藤原時平等奉勅撰，《日本三代實錄》卷 20，頁 295。

[18] 如古典研究會編，《大唐開元禮》卷 150 所載〈凶禮·王公以下喪通儀·舉哀〉相關禮文，可概略說明盛唐時期的舉哀方式：「諸聞喪舉哀者，於聞喪所哭，盡哀。問故，又哭，盡哀，改著素服。（後略）」（東京：汲古書院，1972），頁 720。

[19] 參照吳麗娛，《終極之典》（上）第 2 章〈家國之制——皇帝（后、太子附）〉（北京：中華書局，2013），頁 256。

[20] 同前引吳麗娛，《終極之典》（上），頁 264。

十月五日丁未，「天皇服錫紵。[21]近臣皆素服。葬太皇大后於山城國宇治郡後山階山陵。」到這裡為止，太皇大后葬禮結束，但是這個時候，日本史上第一位以九歲幼齡繼位，此時已二十一歲的清和天皇，遇到了史無前例的問題：他不知道自己應該如何為祖母太皇大后服喪。因為此等疑惑無法解決，於是命令朝中通曉儒家經典的臣子們進行禮議。[22]

天皇應該如何為祖母（外姑祖）服喪？前文已提及，送葬時，清和天皇服錫紵，顯然是以父系家族為出發點考慮服等。此處也可看出日本在吸收唐文化之後，一併承襲了注重儒家家父長制的思考方式。[23]

由於在此之前的天皇都是成年或至少 15 歲後才繼位，如何為父母以外的直系尊親服喪的問題，是難以遇到。較為近似的例子，或可舉日本奈良時代施行律令制後，文武天皇（孫）與持統上皇（祖母）的事例，但由於《續日本紀》中未提及文武天皇如何服喪，且持統乃上皇，藤原順子的太皇太后地位與上皇並不相當，故無法直接引用日本史實進行比較與分析，相當可惜。大寶令制中對於喪制想必也有一定規範，在資料有限情況下，只能確認文德天皇對於祖母持統，確實進行了哀悼禮儀。[24]

---

[21] 此處法源來自《令義解・喪葬令》「天皇服」條：「凡天皇，為本服二等以上親喪服錫紵，為三等以下及諸臣之喪，除帛衣外，通用雜色。」同前引《令義解》卷 9，頁 291。

[22]（日）藤原時平等奉勅撰，《日本三代實錄》卷 20，頁 295。

[23] 另可參考前引（日）古瀨奈津子，《攝關政治》，頁 6-7 中從其他事例分析此時期日本形成儒家式家父長權威並影響政治的看法。

[24] 茲節錄部分《續日本紀》卷 2、3 持統喪禮相關記事於下：

A.（文武天皇大寶二年(702)十二月）甲寅（22 日），太上天皇崩。遺詔：「勿素服、舉哀，內外文武官釐務如常。喪葬之事，務從儉約。」乙卯，以二品穗積親王，從四位上犬上王，正五位下路真人大人，從五位下佐伯宿禰百足、黃文連本實，為作殯宮司。三品刑部親王，從四位下廣瀨王，從五位上引田朝臣宿奈麻呂，從五位下民忌寸比良夫，為造大殿垣司。丁巳（25 日），設齋於四大寺。辛酉（29 日），殯於西殿。壬戌（30 日），廢大祓。但東西文部，解除如常。（以上見菅野真道等奉敕撰，青木和夫等校注，《續日本紀》（一）卷 2，東京：岩波書店，1989，頁 62。）

B.（文武天皇大寶）三年(703)春正月癸亥朔，廢朝，親王已下百官人等，拜太上天皇殯宮也。……丁卯（5 日），奉為太上天皇，設齋於大安・藥師・元興・弘福四寺。（同前引《續日本紀》（一）卷 3，頁 64。）

儒家思想從六世紀傳入日本，到此時九世紀後半，才第一次在歷史記載中看見有關喪葬禮議。諸儒引經據典，佐以中國歷史事例論證。由於此段討論甚長，可資討論問題太多，非一時半刻可以解決，拙稿於此暫先選一個段落來進行分析與試論。

1.唐令無喪制？

橘廣相議曰：

> 至於喪制，則唐令無文。唯制唐禮，以據行之。而國家制令之日，新制服紀一條，[25]附《喪葬令》之末。夫喪禮委曲條流千萬，而一條之內，事自不盡，自成此疑也。然則《儀制令》只說不視事[26]之日數也，《喪葬令》只說喪服之衣色[27]也。至於喪制日月，

C.（文武天皇大寶三年(703)二月）癸卯（11日），是日，當太上天皇七七。遣使四大寺及四天王、山田等卅三寺，設齋焉。（同前引《續日本紀》（一）卷3，頁66。）

D.（文武天皇大寶三年(703)）夏四月癸巳（2日），奉為太上天皇，設百日齋於御在所。（同前引《續日本紀》（一）卷3，頁68。）

E.（文武天皇大寶三年(703)）冬十月丁卯（9日），任太上天皇御葬司。（同前引《續日本紀》（一）卷3，頁72。）

F.（文武天皇大寶三年(703)十二月）癸酉（17日），從四位上當麻真人智德，率諸王、諸臣，奉誄太上天皇。謚曰大倭根子天之廣野日女尊。是日，火葬於飛鳥岡。壬午（26日），（與持統之夫天武天皇）合葬於大內山陵。（同前引《續日本紀》（一）卷3，頁74。）

又及，前引大寶三年正月後設七七齋與百日齋的記載，屬於混合佛教的追念儀式，而非純儒家式的禮儀。

[25] 《令義解・喪葬令》「服紀」條：「凡服紀者，為君、父母、及夫、本主一年。祖父母、養父母、五月。曾祖父母、外祖父母、伯叔父姑、妻、兄弟姊妹、夫之父母、嫡子、三月。高祖父母、舅、姨、嫡母、繼母、繼父同居、異父兄弟姊妹、眾子、嫡孫，一月。眾孫、從父兄弟姊妹、兄弟子，七日。」參見（日）黑板勝美編，《新訂增補國史大系》冊22《令義解》卷6，頁295。

[26] 《令義解・儀制令》「太陽虧」條：「……皇帝二等以上親，及外祖父母、右大臣以上，若散一位喪，皇帝不視事三日。（後略）」同前引《令義解》卷6，頁206-207。

[27] 《令義解・喪葬令》「天皇服」條：「凡天皇，為本服二等以上親喪服錫紵，為三等以下及諸臣之喪，除帛衣外，通用雜色。」同前引《令義解》卷9，頁291。

則引《禮》而准行耳。[28]

橘廣相所說：「喪制，則唐令無文」，表面看是無誤，但以歷史的後見之明，可推論他不知唐令中「喪服年月」是附於《喪葬令》之末，而《大寶令》、《養老令》服紀制也是「附《喪葬令》之末」，此是仿《永徽令》或《開元七年令》的證明。[29]即連《天聖令》的形式亦是如此。至於橘廣相說：「唯制唐禮，以據行之。」此處的「唐禮」當指《大唐開元禮》，畢竟橘廣相的議論距離《大寶令》公佈實施的時間（大寶元年，701）已達 170 年後，其理解難免有誤差。

2.日本無禮制的「受容」？

前已述及，禮的發展，可歸結為禮之義、禮之儀、禮之制。雖然過往有許多針對禮的儀式的出色研究，但僅從儀式的面向來觀察禮，終究不免略感狹隘。愚意以為，中國禮進入不同的文化後，成為一種專業職能，欲改變原本的民情風俗，必須經由學習與推廣，這需要時間。尤其建立禮的秩序，包括親疏、尊卑、貴賤、長幼，乃至男女等秩序，更是如此。其呈現方式，或在制度，或在禮書，或在禮俗等。討論禮是否受容，必須要有全面性的思考。就日本而言，從全盤接受到能夠更定異國禮儀，編輯自己的禮儀書，代表日本對於中國禮制已有一定程度的理解，才能決定何者要留用，何者不適用。禮與法結合，讓法令、格式的施行也具備了禮的內涵。禮制施行在中國往反映現實的方向發展，禮書可以是一種指引，但不等於現實法令。[30]比對《內裏式》與《貞觀儀式》，再參考《延喜式》，除了相似的發展過程外，尚可發現中國禮制在日本行用，逐步內化成為日本社會文化一部分的軌跡。

[28] （日）藤原時平等編，《日本三代實錄》卷 20，頁 297。

[29] 同前引高明士，《律令法與天下法》，頁 172。

[30] 同前引吳麗娛，〈禮用之辨：《大唐開元禮》的行用釋疑〉，頁 124、129-130。

3.落實唐傳入法制禮俗概況

原始的日本社會，凝聚成國家後，有自成一格的社會運作方式與支配秩序。最早的日本歷史記事，當屬西晉陳壽所著《三國志・魏書》卷三十的〈烏丸鮮卑東夷傳・倭〉[31]（以下簡稱《魏志・東夷倭人傳》)。其中呈現的倭國（日本），是個在政治、社會、習俗與信仰都剛從原始進入文明的國家，政治體制正在兼併部落聯盟朝中央集權邁進，與中國相比，當然有文化差異和差距。由於《三國志》是陳壽以中國觀點撰寫的的史書，遙遠邊緣的四鄰夷國，不僅習慣與文明開化程度有所差異，四鄰夷國之間亦有地位上下之別。因為此時的日本自身欠缺可徵信的文字史料，所以在西元三至四世紀的彌生時代歷史，只能靠《魏志・東夷倭人傳》中兩千多字帶著中國觀點的記載搭配考古成果進行歷史研究。即使有這些缺憾，仍能從這些文字中知悉當時的倭國概況。

> 其死，有棺無槨，封土作塚。始死停喪十餘日，當時不食肉，喪主哭泣，他人就歌舞飲酒。已葬，舉家詣水中澡浴，以如練沐。其行來渡海詣中國，恆使一人，不梳頭，不去蟣蝨，衣服垢汙，不食肉，不近婦人，如喪人，名之為「持衰」。若行者吉善，共顧其生口財物；若有疾病，遭暴害，便欲殺之，謂其持衰不謹。（中略）及宗族尊卑，各有差序，足相臣服。[32]

這段文字說明了彌生時代的日本人遇到喪事時的流程與禁忌，從中可以知道，日本在西元三至四世紀已有了自成一格的喪葬禮儀與維持社會秩序的方式。但是為了吸收文化先進國——中國的精神、物質文化成果，並在以中國為中心的天下秩序中與之往來，便必須學習中國的禮，不僅要在中國

[31] （晉）陳壽撰、（南朝宋）裴松之注，《三國志》（北京：中華書局點校，1959），頁 854-858。

[32] 同前引《三國志》，頁 855-856。

所構築的天下秩序中確立自己國家的位置，對內也要建立君臣秩序。繼受中國的禮制，成為當時東亞、中亞各國的重要課題。[33]

若將百濟送王仁至日本(405)，[34]視為儒家思想與中國禮制真正傳入日本的起點，則早從五世紀初期，日本即已開始接納採用中國的禮制。這造成了所謂先進文化與日本本身的文化重疊混合（所謂「重層」），[35]無論是中國的文字、文學、儒教、佛教、禮律、風俗各方面，日本政府都努力加以吸收模倣，並呈現在國家事業上，所追求的，即是要被當時東亞世界認同。[36]

此外對於日本仿中國施行的禮，在追溯源頭時，亦應將此前日本所接收的晉、南北朝時期、隋、初唐等禮制一併考慮。[37]雖然《懷風藻・序》中說「定五禮」[38]，是否可作為當時日本真的仿隋《江都集禮》撰成禮書的證據，尚待考查，但對日本仿中國施行禮儀必定有相當大的影響。[39]參考瀧川政次郎在〈江都集禮と日本の儀式〉一文指出日本王朝制定儀式時，最初即以《江都集禮》作為藍本[40]之說，《日本書紀》卷廿二〈推古紀〉記載朝廷準備迎接隋使裴世清之儀節，當是依據《江都集禮》的「賓禮」；同書卷廿九「天武天皇十年四月辛丑」條所見之「禁式九十二條」，亦當是參

---

[33] 參照（日）石母田正，《日本の古代国家》（東京：岩波書店，1971），頁 37。

[34] 參見高明士，〈從東亞漢字文化圈的形成論今日因應之道〉，收入氏著《東亞傳統教育與法文化》（臺北：臺大出版中心，2007），頁 173-175 及該書註 9 說明。

[35] （日）永原慶二，〈アジアのなかの日本文化—「日本文化論」批判の一視角—〉，收入荒野泰典等編，《アジアのなかの日本史》VI 文化と技術（東京：東京大學出版會，1993），頁 6。

[36] 亦參見本書一章三節說明。

[37] 同前引（日）西本昌弘，《日本古代儀礼成立史の研究》第 1 章〈日本古代礼制研究の現状と課題〉，頁 13-14。

[38] 引文請參見第一章，此處不重覆引用。

[39] （日）西本昌弘，《日本古代儀礼成立史の研究》第 1 章〈日本古代礼制研究の現状と課題〉（東京：塙書房，1997），頁 6-7。

[40] （日）瀧川政次郎，〈江都集禮と日本の儀式〉（收入《岩井（大慧）博士古稀記念典籍論集》，該事業會編刊，1963），頁 342-347。

酌《江都集禮》；又，《三代實錄》卷二十「清和天皇貞觀十三年十月五日丁未」條所引用之凶禮文，仍推定來自《江都集禮》。即連弘仁、貞觀、廷喜三代之儀式，直接雖受唐禮之影響，但間接亦來自《江都集禮》。易言之，瀧川氏以為《江都集禮》對日本飛鳥、奈良、平安時代制禮，有頗多影響。[41]

另再舉例而言，《日本書紀》卷廿二推古紀三十六年(628)九月條「始起天皇喪禮」，並發布遺詔要求「以勿厚葬」，由這些內容可合理推測，推古天皇的喪禮，可能已從之前派赴中國的遣隋使[42]或朝鮮半島吸收了一定程度皇帝喪儀的禮制。但從前後文所提及的「（三月）天皇崩之。時年七十五。即殯於南庭」、「是時群臣各誄於殯宮」，即可知此時推古天皇駕崩後，喪葬的流程仍是採用日本傳統的「殯」。

進入奈良時代，施行大寶令制後，持統太上天皇成為第一位被《續日本紀》記載喪葬禮儀的天皇：「（文武天皇大寶二年(702)十二月）辛酉（29

---

[41] 並請參見高明士，〈論隋代的制禮作樂〉中之意見：「(1)、謂《新唐書》無著錄《江都集禮》（頁342），此事有誤。按，《新唐書》卷58，頁1489，〈藝文志〉著錄曰：「牛弘、潘徽隋江都集禮一百二十卷」，瀧川氏顯然有失查。(2)、將《江都集禮》撰成之時間，設定在「仁壽年間到大業初年」（頁343），愚意以為嫌晚。……此處欲再強調者，即瀧川氏忽略開皇二十年(600)十一月楊廣被立為太子後，已離開江都；以及《舊唐書》卷22〈禮儀志〉引辟閭仁諝奏議曰：「（《江都集禮》）只抄撮《禮論》，更無異文。」等諸事。(3)、將《隋志》所錄「隋朝儀禮一百卷，牛弘撰」一事，視為仁壽二年(602)閏十月修五禮之成果，因而亦將它稱為《仁壽禮》。（頁343）按，此一說法顯然將《開皇禮》與《仁壽禮》相混，《隋志》所著之「隋朝儀禮一百卷」，是為《開皇禮》；仁壽二年之五禮，並不見《隋書》著錄。(4)、瀧川氏以為煬帝即位後，其朝廷之儀式全據《江都集禮》。（頁344）高明士以為煬帝一代之制，初期猶用開皇之制，迨大業律令完成後，始對開皇有較多改革，但尚不至全捨開皇；由此類推，其於禮制亦不致全捨開皇或仁壽禮。」文見《隋唐史論集》（香港：香港大學亞洲研究中心，1993）頁15-35，又見氏著，《中國中古禮律綜論──法文化的定型》第8章（臺北：元照出版社，2014），頁219。

[42] 推古天皇時期究竟派出幾次遣隋使赴中國，目前未有定論，從一次說到六次說均有之。《隋書・倭國傳》所記載開皇二十年(600)、大業三年(607)「無禮國書事件」均為推古天皇時期，研究史整理，可參見（日）氣賀澤保規，〈《隋書》倭國傳からみた遣隋使〉，收入氏編，《遣隋使がみた風景─東アジアからの新視点》（東京：八木書店，2012），頁31-58。

日），殯於西殿。」[43]、「（文武天皇大寶）三年(703)春正月癸亥朔，廢朝，親王已下百官人等，拜太上天皇殯宮也」、「（文武天皇大寶三年(703)十二月）癸酉（17 日），從四位上當麻真人智德，率諸王、諸臣，奉誄太上天皇。……是日，火葬於飛鳥岡。壬午（26 日），（與持統之夫天武天皇）合葬於大內山陵。」[44]雖然因為持統本人的意志而使天皇喪葬的方式出現火葬、夫婦合祔此等重大改變，廢朝亦屬於中國的凶禮，卻仍保留了日本傳統的殯宮[45]與奉誄禮節，可視為日本皇族喪葬的過度時期。

又經過約四分之一世紀，《續日本紀》卷十聖武天皇神龜五年(728)為基皇太子廢朝記事則為：

> 九月丙午（13 日），皇太子薨。壬子（19 日），葬於那富山，時年二。天皇甚悼惜焉，爲之廢朝三日。爲太子幼弱，不具喪禮，[46]但在京官人以下及畿內百姓素服三日，諸國郡司，各於當郡舉哀三日。

從本條記事與前引推古、持統天皇葬儀記事相較，首先可以看出在一世紀之內，日本皇室成員的喪葬禮儀，已經從日本自身的「殯」變成中國式的「喪葬」，官方哀悼的方式也從官員在殯宮獻誄詞，逐漸變成朝廷舉行輟朝禮、素服、舉哀。其他禮儀，例如《續日本紀》卷二記載，文武天皇大寶元年(701)二月丁巳（14 日）在大學寮首次舉行屬於吉禮的「釋奠」禮，即是禮制施行的例證，[47]將相關事例取唐日法典禮書一併比對，可具體證明

[43] 見（日）菅野真道等奉敕撰，青木和夫等校注，《續日本紀》（一）卷 2（東京：岩波書店，1989），頁 62。

[44] 同前引《續日本紀》（一）卷 3，頁 74。

[45] 同前引《續日本紀》（一）卷 3，頁 64。

[46] 《養老・假寧令》「無服殤」條：「凡無服之殤。（注：生三月至七歲。）」

[47] 同前引《續日本紀》（一）卷 2，頁 34。

八至九世紀之間，吸取自唐朝的禮制與法令在日本的確有所實施，[48]也可看出唐朝的法制禮俗進入日本後，在實行上有其共通性，也有差異與修正的地方。

第三節　小結

日本貞觀十三年(871)清和天皇為祖母太皇太后服喪案，是日本史上首例天皇服喪議，在議決為祖母「服心喪五月，制服三日」[49]後，《三代實錄》中頻繁出現因為清和天皇為祖母服心喪，停止節日典禮的記事。第二例禮議則是出現在《三代實錄》元慶元年(877)二月十四日，清和天皇甫讓位給陽成天皇，成為上皇之後，為清和之姑母平子內親王服喪問題，該項討論的結果，據行博士兼越中守善淵朝臣永貞等奏議曰：「天子絕旁期，禮制明白也。……然則可絕旁期，不違禮意。」[50]愚意以為這說明了清和天皇本人在唐文化的薰陶下成長，確實很認真想依中國方式執行禮的儀式，講求「不違禮意」[51]，並不單純僅是因為對攝政藤原良房的言聽計從。[52]

本章最後，想補充「舉哀」的具體內容。過去的學習過程中，管見所見文獻資料均只說舉哀是一種禮，對於「聞哀」與「聞喪舉哀」、「舉哀」

---

[48] 參見日・菅野真道等奉敕撰，青木和夫、稻岡耕二、笹山晴生、白藤禮幸校注，《續日本紀》卷2（東京：：岩波書店，1990）。另參見前引高明士，《日本古代學制與唐制的比較研究》第三章〈日本古代學校教育的發展〉，頁116、53等。

[49] 同前引（日）藤原時平等編，《日本三代實錄》卷20，頁299。

[50] 同前引（日）藤原時平等編，《日本三代實錄》卷30，「（陽成天皇元慶元年二月）十日壬子」條、「十四日丙辰」條，頁393-394。

[51] 同前引（日）藤原時平等編，《日本三代實錄》卷30，頁394。

[52] 說見（日）小倉久美子，〈日本古代における天皇服喪の実態と展開〉，頁10。

的分別，之間是否可以等同，一直以來有各種不同的意見。[53]而舉哀除了是喪禮的一環，又涉及到官員給假問題，[54]牽涉範圍實不可謂小。日本清和天皇時期編成的《貞觀儀式》，記載了「舉哀儀」的施行方式。該書是於日本貞觀十四、五年之際編成，仿中國禮書形制，除《內裏式》已有的內容外，增加三條凶禮繫於全書之末，內容又大致為《延喜儀式》所繼承。[55]筆者藉撰寫本稿機會，於御茶水女子大學圖書館中閱讀到《貞觀儀式・舉哀儀》條，當下有解惑之感，深感是種機緣，兼可做為今後研究的課題，特抄錄如下。

舉哀儀

國有不諱，諸司著凶服，式部錄率史生、省掌等入朝集院立標，訖彈正就應天門內左右廊座，所司設座，臺在東西上，巡察在西東上，並北面，史生、臺掌在其後。

次式部亦相分就同座，面位同上。並檢校凶儀，訖共起而出，式部率四位以下刀禰，左右列集朝堂前，北面東上，彈正在式部下。訖參議以上列立，定共再拜。後日不拜。居而舉哀三段，段別三聲，訖依次退出，日別三節，至於斂葬之夕乃罷。

可能即是因為經過前一年為祖母服喪議論後，清和天皇本身感受到現實生

---

[53] 舉例而言，對此點提出質疑的研究專文，可參見胡雲薇，〈聞哀小考〉，收入早期中國史研究會編，《早期中國史研究》第 1 卷（臺北：淵明印刷，2009），頁 105-123。

[54] 《養老・假寧令》「聞喪舉哀假」條規定：「凡聞喪舉哀，其假減半。有乘日者，入假限。」《天聖・假寧令》宋 15 條：「諸聞喪舉哀，其假三分減一，有賸日者入假限。」並請參見筆者對宋 15 條之解讀，收入高明士主編，《天聖令譯注》（臺北：元照出版社，2017），頁 440-441。

[55] 參見前引（日）所功，《平安朝儀式書成立史の研究》，頁 70-71。

活中，喪禮的執行無可迴避，授意將相關禮儀加入了給政府官員的儀式指南之中，而流傳至今。

拙稿藉清和天皇的為祖母服喪禮議，對於日本吸納中國喪葬禮制的過程做了初步的考察，因囿於時限，尚有許多想探討的細節未能深入探索，深感遺憾，將留做為今後繼續研究的課題。

第五章　禮俗法制的交融——日本《服忌令》探源兼論與唐令關係

第一節　前言

所謂《服忌令》，是日本德川幕府時期頒布的法令，使用至明治前期。論其淵源是將唐令、日本令的《喪葬令》、《假寧令》，以及唐《祠令》、日本《神祇令》中的主要觀念整合而成，在唐日禮俗法制研究中，為前賢較少觸及的一環。其內容主要包括「穢」與忌避的範圍、為親屬服喪天數，以及遭遇各種「穢」後的忌避時間等。拙稿囿於篇幅，擬先就「忌」、「穢」「齋」、「服」、「假」及親等觀念等關於親屬相互服喪的部分進行探討。

死亡是全人類都會面臨的課題，在喪葬禮俗中，「喪服」是生者為親屬的去世而改變服飾，以誌哀悼、追念之情的習俗，是普遍存在於世界各民族的文化現象。[1]若論中國的喪服制度，可以追遡到西周，而在春秋戰國時期成為完整的體系。五服制度是等級制社會的支柱，[2]從先秦以後，中國社會一直對於五服制度投注高度重視。

「禮」可謂中華文化核心，在禮的框架下，各種身分之間的行為得到遵循的準則，禮不僅是維持社會秩序、建立人倫義理的綱繩，其背後的意義，更重於儀式或服飾符號本身。禮制與法制關係密切，上層社會的禮與民間習俗亦相互影響。喪葬最初雖然是民俗，但經過化俗成禮、以禮化俗的過程後，禮制一經國家頒布，便體現了國家意識形態，有了國家強制力

[1] 丁鼎，《儀禮・喪服考論》第 1 章〈緒論〉（北京：社會科學文獻出版社，2003），頁 1。

[2] 丁凌華，《五服制度與傳統法律》第 1 章〈緒論〉（北京：商務印書館，2013），頁 8。

的性質。傳統的五禮之中，隸屬於凶禮之下的喪禮，是禮制中最細膩的部分。喪禮之中包含了喪、葬、祭，並包含服飾、服敘與守喪制度，[3]規範了具體的禮節與儀式。

日本於八世紀頒行的大寶、養老律令，源自中國的律令制，其中又包含了唐朝以前已存在的中國傳統禮俗。如眾所知，由中晚唐至宋，政治、社會、文化制度、實際生活等各方面形態均有大幅變革與重要演變，即所謂「唐宋變革期」。同時期，日本在政治權力結構及文化風尚上也有大幅變化。七到八世紀，日本朝廷原採行唐前期律令制，全面學習唐朝文化，以求參與當時東亞政治體系。因唐的法令無法完全適用於風土民情不同的日本社會，律令制於平安時代(794-1192)起逐漸崩潰。但在十世紀前後，日本卻出現了融合源自中國的《喪葬令》、《假寧令》後的新產物——《服忌令》。其間經過政治力與日本本土的神道教使其普及，江戶中期之後，更因德川幕府的推行，成為日本武家社會共守的禮儀規範，其精神流傳到今日。亦即拙稿所欲討論課題——日本《服忌令》的源頭，實源於奈良時代前後從中國所吸收之禮令文化，而與唐令有關。

拙稿注意到唐日法律名詞中均出現「忌」、「穢」、「假」等與喪葬相關的行為與概念名詞，在辨明其性質之際，又發現在日本服喪期間、不同親等的近親亡故時所給予的寧假，與日本本土傳統的「穢」觀念（主要為死穢的部分）相互結合，融合成為《服忌令》，而欲追索其在中國的源頭，即母法唐令的思想根源，以及這些觀念在日本法制中的變化，藉以說明東亞文化有來自中國的普遍性，與因應各地風土習俗而產生特殊性的部分。

---

[3] 同前引丁凌華，《五服制度與傳統法律》第 1 章〈緒論〉頁 3。

第二節　喪服制與忌、穢、假

一、忌諱與死亡

禁忌、忌諱，以及忌避不祥事物的觀念，從遠古即已在中國歷史，乃至世界各地的原始民族出現。一般是因為該項行為、思想、物品或語彙不合乎禮儀、為社會帶來破壞和騷亂，或可能會造成人命的傷亡；在法律上，打破禁忌的人需要受到制裁。[4]以對死亡的忌諱而言，死亡在日常生活中不可避免，但人死卻無法重生，對於群體生活而言，某一個人物的死亡，對於其親屬及人際圈，心理層面及生活上亦大有影響。在原始矇昧的萬物有靈時代，不能瞭解人為什麼會死亡，只能用祈禱祈求神明降福驅禍，死亡甚至於會傳染，而被視為一種必須警戒，加以排除、隔絕，避免被感染的可怕禍害。死亡亦不能見容於神聖的祭祀場合，一旦被死亡污染，則必須加以潔淨。[5]中國的喪禮有一套詳盡的流程，從制定初期，即依當事人身分、與亡者彼此間親等關係，規定長短不等的服喪時間。在傳統中國和日本，對於喪葬相關事宜，均發展出各具特質的避諱與應對之道。喪事除了是忌諱，也屬凶惡的穢事，官員遭逢親喪，可以依與亡者之間的服制親等關係「取寧」，即請一定天數的喪假以盡哀、治喪，在禮法層面有綿密規範。又因中國的原始信仰中視死亡為凶、穢，因而遭逢親喪的官員，不得參與國家祭禮與吉慶的場合，以免冒犯神靈。中國的原始信仰中發展出的趨吉避

---

4 參見維基百科對「禁忌」定義：http://zh.wikipedia.org/wiki/%E7%A6%81%E5%BF%8C 查閱日期：2016.01.30。

5 （日）岡田重精，《古代の斎忌—日本人の基層信仰》（東京：国書刊行会，1982），頁 290。

凶觀念，對今人仍影響發揮影響力。以下先針對因喪事而發展出的「忌」、「穢」觀念與喪假做簡要說明。

中國的原始信仰中，最重視的是祭祀天神地祇及祖先神。對於王室而言，事奉祖先神的具體禮儀是立宗廟享祖及先王，以盡人子孝心，而王的家祭亦是國家重要祭祀。如《易經》的萃卦象中說：「王假有廟」，注云：「致孝享也，全聚乃得致孝之享也」。孔穎達正義曰：「享，獻也。聚道既全，可以至於『有廟』，設祭祀而「致孝享」也。」[6]

「忌」原指先王的死日。《周禮》卷二十六〈春官・小史〉中說：「若有事，則詔王之忌諱。」鄭玄注引鄭司農曰：「先王死日為忌，名為諱」。賈公彥疏云：「『若有事』者，謂在廟中有祀祭之事。」[7]從賈公彥的疏與「忌諱」的原始意義裡去推敲，可以看出國家祭祀與死亡互斥。《禮記・祭義》曰：「君子有終身之喪，忌日之謂也……思死者如不欲生，忌日必哀，稱諱如見親。」鄭玄注：「忌日，親亡之日。忌日，不用舉他事，如有時日之禁。」[8]在唐代，官員如遇親屬喪事，可依法申請喪假，喪服（親等）與服喪時間，規範在《喪葬令》的附令中，遇喪給假、解官等相關規範則載於《假寧令》中。此外，因為每年逢尊親的忌日就像初喪一樣哀慟，思念尊親，意欲隨之而死，除了全心想著尊親，無法做其他的事，愚意以為這是唐《假寧令》中私忌日可以給假的原因之一。[9]

中國五禮中的凶禮，以及與喪服相關的知識，至十世紀末時，均已以圖書典籍的形式傳入日本，歸類於《日本國見在書目錄》的〈禮家〉之中，

---

[6] 參見（魏）王弼注，李學勤編，《周易正義・下經》卷五第45卦〈萃〉（臺北：臺灣古籍出版社，2002），頁220。

[7] （漢）鄭玄注，（唐）賈公彥疏，十三經注疏委員會整理，《周禮注疏》（北京：北京大學出版社，2000），頁699。

[8] 參見（漢）戴聖著，（清）孫希旦集解，沈嘯寰、王星賢點校，《禮記集解》（北京：中華書局，1989），頁1210-1211。

[9] 參見拙作，《唐日令中所見生活節假初探》2章（新北：稻鄉出版社，2017，頁170）對私家忌日給假之說明。

[10]如《吉凶禮》、《喪服九族圖》、《古今喪服要記》各一卷、《唐禮》一五〇卷等。

接著看日本喪葬禮俗。七世紀以前，日本本有自己獨創的喪葬習俗，亦有從大陸文化中吸收而來的埋葬方式，如巨大的陵墓、前方後圓古墳、墓室繪畫，以及勾玉、璧、銅鏡、銅鐸等陪葬品，用以誇耀死者的權威，也希望死者在另一個世界能繼續享用現世的精神及物質生活。從七世紀推古天皇在位、聖德太子執政的時期起，日本開始不再僅透過朝鮮半島，而是派出遣隋使，直接吸收、學習中國的文化與制度，也將律令中相關的禮制一同吸收，大幅改變了日本自古以來的政治制度與禮俗。特別是大化革新以後，幾乎全面性的採用唐的法制禮俗文化。八至九世紀之間，日本官方派出的遣唐使節團（含遣唐留學生／僧），以及少數赴日唐人，冒著生命危險，以肉身做為唐文化的媒介，將大量唐朝文物、知識及民俗等傳入日本，造就了此時期日本文明的飛躍成長。

受到中國典章制度中包含的禮俗影響，在八到九世紀間，日本傳統的喪葬儀式逐漸改變。至日本平安時代初期，日本的民族自信心已經顯著提升，雖然仍對唐土及來自中國的文物多所憧憬，在發展方向上則逐漸與現實中的唐朝脫鉤。從九世紀起，以天皇為頂點組成的政府，政策多以詔敕與太政官符發布，實際行用上，則是另行編撰儀式書及格、式等法典，律令逐漸成為備而不用的法律。未及唐亡，中國禮法制度的變動，即不再反映在日本的法律中。至日本停止派遣遣唐使（唐昭宗乾寧元年，日本宇多天皇寬平六年，894），等同正式結束了官方對中國制度的吸收。但是禮俗有做為人倫日用的一面，雖然中國喪葬禮俗進入日本之初，有部分因為與日本傳統特質的「穢」觀念牴觸，而沒能成為日本行用的制度，[11]但服喪

---

[10] （日）藤原佐世編，《日本國見在書目錄》光緒十年刊本，（臺北：新文豐出版公司據清光緒黎庶昌校刊古叢書本影印，1984），葉五。

[11] 舉例而言，如唐前期出現的「寒食上墓」之俗，因為與日本傳統特質的「穢」觀念抵觸，雖然日本也知道中國有寒食節，但寒食通清明節的禁火與掃墓習俗，並未成為日本的風俗。中文作品可

行為與相應的禮制，卻在日本的官民生活中留存，並未隨時間而消逝。例如日本官修正史之一《日本三代實錄》中，記載了九世紀的清和天皇為祖母、姑母服喪禮議，[12]即是明證。

日本令將親屬的範圍，規範在《養老・儀制令》中的「五等親」條，但實際與《養老・喪葬令》中的「喪服年月」條亦有密切關係。參照新出《天聖令》，可知大寶、養老令設計與唐令有內在的相似性，但也有為因應日本當時社會狀況而刪增的部分。另與親等密切相關的的是《假寧令》的取寧部分。

二、「穢惡」與喪事

（一）「穢惡」的中國源頭

沐浴與養生、醫療的關係密切，代表了清潔禮敬，在生命禮俗、生活禁忌、宗教信仰中都扮演了重要的角色。沐浴是為了除去身上的髒污，回復到身心清潔的狀態，其頻率反映了生活的節奏，也反映在古代的休沐制度中，[13]例如漢代官員五日一休沐，是後世官員休假制度的原點之一。[14]

「穢」做為中文形容詞的意義是骯髒的、不乾淨的，[15]亦常與災難相

參見劉曉峰，〈寒食不入日本考〉意見，收入氏著《東亞的時間——歲時文化的比較研究》（北京：中華書局，2007），頁 230-251，以及拙稿《唐日令中所見生活節假初探》第 3 章頁 84 等論述。

[12] 已論於前章，詳情另可參見（日）藤原時平等奉勅撰，《日本三代實錄》，收入（日）黑板勝美編，《新訂增補國史大系》冊 4（東京：吉川弘文館，2007），頁 295-299、頁 393-394。

[13] 參見劉增貴，〈中國古代的沐浴禮俗〉，《大陸雜誌》98:4（臺北：大陸雜誌社，1999），頁 153-173。

[14] 並請參見前引拙作《唐日令生活節假初探》2 章 1 節對假寧制起源說明。

[15] 參見中華民國教育部編，《重編國語辭典修訂本》http://dict.revised.moe.edu.tw/cgi-bin/cbdic/gsweb.cgi?o=dcbdic&searchid=W00000005159 ，查閱日期：2016.01.30。

連結，為了除穢，而有相對應的行動「禊」[16]，中國的先民「流水邊洗滌去災」、「臨水以消災」，水濱祓禊的活動可以追至《論語》「浴乎沂，風乎舞雩」的時代，故除穢及相對應的祓禊，可謂非常古老的中國民俗。漢代以降的事例，如司馬彪《續漢書・輿服志》中寫作「絜齋」，[17]用以除穢。再如《荊楚歲時記》在「三月三日四民並出江渚池沼間臨清流為流杯曲水之飲」條中，對三月三日（上巳節）的節俗[18]做了許多說明，其中引用《韓詩》的注：「謂今三月桃花水下，以招魂續魄，祓除歲穢」，又引《周禮》「女巫歲時祓除釁浴」，鄭玄注云：「今三月上巳水上之類」，再引司馬彪《續漢書・禮儀志》：「三月上巳，官民並禊飲於東流水上，彌驗此日」。[19]宗懍另用三女俱亡的故事說明，為去除穢與死亡帶來的災害，水濱禊祓、曲水流觴都和上巳節（通寒食節及日後的清明節）[20]的中國禮俗相關。此種觀念，日後也傳入古代日本，分別成為神道教與文學史上的重要行事。

「穢」與「惡」字連用成為一詞，在正史史籍中，至遲於魏晉南北朝

---

[16] 參考孫猛對古代中日之「禊」字義說明如下：「禊，祓禊，除凶穢，求吉祥之義。在古代日本，祭祀、奉幣、祈福參詣之前，或火災、震雷、疾病、死穢之後，行祓禊。」見氏著《日本國見在書目錄詳考》研究篇〈藤原佐世生平事蹟考釋〉（上海：上海古籍出版社，2015），頁 2119。

[17] 參見（東漢）劉珍等撰；吳樹平校注《東觀漢記校注》卷 5〈車服志〉（鄭州市：中州古籍出版社，1987）頁 183 所引司馬彪《續漢書・輿服志下》內容。

[18] 另可參見勞榦，〈上巳考〉，《中央研究院民族學研究所集刊（慶祝凌純聲先生七十歲論文集之一）》29 期（臺北：中央研究院民族學研究所，1970），頁 243-261，另收入《勞榦學術論文集》甲編下冊，（臺北：藝文印書館，1976），頁 1211-1230。

[19] 全文詳見（梁）宗懍，《荊楚歲時記》，收入中華書局編，《叢書集成初編・荊楚歲時記（及其他七種）》（北京：中華書局，1991），頁 9。

[20] 前引（梁）宗懍，《荊楚歲時記》記載：「去冬節一百五日，即有疾風甚雨，謂之寒食。」（頁 7）因為農民曆中的冬至日期會變動，所以曆法上，上巳與寒食兩節往往重疊，寒食又通唐朝開始出現的清明節。並參見（唐）李林甫等撰，陳仲夫點校，《唐六典》卷 2〈尚書吏部〉「內外官吏則有假寧之節」條下所載《假寧令》：「謂元正、冬至各給假七日；寒食通清明四日（後略）」（北京：中華書局點校本，1992），頁 35，及拙作《唐日令中所見生活節假初探》第 1 章對上巳、寒食、清明節相關說明。

出現，[21]例如《後漢書・張王种陳列傳》:「時順帝委縱宦官，有識危心。綱常感激，慨然歎曰:『穢惡滿朝，不能奮身出命埽國家之難，雖生吾不願也。』」[22]又如《後漢紀・孝靈皇帝紀上》:「元艾為主人，請親屬及賓客二十餘人……夏侯氏便於座中攘臂大呼，數元艾隱慝穢惡十五事。」[23]可知「穢惡」在唐朝以前即已成為一個成詞，亦成為法律中的用語，例如《唐律・職制律》的「大祀不預申期」條（總 98 條）中，《疏》議曰:「皆不得習穢惡之事。」[24]，但是這裡對於「穢惡之事」並未有明確定義。另由於《職制律》從總 98 條至 101 條的內容為祭祀、典禮、廟享相關注意事項，參照同律後文「廟享有喪遣充執事」（總 101 條）所規定，《疏》議曰:「廟享為吉事」[25]，遭緦麻以上喪事者不得從事廟享，以免褻瀆神明、破壞祭祀，律文旨在治其非禮之罪。[26]透過律、令文間的邏輯性及相關性，可以想見穢惡、喪事在唐朝人的觀念有所連結。即使是成書於五代的《舊唐書・禮儀志》在敘述郊祀時也提及「車駕及齋官赴祠祭之所，州縣及金吾清所行之路，不得見諸凶穢及縗絰者」[27]，意即當國家祭祠舉行之際，地方官吏須預先對負責人員行經道路加以清掃潔淨，不能遇到喪事及正在服喪的人。用「凶」形容「穢」，可見祭祀對於遇到喪事非常忌諱。此外，「穢惡」

[21] 按，《漢書》中，唐朝顏師古所作註文中有「穢惡」二字:「師古曰:『蓬蒿藜莠，皆穢惡之草。』」因非正文，故不取為例。見於（漢）班固撰；（唐）顏師古注《漢書》卷 25〈郊祀志〉（北京：中華書局，1965），頁 1197。

[22] （劉宋）范曄撰；（唐）李賢等注，《後漢書》卷 56〈張王种陳列傳〉（北京：中華書局，1965），頁 1817。

[23] （東晉）袁宏撰，《後漢紀》卷 23〈孝靈皇帝紀〉上（北京：中華書局，2002），頁 451。

[24] （唐）長孫無忌等撰，劉俊文點校，《唐律疏議》（北京：中華書局，1983），頁 188。

[25] 同前引《唐律疏議》，頁 190。

[26] 劉俊文，《唐律疏議箋解》（北京：中華書局，1996），頁 739-740。

[27] （後晉）劉昫等撰，《舊唐書》（北京：中華書局點校，1975），頁 819。

一詞尚見於佛教內典[28]及道教文獻中。綜合以上，中國的「穢惡之事」，雖然管見目前尚未在唐前典籍中見到明確定義，但應該是指相反於神聖潔齋的事物，其中包括惡行、非禮、死亡。

前段已略述《唐律・職制律》總 98 至總 99 條中規範了祭祀失禮、齋戒不謹的罰則，其中「大祀在散齋弔喪問疾」條（總 99 條）規範：

> 諸大祀在散齋而弔喪、問疾、判署刑殺文書及決罰者，笞五十；奏聞者，杖六十。致齋者，各加一等。

《疏》議曰：

> 大祀散齋四日，並不得弔喪，亦不得問疾。刑謂定罪，殺謂殺戮罪人，此等文書不得判署，及不得決罰杖、笞。違者，笞五十。若以此刑殺、決罰事奏聞者，杖六十。若在致齋內犯者，各加一等。中、小祀犯者，各遞減二等。[29]

本條律文規範了散齋、致齋期間的禁止行為，含弔喪、問疾、判署刑殺文書、決罰、奏聞的處罰方式，它的源頭可能是《周禮・秋官・司寇》中所提及的「蜡氏，掌除骴。凡國之大祭祀，令州里除不蠲，禁刑者、任人及凶服者，以及郊野；大師、大賓客，亦如之。」[30]從中可知蜡氏掌理清除腐屍，凡國家有大祭祀，命令州里掃除不潔的東西，禁止執行肉刑，罰作

---

[28] 例如（唐）玄奘譯《大般若波羅蜜多經》內容：「離身穢惡三摩地。離語穢惡三摩地。離意穢惡三摩地。」收入（日）高楠順次郎等編，《大正新脩大藏經》冊 7 卷 414，（東京：大正新脩大藏經刊行會，1975），頁 0074b26-27。

[29] 同前引《唐律疏議》，頁 189。

[30] 同前引（漢）鄭玄注，（唐）賈公彥疏，十三經注疏委員會整理，《周禮注疏》，頁 1048。

勞役，和穿著衰絰等凶服，[31]唐律的規定與此有所相似。《疏》議則進一步做說明施行細則及違律者處罰方式。

「散齋」一詞，源於《禮記‧祭義》，原本是指祭祀父母與祖先之前所要具備的態度與用心：

> 致齊(按，即「齋」)於內，散齋於外。齋之日，思其居處，思其笑語，思其志意，思其所樂，思其所嗜。齋三日，乃見其所為齋者。

鄭玄注云：

> 致齋，思此五者也。散齋七日，不御、不樂、不弔耳。見所為齋者，思之熟也。[32]

據此，齋戒分為兩個步驟，一是「散齋」，二是「致齋」。祭祀前，祭者要先調攝身心，觀想過世雙親或祖先生前的居處、談話歡笑的聲音、志意、興趣、嗜好等五件事，透過這種做法約束內在、進行心靈洗滌，以求與神靈交感，這是致齋。而「散齋」是進入致齋前七日的外在自我約束，行為守則是不御、不樂、不弔，清人孫希旦謂「防其外之所感也」。[33]從散齋到致齋身心淨化的過程，或可視為一種過渡儀式。[34]

---

[31] 白話譯文見林尹註釋，《周禮今註今譯》（臺北：臺灣商務印書館，1972 初版，2005 再版），頁 392。

[32] 參見（漢）戴聖著，（清）孫希旦集解，沈嘯寰、王星賢點校，《禮記集解》（北京：中華書局，1989），頁 1208。

[33] 同前引《禮記集解》，頁 1209。

[34] 參見林素娟，〈飲食禮儀的身心過渡意涵及其文化象徵──以三《禮》齋戒、祭祖為核心進行探討〉，《中國文哲研究集刊》32，2008，頁 171-216。

根據《疏》議說明，唐代的散齋與致齋，因為是重要的吉禮，對應大、中、小祀，除有天數上的不同，散齋與致齋舉行之際，官員的居處也有所不同。目前唐令祠令中的原文已亡佚，但是在總 98 條的「《疏》議曰：依《(祠) 令》……」所引用唐令及《疏》議對「不依禮令之法」[35]的強調，可以理解律、令、禮之間的緊密相關性，並可進一步推想，總 99 條在《祠令》中一定也有相對應的令文。參考《唐令拾遺》的整理，在《大唐開元禮》卷三《序例下・齋戒》、《唐六典》卷四「祠部郎中員外郎」條均出現「不得弔喪問疾」及「不判署刑殺文書」,「不決罰罪人」等的相同文字，足見令中有此規範。

（二）日本的運用

前面所舉《東觀漢記》、《後漢書》、《後漢紀》幾部史書，在十世紀末編成的《日本國見在書目錄》中均已明記。可知「穢惡」這個詞彙早已隨著中國典籍傳入了日本，例如它也出現在八、九日本所編成的律、令、《(貞觀) 儀式》、《延喜式》等法律文獻及禮典中。雖然現在看不到日本律全文，但是日本法令模仿唐朝律令之初，制法的精神是尋求貼近唐制，重視律令之間的體系性、一貫性，故推測在日本律中應該也有呼應唐律邏輯的文字內容，即將凶穢、穢惡與喪事做一定連想。

日本的律令制中，《神祇令》脫胎自唐令的《祠令》，法條中雖然大量採用了中國名詞，實際意義卻大相逕庭，所規範的祭祀對象、地點與祭祀活動，亦與唐相當不同。祭祀對象有「神祇」、「天神地祇」、「神」等說法，《令義解・神祇令》的解題謂：「天神曰神，地神曰祇」,「天神地祇」條規範：「天神者，伊勢、山城鴨、住吉、出雲國造齋神等類是也。地祇者，大神、大倭、葛木鴨、出雲大汝神等類是也。」[36]進一步舉出了具體的神名。

---

[35] 見《唐律・職制律》總 98 條「《疏》議曰」內容。

[36] 並見（日）清原夏野等撰，《令義解》卷 2《神祇令》，收入（日）黑板勝美、國史大系編修會編，《新訂增補國史大系》冊 22（東京：吉川弘文館，1974，2007），頁 77。

《令集解・職員令》「神祇官」條對「神祇」注釋很多，例如「跡云」的解釋是：「自天而下坐神也。就地而顯曰祇也」[37]，來區分「神」與「祇」。

《養老・神祇令》「散齋」條，為現存最早出現「穢惡」一詞的日本法令，它應該是承襲自大寶令，而大寶律令又源於《永徽令》，與現存的《天地祥瑞志》所引《祠令》令文互相對照，可以看出與中國法令相通及新增加的部分。

該條《祠令》的內容為：

> 諸散齋之內，晝理事如舊，夜宿於家正寢，不得弔喪問疾，不判署刑殺文書，不決罰罪人，不作樂，不預穢惡之事。致齋唯為祀事得行，其餘悉斷。非應散齋致齋者，唯清齋一宿於本司及祠所。[38]

《養老・神祇令》「散齋」條的內容則為：

> 凡散齋之內，諸司理事如舊，不得弔喪、問病、食宍（按，山豬肉），亦不判刑殺、不決罰罪人、不作音樂、不預穢惡之事。致齋，唯為祀事得行。自餘悉斷。其致齋前後，兼為散齋。[39]

除了唐律中已經禁止的弔喪問疾、判署刑殺文書、決罰罪人以外，或許是因為齋戒是淨化身心，以求溝通天地神靈的重要環節，故日本令再添加了

---

[37] （日）惟宗直本撰，《令集解》卷2《職員令》，收入（日）黒板勝美、國史大系編修會編，《新訂增補國史大系》（東京：吉川弘文館，1974），頁28。

[38] 引自（日）仁井田陞著，池田溫等編，《唐令拾遺補》〈祠令・三八　乙（永）（追加）〉（東京：東京大學出版會，1997），頁499。

[39] 《令義解》頁79。

不得食肉的禁制。[40]「散齋」一詞進入日本，相對應的日文寫法為「荒忌み」(あらいみ)，無論是唐律或是養老令的令文，都說明了它和「致齋」真忌，發音まいみ)有時間和程序上的前後關係。另從令文中可看出喪事、死亡與穢惡之間有關連性，亦即它們是散齋進行時的禁忌。唐朝法令對於喪禮，著重在服與假的完整規範，又基於對國家祭祀對象的禮敬尊崇，故極力避免國家吉禮與私家凶禮相互衝突。日本令則著重於祭祀的清淨性，避免讓神聖空間及神事沾染「穢」。《令集解》中，「散齋」條「不預穢惡之事」彙集了官方及諸明法家對「穢惡」的解釋，現整理如附表 5-1：

附表 5-1：《令集解》「散齋」條中明法家對「穢惡」意義解釋簡表[41]

（令義解）謂	穢惡者，不淨之物，鬼神所惡也。
釋云	穢惡之事，謂神之所惡耳。假如，袚詞所謂上烝下淫之類 。
穴云	穢惡者如令釋也。或余惡謂佛法等並同者，世俗議也，非文所制也。
古記云	問，穢惡何？答，生產婦女不見之類。
跡云	穢惡謂依穢而所惡心耳。
（桓武天皇）延曆廿年(801)五月十四日官符云	定准犯科袚例事，一大袚料物廿八種：（中略）右闕怠大嘗祭事及同祭齋月內，弔喪、問疾判署刑殺文書、決罰、食宍、預穢惡之事者，宜科大袚。所輸雜物，具如前件，官人有犯，兼解見任。 一上袚料物廿六種：（中略）右闕怠新嘗祭、鎮魂祭、神嘗祭、祈年祭、月次祭、神衣祭等事，毆伊勢大神宮禰宜內人，及穢御膳物，幷新嘗等諸祭齋日，犯弔喪問疾等六色禁忌者，宜科上袚，輸物如右。 一中袚料物廿二種：（中略）右闕怠大忌祭、風神祭、鎮花祭、三枝祭、鎮火祭、相嘗祭、道饗祭、平野祭、園韓神春日等祭事，毆物忌戶座火炬，姧物忌女，及觸穢惡事，預御膳所，幷忌火等祭齋

[40] 死刑與齋食、停音樂的關連性，詳見拙稿《唐日令中所見生活節假初探》第 4 章頁 153。

[41] 表格內文字見《令集解》卷 6〈神祇令〉頁 200-201。

	日，毆祝禰宜，及預齋祭事神戶人，犯弔喪問疾等六色禁忌者，宜科中祓，輸物如右。 一下祓料物廿二種：（中略）右闕怠諸祭祀事，及齋日毆祝禰宜幷預祭神戶人，犯諸禁忌者，宜科下祓，輸物如右。以前。 被右大臣宣偁：「承前，神事有犯，科祓贖罪，善惡二祓，重科一人，條例已繁，輸物亦多，事傷苛細，深損黎元，仍今改張，立例如件，其毆傷若重者，祓淨之外，依法科罪，齋外鬪打者，依律科決，不在祓限。神戶百姓，有犯失者，行齋之外，決罪如法。今具奏狀聞。」奉勅，依奏。

由此表整理內容可知，在八至九世紀時，「穢」是什麼，還沒有明確定型。但是各明法家已經提出了各種不淨的事項，除了環境髒污以外，也包括了性的淫亂、婦女生產時的血污（後世所謂「產穢」）。「六國史」中，奈良時代所記錄的穢，多半僅是髒污與打掃的記事，隨著時間推移，穢的定義越來越具體，記載也越來越多。[42]淳和天皇天長十年(833)公布的《令義解》，做為官方定義，具有權威性，但此前延曆廿年(802)的官符是經由勅令發布，也具有法令效力，它認為犯「弔喪問疾等六色禁忌」(後世所謂「六禁」，即前文所引《養老・神祇令》「散齋」條中規範的「弔喪、問病、食宍、判刑殺、決罰罪人、作音樂」)，以及與犯穢的人事物接觸，均不可為，當事人所沾染的「穢」，必須用「祓」解除不祥，[43]除奉獻一定物品，並要依法

[42] 關於「穢」定義與統計，另可參考日本國學院大學網站編 http://21coe.kokugakuin.ac.jp/db/jinja/kegare_c.html （神祇史料集成・穢【概説】），根據其中統計《六國史》中與神、祭祀相關的記事，條數各如下：《日本書紀》：4／《續日本紀》：5／《日本後紀》（含逸文）：4／《續日本後紀》：1／《文德天皇實錄》：7／《日本三代實錄》：100。該網頁文章執筆者横山直正認為，記事有明顯增加的原因可能有以下幾點：1.作者不同，對史料取捨觀念亦不同。2.進入平安時代，穢的觀念和定義明確了。3.和時期有關，平安時代會因穢的傳染而停止祭祀，奈良時代幾乎不見此類記事。（查閱日期：2016.01.10）

[43] 參見《令義解・神祇令》「大祓」條的解釋：「謂，祓者，解除不祥也」，頁 80。

開罰。但延曆廿年的官符中也提及右大臣的裁示，認為「條例已繁，輸物亦多，事傷苛細，深損黎元，仍今改張，立例如件。」可以想見日本為了維持宗教的神聖及權威性，定出太多瑣碎的規定，實行面上出現困擾。

（三）忌與假的結合

目前可見日本最早出現忌與天數結合的正式文獻，當為平安初期編成的《弘仁式》[44]，對觸穢的規定為：

> （註云：《西宮記・定穢事》所引或記）凡觸穢忌（惡）事應忌者，人死限卅日，產七日，六畜死五日，產三日，其喫宍，及弔喪，問疾三日。[45]

九世紀後期編成的《(貞觀）儀式》卷四「五畿內諸國司，可忌事六條」，其中「預喪、產并觸雜畜死・產事」條，亦見注文「喪忌卅日、食宍限月，產並畜死七日、產三日」[46]，但《儀式》屬禮典。此規定延用至十世紀發布的《延喜式・神祇式》：

> 凡觸穢惡事應忌者，人死限卅日（註云：自葬日始計），產七日。六畜死五日，產三日。（註云：雞非忌限）其喫宍三日（註云：此官尋常忌之。但當祭時，餘司皆忌）。[47]

[44] 按，《弘仁式》編成於 820 年，收錄西元 701-819 年間日本朝廷所發布的「式」。今多已散佚，僅留存少部分。

[45] （日）虎尾俊哉編，《弘仁式貞觀式逸文集成》（日本：國書刊行會，1992），頁 12。

[46] 佚名編，《儀式》，收入神道大系編纂會編，《神道大系》〈朝儀祭祀編一　儀式・內裏式〉（東京：神道大系編纂會，1980），頁 114。

[47] （日）藤原忠平等奉勅撰，《延喜式》卷 3〈神祇式〉「穢忌」條，收入（日）黑板勝美編，《新訂增補國史大系》（東京：吉川弘文館，1937 初版，1972 普及版），頁 69。

從以上諸條引文，可開始看見不同的「忌」與明確的天數連結。從《弘仁式》之後，明確見到日本將服、假、穢、忌結合，規定至法制文獻及禮典，亦即弘仁、貞觀、延喜年間，為日本的禮俗、法制文化相互結合的重要關鍵時期，但《假寧令》中的「寧」字則消失。[48]寧字為何不取，是否因為避諱提及與死亡相關字眼，或日人另有其他解讀，有待日後考查。

另參考 19 世紀末編成的日本類書《古事類苑‧神祇部》「觸穢」一詞，其解題如下：

> 是に於て触穢の制を設け、其の軽重に従ひ、日数に等差を設け、或は展転の遠近に由りて、……区別を立てたり。我邦は、上古以来汙穢を忌み、清潔を貴ぶ風俗なりしかど、觸穢に日数の長短を分け、展転の差を立てし事は、始て延喜式に見えたり。此後觸穢の制、益々厳に益々滋くして、実行に難きに由り、其の制反て漸く緩み。[49]

其漢義略為：「於是設觸穢之制，從其輕重，設日數之等差，區別其輕重遠近。……我邦（日本）上古以來風俗忌汙穢，貴清潔，觸穢分日數長短、展轉區別事，始見延喜式。此後觸穢之制，益益嚴格、益益滋生。由於難行，其制反漸緩。」在這段文字中，除提及穢的規範「始見《延喜式》」[50]，亦對日本式的穢從風俗成為法制，以及社會風氣從重視「穢」到逐漸加以簡化的過程，概略的做了說明。由於「觸穢」所涉具體內容十分龐雜，為

---

[48] 《令集解》卷 40〈假寧令〉在「假寧」二字下解題，引日本明法家「穴云」之解釋：「寧，安也」（頁 943），此解與漢制「取寧」或「寧假」，或《漢書》李斐注「凶曰寧」、顏師古謂「寧謂處家持喪服」（前引《漢書》卷 11〈哀帝紀〉，頁 336-337）意義有出入。並參見前引拙稿《唐日令中所見節假初探》3 章 1、2 節說明。

[49] （日）細川潤次郎等編修，《古事類苑‧神祇部 34‧觸穢》（東京：吉川弘文館，1981），頁 871。

[50] 以現今所見文獻而言，實際應為《弘仁式》，已見前述。

縮限範圍，本文僅討論人（親屬）的死穢，關於「雜穢」（親屬喪事以外的穢）的討論暫且從略。

《延喜式》中與喪服、穢、禁忌相關的規定，另整理如附表 5-2。其中對於與喪事、穢（六禁）無關的禁制，例如禁色（即身分階級太低而無資格使用的顏色）、禁賭、禁奢類，不列入表內。

附表 5-2：《延喜式》中與喪服、穢、禁忌相關規定一覽[51]

類別	出處	適用對象(若條文為汎用於一般官民者，則以「—」表示)	式文
遭喪	卷三	神司	凡諸神宮司及神主等，未滿六年，遭喪解任，不得補替。仍令祝部行事。服闋之日，復任滿限，其禰宜、祝部，一補之後，不須輙替。
觸穢、忌	卷三	—	凡觸穢惡事應忌者，人死限卅日，（註云：自葬日始計。）產七日。六畜死五日，產三日。（註云：雞非忌限。）其喫宍三日。（註云：此官尋常忌之。但當祭時，餘司皆忌。）
穢、遭喪	卷三	—	凡弔喪、問病，及到山作所，遭三七日法事者。雖身不穢，而當日不可參入內裏。
忌	卷三	—	凡改葬，及四月已上傷胎，並忌卅日。其

[51] 本表參照（日）藤原忠平等奉勅撰，《延喜式》諸卷內容整理，該書分類依據為官衙名稱，但實際條文亦有自破其例者。

			三月以下傷胎，忌七日。
散齋、遭喪	卷三	—	凡祈年、賀茂、月次、神嘗、新嘗等祭前後散齋之日，僧尼及重服奪情從公之輩，不得參入內裏。雖輕服人，致齋并散齋之日，不得參入。自餘諸祭齋日，皆同此例。
穢	卷三	—	凡緣無服殤請暇者，限日未滿，被召參入者，不得預祭事。
穢	卷三	—	凡宮女懷妊者，散齋日之前退出。有月事者，祭日之前，退下宿廬，不得上殿。其三月、九月潔齋，預前退出宮外。
穢	卷三	—	凡甲處有穢，乙入其處，（註云：謂著座。下亦同。）乙及同處人皆為穢。丙入乙處，只丙一身為穢，同處人不為穢。乙入丙處，人皆為穢。丁入丙處，不為穢。其觸死葬之人，雖非神事月，不得參著諸司并諸衛陣及侍從所等。
穢	卷三	神司	凡宮城內一司有穢，不可停廢祭事。
忌	卷三	神司	凡觸失火所者，當神事時忌七日。
穢、遭喪	卷四	宮司	凡禰宜、大內人、雜色、物忌、父、小內人遭親喪不敢觸穢，及著素服四十九日之後，祓清復任。其服闋之間，侍候外院，不預供祭物，亦不參入內院。（註云：傍親服中亦同。）但物忌父死者，其子解任，子死者父亦解任，並非復任之限。
遭喪	卷五	齋宮寮	凡齋王到國之日，取度會郡二見鄉礒部氏童男，卜為戶座。其炬火取當郡童女卜用。但遭喪及長大即替之。

穢	卷五	—	凡隍（按，城）中有失火穢者，隨之祓清。其宅人，七日不得參入宮中。
遭喪	卷五	齋宮寮	凡齋王相代，應歸京者，遣使奉幣亦如初。若遭國哀及親喪者，遣中臣一人告其狀，不奉幣帛。
忌詞	卷六	齋院司	凡忌詞，死稱直，病稱息，泣稱鹽垂，血稱汗，完稱菌，打稱撫，墓稱壤。
穢、忌	卷十一	齋院司	凡奏事諸司及入內供奉之輩，並不得觸入喪座等事，并弔喪。（註云：所忌日限，見神祇式。）
遭喪	卷十八	式部省上	凡親王及大臣薨，即任裝束司及山作司。（註云：或任主行所及山作所，輕重隨品高下，事見薨葬記。）送葬之日，敕使二人，（註云：一人持詔書，一人持位記。若無贈位者，一人持賻物。數其使人位階隨亡者高下。）就第弔贈。其中納言以上及妃、夫人薨時，弔賻亦准此。（註云：事見《儀式》。）
遭喪	卷十八	—	凡遭喪解任之人，復任本官者，依宣旨行之，不更給召名。其國司者不在此限。
遭喪	卷十八	—	凡白丁緣才伎補諸司雜色，遭喪解退者，服闋後補，不得輙聽留省。更取白丁。但預把笏者，不用此例。
遭喪	卷十八	—	凡郡司遭父母喪者，服闋之後，申官復任。若三年以上不申復任，便補其替。權任之輩，亦得復任。

遭喪 (服解)	卷十八	—	解由式。（註云：在京諸司准此。） 某國司解申與前司解由事 官位　姓名 右件人某年　月　日，因事（註云：得替遷任遭喪等類。）解任。仍與解由，即附某名申上。謹解。 年　月　日　大目位姓名 守位姓名 大掾位姓名 少掾位姓名 介位姓名 少目位姓名 右，主典以上解由如件。其史生以下，皆造以解申官，官判下省。但京官史生，直移省。
遭喪	卷十八	—	凡諸國司及史生、博士、醫師，秩限未滿任他國，及遭喪之徒、服闋復任者，並通計前歷。若任於京官，更遷外官，及從番上轉職事。如此之類，不計前歷。
遭喪	卷十八	—	凡諸國博士、醫師解任之後，既進解由者，各還本司，令熟本業。各注上日，每年申省與考。若望更任者，聽之，不勞覆試其被試及第。既任遭喪者，不待服闋復任。（註云：藥生緣侍醫舉任者，亦准此。）其秩滿任解之後，更任者亦同此例。但先不經課試者，不在此限。
散齋、	卷二十	大學寮	前享廿日，具注享日及幣帛并掃除寮內夫

遭喪			等數申省。（註云：春一百人，秋二百人。）若上丁當國忌及祈年祭、日蝕等，改用中丁。其諒闇之年，雖從吉服亨停。（註云：從吉服者或易以日月，或依遺詔止素服之類也。然而期年之間忌喪也，仍祭一切止之也。）預亨之官，散齋三日，致齋二日。（註云：散齋皆於正寢，致齋一日於本司，一日於亨所。其無本司者，皆於亨所。）散齋理事如舊，唯不弔喪問疾，不作樂，不判署刑殺文書，不行刑罰，不預穢惡。致齋唯亨事得行，其餘悉斷。其亨官已齋而闕者，通攝行事。餘館官學官及諸學生、雅樂工人，皆清齋於學館一宿。諸亨官致齋之日，給朝夕酒食，各習禮於齋所。
服制	卷廿一	—	凡妾為夫服一年，夫為妾無報服。
遭喪(服解)	卷二十二	民部省上	凡職封者，解官并身薨即還收。若解薨在納調物限月以後聽給。（註云：別敕封物准此。）品位封者，薨年之料，全納喪家。無品封亦准此。
遭喪	卷二十二	—	凡仕丁、女丁遭父母喪者，國司勘實差替申送，令得終服。
遭喪	卷二十八	兵部省、隼人司	凡近衛、兵衛者，本府簡試，省并式部位子。留省勳位等便習弓馬者，奏聞補之。若蔭子孫情願者，亦准此。其外考及白丁異能者，京職諸國具狀申送官，官下衛府試之，竝得及第，具錄奏聞。（註云：若自進者，亦准此。）即遣敕使覆試，及第，

			同署更奏，然後補之。其遭喪解任，服闋願仕者，本府奏聞。訖，副奏文以移送省。
遭喪	卷二十八	—	凡太宰府統領者，待府銓擬補之。其遭喪復任者，亦依府解。
遭喪	卷三十九	正親司、內膳司	（正親司）凡六位已下諸王死去者，喪家申司，司即申省。
遭喪	卷四十一	彈正臺	凡右大臣已上薨者，發哀三日內，諸司理事如常，不可問獄行刑。
喪事	卷四十一	—	凡喪葬盛餝奢僭，及淫祀之類，左右京職若不禁者彈之。
散齋、穢	卷四十一	—	凡散齋之內，不得弔喪問疾食宍，不判刑殺，不決罰罪人，不作音樂，不預穢惡之事。若有違犯，嚴加禁制。
污穢	卷四十一	彈正臺	凡臺巡行京裏，嚴加決罰令掃清，在宮外諸司并諸家掃除當路。又置樋通水，勿露污穢，又條令、坊長等，依例每旬巡檢催掃。若不從此制諸家司并內外主典以上，移式部兵部，貶考奪祿。四位、五位錄名奏聞，無品親王家及所所院家，以其別當官准諸家司亦移省貶奪。其雜色番上以下，不論蔭贖決笞。
禁制	卷四十一	—	凡男入尼寺，女入僧寺之事，除非夜時任莫令出入。
大祓	卷四十二	左右京職東西市司	凡六月、十二月大祓，預令掃除其處。亦兵士禁人往還，元日質明，掃除蕕靈。
年中行事	卷四十二	—	凡年終儺者，差擊鼓夫六人，馬六疋，送兵庫寮分配宮城六門。其夫馬功賃，以傜

			錢充之。
年中行事	卷四十二	—	凡追儺夜，分配諸門史生已上交名。廿八日以前，進太政官。
遭喪	卷四十二	—	凡應給賻物者，喪家申官，官下符職，以穀倉院所納物給之。（註云：事見治部式。）
散齋、遭喪	卷五十	雜式　諸國釋奠式	前享三日，守散齋於廳別寢二日，致齋於廳事一日。亞獻以下預享之官，散齋二日，各於正寢，致齋一日。於享所，散齋理事如舊，唯不弔喪問疾，不作樂，不判署刑殺文書，不行刑罰，不預穢惡。致齋唯享事得行，其餘悉斷。其享官已齋而闕者，通攝行事。其諸學生皆清齋於學館一宿，若上丁當國忌及祈年祭，改用中丁。其諒闇之年，雖從吉服，一從停止。

從附表 5-2 的整理中，可看出在延長五年(927)發布的《延喜式》中，真正指不清潔的「污穢」條文極少，僅有卷四十一〈彈正臺式〉中「凡臺巡行京裏」一條，[52]其他都屬「穢惡」、「凶穢」。亦即「穢」的意識及定義，以及對不同階級的官人、神官等遭喪時的相關應對規範，在此時都已相當明確。

在親屬的死亡避諱天數（忌）部分，需要回到親等及《假寧令》中遭喪給假的規定裡思考。

[52] 見《延喜式》頁 917。

第三節　服忌與給假天數的結合——以《養老・假寧令》「職事官遭父母喪解官」條為線索

有了具體的親等與服制，才能夠運用在法律中。在唐的法令中，與《喪葬令》有最多交會者，屬行政法的《假寧令》[53]。與現存的《天聖・假寧令》相較，日本的《假寧令》雖然因應日本現狀而刪去許多無法施行的令條，但不改變法律需要應用親等、服制的特質。

《養老・假寧令》「職事官遭父母喪解官」條，是服與假相結合的開始。令文謂：

> 凡職事官，遭父母喪並解官。(注云：謂，《選敘令》「職事官」：患經百廿日，及緣親患，假滿二百日者並解官。其番官者，本司判解，准此言之。分番遭父母及餘親喪者，解官并給假，並皆同職事。其羪子於本生亦解官也。）自餘（注云：謂，非重喪者。）皆給假。夫及祖父母、養父母、外祖父母，卅日。三月服，廿日。一月服十日。七日服，三日。[54]

根據律文，職事官在遇到父母過世時，須解官，此種情形屬於「服解」，為暫時性的停任，除服後可以復任。[55]父母以外的親人過世時，給予喪假。

---

[53] 吳麗娛，〈以官員為中心的唐朝《喪葬令》與《喪葬禮》〉，收入氏著《終極之典》下冊（北京：中華書局，2012），頁 413。

[54] 同前引《令義解・假寧令》，頁 287。

[55] （日）和田英松著，所功校訂，《新訂官職要解》（東京：講談社學術文庫，1983 一刷，1986 八刷），頁 42。

此令部分內容亦可見於《大唐開元禮》[56]與《開元令》[57]，在《天聖・假寧令》中成為宋6條：

> 諸喪，斬哀（衰）三年、齊衰三年者，並解官。齊哀（衰）杖朞及為人後者為其父母，若庶人（子）為後為其母，亦解官，申其心喪。母出及嫁，為父後者雖不服，亦申心喪。〔註云：皆為生已（己）者。〕其嫡、繼、慈、養，若改嫁或歸宗經三年以上斷絕，及父為長子、夫為妻，並不解官，假同齊哀（衰）朞。[58]

將宋6條與前引「職事官遭父母喪解官」條兩相對照，可以看出日本令在親屬範圍多所簡化。《義解》收錄的官方解釋中，常見提及「重服」一詞，可見在觀念上尚有重與輕兩層的服制行用，但卻不見於中國的令文中，[59]愚意以為是中國式的親屬關係對日本而言仍屬繁瑣，日本令經過一世紀的施行，在九世紀前半期，觀念上出現了二分式的簡化。對照《養老・儀制令》「五等親」條[60]規範的親等，「職事官遭父母喪解官」條可給（假）三十日

---

56 《大唐開元禮》卷132「齊衰杖周正服」條，見（唐）蕭嵩等撰，（日）池田溫解題，古典研究會編，《大唐開元禮・附大唐郊祀錄》東京大學東洋文化研究所藏光緒12年(1886)洪氏公善堂刊本（東京：汲古書院，1972），頁622。

57 同前引《令集解・假寧令》「職事官」條，《古記》引《開元令》之說明，頁947。（此《開元令》另可參看《唐令拾遺》〈假寧令〉（開二五）以及【唐令】復原10條。）

58 參見天一閣博物館、中國社會科學院歷史研究所天聖令整理課題組校證，《天一閣藏明鈔本天聖令校證附唐令復原研究》下冊（北京：中華書局，2006），頁322。

59 對中國而言，以喪禮時的穿著來表現與亡者的親屬關係遠近，質料及做工差者為重服，細緻者為輕服，前者近而後者遠。參見李卓，《中日家族制度比較研究》（北京：人民出版社，2004），頁89。

60 《養老・儀制令》中「五等親」條，其內容為：「凡五等親者，父母、養父母、夫、子，為一等。祖父母、嫡母、繼母、伯叔父姑、兄弟、姊妹、夫之父母、妻、妾、姪、孫、子婦，為二等。曾祖父母、伯叔婦、夫姪、從父兄弟姊妹、異父兄弟姊妹、夫之祖父母、夫之伯叔姑、姪婦、繼父同居、夫前妻妾子，為三等。高祖父母、從祖祖父姑、從祖伯叔父姑、夫兄弟姊妹、兄弟妻妾、

的親等跨越一等親至四等親，對於《養老・喪葬令》「服紀」條[61]而言，也不純是一年服內的親屬，並考慮到女性出任女官[62]的場合，列入了「夫」亡給假天數。[63]參考學者整理《寧樂遺文》中卷所收請假解、不參解中關於喪假的事例，官員請喪假後，所做的事大概有看護（亡者遺體）、齋食、哀哭、葬送等，後世日本人對應忌、死穢的行為，如閉門不出、祓、淨這些儀式，此時都尚未出現，中下層官員實際請喪假的天數，大約只有可請喪假的六成。[64]此時期一般貴族階層遇到喪事，多半也採火葬。[65]

隨著穢的觀念膨脹變化，此種逢喪事應有所避諱、閉門不出，對死穢忌憚的思想與行為，也在日本社會上傳布開來。神道教的神社基於避免神聖空間與神事被穢污染的思想，訂出了概括服制、假寧、對死穢等忌諱相關的規定，合稱為《服忌令》。在文字上，則多將令文中的「假」寫為「忌」，規定父母、養服父母等親屬的忌天數與服喪時間，穢消失之前，在家閉門

再從兄弟姊妹、外祖父母、舅姨、兄弟孫、從父兄弟子、外甥、曾孫、孫婦、妻妾前夫子，為四等。妻妾父母、姑子、舅子、姨子、玄孫、外孫、女聟（按，壻），為五等。」參見前引《令義解》卷6，頁211-212。

[61] 見於《養老・喪葬令》「服紀」條，內容為：「凡服紀者，為君、父母、及夫、本主一年。祖父母、養父母，五月。曾祖父母、外祖父母、伯叔姑、妻、兄弟姊妹、夫之父母、嫡子，三月。高祖父母、舅姨、嫡母、繼母、繼父同居、異父兄弟姊妹、眾子、嫡孫，一月。眾孫。從父兄弟姊妹、兄弟子，七日。」參見前引《令義解》卷6，頁295。

[62] 女官（宮人）雖然不存在對應職事官的官職，但根據《養老・祿令》「宮人給祿」條規範，「凡宮人給祿者，尚藏准正三位。尚膳、尚縫准正四位。典藏准從四位。尚侍、典膳、典縫准從五位。（中略）注云：給徵之法並准男」，此稱之為「准位」。參見前引《令義解》卷4，頁171-172。

[63] 《令集解・假寧令》「職事官遭父母喪解官」條，「夫及祖父母」割注引「朱云」：「此文稱夫，則知，此條男官女官无別亦同」（頁947），但筆者認為應是對於八世紀時期，有力貴族之妻出任女官時的情形有所考量，例如橘三千代（藤原不比等之妻，曾任聖武天皇乳母，又為孝謙女帝外祖母）這樣的女性，故不採其說。

[64] 同前引（日）明石一紀，〈古代の喪礼と服仮制〉，收入孝本貢、八木透編《家族と死者祭祀》，參見頁38-39、48整理及說明。

[65] 參見本書第3章相關整理。

不出，謹言慎行的期間稱為「忌」。[66]目前可見最早的神社系統《服忌令》，可能是現存於比叡山叡山文庫明德院藏的《日吉社服忌令》。它成立於平安時代末期的仁安三年(1168)，[67]結合日本的古老風俗、佛教的要素（例如「食五辛穢」），又引用了《延喜式》、《拾芥抄》等古老文獻，而服制及服喪行為中包含中國傳統禮俗，已如前所述。抄本是天正六年(1578)以備忘錄形式所抄。今列舉《日吉社服忌令》關於為三父、生母及養母服喪的內容如下：

父母（過世）　服一年，以十三月為限，不許閏月。

養父母　服五箇月，暇三十日

繼父　合同宿之時者服一箇月，暇十日；別宿之時者無服者暇之。[68]

僅此一端，即可窺見平安末期的日本，在服喪、親等上對唐文化的繼受、變動與融通。字面上將《假寧令》的「假」寫成了「暇」，而將日本傳統的「穢」觀念用「忌」字表示，[69]成為揉合《喪葬令》「服紀」條的服喪期間、《假寧令》「職事官」條的假天數的綜合性規範。[70]《服忌令》最初雖然只是神社用於規範參拜者，以維持神聖空間的清淨性，卻也因此使喪服「服

[66] （日）林由紀子，《近世服忌令の研究—幕藩制国家の喪と穢》第 1 章〈江戸幕府服忌令前史〉，（大阪：清文堂，1998）頁 10。

[67] 同前引（日）林由紀子，《近世服忌令の研究—幕藩制国家の喪と穢》，頁 9。

[68] 〈日吉社服忌令〉，收入神道大系編纂會編，《神道大系》神社編 29〈日吉大社〉（東京：神道大系編纂會，1983），頁 151。

[69] 同前引（同前引日）林由紀子，《近世服忌令の研究：幕藩制国家の喪と穢》，頁 9。

[70] 同前引（日）林由紀子，《近世服忌令の研究：幕藩制国家の喪と穢》，頁 7。

紀」和「假寧」的觀念普及於民間，維持到日本律令制無法施行的時代以後。

在日本的中世時期，各神社通常也會有類似規範，但不同神社在天數上各自有自己的規定，並嚴格執行。[71]雖然各神社所編的服忌令內容蕪雜，但原則上是由為父母、養父母為首的親屬服喪日數規定，加上忌（穢）的日數，必要時另添加相關解釋。

在有職故實書[72]中，首次將《令》裡的「服紀」條與《式》裡的「穢」相關規定整合在一起，始見於 11 世紀時，藤原公任所編《北山抄》卷四〈拾遺雜抄下〉「忌日遭親喪行事例」，將觸穢請假文、親喪假文等內容整合在同一卷中，列出服與假相同的親屬名稱，以及相對應的前例故事。[73]

在法制文獻上，首次出現概括服制、假寧、穢相關的規定，為《法曹至要抄》。它成立於平安末期至鎌倉初期之間，分上中下三卷，是法曹官僚坂上明兼(?-1147)基於家學，傳承三代人蒐羅的法條與心得，成書於其孫坂上明基(?-1210)之手。其內容首先引用律令格式中的法源內容，然後記錄案文，加以解說。《法曹至要抄》反映了平安末期至鎌倉初期的法律解釋及法律習慣。[74]在下卷裡，收錄了「喪服條」五項、「服假條」二十三項，「雜穢」條十三項。其中在「服假條」，逐一列出「一年服假事」、「五月服卅日假事」、「三月服廿日假事」，列舉了親屬範圍，並附解說。值得注目的是與職事官親屬關係無涉，「異於凡人」的「伊勢太神宮彌宜等穢服事」，它的題解將觸穢與服喪結合：「一、伊勢太神宮彌宜、大小內人、物忌父，遭親

---

[71] 參見（日）景山春樹，〈解題〉，收入前引神道大系編纂會編，《神道大系》神社編 29〈日吉大社〉（東京：神道大系編纂會，1983），頁 28-29。

[72] 基於自古以來的前例，彙集朝廷及公家、武家的行事及法令、制度、風俗、習慣、官職、儀式、服裝等事例的書籍稱之。最具代表性的三部公家故實為九世紀末源高明撰《西宮記》，記載古禮、平安時代中期，藤原公任《北山抄》，記載一條天皇以後的儀式、大江匡房撰《江家次第》，記載後三條天皇以後的儀式。

[73] （日）藤原公任撰，《北山抄》卷 4（東京：國書刊行會，1913），頁 160-163。

[74] （日）早川庄八，「法曹至要抄」條，收入《國史大辭典》。

喪不觸穢不著服事」[75]，可能是此時已有了服、穢、忌之間有所相關的觀念，與後世的《服忌令》相似度雖然不高，但仍為先驅。

《法曹至要抄》所抄的法條屬於公家法，令中的服紀制，在公家社會基本上一直存續到德川幕府末年。下圖為德川時代前期命林信篤所定服忌令之圖。

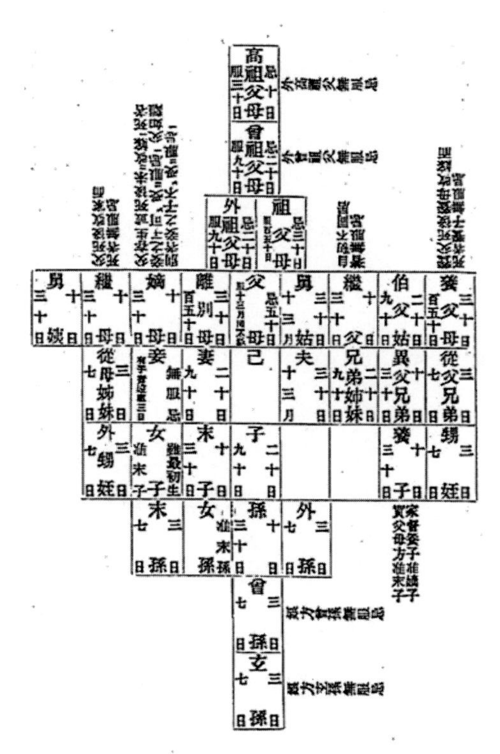

圖 5-1：《法曹至要抄正解》所附喪服圖[76]

[75] （日）坂上明兼等著，《法曹至要抄》，收入（日）佐藤進一等編，《中世法制史料集》（六）（東京：岩波書店，2005），頁 336。

[76] 引自（日）三島敦雄，《法曹至要抄正解》（愛媛：三島文庫，1900），頁 379。

近世武家所遵行的《服忌令》，經過歷代德川家將軍的調整，制定於貞享元年(1684)德川五代將軍綱吉時期（在位期間 1680-1709），由江戶時期的儒者參考中國的典籍重新調整擬定，適用對象為將軍與武士。有說是因為綱吉生母及側室多為京都出身，受影響而制定頒行。

明治維新後，日本曾有關於採用京家制（公家制、京都版）版本或武家制（東京版）《服忌令》的爭論。明治六年(1873)二月二十日，太政官布告第六十一號，發布〈自今混穢ノ制被廃候事〉，將從律令時代以來即慎重應對的「穢」習俗廢止，然後在明治七年(1874) 發布第一零八號太政官布告〈京家ノ服忌制ヲ廢ス〉，決定今後採用的是武家版本。[77]原文如下：

> 十月十七日
>
> ○第百八號　輪廓付
>
> 服忌ノ儀、追テ被　仰出ノ品モ可有之候。得共差向京家ノ制、武家ノ制両様ニ相成居候。テハ法律上不都合有之ニ付。自今京家ノ制被廢候。條此旨布告候事。

意謂，服忌之儀以往有京家制與武家制兩種併存，但是法律上不適合存在兩種制度，故廢除京家制，採用簡略的武家制，公告周知。[78]實際上，由於此類習慣法及武家在明治時代以後陸續廢除，非成文法的《服忌令》，在法律上就失去了強制力，不再是刑法中無法容赦的罪行。從此對於一般人

---

[77] 參見（日）〔太政官正院〕外史編纂《明治七年 太政官布告書》冊 10，〈太政官達書明治七年第十月〉，（東京：北畠茂兵衛、村上勘兵衛、山中市兵衛等官版，1874），頁 21。原件參見日本國會圖書館「近代數位圖書館」（近代デジタルライブラリー）：http://dl.ndl.go.jp/titleThumb/info:ndljp/pid/2938278，查閱日期：2016.01.30。

[78] 另參照（日）關義臣，《服假沿革略考》（東京：金港堂，1912），頁 40-41。復刻版收入《明治後期產業發史資料》第 682 卷（東京：龍溪書舍，2003）。

而言，服忌制成為選擇性採用的禮俗。但是就情感層面上來說，親人的過世通常屬於重大打擊，遭遇親喪很難如常生活，需要有一定的時間來處理喪事與平復心情。所以這種合於人情的禮俗，並未隨著日本的西化而消失。時至今日，服忌制演變成日本民眾之間遵行的禮俗規範。一般日本人歲末有寄賀年片問候及感謝他人關照的習慣，但遇到尊親喪事時，則以當年服喪（忌中）為由，向親朋好友寄辭謝賀歲明信片，追溯其源，實是深受唐朝禮俗法制的影響。

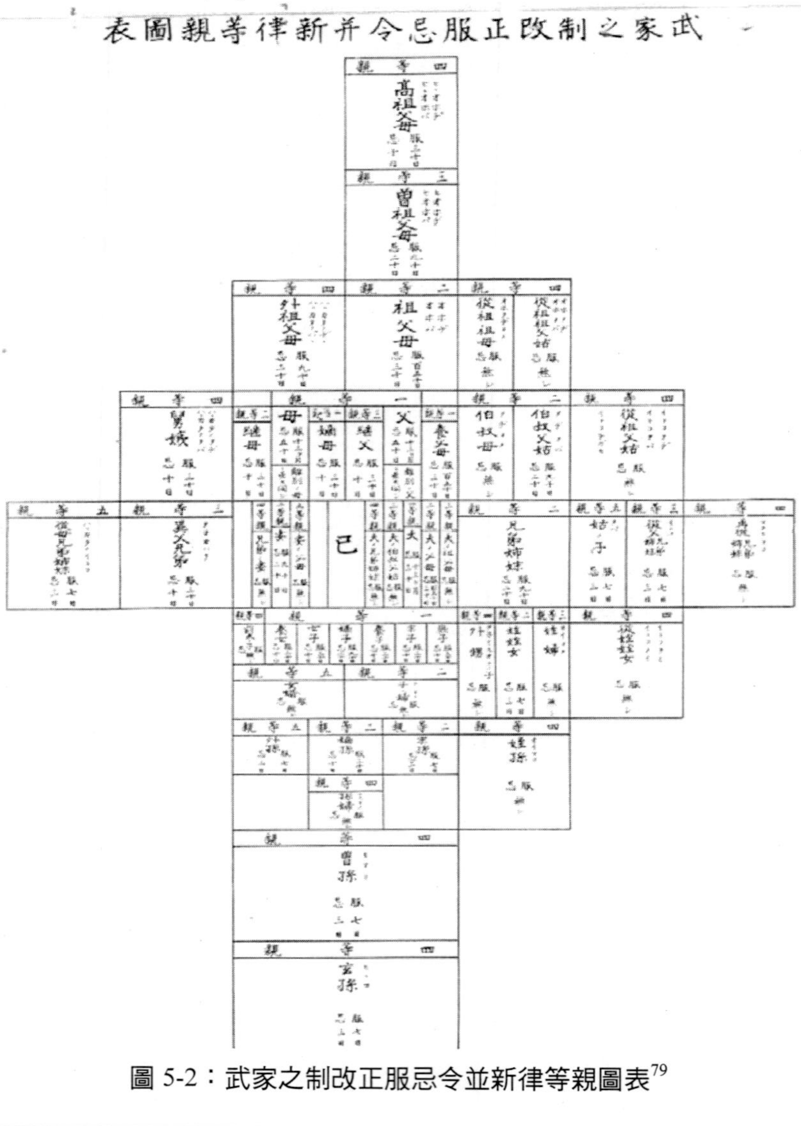

圖 5-2：武家之制改正服忌令並新律等親圖表[79]

---

[79] 圖片取自（日）著者不明，法政大學圖書館所藏〈梅謙次郎文書・民法起草材料一〉（1910）：http://hdl.handle.net/10114/390 ，所藏資料網頁見 http://repo.lib.hosei.ac.jp/handle/10114/390，查閱日期：2016.01.30。

第四節　小結

江戶時代，後光明天皇慶安元年戊子（年 (1648)），知名儒學者戶部法印林羅山（道春）撰成〈書新雕《延喜式》後〉一文，記錄了《延喜式》一書的成書背景、能夠補全五十卷的過程，並記下他的讀後感：

> 本朝之昔，比年間歲，與中華往來，風帆不絕，海不揚波。道有交鄰，道德文章以傳承焉，禮樂刑法以準擬焉。李唐刑書有四，曰：律、令、格、式。令者，尊卑之等數，國家之制度也；格者，群司之所常行事也。式者，其所常守之法也。凡政事由此三者。若有所違，人入于罪者，一斷以律。其中高祖《武德式》、太宗《貞觀式》、高宗《永徽式》、玄宗《開元式》，各若干卷，皆時宰奉敕撰之。
>
> 本朝有弘仁、貞觀、延喜三代之式，蓋準擬而為之者乎。艸創于嵯峨，討論于清和，修飾潤色于醍醐。時貞信公奉　詔與名臣博士等監於二代損益沿革，隨時隨宜，以行于世。雖唐《式》不可以加也。欲議朝儀者，可不考乎？……上之用焉，則朝廷之法率於舊章。下之由焉，則百官之職存於有司。矧又令臨時處事者，可以識物名乎，不亦偉乎！何愧唐禮哉？庶乎使自中華至者見之，知本朝有所矜式于有道也。（後略）[80]

這段文字，透過比較唐日歷史及法制的方式，很清楚的交待了日本在八、

[80] （日）林道春，〈書新雕《延喜式》後〉，收入《延喜式‧後篇》，頁 1006-7。

九世紀時期，律令法制模倣唐朝法令的過程，以及《延喜式》撰成的淵源。在幕府服忌令正式頒行前，林羅山也考證、編撰過《服忌令》供將軍家使用，[81]可知他對此類中日禮法典章非常嫻熟。閱讀以上引文，筆者推論，林道春或許認為《延喜式》很大一部分乃源於唐禮，足以向中國人誇耀自己的國家也有上軌道的法典，其後的心態，值得細細玩味。實際上，同時代的中國，已處於明末，早已不再使用律令格式，而是改用律例，令也不再通行。[82]唯由歷史的後見之明可知，八、九世紀時，日本頒布的律令格式，基本上確實是承襲了唐朝的法制，但是成書於十世紀前半期的《延喜式》卻也是日本吸收唐朝法制禮俗文化後，衍生出的成果，有其獨創性。為了使唐初制定的法令能適應日本本土的風俗民情，已多所修改，固然「唐式不可以加也」，但也不是百分之百脫胎於唐的法令，需細細耙梳，尋找來自中國的禮俗元素，方能見到這些日本法令的前身，亦即唐朝以前的歷史、民俗淵源。古代中國的禮俗，先成為了唐令的一部分，在八、九世紀透過典章制度進入日本後，與日本的風俗民情逐漸融合為一，成為包含日本特色的禮俗文化，並流傳後世，成為近世《服忌令》的起點。吾人今日能在日本社會見到唐文化遺風，實為千餘年前唐日文化交流之成果。

拙稿藉探源日本《服忌令》過程，試圖勾勒日本《服忌令》的出現軌跡與形成過程，對於日本吸納唐喪葬禮制成為自身文化的歷史進行初步考察。因為欲探究者，為日本古代法制中的禮俗層面，而非日本《神祇令》中的神道教宗教思想，故將範圍限定在日本令中述及的「忌」、「穢」「齋」、「服」、「假」等名詞在中國的源頭、與母法唐令間的關係、在日本令中的規範，以及日後的整合演變。古代中國的禮俗，在八、九世紀透過典章制度進入日本後，得益於唐風文化的助力，和日本的穢，忌觀念結合，於十世紀後逐漸融合為一，成為包含日本特色的禮俗文化：喪葬變成「服」，假

[81] 同前引（日）林由紀子，《近世服忌令の研究—幕藩制国家の喪と穢》第 1 章〈江戸幕府服忌令前史〉，頁 34-35。

[82] 明清也有「服忌」一詞用例，與江戶儒學禮教關係，留待日後考查。

寧中的假演變成為「忌」觀念，寧字消失，並藉由宗教和法制的助力流傳後世，成為近世《服忌令》的起點。或許可以說，唐人的禮俗法制，不僅在中國本土流傳演變，即使在現代日本仍發揮影響力，並受到社會重視。吾人今日能在日本社會見到唐文化遺風，亦可謂渡唐日人的貢獻。因囿於時限，尚有許多想探討的細節未能深入探索，深感遺憾，將留做為今後繼續研究的課題。

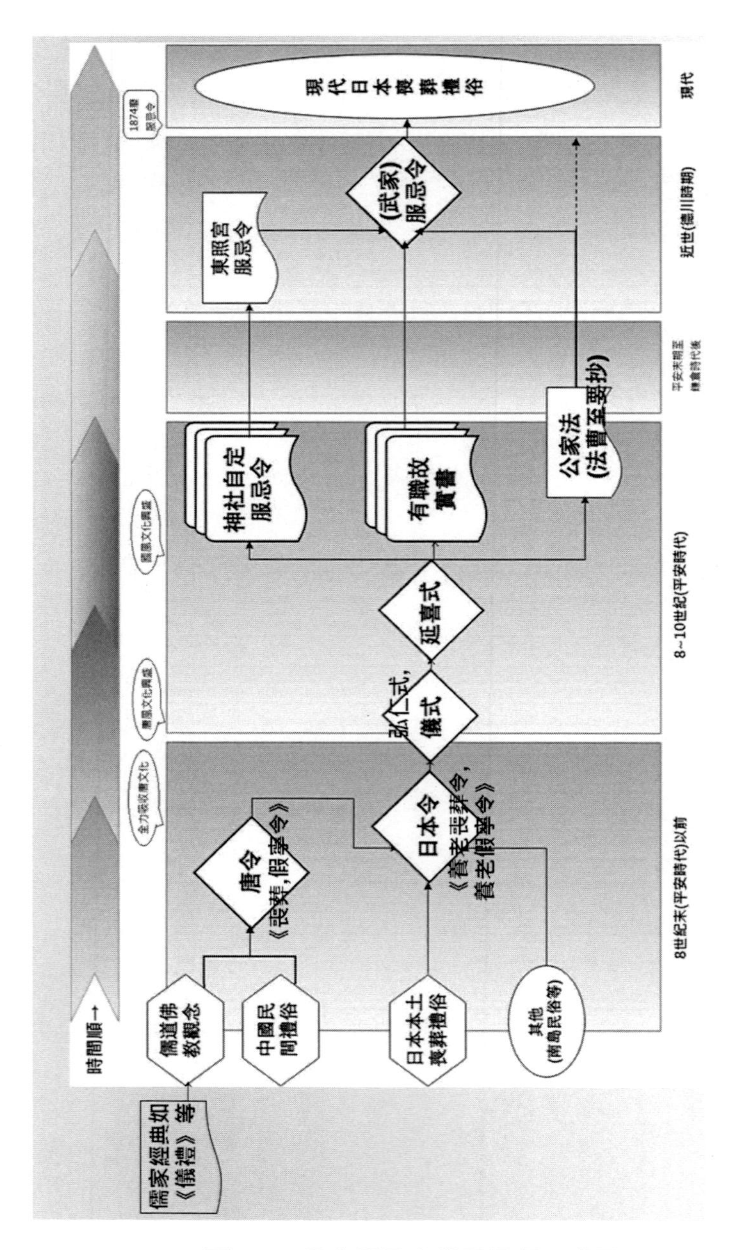

圖 5-3　日本服忌令發展過程示意圖

結　論

拙稿藉著現存傳世文獻記載，配合《天聖令》、《養老令》中的法令規範，來看八、九世紀唐與日本的文化交流，特別著重當時唐日在法制、禮俗方面的實行狀況。拙稿希望以超越今日國境的視野，用宏觀角度思考並探索八、九世紀時期唐人、日本人對於各自民族的認同，以及不同社會階層對於異國文化的理解、對於異族人群的觀點，乃至深層文化上的認同。其認同的方式，是否只在於屬於日常生活的簡單表像，例如肉眼可見、五感可及的衣著、飲食習慣之類？或者深入到律法、文明、禮儀等深層文化行為？

經過以上逐章討論，可知八至九世紀時期，日本接受唐文化，乃是根據國情而作選擇性的吸收。文化無論是橫的移植還是縱的繼承，都有其脈絡，不會憑空出現。在唐代的中國，傳統的「禮」和當世的「俗」，以及身分親等的規範均納入了法典，既為宋代以後的中國社會所繼承，同時也一併流傳到東亞文化圈的各個角落，屬於普遍性。異民族選擇和認同中國禮律文化之後，為符合自身社會現況及適切運用，在自身現有的文化脈絡中加以調整，而使唐代的中華文化在不同地區、不同時期產生變貌，成為特殊性。經過比較，八至九世紀的日本為了吸收外來文化（主要是唐文化）以適用於自身社會，勢必要對大陸文化加以改造，乃至出現全新衍生部分。需細細耙梳，尋找來自中國的禮俗元素，方能見到這些日本法令的前身，亦即唐朝以前的歷史、民俗淵源。

大的方向而言，藉由文化上的媒介人物傳播知識，日本在法制禮儀方面，一定程度上確實接受了唐文化，上至朝廷禮儀，下至民間習俗，都有唐文化影子。八世紀後的代表性渡唐日人，多半為高僧，赴唐尋求新的佛教思維及經籍文物等。在他們不惜生命危險跨界往返的旅行過程中，既傳播了中華文化圈的諸要素，也在中國宣揚了日本本身的存在，這些渡唐日人一貫性的積極努力，留給唐人正面的印象，更為日後日本揉合亞洲大陸的文明，創出屬於日本自己的新文化，提供了基礎與養分，故此類文化上的媒介人物，實功不可沒。但是在屢次文化交流之後，日本呈現出中華文化圈普遍性的同時，仍刻意保存日本本身的特殊文化，此點不宜忽略。日本同時刪修唐的法令，以更適用於日本社會。實例如調整親等及服喪對象的範圍，以及《養老・喪葬令》刪去唐朝喪禮中的挽歌，而以日本本土的「遊部」取代等。

一般又以為唐朝後半，因為藩鎮武人割據，而名存實亡。其實律令制的實施，基本上仍然運行。此事由渡唐日人所見所聞，可獲得證實。而渡日唐人如樂部者，違禁成功抵達日本之後，即受到日本法制規範。日本法制，原始母法來自唐朝，其見聞亦可佐證唐制對同時期的日本影響層面既廣且深。

拙稿運用日本入唐僧侶、留學生著作、遣唐使及傳世史料、新出史料，來證明八、九世紀之際，中華法制、禮俗落實於日本律令國家時期。經由諸章所論證，可知八至九世紀之間，吸取自唐朝的禮制與法令在日本的確有所實施，唐朝的法制禮俗進入日本後，在實行上有其共通性，也有差異與及修正。即使日後其他律令規範都已被日本民間社會忽視或淡忘，為近親服喪的中國禮制、假寧制，以及日本式的「穢」、「忌」、「齋」、「祓」等具有日本本土特色的宗教民俗思想，在日本揉和成新的衍生品——《服忌令》。時至今日，服忌成為民眾生活中的禮俗之一，足以影響日常生活，吾人今日尚能在日本社會見到唐文化遺風，亦可謂渡唐日人這些文化媒介人物的貢獻。

拙稿以人物交流與禮令影響為主軸，討論唐日文化交流。雖能勾勒出過去日本法制文化中的部分唐朝禮俗元素，但因學力尚有未逮，每章均有一時未能克服或探討的問題，例如在日本奈良時代與平安時代前期的赴日唐人，其動機、人數與背景，因為欠缺記載，目前無法確實探討。平安時代的渡日唐人既然不僅止於前賢所論海商，而包含了平民甚至偷渡者，其影響力如何，是否能如奈良時代以前的「歸化人」般，自成一特殊階層，發揮影響力或媒介人物特質，或是隨時間過去，而無聲消失在歷史洪流中？又如八至九世紀間，天皇與三后過世，舉哀儀在民間是否確實施行？平民所使用的禮儀，是否較官人所行更為簡化？此類禮俗細節問題，亦未能探討。拙稿每章雖然能夠釐清唐日交流史上所存在的部分問題，但仍有短時間不克解決的疑點，尚待他日更加深入探索。

透過拙稿討論，亦能發現今後可供開發的課題。例如《服忌令》對於親屬間相互服喪的規範，與唐的母法相較，其變化如何？即是前人尚未探索議題。能夠再發現未受到前賢注意的歷史人物，亦值得藉此線索進一步追索。唐朝禮法在日本施行狀況、唐宋歷史變遷過程中，日本基於吸收唐制，在歷史發展上與中國相似與相異之處、以及八、九世紀時，日本對唐及周邊國家的對外關係，想必還有許多可以探究的空間與角度，筆者期許自己日後進一步努力探究。

引用書目

一、基本史料（按作者年代先後順序排列）

（一）中文部分

（戰國）呂不韋編，張雙棣等譯注，《呂氏春秋譯注》，長春：吉林文史出版社，1986。
（漢）司馬遷，《史記》，北京：中華書局點校，1959。
（漢）班固撰；（唐）顏師古注《漢書》，北京：中華書局，1965。
（漢）孔安國傳，（唐）孔穎達正義，黃懷信整理，《尚書正義．周書．武成》（上海：上海古籍出版社，2007。
（漢）戴聖著，（清）孫希旦集解，沈嘯寰、王星賢點校，《禮記集解》，北京：中華書局，1989。
（漢）鄭玄注，（唐）賈公彥疏，十三經注疏委員會整理，《周禮注疏》，北京：北京大學出版社，2000。
（漢）鄭玄注、（唐）孔穎達正義，龔抗雲、李學勤等編，《禮記正義》，北京：北京大學出版社，1999。
（魏）袁準，〈禮政〉，《袁子正書》，輯入（唐）魏徵等撰，《羣書治要》冊 10，卷 50，收入王雲五主編《叢書集成簡編》，臺北：臺灣商務印書館，1966。
（魏）王弼注，（唐）孔穎達疏，盧光明等整理，《周易正義》，北京：北京大學出版社，2000。
（晉）郭璞注，（宋）刑昺疏，十三經整理委員會整理，《爾雅注疏》，北京：北京大學出版社，2000。
（晉）杜預注，（唐）孔穎達疏，《春秋左傳正義》，臺北：藝文印書館，1993。
（東晉）袁宏撰，《後漢紀》，北京：中華書局，2002。
（晉）崔豹，《古今記》，北京：中華書局，1965。
（晉）陳壽撰、（南朝宋）裴松之注，《三國志》，北京：中華書局點校，1959。
（梁）沈約等，《宋書》，北京：中華書局，1976。
（梁）宗懍，《荊楚歲時記》，收入中華書局編，《叢書集成初編．荊楚歲時記（及其他七種）》，北京：中華書局，1991。
（劉宋）范曄撰；（唐）李賢等注，《後漢書》，北京：中華書局，1965。

（唐）玄奘譯，《大般若波羅蜜多經》，收入大正新修大藏經刊行會編，《大正新脩大藏經》冊 7 卷 414，東京：大藏出版株式會社，1988。
（唐）魏徵、令狐德棻撰，《隋書》，北京：中華書局，1973。
（唐）房玄齡等撰，《晉書》，北京：中華書局，1974。
（唐）長孫無忌等撰，劉俊文點校，《唐律疏議》（北京：中華書局，1983）。
（唐）張鷟，《朝野僉載》，北京：中華書局點校，1979。
（唐）張文成（張鷟）著，李時人、詹緒左校注，《遊仙窟校注》，北京：中華書局，2010。
（唐）王維撰，〈送祕書晁監還日本並序〉，收入陳鐵民校注，《王維集校注》卷 4，〈編年詩〉（北京：中華書局，1997），頁 317-324。
（唐）包佶，〈送日本國聘賀使晁臣卿東歸〉，收錄於《全唐詩》增訂本卷 205，冊 3，（北京：中華書局點校，1997），頁 2144。
（唐）李白撰，〈哭晁衡卿〉，收入（清）王琦注，《李太白全集》卷 25，（北京：中華書局，1977），頁 1198-1199。
（唐）李林甫等撰，陳仲夫點校，《唐六典》，北京：中華書局點校本，1992。
（唐）李端，〈代宗輓歌〉，收入《全唐詩》冊 9 卷 285（北京：中華書局，1960），頁 3266-7。
（唐）趙驊，〈送晁補闕歸日本國〉收錄於《全唐詩》增訂本卷 129，冊 2，頁 1320。
（唐）蕭嵩等撰，（日）池田溫解題，古典研究會編，《大唐開元禮・附大唐郊祀錄》東京大學東洋文化研究所藏光緒 12 年 (1886) 洪氏公善堂刊本，東京：汲古書院，1972。
（唐）儲光羲，〈洛中貽朝校書衡 朝即日本人也〉，收入《全唐詩》增訂本卷 138，冊 2，頁 1405。
（唐）韓愈，〈原道〉，收入屈守元、常思春編，《韓愈全集校注》（成都：四川大學出版社，1996），頁 2664。
（唐）杜佑撰，王文錦等點校，《通典》，北京：中華書局點校，1998。
（唐）王讜，《唐語林》，上海：古典文學出版社，1957。
（唐）樂部撰，叡山文庫藏《慈覺大師入唐往返傳(記)》，青龍寺無動藏文化十年、文政十一年抄本、文久二年台宗書房柳枝軒印行刊本。
（唐）沈懽，〈國清寺止觀堂記〉，收入《全唐文・唐文續拾》卷 6。
（五代）王定保，《唐摭言》，收入《唐五代小說筆記大觀》（上海：上海古籍出版社，

2000），頁 1571-1710。
（南唐）陳致雍〈定虞祭議〉，收入《全唐文》卷 873。
（後晉）劉昫等撰，《舊唐書》，北京：中華書局點校，1975。
（宋）贊寧，《大宋僧史略》，收入《大正新脩大藏經》冊 54。
（宋）竇儀等詳定、岳純之校證，《宋刑統校證》，北京：北京大學出版社，2015。
（宋）王欽若、楊億等奉勑撰，《宋本冊府元龜》，北京：中華書局，1989。
（宋）王欽若、楊億等奉勑撰，《冊府元龜》影印明崇禎刻本。北京：中華書局，1960。
（宋）王溥，《五代會要》，上海：上海古籍出版社，2012。
（宋）王溥，《唐會要》，上海：上海古籍出版社，1991。
（宋）歐陽修、宋祁等撰，《新五代史》（北京：中華書局，1974
（宋）歐陽修，宋祁等撰，《新唐書》，北京：中華書局，1974。
（宋）李昉、宋白、徐鉉等編，《文苑英華》，北京：中華書局，1966
（宋）徐鉉，〈大唐故中散大夫檢校司徒使持節泰州諸軍事兼泰州刺史御史大夫洛陽縣開國子賈宣公墓誌銘〉，收入其文集《騎省集》，見《文淵閣四庫全書》集部三。
（宋）司馬光編著，（元）胡三省音註，《資治通鑑》，北京，中華書局，1956。
（宋）朱彧，《萍洲可談》，收入王雲五編，《叢書集成初編》，上海：商務印書館，1937。
（宋）朱熹撰，《四書章句集注‧論語集注》（北京：中華書局，1983）。
（宋）此山貫冶子，《唐律釋文》，收入楊一凡編，《中國律學文獻》第二輯第一冊，黑龍江：黑龍江人民出版社，2005。
（宋）宋敏求編，洪丕謨、張伯元、沈敖大點校，《唐大詔令集》上海：學林出版社，1992。
（宋）李昉等編，張國風會校，《太平廣記會校》，北京：燕山出版社，2011。
（元）脫脫等，《宋史》（北京：中華書局，1977）。
（元）黎崱撰，武尚清校，《安南志略》（北京：中華書局，1995），頁 216。
（明）章懋，《楓山語錄》，收入《文淵閣四庫全書》冊 714，臺北：臺灣商務，1983。
（清）孫希旦著，沈嘯寰、王星賢點校，《禮記集解》，北京：中華書局，1989。
（清）王先謙集解，沈嘯寰、王星賢點校，《荀子集解》北京：中華書局，1983。
（清）孫星衍撰，陳抗，盛冬鈴點校，《尚書今古文注疏》，北京：中華書局，1986。
（清）孫詒讓撰，王文錦，陳玉霞點校，《周禮正義》，北京：中華書局，1987。

（清）永瑢等編，《四庫全書總目提要》，臺北：臺灣商務印書館，1965。
（清）徐松輯，《宋會要輯稿》，臺北：新文豐出版公司，1976。
（清）徐松輯，馬泓波點校，《宋會要輯稿·刑法》上下冊，鄭州：河南大學出版社，2011。
（清）徐松輯，《登科記考》，北京：中華書局，1984。
（清）彭定求等編，《全唐詩》，北京：中華書局點校，1960。
（清）曹寅等編，《全唐詩》增訂本，全 15 冊，北京：中華書局點校，1997。
（清）董誥等編，《全唐文》，北京：中華書局影印，1983。
（清）黃遵憲著，吳振清、徐勇、王家祥點校整理，《日本國志》，天津：天津人民出版社，據光緒十六年羊城富文齋刊版，2005。
中國佛教會影印卍續藏經委員會編，《卍續藏》，臺北：中國佛教會影印卍續藏經委員會，1968。
《景印文淵閣四庫全書》，臺北：臺灣商務出版社，1983。
大藏經刊行會編，《大正新脩大藏經》，臺北：新文豐出版社，1983。
王夢鷗譯注，《禮記今注今譯》（上、下）（臺北：臺灣商務印書館，1971 初版，1984 修訂版）
李宗侗註譯、葉慶炳校訂，《春秋公羊傳今註今譯》（臺北：商務印書館，1973 年初版，1976 年二版）。
李宗侗譯註，葉慶炳校訂，《春秋左傳今註今譯》上中下冊，臺北：臺灣商務印書館，1971 初版，1993 校訂版。
林尹譯注，《周禮今註今譯》，臺北：臺灣商務印書館，1972 初版，2005 再版。
（日）仁井田陞著，《唐令拾遺》，東京：東京大學出版會，1964。
（日）仁井田陞著，池田溫主編，《唐令拾遺補》東京：東京大學出版會，1997。
懷校鋒點校，《大明律》，北京：法律出版社，1999。
陳尚君輯校，《全唐詩補編》，北京：中華書局，1992
陳尚君輯校，《全唐文補編》，北京：中華書局，2005。
天一閣博物館、中國社會科學院歷史研究所天聖令整理課題組校證，《天一閣藏明鈔本天聖令校證附唐令復原研究》，北京：中華書局，2006。
（日）金子修一主編，《大唐元陵儀注新釋》，東京：汲古書院，2013。

（二）外文部分

（日）舍人親王等奉敕撰，坂本太郎、井上光貞、家永三郎、大野晉校注，《日本書紀》全五冊，東京：岩波文庫，1995。

（日）太安萬侶著，青木和夫等校注，《古事記》，東京：岩波書店，1982。

編纂者不明，（日）小島憲之校注，《懷風藻》，東京：岩波書店，1964。

（日）賢盛誌，《唐招提寺緣起抜書略集》，收入鈴木學術財團編，《大日本佛教全書》冊 85〈寺誌部 3〉頁 103-111。

（日）菅野真道等奉敕撰，青木和夫等校注，《續日本紀》（一）~(五)，東京：岩波書店，1989~1998。

（日）佐佐木信綱編，《新訓萬葉集》，東京：岩波書店，1927 初版，1954 改版。

（日）清原夏野等撰，《令義解》，收入黑板勝美、國史大系編修會編，《新訂增補國史大系》冊 22，東京：吉川弘文館，2007。

（日）惟宗直本撰，《令集解》，收入黑板勝美、國史大系編修會編，東京：吉川弘文館，1974。

（日）藤原時平等編，《延喜式》，收入黑板勝美、國史大系編修會編，《新訂增補國史大系》，東京：吉川弘文館，1971 普及版。

（日）佚名編，《類聚三代格》，收入黑板勝美、國史大系編修會編，《新訂增補國史大系》冊 25，東京：吉川弘文館，2000。

（日）真人元開撰，汪向榮校注，《唐大和上東征傳校注》，北京：中華書局，1995。

（日）井上光貞等校注，《律令》，東京：岩波書店，1976。

（日）藤原時平等奉勅撰，《日本三代實錄》，收入收入黑板勝美、國史大系編修會編，《新訂增補國史大系》冊 4，東京：吉川弘文館，2007。

（日）三善為康編，《朝野群載》，收入黑板勝美、國史大系編修會編，《新訂增補國史大系》冊 29，東京：吉川弘文館，1999。

（日）最澄著，天臺宗宗典刊行會編，《傳教大師全集》，東京：天臺宗宗典刊行會，1912。

（日）空海著，祖風宣揚會編，《弘法大師全集》，東京：吉川弘文館，1910。

（日）藤原佐世撰，《日本國見在書目錄》，臺北：新文豐出版公司據清光緒黎庶昌校刊古叢書本影印，1984。

（日）圓仁撰，顧承甫、何泉達點校，《入唐求法巡禮行記》，上海：上海古籍出版社，1986。

（日）圓仁撰，白化文、李鼎霞編，《入唐求法巡禮行記校注》，石家莊市：花山文藝出版社，1992，橫排版 2007。
（日）圓仁，《入唐求法巡禮行記》附圓珍《行歷抄》，廣西：廣西師範大學出版社，2007。
（日）圓仁撰，潘平釋譯，《入唐求法巡禮記》，高雄：佛光文化出版社，1998 初版，2014 再版。
（日）圓仁撰，深谷憲一譯，《入唐求法巡禮行記》，東京：中央公論社中公文庫，1990。
（日）圓仁撰，足立喜六譯注、塩入良道補注，《入唐求法巡禮行記》1、2 冊，東京：平凡社東洋文庫，1970、1985。
（日）竹內理三編，《平安遺文・古文書編》4455 號〈僧圓仁請來目録〉，東京：東京堂，1928。
（日）寬平親王撰，《慈覺大師傳》，收入塙保己一原編，太田藤四郎補，《續群書類從》第八輯下傳部卷 211，東京：續群書類從完成會，1907 初版，1932 年四版。
（日）三善清行，《天台宗延曆寺座主圓珍傳》，收入《續群書類從》第八輯下，卷 212，東京：續群書類從完成會，1905 初版，1932 四版。
（日）三善清行，〈意見十二箇條・請加給大學生徒食料事〉，收入藤原明衡編，大曾根章介、金原理、後藤昭雄校注，《本朝文粹》卷 2，〈意見封事〉，東京：岩波書店，1992。
（日）圓珍撰，《在唐日錄》，收入《大日本佛教全書》冊 125《天台霞標初編》卷 2（東京：潮書房，1931），頁 43-47。
（日）圓珍撰，白化文、李鼎霞，《行曆抄校注》，石家莊：花山文藝出版社，2004。
（日）藤原冬嗣・藤原緒嗣等編，《日本後紀》，收入（日）黑板勝美、國史大系編修會編，《新訂增補國史大系》冊 3，東京：吉川弘文館，1974。
（日）藤原良房等編，《續日本後紀》，收入《新訂增補國史大系》冊 3。
（日）川口久雄校注，《菅家文草・菅家後集》，東京：岩波書店，1966
（日）景戒編，《日本靈異記》，東京：岩波書店，1967。
（日）藤原忠平等奉勑撰，《延喜式》，收入（日）黑板勝美編，《新訂增補國史大系》，東京：吉川弘文館，1937 初版，1972 普及版。
（日）虎尾俊哉編，《弘仁式貞觀式逸文集成》，日本：國書刊行會，1992。
（日）藤原明衡編，大曾根章介、金原理、後藤昭雄校注，《本朝文粹》，東京：岩波書店，1992。

（日）藤原時平等奉勅撰，《日本三代實錄》，收入黑板勝美編，《新訂增補國史大系》冊 4，東京：吉川弘文館，2007。

（日）藤原基經等奉敕撰，《日本文德天皇實錄》，收入（日）黑板勝美編，《新訂增補國史大系》冊 3，東京：吉川弘文館，1934 第 1 版，2000 新裝版。

（日）紀貫之等奉敕編撰，竹岡正夫著，《古今和歌集全評譯》，東京：右文書院，1976。

（日）佚名編，《参議要抄》，收入塙保己一編，《群書類從》第 7 輯（公事部）卷 101，東京：續群書類從完成會，1959 訂正三版，1929 初版。

（日）藤原公任撰，《北山抄》，東京：國書刊行會，1913。

（日）紫式部著，林文月譯，《源氏物語》，臺北：中外文學月刊社，1974 初版，1982 修訂版，洪範書店 2000 年四冊版。

（日）成尋著，王麗萍點校，《新校参天台五台山記》，上海：上海古籍出版社， 2009。

（日）坂上明兼等著，《法曹至要抄》，收入（日）佐藤進一等編，《中世法制史料集》（六），東京：岩波書店，2005。

（日）佚名編，《日本紀略》，收入（日）黑板勝美編，《新訂增補國史大系》冊 10，東京：吉川弘文館，2000。

（日）藤原通憲編《本朝世紀》，收入黑板勝美、國史大系編修會編，《新訂增補國史大系》冊 9，東京：吉川弘文館，1999。

（日）三善為康編《朝野群載》，收入黑板勝美、國史大系編修會編，《新訂增補國史大系》冊 29，東京：吉川弘文館，1999。

（日）橘以政撰，《橘逸勢伝》，收入《續群書類從》第八輯上。

（日）阿闍梨皇圓撰，《扶桑略記》，收入黑板勝美、國史大系編修會編，《新訂增補國史大系》冊 12，東京：吉川弘文館，2007。

（日）宗性編，《日本高僧傳要文抄》第三，收入（日）黑板勝美、國史大系編修會編，《新訂增補國史大系》冊 31，東京：吉川弘文館，1930 年 1 版，2000 年新裝版。

（日）瑞溪周鳳，《善隣國寶記》全三卷，收入（日）田中健夫等編，《善隣國宝記・新訂續善隣國宝記》，東京：集英社，1995。

（日）林道春，〈書新雕《延喜式》後〉，收入《延喜式・後篇》，頁 1006-7。

（日）塙保己一編，《群書類從》第 7 輯（公事部）卷 101，東京：續群書類從完成會，1959 訂正三版，1929 初版。

（日）河村孝照等編，《新纂大日本続蔵経》，東京：國書刊行會，1975~1989。
（日）高楠順次郎等編，《大日本佛教全書》，東京，有精堂出版，1932。
《遊方傳》（一）~(四)，收入（日）高楠順次郎等編，《大日本佛教全書》冊 113-116。
《天台霞標初編》，收入（日）高楠順次郎等編，《大日本佛教全書》冊 125。
（日本 最澄・圓澄・義真・光定・德圓 問 唐 道邃・廣修・維蠲・宗頴 答）《唐決集》，收入《卍新纂大日本續藏經》第 56 冊 No.942 天台宗未決（附釋疑）。
（日）高楠順次郎等編，《大正新脩大藏經》，東京：大正新脩大藏經刊行會，1975。
（日）細川潤次郎等編修，《古事類苑》，東京：吉川弘文館，1981。
東京大学史料編纂所編，《大日本史料》，東京：東京大學出版会。
（日）田中健夫、石井正敏編，〈古代日中関係編年史料稿—推古天皇八年(600)から天平十一年(739)まで—〉，收入茂在寅男等編，《遣唐使研究と史料》（東京：東海大学出版会，1987），頁 97-284。
佚名編，《儀式・內裏式》，收入神道大系編纂會編，《神道大系》朝儀祭祀編一，東京：神道大系編纂會，1980。
神道大系編纂會編，《神道大系》神社編 29〈日吉大社〉，東京：神道大系編纂會，1983。
（韓）鄭麟趾，《高麗史》收入域外漢籍珍本文庫編纂出版委員會編，《域外漢籍珍本文庫第三輯・史部》冊 1，重慶：西南師範大學出版社、北京：人民出版社共同出版，2012。

二、專書及論文（依作者姓名筆畫多寡為序）

（一）中文單篇論文

丁天降，〈佛教文化在日本（2）——聖德太子與法隆寺〉，《中國佛教》54:7，2010.07，頁 28-34。
王小甫，〈唐五代北邊的內外之際與國家認同〉，收入《唐研究》卷 16（北京：北京大學出版社，2011），頁 1-26。增補後收入氏著《中國中古的族群凝聚》（北京：中華書局，2012），頁 181-209。
王小甫，〈由遣唐使看古代日本對外政策的變化〉，《周秦漢唐文化研究》4（陝西：三秦出版社，2006.3）
王明珂，〈慎終追遠——歷代的喪禮〉，收入藍吉富・劉增貴主編《中國文化新論　宗教禮俗篇：敬天與親人》（臺北：聯經出版社，1982），頁 307-357。

王秉泰、陳建華，〈中日兩國文人贈答唱和詩初探——以唐代開元為中心〉，《北體學報》11，2003.12。

王勇，〈天台入唐僧與書籍之路〉，收入氏編，《中日關係的歷史軌跡》（上海：上海辭書出版社，2010），頁3-28。

王勇，〈最後一次遣唐使的特殊使命——以佚存日本的唐代文獻為例〉，收入氏編《東亞座標中的遣隋唐使研究》（北京：中國書籍出版社，2013），頁64-83。

王勇，〈遣唐使時期的中日混血兒〉，收入氏編，《東亞座標中的跨國人物研究》（北京：中國書籍出版社，2013），頁14-25。

王勇、王麗萍，〈唐人樂部《圓仁三藏供奉入唐請益往返傳記》校錄〉，收入王勇編，《東亞坐標中的書籍之路研究》（北京：中國書籍出版社，2013），頁234-242。

王勇，〈中國史中的日本〉，收入陳柏傑譯，（日）尾形勇等著，《日本人眼中的中國：過去與現在》（臺北：臺灣商務印書館，2017），頁216-283。

王美華，〈十國禮儀制度考・凶禮〉，收入任爽主編，《十國典制考》（北京：中華書局，2004）。

王福昌，〈日人圓仁視野中的唐代鄉村社會〉，《華南農業大學學報（社會科學版）》2007:1，頁97-101。

王銘，〈中古喪葬方相、魌頭禮制等級考論〉，《中國中古史研究》11，2011.12，頁163-187。

王銘，〈開路神君：中國古代葬儀方相的形制與角色〉，《清華大學學報（哲學社會科學版）》2012.2，頁116-125。

王功龍，〈中國古代的挽歌〉，《尋根》2001:4，頁100-103。

王慶衛，〈從新見墓誌挽歌看唐五代澤潞地區民間的生死觀念〉，收入《陝西師範大學學報》41:3(2012.5)，頁111-117。

王連龍，〈百濟人《禰軍墓誌》考論〉，《社會科學戰線》總193期（長春：吉林省社會科學院，2011），頁123-129。

王儀，〈日本遣隋使遣唐使運動〉，《臺北商專學報》14，1980.6。

牛來穎，〈時間法與唐代日常生活—《天聖令・假寧令札記》〉，《隋唐遼宋金元史論叢》7(2017)，頁84-92。

牛來穎、（日）服部一隆，〈中日學者《天聖令》研究論著目錄〉，《隋唐遼宋金元史論叢》8(2017)，頁390-434。

史言，〈唐鑒真和尚的東渡與日本藝術〉，《藝壇》222，1986.9。

史睿，〈北周後期至唐初禮制的變遷與學術文化的統一〉，收入《唐研究》第 3 卷（北京：北京大學出版社，1997），頁 165-184。
史睿，〈圓仁求法目錄所記五臺山石刻考〉，《文獻》2005:4，頁 128-140。
史睿，〈顯慶禮所見唐代禮典與法典的關係〉，收入（日）高田時雄編，《唐代宗教文化與制度》（京都：京都大學人文科學研究所，2007），頁 115-132。
弘德，〈日本佛教律宗的建立——唐代高僧鑒真東渡日本宏揚佛法〉，《香港佛教》344，1989，頁 25-27。
甘懷真，〈二十世紀唐代禮制研究的回顧與展望〉，收入《二十世紀唐研究》，北京：中國社會科學出版社，2001。
甘懷真，〈從《唐律》化外人規定看唐代國籍制度〉，收入《早期中國史研究》3:2，2011（臺北：ISSN: 2075-0366），頁 1-32。
甘懷真，〈漢唐間的喪服禮與政治秩序〉，收入氏著《皇權、禮儀與經典詮釋：中國古代政治史研究》（臺北：臺大出版中心，2004），頁 391-440。
皮慶生，〈唐宋時期五服制度入令過程試探——以《喪葬令》所附《喪服年月》爲中心〉，收入《唐研究》14 期（北京：北京大學出版社，2008），頁 381-411。
向榮，〈仕唐的日本人（阿倍仲麻呂）〉，《中國文選》102，1975.10。
朴天中，〈八至九世紀東亞交易航線考察〉，收入杜文玉主編，《唐史論叢》第 10 輯（西安：三秦出版社，2008.2），頁 217-227。
朱雲影，〈中國佛教對日、韓、越的影響〉，《歷史學報（師範大學）》4，1976.4，後收入前引氏著《中國文化對日韓越的影響》第 19 章，簡體版頁 441-480。
何方耀，〈晉唐時期海路交通中往來佛僧的群體考察〉，《普門學報》32，2006.03。
何健民，〈隋時日本遣華使僧及文化之東傳〉（《臺大人文科學論叢》1，1960.6），後收入張曼濤主編，《中日佛教關係研究》（臺北：大乘文化出版社，1978），頁 53-67。
余又蓀，〈日王子入唐記〉，《中央日報》1957-9.10。
余又蓀，〈唐書所書日皇世系考〉，《中央日報》1957-6.4。
余仁，〈圓仁目睹的唐武宗滅佛〉《歷史月刊》63，1993.4，頁 82-92。
吳承學，〈漢魏六朝挽歌考論〉，《文學評論》2002:3，頁 59-68。
吳麗娛，〈《顯慶禮》與武則天〉，收入杜文玉主編，《唐史論叢》第 10 輯，頁 1-16。
吳麗娛，〈以官員為中心的唐朝《喪葬令》與《喪葬禮》〉，收入氏著《終極之典》下冊五章（北京：中華書局，2012），頁 407-473。

吳麗娛，〈唐喪葬令復原研究〉，收入天一閣博物館、中國社會科學院歷史研究所天聖令整理課題組校證，《天一閣藏明鈔本天聖令校證附唐令復原研究》（北京：中華書局，2006，以下簡稱《天聖令校證》），頁 701-702。

吳麗娛，〈營造盛世：《大唐開元禮》的撰作緣起〉，《中國史研究》2005:3。

吳麗娛，〈禮用之辨：《大唐開元禮》的行用釋疑〉，收入《文史》71（北京：中華書局，2005），頁 97。

宋家鈺，〈明鈔本北宋天聖令（附唐開元令）的重要學術價值〉，收入《天一閣藏明鈔本天聖令校證附唐令復原研究》北京：中華書局，2006。

宋德喜，〈尋找大師・追隨大師・超越大師—以陳寅恪《隋唐制度淵源略論稿》為中心〉，收入氏著《唐史識小》下編〈大師卷〉，新北：稻鄉出版社，2009，頁 377-394。

李永熾，〈日本的女性天皇與道鏡禪師〉，《歷史月刊》14，1989.03，頁 72-83。

李玉生，〈唐令與禮關係析論〉，《唐史論叢》第 10 輯，頁 40-56。

李健超，〈日本留唐學生橘逸勢史迹述略〉，《西北大學學報》（哲學社會科學版）101，1998:4。

李健超，〈唐長安實際寺的高僧——吉藏、善導、鑒真〉，《歷史月刊》75，1994.4，頁 82-89。

李欽賢，〈空海留唐歸國——平安前期的密教美術〉，《雄獅美術》218，1989.4。

李嘉，〈親為日皇授戒的揚州和尚——鑒真〉，臺北：《中央日報》、《聯合報》，1965.8.20。

李豫川，〈日本高僧圓仁和他的「入唐求法巡禮行記」〉，《香港佛教》396，1993.05，頁 18-20。

汪向榮，〈唐大和上東征傳考〉，收入氏著《中日關係史文獻論考》，長沙：嶽麓書社，1985。

汪向榮，〈鑑真在日本佛教史中的作用〉，收入氏著《古代的中國與日本》，北京：三聯書店，1989。

周一良，〈敦煌寫本書儀中所見的唐代婚喪禮俗〉，收入周一良、趙和平《唐五代書儀研究》，北京：中國社會科學出版社，1995。

周一良，〈鑑真的東渡與中日文化交流〉，收入氏著《中日文化關係史論》，江西：江西人民出版社，1990。

林文月，〈阿倍仲麻呂（朝衡）事蹟考略〉，《思與言》8:6，1971.3，頁 22-25。

林景淵，〈隋唐時期中、日文化交流的幾個問題〉，《國立中興大學共同學科期刊》2，1992.6，頁 243-252。

林育信，〈挽歌之禮儀與文體考察〉，《興大中文學報》16（臺中：中興大學中國文學系，2004），頁 207-230。
林素娟，〈飲食禮儀的身心過渡意涵及其文化象徵——以三《禮》齋戒、祭祖為核心進行探討〉，《中國文哲研究集刊》32，2008，頁 171-216。
林楓珏，〈論圓仁筆下的中唐基層行政組織〉，收入《早期中國史研究》3 :1（臺北：早期中國史研究會，2011）頁 123-136。
林韻柔，〈唐代社會網絡中的宗教性場域—以圓仁巡禮行歷中的人物交往為例—〉，《駿台史學》149（東京：明治大學駿台史學會，2013.09），頁 71-108。
林耀曽，〈唐宋喪禮禮數之比較研究〉，《高雄師院學報》6，1977.11，頁 3-74。
金相範，〈唐代後期揚州的發展和外國人社會〉，收入《師大歷史學報》44 期（臺北：師範大學歷史系，2010），頁 37-66。
姜伯勤，〈唐貞元・元和間禮的變遷——兼論唐禮的變遷與敦煌元和書儀文書〉，收入氏著《敦煌藝術宗教和禮樂文明：敦煌心史散論》，北京：中國社會科學出版社，1996。
姜伯勤，〈唐禮與敦煌發現的書儀——《大唐開元禮》與開元時期的書儀〉，收入氏著《敦煌藝術宗教與禮樂文明》（北京：中國社會出版社，1996），頁 431-435。
洪德，〈俎豆馨香——歷代的祭祀〉，收入藍吉富・劉增貴主編，《中國文化新論　宗教禮俗篇：敬天與親人》，頁 359-410。
胡可先，〈墓誌新輯唐代挽歌考論〉，《浙江大學學報（人文社會科學版）》39:3（2009.5），頁 175-183，增補後收入氏著《出土文獻與唐代詩學研究》第 7 章（北京：中華書局，2012），頁 549-573。
胡錫年，〈隋唐時代中日關係中的二三事〉，《陝西師範大學學報》，1978:3，頁 46-58。
胡悅晗、謝永棟，〈中國日常生活史研究述評〉，收入《史林》2010:5（上海：上海社會科學院歷史研究所，2010），頁 174-182。
胡雲薇，〈聞哀小考〉，收入早期中國史研究會編，《早期中國史研究》第 1 卷（臺北：淵明印刷，2009），頁 105-123。
徐先堯，〈倭隋邦交新考〉，收入《唐代研究論集》第 1 輯（臺北：新文豐出版，1992），頁 497-554。
徐翔生，〈探討日本人古代死生觀之源流——以《古事記》中所見之「黃泉國」為例〉《外國語文研究》5（臺北：政治大學外國語文學院，2007.01），頁 89-110。
徐道鄰，〈中國法律制度〉，收入氏著《中國法制史論集》（臺北：志文出版社，1975），頁 11，並可同書〈唐律中的中國法律思想和制度〉，頁 56-67。
納春英，〈圓仁視野中晚唐長安平民男子的服飾——以《入唐求法巡禮行記》為中心的考察〉，《唐史論叢》17 輯（陝西：陝西師範大學出版社，2014），頁 124-135。
翁蘇倩卿，〈從「古事記」看古代日本人之思想〉，《亞洲與世界月刊》15:2，1991.10，頁 2-14。
高明士，〈「天聖令學」與唐宋變革〉，漢學研究第 31: 1，2013.3，頁 69-99。後收入氏著《中國中古禮律綜論——法文化的定型》第 15 章（臺北：元照出版社，2014），頁 415-440。
高明士，〈「日本」國號與「天皇」制的起源—以最近發見的墓誌、木簡為據——〉，臺灣師範大學歷史學系編，《臺灣師大歷史學報》48(2012)，頁 259-280。
高明士，〈也談中華法系〉，收入《中華法系國際學術研討會論文集》（北京：中國政法大學出版社，2007），頁 14-23。另收入氏著《律令法與天下法》第八章〈中華法系〉。
高明士，〈天聖令的發現及其歷史意義〉，收入《法制史研究》16 期（臺北：中國法制史學會、中央研究院歷史語言研究所，2009），頁 1-32，增補後收入氏著《中國中古禮律綜論》第 15 章，頁 415-440。
高明士，〈引言〉，收入氏編《東亞傳統家禮、教育與國法》，臺北：臺大出版中心，2005。
高明士，〈唐代禮律規範下的婦女地位——以武則天時期為例〉，收入氏著《中國中古禮律綜論——法文化的定型》第 5 章，頁 137-162。
高明士，〈從律令制看唐宋間的演變〉，收入《臺大歷史學報》32 期（臺北：臺灣大學歷史學系，2003。
高明士，〈論武德到貞觀禮的成立〉，收入中國唐代唐代學會編，《第二屆國際唐代學術會議論文集》（臺北：文津出版社，1993），頁 1159-1214，增補後收入氏著，《中國中古禮律綜論——法文化的定型》第 9 章，頁 232-269。
高明士，〈論隋代的制禮作樂〉，收入《隋唐史論集》（香港：香港大學亞洲研究中心，1993），頁 15-35。增補後收入氏著，《中國中古禮律綜論——法文化的定型》第 7、8 章，頁 181-229。
張文昌，〈服制、親屬與國家——唐宋禮法之喪服規範〉，收入臺師大歷史系、中國法制史學會、唐律研讀會主編，《新史料．新觀點．新視角—天聖令論集》（下）（臺北，元照出版公司，2011），頁 199-243。

張文昌，〈唐代禮典與禮制研究之回顧與探索〉，《中國唐代學會會刊》19，頁 113-141。
張偉然，〈《行曆抄校注》商疑——特別是關於入唐留學僧圓載的史實〉，《九州學林》（香港：香港復旦大學，2008.7），頁 304-320。
張葳，〈唐中晚期山東北部地區民眾的經濟生活與社會信仰初探——以日僧圓仁《入唐求法巡禮行記》為中心〉，收入《江西師範大學學報：哲學社會科學版》2001:2，頁 84-91。
陳固亭，〈古代中日文化關係之回溯〉，收入陳固亭等著，《中日文化論集》（臺北：中華大典編印會，1967），頁 21-27。
陳明姿，〈《遊仙窟》與日本平安朝物語〉，《臺大日本語文研究》3，1992.12，頁 1-19。
陳明姿，〈中日兩國文學裡的「理想鄉」——以唐代傳奇與《源氏物語》為主〉，《臺大日本語文研究》4，1993.06，頁 1-16。
陳明姿，〈古代日本女性的美麗與哀愁〉，《歷史月刊》155，2000.08，頁 72-78。
陳惠馨，〈《唐律》「化外人相犯」條及化內人與化外人間的法律關係〉，收入高明士主編，《唐代身分法制研究——以唐律名例律為中心》（臺北：五南出版社，2003），又收入氏著《傳統個人、家庭、婚姻與國家——中國法制史的研究與方法》（臺北：五南出版公司，2006），頁 284-308。
陳惠馨，〈從規範概念史的角度談中國傳統法律中「國籍」、「化外人」、「外國人」觀念的變遷〉，收入甘懷真等編，《東亞視域中的國籍、移民與認同》（臺北：臺大出版中心，2005），頁 1-15。
傅樂成，〈中國民族與外來文化〉、〈唐代夷夏觀念之演變〉、〈唐型文化與宋型文化〉，俱收入氏著，《漢唐史論集》，臺北：聯經出版社，1977。
傅醒民，〈弘法大師空海〉，《日本研究》246，1985.6。
傅醒民，〈推動日本華化的聖德太子〉，《日本研究》231，1984.3。
傅醒民，〈鑒真和尚與日本佛教〉，《日本研究》1，1980.1。
勞榦，〈上巳考〉，《中央研究院民族學研究所集刊（慶祝凌純聲先生七十歲論文集之一）》29 期（臺北：中央研究院民族學研究所，1970），頁 243-261，另收入《勞榦學術論文集》甲編下冊，（臺北：藝文印書館，1976），頁 1220。
程少燕，〈日僧圓仁途經青州路線考述〉，《中國海洋大學學報（社會科學版）》2008:3，頁 94-96。
黃旨彥，〈送行者的樂章：唐代挽歌文化初探〉，收入〈第三屆中國中古史青年學者聯誼會〉會議論文集（武漢：武漢大學，2009.8.23-30），頁 349-372。

黃約瑟，〈日本留唐學生橘逸勢考〉，收入劉健明編，《黃約瑟隋唐史論集》（北京：中華書局，1997），頁 115-138。

黃約瑟，〈日本留唐學生橘逸勢事蹟考〉，收入《第二屆國際唐代學術會議論文集》下冊，臺北：文津出版社，1993，修改標題後收入劉健明編，《黃約瑟隋唐史論集》。

黃約瑟，〈日本留唐學生橘逸勢考〉，收入劉健明編，《黃約瑟隋唐史論集》（北京：中華書局，1997），頁 115-138。

黃得時，〈楊貴妃東逃日本之謎〉，《臺灣新生報・新生副刊》，1986。

黃敏枝，〈中國的火葬習俗〉，收入傅樂成教授紀念論文集編輯委員會主編，《中國史新論：傅樂成教授紀念論文集》（臺北：臺灣學生書局，1985），頁 691-739。

黃清連，〈圓仁與唐代巡檢〉，收入《中央研究院歷史語言研究所集刊》68:4，1997，頁 899-942。

黃運喜，〈有關唐武宗滅佛的史料問題——「圓仁目睹唐武宗滅佛」一文的商榷〉《獅子吼》33:6，1994.2，頁 21-26。

黃濤、萬軍，〈日僧圓仁來華遊記中的唐代節日習俗辨析〉，《溫州大學學報（社會科學版）》2012:6，頁 20-29。

楊永良，〈日本天皇即位禮儀之意義：與唐皇帝即位禮儀之比較〉，收入《空大人文學報》4（新北：空中大學，1995），頁 107-116。

楊曾文，〈圓仁和日本天臺宗〉，《中華佛學學報》10，1997.6，頁 267-278。

楊華，〈論《開元禮》對鄭玄和王肅禮學的擇從〉，收入氏著《新出簡帛與禮制研究》，（臺北：臺灣古籍出版社，2007），頁 305-326。

楊聯陞，〈中國文化中的媒介人物〉，收入《大陸雜誌》15:4（臺北：大陸雜誌社，1957），頁 29-36。

楊聯陞著，邢義田譯，〈從歷史看中國的世界秩序〉，收入楊聯陞，《國史探微》，臺北：聯經出版公司，1983。

葉國良，〈唐代墓誌考釋八則・五、徐州刺史杜嗣先墓誌〉，收入氏著《石學續探》（臺北：大安出版社，1999），頁 127-133。

臧廣恩，〈唐代教育對日本教育之影響〉，收入劉百閔、張其昀等撰《中日文化論集續篇》（臺北：中華文化出版事業委員會，1958），頁 207-236。

趙大瑩，〈唐宋《假寧令》研究〉，收入黃正建編，《《天聖令》與唐宋制度研究》（北京：中國社會科學出版社，2011），頁 289-320。

趙晶，〈唐令復原所據史料檢證——以令式分辨為線索〉，《中央研究院歷史語言研究所集刊》86:2(2015)，頁 317-364。
趙晶，〈唐令復原所據史料檢證——以《大唐開元禮》為中心〉，《文史哲》2018:2，頁 1-12。
劉再聰，〈「在田野者為村」——以《入唐求法巡禮行記》為中心的考察〉，《中國農史》2010:1，頁 95-104。
劉昭瑩，〈唐代日僧圓仁在長安的生活與見聞〉，《建國學報》14，1995.2，頁 257-269。
劉崇稜，〈空海與最澄——日本兩位傑出的漢詩文作家〉《日本研究》161，臺北：中國文化大學，1978.6。
劉崇稜，〈李白與阿倍仲麻呂〉《日本研究》160，1978:6。
劉淑芬，〈林葬——中古佛教露屍葬研究之一(1)〉，收入《大陸雜誌》96:1，1998，頁 22-31。另收入氏著《中國的佛教與社會》丙篇（上海：上海古籍出版社，2008）頁 183-243。
劉增貴，〈中國古代的沐浴禮俗〉，《大陸雜誌》98:4（臺北：大陸雜誌社，1999），頁 153-173。
劉增貴，〈中國禮俗史研究的一些問題〉，收入《第三屆國際漢學會議歷史組法制與禮俗》論文集，臺北：中研院史語所，2002。
劉曉峰，〈寒食不入日本考〉，收入氏著《東亞的時間——歲時文化的比較研究》（北京：中華書局，2007），頁 230-251。
鄭雅芬，〈大唐天子的輓歌——從《全唐詩》看唐代人臣對帝王的傷悼〉，收入《興大中文學報》26(2009.12)，頁 27-63。
鄭樑生，〈唐大和尚東征傳——中國佛教東傳的一幕〉，收入《中日關係史研究論集》（一）（臺北：文史哲出版社，1990），頁 155-174。
鄭樑生，〈唐代學制對日本古代教育的影響〉，收入氏著《中日關係史研究論集》冊 11（臺北：文史哲出版社，2001），頁 159-197。
鄭樑生，〈漢籍之東傳對日本古代政治的影響—以聖德太子為例〉，收入氏著《中日關係史研究論集》（二）（臺北：文史哲出版社，1992），頁 1-22。
鄭樑生，〈賴世和博士（E. O. Reischauer）與《圓仁入唐求法記》〉，收入氏著《中日關係史研究論集》（三），（臺北：文史哲出版社，1993），頁 149-171。
鄭顯文，〈唐代法律關於外國人人身權和財產權的規定〉，收入氏著，《律令時代中國的法律與社會》（北京：知識產權出版社，2007），頁 326-342。

霍存福，〈論禮令關係與唐令的復原—《唐令拾遺》編譯墨餘錄〉，《法學研究》1990:4，頁 77-83。

賴亮郡、嚴茹蕙，〈隋唐五代中日交流史研究概況〉，收入《中國唐代學會會刊》19 期（臺北：樂學書局經銷，2012），頁 142-154。

戴禾，〈中日史籍中的日使來唐事異同考〉，《香港中文大學中國文化研究所學報》15，1984，頁 153-168。

戴建國，〈天一閣藏明抄本《官品令》考〉，收入《歷史研究》（北京：中國社會科學院，1999:3），頁 71-86。又見氏著《唐宋變革時期的法律與社會》第二章〈對天聖令所本唐令為開元二十五年令之論證〉（上海：上海古籍出版社，2010），頁 185-200。

韓昇，〈佛教東傳的開拓者〉，收入上海博物館編，《唐・物 鑒真和空海》，桂林：廣西師範大學出版社，2010。

韓昇，〈開啟日本佛教新時代的兩位大師〉，收入陳燮君、陳克倫編，《鑒真和空海：中日文化交流的見證》（上海：東方出版中心，2010），頁 13-17。

譚思健，〈中國古代挽歌考〉，《江西教育學院學報》1991:1，頁 38-41、頁 13。

葉國良，〈從婚喪禮俗中的異族文化成分論禮俗之融合與轉化〉，收入氏著《禮學研究的諸面向》，（新竹：國立清華大學出版社，2010），頁 286-310。

羅彤華，〈唐代官人的父母喪制〉，收入《天聖令論集》（下），頁 3-42。

蘇啟明，〈漢唐的中外交流〉（臺北：《國立歷史博物館館刊》112 期，2002.11），頁 16-23。

釋真定，〈《法華五百問論》在日流傳史〉，收入《華梵人文學報》天臺學專刊（臺北：華梵大學，2013），頁 281-310。

顧承甫，〈圓仁事跡的最早記載〉，《中華文化論叢》29（上海：上海古籍出版社，1984），頁 40。

（日）古瀨奈津子著，嚴茹蕙等譯，〈從書札禮看日唐親屬的比較研究〉，收入高明士編，《中華法系與儒家思想》（臺北：臺大出版中心，2014），頁 403-416。

（日）吉永匡史著，王博譯，〈日本書籍中的唐代法制——以唐令復原研究為視角〉，《中國古代法律文獻研究》11(2017)，頁 216-237。

（日）伊藤真奈美，〈試論玄宗時期日派遣唐使之目的與特性〉，《逢甲中文學刊》1，2008.01。

（日）妹尾達彥，〈唐代後期的長安與傳奇小說——以《李娃傳》的分析為中心〉，收入劉俊文主編，《日本中青年學者論中國史・六朝隋唐卷》（上海：上海古籍出版社，1995），頁 509-553。

（日）妹尾達彥，〈長安：禮儀之都——以圓仁《入唐求法巡禮行記》爲素材〉，收入《唐研究》15 期（北京：北京大學出版社，2010），頁 385-434。

（日）妹尾達彥，〈隋唐長安的城市文化與歐亞大陸東部的國際關係，收入陳玨主編，《唐代文史的新視野—以物質文化為主—》（臺北：聯經出版公司，2015），頁 35-56。

（日）坂上康俊著，何東譯，〈再論《天聖令》藍本唐令《開元二十五年令》說〉，收入《天聖令論集》（上），頁 53-64。

（日）松本曉美，〈改變日本歷史的人物系列（1）——聖德太子〉，《日本文摘》11:1，1996.2。

（日）松本曉美，〈改變日本歷史的人物系列（2）——空海〉，《日本文摘》11:3，1996.4

（日）齋藤茂，〈關於殘存在日本的唐詩資料〉，收入張寶三、楊儒賓合編，《日本漢學研究初探》，臺北：臺大出版中心，2004。

（韓）金相範，〈唐代後期揚州的發展和外國人社會〉，收入《師大歷史學報》44 期（臺北：師範大學歷史系，2010），頁 37-66。

拙文，〈試論「化外人」與文化認同——以八世紀的渡唐日本人為例〉，收入高明士編，《唐律與國家秩序》（臺北：元照出版社，2011），頁 303-344。

拙文，〈2014 年夏参訪日本嶋評戶籍木簡紀要〉，收入《中國唐代學會會刊》20 期（臺北：樂學書局經銷，2014），頁 85-94。

拙文，〈日本古代七月七日節和相撲節的變遷——東亞禮令實施異同的一個側面〉，收入第 13 屆唐代文化國際學術研討會會議論文集（二），頁 450-474。

（二）中文論著

丁凌華，《五服制度與傳統法律》，北京：商務印書館，2013。

丁鼎，《儀禮・喪服考論》，北京：社會科學文獻出版社，2003。

王明珂，《華夏邊緣——歷史記憶與族群認同》，北京：社會科學出版社，2006。

王金林，《漢唐文化與古代日本文化》，天津：天津人民出版社，1996。

王勇，《中日關係史考》，北京：中央編譯出版社，1995。

王勇編，《中日關係的歷史軌跡》，上海：上海辭書出版社，2010。

王勇編，《東亞坐標中的的遣隋唐使研究》，北京：中國書籍出版社，2013。
王勇編，《東亞坐標中的書籍之路研究》，北京：中國書籍出版社，2013。
王勇編，《東亞坐標中的跨國人物研究》，北京：中國書籍出版社，2013。
王貞平，《漢唐中日關係論》，臺北：文津出版社，1997。
王貞平，《唐代賓禮研究——亞洲視域中的外交信息傳遞》，北京：中西書局，2017。
王海燕，《日本平安時代的社會與信仰》，杭州：浙江大學出版社，2012。
王貴民，《中國禮俗史》，臺北：文津出版社，1993。
王儀，《隋唐與後三韓關係及日本遣隋使遣唐使運動》，臺北：臺灣中華書局，1972 初版，2015 再版。
王儀，《趙宋與王氏高麗及日本的關係》，臺北：臺灣中華書局，1980 初版，2015 再版。
王輯五，《中國日本交通史》，上海：上海書店，1984。
石曉軍，《中日兩國相互認識的變遷》，臺北：臺灣商務印書館，1992。
白化文、李鼎霞，《行曆抄校注》，石家莊：花山文藝出版社，2004。
石曉軍，《中日兩國相互認識的變遷》，臺北：臺灣商務印書館，1992。
朱雲影，《中國文化對日韓越的影響》，臺北：黎明文化，1981；桂林：廣西師範大學出版社，2007（簡體版）。
朱溢，《事邦國之神：唐至北宋吉禮變遷研究》，上海：上海古籍出版社，2014。
余又蓀，《隋唐五代中日關係史》，臺北：臺灣商務印書館，1974。
吳麗娛，《唐禮摭遺——中古書儀研究》，北京：商務印書館，2002。
吳麗娛，《敦煌禮儀與書法》，蘭州：甘肅教育出版社，2013。
吳麗娛，《終極之典——中古喪葬制度研究》（上下冊），北京：中華書局，2012。
吳麗娛主編，《禮與中國古代社會：隋唐宋元五代卷》，北京：中國社會科學出版社，2016。
宋德喜，《陳寅恪中古史學探研：以隋唐制度淵源略稿論為例》，臺北：稻鄉出版社，2004。
岑仲勉，《通鑑隋唐紀比事質疑》，北京：中華書局，1964。
李則芬，《中日關係史》，臺北：臺灣中華書局，1970。
李寅生，《論唐代文化對日本文化的影響》，成都：巴蜀書社，2001。
李卓，《中日家族制度比較研究》，北京：人民出版社，2004。
李玉生，《唐令與中華法系研究》，南京：南京師範大學出版社，2005。

李梅花，《10-13 世紀宋麗日文化交流研究》，北京：華齡出版社，2005。
汪向榮，《中日關係史文獻論考》，長沙：岳麓書社，1985。
汪向榮，《古代中國人的日本觀》，上海：上海古籍出版社，2006。
汪向榮、夏應元編，《中日關係史資料匯編》，北京：中華書局，1984。
周一良，《中日文化關係史論》，南昌市：江西人民出版社，1990。
周何，《禮學概論》，臺北，三民書局，1998。
林素英，《喪服制度的文化意義》，臺北：文津出版社，2000。
武安隆，《遣唐使》，哈爾濱：黑龍江人民出版社，1985。
姜伯勤，《敦煌社會文書導論》，臺北：新文豐出版社，1992。
姜伯勤，《敦煌藝術宗教與禮樂文明：敦煌心史散論》，北京：中國社會出版社，1996。
胡戟等主编，《二十世紀唐研究》，北京：中國社會科學出版社，2002。
徐先堯，《二王尺牘與日本書紀所載國書之研究：隋唐期中日關係史之一章》，臺北：華世出版社，1979 初版；臺北：藝軒圖書，2003 增訂新版。
浙江大學日本文化研究所編，《中日關係史論考》，北京：中華書局，2001。
高明士，《日本古代學制與唐制的比較研究》，臺北：學海出版社，1977 初版，1986 增訂一版。
高明士，《唐代東亞教育圈的形成》，臺北：國立編譯館，1984（簡體版修訂更名為《東亞教育圈形成史論》）。
高明士，《隋唐貢舉制度》，臺北：文津出版社，1999。
高明士，《東亞教育圈形成史論》，上海：上海古籍出版社，2003。
高明士，《東亞古代的政治與教育》，臺北：臺灣大學出版社，2004。
高明士，《天下秩序與文化圈的探索》，上海：上海古籍出版社，2008。
高明士，《律令法與天下法》，臺北，五南圖書出版公司，2012。
高明士，《中國中古禮律綜論——法文化的定型》，臺北：元照出版社，2014。
高明士主編，《天聖令譯注》，臺北：元照出版社，2017。
張中秋，《中日法律文化交流比較研究：以唐與清末中日文化的輸出與輸入為觀點》，北京：法律出版社，2009。
張文昌，《制禮以教天下——唐宋禮書與國家社會》，臺北：臺大出版中心，2012。
張文昌，《唐代禮典的編纂與傳承——以《大唐開元禮》為中心》，臺北：花木蘭出版社，2008。
張其昀等撰，《中日文化論集續編》（一）～（二），臺北：文物供應社，1958。

張哲俊，《中國古代文學中的日本形象研究》，北京：北京大學出版社，2004。
張捷先，《中國喪葬史》，臺北：文津出版社，1995。
張曼濤主編，《中日佛教關係研究》臺北：大乘文化出版社，1978。
張鵬一，《唐代日人來往長安考》，西安：秦風周報社，1937；太原：山西人民出版社 2014 重印。
孫猛，《日本國見在書目錄詳考》（全三冊），上海古籍出版社、上海世紀出版公司，2015。
梁容若，《中國文化東漸研究》，臺北：中華文化出版事業委員會，1956。
盛邦和，《內核與外緣——中日文化論》，上海：學林出版社，1988。
陳水逢，《中國文化之東漸與唐代政教對日本王朝時代的影響》，臺北：嘉新水泥公司文化基金會，1966。
陳水逢，《日本文明開化史略》，臺北：臺灣商務印書館，1995 修訂版。
陳珏主編，《唐代文史的新視野—以物質文化為主—》，臺北：聯經出版公司，2015。
陳寅恪，《陳寅恪集：隋唐制度淵源略論稿‧唐代政治史述論稿》，北京：三聯書店，2001。
傅樂成，《漢唐史論集》，臺北：聯經出版社，1977。
程喜霖，《唐代過所研究》，北京：中華書局，2000。
葨嵐，《7-14 世紀中日文化交流的考古學研究》，北京：中國社會科學出版社，2001。
黃約瑟著，劉俊明編，《黃約瑟隋唐史論集》，北京：中華書局，1997。
黃源盛，《中國法史導論》，臺北：元照出版社，2012 初版，2016 修訂三版。
萬建忠，《中國歷代葬禮》，北京：北京圖書館出版社，1998。
復旦大學文史研究院編，《中國的日本認識‧日本的中國認識》，北京：中華書局，2015。
楊永良，《日本文化史：日本文化的光與影》，臺北：語橋文化出版一版，1999，致良出版社修訂再版，2008。
楊曾文，《日本佛教史》，杭州：浙江人民出版社，1995。
楊華，《新出簡帛與禮制研究》，臺北：臺灣古籍出版社，2007。
楊鴻烈，《中國法律在東亞諸國之影響》，臺北：臺灣商務印書館，1971 臺一版，北京：商務印書館，2015 簡體版。
雷聞，《郊廟之外——隋唐國家祭祀與宗教》，北京：三聯書店，2009。
趙晶，《《天聖令》與唐宋法制考論》，上海：上海古籍出版社，2014。

劉天琪，《隋唐墓誌蓋題銘藝術研究》，深圳：南方出版社，2011。
劉百閔、張其昀等著，《中日文化論集》（一）（二），臺北：文物供應社，1955。
劉俊文，《唐代法制研究》，臺北，文津出版社，1999。
劉俊文，《唐律疏議箋解》，北京：中華書局，1996。
劉學銚，《歷代胡族王朝之民族政策》，臺北：知書房出版社，2005。
蔡宗憲，《北朝的祠祀信仰》，臺北：花木蘭出版社，2011。
鄭樑生，《中日關係史》，臺北：五南出版社，2001。
鄭樑生，《中日關係史研究論集》全十四冊，臺北：文史哲出版社，1991~2005。
錢大群，《唐律疏義新注》，南京：南京師範大學出版社，2007。
錢大群、夏錦文，《唐律與中國現行刑法比較論》，南京：江蘇人民出版社，1991。
謝海平，《唐代詩人與在華外國人之文字交》，臺北：文史哲出版社，1981。
韓昇，《海東集——古代東亞史實考論》，上海：上海人民出版社，2009。
韓昇編，《古代中國：東亞世界的內在交流》，上海：復旦大學出版社，2005。
韓東育，《從「脫儒」到「脫亞」—日本近世以來「去中心化」之思想過程研究》，臺北：臺大出版中心，2009。
瞿同祖，《中國法律與中國社會》，北京：中華書局，1981 年初版，2003 年新一版。
嚴紹璗，《漢籍在日本的流布研究》，南京：江蘇古籍出版社，1992。
釋東初，《中日佛教交通史》，臺北：中華佛教文化館，1970。
釋真定撰，《《法華五百問論》校釋》（上下冊），上海：上海古籍出版社，2012。
拙作，《唐日令中所見節假生活初探》，新北：稻鄉出版社，2017。

（三）外文單篇論文

（日）一海知義，〈文選挽歌詩考〉，《中國文學報》12（京都：京都大學文學部中國語學中國文學研究室，1960.4），頁 19-48。
（日）三上真由子，〈日本古代の喪葬儀礼に関する一考察——奈良時代における天皇の殯期間の短期化について　〉，收入《奈良史学》23 號，奈良大学史学会 [編]，2005，頁 11-31。
（日）三橋正，〈日本的信仰構造の成立と陰陽道〉，收入（日）鈴木靖民編，《古代日本の異文化交流》（東京：勉誠出版，2008）頁 160-179。
（日）小倉久美子，〈日本古代における天皇服喪の実態と展開〉，收入《日本歷史》773（東京：吉川弘文館，2012），頁 1-17。

（日）小倉久美子，〈古代における死を悼む和歌の展開：挽歌と哀傷歌の比較検討を通して〉，《万葉古代学研究所年報》(10)，奈良：2012，頁 83-100。

（日）小野勝年，〈「圓仁三藏供奉入唐請益往返傳記」について〉，《東方宗教》40（東京：日本道教學會，1972），頁 1-11。

（日）山下洋平，〈后·皇太子のための臣下服喪儀礼からみた日本古代王権の特質：唐代の事例を参考として〉，收入古代學協會編，《古代文化》65，2013.09，頁 242-260。

（日）山内晉次，〈9~12 世紀の日本とアジア—海域を往来するヒトの視点から—〉，收入《專修大學東アジア世界史研究センター年報》6，2012，頁 113-127。

（日）中田薰，〈唐代法に於ける外國人の地位〉，收入氏著《法制史論集（第三卷）》，東京：岩波書店，1943。

（日）井上光貞，〈古代日本と律令法〉，收入（日）江上波夫編，《遣唐使時代の日本と中国》（東京：小學館，1982），頁 31-40。

（日）內藤湖南，〈三井寺所藏の唐過所に就て〉，收入《內藤湖南全集》(7)，東京：筑摩書房，1970。

（日）內藤湖南，〈弘法大師の文芸〉，收入氏著《日本文化史研究》（上）（東京：講談社學術文庫，1976），頁 140-179。

（日）太田晶二郎，〈《天地祥瑞志》略說—附けたり、所引の唐令佚文—〉，收入《東京大學史料編纂所報》7 號，東京：東京大學，1972。

（日）木宮和彥，〈生誕百年を記念して再刊するにあたり〉，收入木宮泰彥，《日華文化交流史》（東京：冨山堂，1955 初版，1987 再版），頁 i-iii。

（日）古瀨奈津子，〈遣唐留學生と日本文化の形成〉，《東アジア世界史研究センター年報》第 1 號（川埼：專修大學社會知性開發研究センター，2008），頁 43-49。中譯参見（日）古瀨奈津子，〈遣唐留學生與日本文化的形成〉，收入王勇編，《東亞座標中的的遣隋唐使研究》第 14 章，（北京：中國書籍出版社，2013），頁 156-157。

（日）古瀨奈津子，〈儀式における唐礼の継受〉，收入池田溫編，《中国礼法と日本律令制》（東京：東方書店，1992），頁 365-394。又收入國學院大學日本文化研究所編《律令法とその周辺》（東京：汲古書院，2004），頁 176。

（日）矢越葉子，〈天一閣蔵明鈔本天聖令の書誌学的検討—唐令復原の一方法として—〉，《お茶の水女子大学人文科学研究》12(2016)，頁 55-63。

（日）永原慶二，〈アジアのなかの日本文化─「日本文化論」批判の一視角─〉，收入荒野泰典等編，《アジアのなかの日本史》VI 文化と技術（東京：東京大學出版會，1993），頁 6。

（日）田中史生，〈最後の遣唐使と圓仁の入唐求法〉，收入遣唐使船再現シンポシウム編，《遣唐使船の時代─時空を駆けた超人たち》，東京：角川選書，2010。

（日）江川氏部，〈挽歌〉，收入（日）金子修一主編，《大唐元陵儀注新釋》，東京：汲古書院，2013。

（日）西脇常記，〈唐代の葬俗─特に葬法について〉，收入氏著《唐代の思想と文化》(東京：創文社，2000)，頁 195-224。

（日）池田溫，〈日本国とあだ使人名された呂延祚〉，收入氏著《東アジアの文化交流史》（東京：吉川弘文館，2002），頁 68-71。

（日）池田溫，〈天宝後期の唐、羅、日關係をめぐって〉，收入氏著《東アジアの文化交流史》，頁 72-126。

（日）池田溫，〈唐令と日本令〉(1)，收入《創価大学人文論集》7（東京：創価大学人文学会編，1995），頁 144-175。

（日）池田溫〈唐日喪葬令の一考察──條文排列の相異爲中心として〉，收入《法制史研究》45 期，1995，頁 39-71。

（日）坂本太郎，〈儀式と唐礼〉，收入《坂本太郎著作集　7 律令制度》（東京：吉川弘文館，2013），頁 146-154。

（日）那波利貞，〈火葬法の支那流傳に就いて〉，支那学社編，《支那学》1:7，（京都：弘文堂書房，1921），頁 553-558。

（日）和田萃，〈仏教と喪葬儀礼の変化〉，《歴史公論》2:6，東京：雄山閣，1976.6。

（日）岡田正之，〈慈覺大師の入唐紀行に就いて〉，《史學雜誌》24:10，1913。

（日）岡田重精，〈忌服考〉，收入現代神道研究集成編集委員会編，《現代神道研究集成　４　祭祀研究編　１》東京：神社新報社，1999。

（日）岡野誠，〈天聖令依據唐令の年次について〉，收入日本法史學研究會編，《法史學研究會會報》第 13 號（東京：法史學研究會，2008），頁 1-24。

（日）岩橋小彌太，〈大和宿禰長岡〉，收入氏著《律令叢説》，東京：吉川弘文館，1973。

（日）明石一紀，〈大宝律令と親等法─服紀条・五等親条の意義〉，收入氏著《日本古代の親族構造》，東京：吉川弘文館，1990。

（日）明石一紀，〈古代の喪礼と服仮制〉，收入孝本貢、八木透編《家族と死者祭祀》（東京：早稲田大学出版部，2006），頁 22-51。
（日）服部一隆，〈日本における天聖令研究の現状〉，《古代学研究所紀要》12(2010)，頁 31-52。
（日）服部一隆，〈養老令と天聖令の概要比較〉，收入《古代學研究所紀要》15(2011)，頁 33-46。
（日）服藤早苗，〈出產と死〉，收入（日）木村茂光編《平安京くらしと風景》，東京：東京堂，1994。
（日）河野保博〈円仁の同行者たち〉，收入（日）鈴木靖民編，《円仁と石刻の史料学—法王寺釈迦舎利蔵誌—》（東京：高志書院，2011）
（日）金子修一，〈則天武后と杜嗣先墓誌—粟田真人の遣唐使と関連して—〉，國史學會編，《國史學》197 號（東京：國學院大學，2009），頁 1-4。
（日）保坂達雄，〈遊部の伝承と「凶癘魂」〉，收入氏著《神と巫女の古代伝承論》（東京：岩田書院，2003），
（日）宮地明子，〈日本古代国家論一礼と法の日中比較より一〉，收入（日）舘野和己，小路田泰直編，《古代日本の構造と原理》（東京：青木書店，2008），頁 143-188。
（日）宮崎市定，〈留唐外史〉，收入《宮崎市定全集》(22)（東京：岩波書店，1992），頁 8-26。亦收入氏著，《日出づる国と日暮るる処》（東京：中公文庫，1997），頁 1-35。
（日）宮崎市定，〈中国火葬考〉，收入《塚本善隆博士頌壽紀念佛教史學論文集》（京都：塚本博士頌壽念會，1961），頁 794-808，後收入（日）佐伯富等編，《宮崎市定全集 17　中国文明》（東京：岩波書店，1993）。
徐翔生，〈日本神道と中国思想——天皇思想をめぐって〉，《臺大日本語文研究》19，2010.06，頁 223-242。
（日）栗原弘，〈藤原行成家族の葬送・追善仏事・忌日について〉收入《名古屋文理大学紀要》4（名古屋：名古屋文理大学，2004.4），頁 13-22。
（日）栗原弘，〈藤原道長家族の葬送について〉，收入《名古屋文理大学紀要》5（名古屋：名古屋文理大学，2005.3），頁 1-11。
（日）氣賀澤保規，〈《隋書》倭國傳からみた遣隋使〉，收入氏編，《遣隋使がみた風景—東アジアからの新視点》（東京：八木書店，2012），頁 31-58。

（日）堀敏一，〈中國律令制度在東亞的傳播〉，收入堀敏一著；韓昇等編譯，《隋唐帝國與東亞》（蘭州：蘭州大學出版社，2010），頁 134-141。

（日）勝浦令子，〈七・八世紀将来中国医書の道教系産穢認識とその影響—神祇令散斎条古記「生産婦女不見之類」の再検討—〉，收入学術文献刊行会編，《日本史学年次別論文集 古代 2-2006 年》（東久留米：朋文出版，2008），頁 318-332。

（日）景山春樹，〈解題〉，收入神道大系編纂會編，《神道大系》神社編 29〈日吉大社〉（東京：神道大系編纂會，1983），頁 28-29。

（日）渡部真弓，〈日・中喪葬儀礼の比較研究：日本古代及び中国唐代を中心に〉，《國學院大學日本文化研究所紀要》71（東京：國學院大學日本文化研究所，1993），頁 27-61。

（日）新井喜久夫，〈遊部考〉，收入續日本紀研究會編，《續日本紀研究》9:9，1962，頁 1-11。

（日）鈴木靖民，〈遣唐使研究と東アジア史論〉，收入《専修大学東アジア世界史研究センター年報》4(2010)，頁 53-65。

（日）鈴木靖民，〈遣唐使と古代の東アジア〉，收入遣唐使船再現シンポジウム編，《遣唐使船の時代——時空を駆けた超人たち》（東京：角川選書，2010），頁 13-34。

（日）榎本淳一，〈來日した唐人たち〉，收入遣唐使船再現シンポシウム編，《遣唐使船の時代—時空を驅けた超人たち》（東京：角川選書，2010），頁 126-146。

（日）稲田奈津子，〈日本古代の服喪と追善〉，收入日本史研究會編，《日本史研究》618（京都：日本史研究會，2014:2），頁 34-54。

（日）稲田奈津子，〈日本古代の服喪と喪葬令〉，《歷史評論》759（東京：吉川弘文館，2013），頁 18-31。

（日）稲田奈津子，〈日本古代喪葬儀礼の特質：喪葬令からみた天皇と氏〉，《史學雜誌》109(9)，（東京：史學會，2000），頁 1-34。

（日）稲田奈津子，〈喪葬令と礼の受容〉，收入池田溫編，《日中律令制の諸相》（東京：東方書店，2002），頁 283-309。

趙晶著，佐々木満実、矢越葉子日譯，〈唐令復原再考——“令式の弁別”を手掛かりとして〉，收入古瀨奈津子編，《東アジアの礼、儀式と支配構造》（東京：吉川弘文館，2016），頁 269-290。

（日）藏中しのぶ，〈渡来僧と大安寺文学圏－新羅僧元暁と淡海三船－〉，收入（日）

田中隆昭・王勇編《アジア遊学》4「日本の遣唐使」(東京:勉誠出版,1999.05),頁 81-95。
(日)瀧川政次郎,〈唐礼と日本令〉(收入氏著《律令の研究》,東京:名著刊行會,1988,1931 刀江書院初版。
(日)瀧川政次郎,〈中国の礼制と日本儀式〉(一)~(四)(《儀礼文化》31~34,2002.10-2004.04,未完遺稿。
(日)瀧川政次郎,〈江都集禮と日本の儀式〉,收入岩井博士古稀記念事業会編暨刊行,《岩井(大慧)博士古稀記念 典籍論集》,1963,頁 342-347。
(日)礪波護〈唐代の過所と公験〉,收入氏編,《中国中世の文物》,京都:京都大学人文科学研究所,1993。
(日)礪波護,〈遣唐使の二つの墓誌——美奴岡萬と井真成〉收入専修大学・西北大学共同プロジェクト編,《遣唐使の見た中国と日本新発見「井真成墓誌」から何がわかるか》,頁 337-346。
David L. McMullen, "The Death Rites of Tang Daizong," in *State and Court Ritual in China*, ed. McDermott, Joseph P., pp. 150-96. Cambridge: Cambridge University Press, 1999.

(四)外文論著

(日)〔太政官正院〕外史編纂《明治七年 太政官布告書》冊 10,〈太政官達書明治七年第十月〉,(東京:北畠茂兵衛、村上勘兵衛、山中市兵衛等官版,1874),頁 21。原件見日本國會圖書館「近代數位圖書館」(近代デジタルライブラリー)。
(日)三島敦雄,《法曹至要抄正解》,愛媛:三島文庫藏版,1901。
(日)三橋正《平安時代の信仰と宗教儀礼》,東京:続群書類従完成会,2000。
(日)大庭脩,《古代中世における日中関係史の研究》,京都:同朋舍,1996。
(日)小野勝年,《入唐求法行歷の研究—智證大師円珍篇》(上)、(下),東京:法藏館,1982。
(日)小野勝年,《入唐求法巡禮行記の研究》(一)~(四),京都:法藏館,1989。
(日)山內晉次,《奈良平安期の日本とアジア》,東京:吉川弘文館,2003。
王勇,《唐から見た遣唐使:混血児たちの大唐帝国》,東京:講談社,1998。
王勇,《書物の中日交流史》,東京:國際文化工房,2005。

（日）井上光貞《日本古代の王權と祭祀》，東京：東京大学出版会，1984， 2009 新裝版。
（日）井上秀雄，《古代日本人の外国觀》，東京：學生社，1991。
（日）仁井田陞，《補訂・中國法制史研究：刑法》，東京：東京大學出版會，1959年初版，1980年補訂版。
（日）仁井田陞，《唐令拾遺》，東京：東京大學出版會，1964。
（日）仁井田陞著，池田溫等編，《唐令拾遺補》，東京：東京大學出版會，1997。
（日）大津透，《古代の天皇制》，東京：岩波書店，1999。
（日）大隅清陽，《律令官制と礼秩序の研究》，東京：吉川弘文館，2011。
（日）內藤湖南，《日本文化史研究》（東京：弘文堂，1925），另由劉克申譯，《日本歷史與日本文化》（北京：商務印書館，2012），為加入內藤氏演講稿之編譯作品。
（日）中村裕一，《唐令逸文の研究》，東京：汲古書院，2005。
（日）中村裕一，《唐令の基礎的研究》，東京：汲古書院，2012。
（日）中村裕一，《大唐六典の唐令研究─「開元七年令」説の検討─》，東京：汲古書院，2014。
（日）木宮泰彥，《日支交通史》，東京：金刺流芳堂，1926。
（日）木宮泰彥，《日華文化交流史》東京：冨山房，1955初版，1972年3版。
（日）木下正史，《藤原京》，東京：中公新書，2003。
（日）古橋信孝，《平安京の都市生活と郊外》，東京：吉川弘文館，1998）。
（日）古瀨奈津子，《日本古代王權と儀式》，東京：吉川弘文館，1998。
（日）古瀨奈津子，《遣唐使の見た中国》，東京：吉川弘文館，2003。
（日）古瀨奈津子，《攝関政治》，東京：岩波書店，2011。
（日）石母田正，《日本の古代国家》，收入《石母田正著作集・三》，東京：岩波書店，1981。
（日）荒川正晴，《ユーラシアの交通・交易と唐帝國》，名古屋：名古屋大學出版會，2010。
（日）田村完誓日譯，《圓仁唐代中國への旅『入唐求法巡礼行記』の研究》，東京：實業之日本社，1963，原書房，1985，講談社學術文庫，1999。
（日）田中史生，《倭国と渡来人─交錯する「內」と「外」》，東京：吉川弘文館，2005。

（日）田中史生，《越境の古代史——倭と日本をめぐるアジアンネットワーク》，東京：ちくま新書，2009。
（日）石母田正，《日本の古代国家》，收入《石母田正著作集・三》，東京：岩波書店，1981。
（日）吉川圭三，《古代政治史における天皇制の論理》，東京：吉川弘文館，1986。
（日）安藤更生，《鑑真》，東京：吉川弘文館，1989。
（日）江上波夫編，《遣唐使時代の日本と中国》，東京：小學館，1982。
（日）池田溫編，《中國禮法と日本律令制》，東京：東方書店，1992。
（日）池田溫，《東アジアの文化交流史》東京：吉川弘文館，2002。
（日）坂上康俊，《平城京の時代》，東京：岩波書店，2011。
（日）坂上康俊，《律令国家の転換と日本》，東京：講談社學術文庫，2009。
（日）西本昌弘，《日本古代儀礼成立史の研究》，東京：塙書房，1997。
（日）西本昌弘，《日本古代の王宮と儀礼》，東京：塙書房，2008。
（日）西宮秀紀《律令国家と神祇祭祀制度の研究》，東京：塙書房，2004。
（日）西嶋定生，《日本歴史の国際環境》，東京：東京大學出版會，1985。
（日）西嶋定生，《古代東アジア世界と日本》，東京：岩波現代文庫，2000。
（日）佐伯有清，《円仁》，東京：吉川弘文館，1989。
（日）佐伯有清，《悲運の遣唐僧——円載の数奇な生涯》，東京：吉川弘文館，1999。
（日）佐伯有清，《智証大師伝の研究》，東京：吉川弘文館，1989。
（日）佐伯有清，《慈覚大師伝の研究》，東京：吉川弘文館，1987。
（日）村上專精著，楊曾文譯，《日本佛教史綱》，北京：商務印書館，1981。
（日）利光三津夫，《律の研究》，東京：明治書院，1961。
（日）孝本貢、八木透編，《家族と死者祭祀》，東京：早稲田大学出版部，2006。
（日）杉本直治郎，《阿倍仲麻呂傳研究 手沢補訂本》，東京：勉誠出版，2006。
（日）和田英松著，所功校訂，《新訂官職要解》，東京：講談社學術文庫，1983。
（日）和田萃，《日本古代の儀禮・祭祀と信仰》共上中下三冊，東京：塙書房，1995。
（日）岡田重精，《古代の斎忌—日本人の基層信仰》，東京：国書刊行会，1982。
（日）岡田重精，《斎忌の世界—その機構と変容—》，東京：国書刊行会，1989。
（日）所功，《平安朝儀式書成立史の研究》，東京：国書刊行会，1985。
（日）東野治之，《遣唐使と正倉院》，東京：岩波書店，1992。
（日）東野治之，《遣唐使船：東アジアのなかで》，東京：朝日新聞社，1999。

（日）林由紀子，《近世服忌令の研究—幕藩制国家の喪と穢》，大阪：清文堂，1998。
（日）茂在寅男、西嶋定生、田中健夫、石井正敏等著，《遣唐使研究と史料》，東海大學出版會，1978。
（日）河内春人，《東アジア交流史のなかの遣唐使》，東京：汲谷書院，2013。
（日）金子修一，《隋唐の国際秩序と東アジア》，東京：名著刊行會，2001。
（日）金子修一，《古代東アジア世界史論考 —改訂増補 隋唐の国際秩序と東アジア—》，東京：八木書店，2019。
（日）春日和男，《日本靈異記・解說》，東京：岩波書店，1967。
（日）秋山謙藏，《日支交涉史研究》，東京：岩波書店，1939。
楊永良，《日本古代王權の祭祀と儀式》，臺北：致良出版社，1989。
（日）家永三郎，《外来文化摂取史論：近代西洋文化摂取の思想的考察》，東京：岩崎書店，1953。
（日）氣賀澤保規編，《遣隋使がみた風景：東アジアからの新視点》，東京：八木書店，2011。
（日）荒川正晴，《ユーラシアの交通・交易と唐帝國》，名古屋：名古屋大學出版會，2010。
（日）馬場基，《平城京に暮らす》，東京：吉川弘文館，2010。
（日）堀敏一，《東アジアのなかの古代日本》東京：研文出版，1998。
（日）深谷憲一譯，《入唐求法巡禮行記》，東京：中央公論社中公文庫，1990。
（日）森克己，《遣唐使》，東京：至文堂，1972。
（日）森公章，《古代日本の対外認識と通交》，東京：吉川弘文館，1998。
（日）森公章，《遣唐使と古代日本の対外政策》，東京：吉川弘文館，2008。
（日）森公章，《遣唐使の光芒——東アジアの歴史の使者》，東京：角川選書，2010。
專修大学・西北大学共同プロジェクト編，《遣唐使の見た中国と日本　新発見「井真成墓誌」から何がわかるか》，東京：朝日新聞社，2005。
（日）渡邊誠，《平安時代貿易管理制度史の研究》，京都：思文閣出版，2012。
（日）筒井英俊編，《東大寺要錄》，大阪：全國書房，1944。
（日）菊池威雄《万葉の挽歌》，東京：塙書房，2007。
（日）福永光司、上田正昭、上山春平，《道教と古代の天皇制》，東京：德間書店，1978。
（日）鈴木靖民・金子修一・石見清裕・浜田久美子編，《訳註　日本古代の外交文書》，東京：八木書店，2014。
（日）鈴木靖民編，《古代日本の異文化交流》，東京：勉誠出版，2008。
（日）鈴木靖民，《日本の古代国家形成と東アジア》，東京：吉川弘文館，2011。
（日）榎本淳一，《唐王朝と古代日本》，東京：吉川弘文館，2008。
（日）稲田奈津子，《日本古代喪葬儀礼と律令制》，東京：吉川弘文館，2015。
（日）增田美子，《日本喪服史【古代篇】—葬送儀礼と装い》，東京：源流社，2002。
（日）增村宏，《遣唐使の研究》，京都：同朋舍，1988。
（日）瀧川政次郎，《律令の研究》，東京：刀江書房，1931 年初版，1966 年復刻版。
（日）藤家禮之助，《日中交流二千年》，東京：東海大學出版會，1977。
（日）關晃，《歸化人》，東京：至文堂，1966 初版，1968 再版，2009 講談社學術文庫增補版。
（日）關義臣，《服假沿革略考》，東京：金港堂，1912。復刻版收入《明治後期產業發史資料》第 682 卷，東京：龍溪書舍，2003。
（美）賴世和(Edwin Oldfather Reischauer)著， “ ENNIN’ s Travels in T’ ang China” ，（日）田村完誓日譯，《圓仁 唐代中國への旅》，東京：講談社學術文庫，1999。
Edwin Oldfather Reischauer, *“Ennin's travels in T'ang China”*, New York: Ronald Press Company ,1955.
叡山文庫編，《叡山文庫文書繪圖目錄》，京都：臨川書店，1994。
蘇進添，《日中關係史考：漢籍による弁證的研究》，臺北：致良出版社，1997。

三、學位論文

（日）伊藤真奈美《唐玄宗時代日本遣唐使研究》，臺中：逢甲大學中國文學所碩士論文，2008。
（韓）金相範，《唐代禮制對於民間信仰觀形成的制約與作用—以祠廟信仰為考察的中心》，臺北：臺灣師範大學歷史學系研究所博士論文，2001。
林靜怡，《日僧筆下的晚唐佛教—以圓仁、圓珍為中心》，新竹：玄奘大學宗教學系碩士在職專班論文，2011。
李映瑾，《佛教願文的發展及其東傳日本研究》，嘉義：中正大學中國文學所博士論文，2008。
汪晶石，《日本高僧圓仁《入唐求法巡禮行記》與九世紀的在唐新羅人》山東：延邊大學碩士論文，2013。
涂宗呈，《神魂、屍骸與塚墓：唐代兩京的死亡場景與喪葬文化》，臺北：臺灣大學歷史學研究所博士論文，2012。
周雅容《智證大師圓珍之研究》，宜蘭：佛光人文社會學院宗教學研究所碩士論文，2005。
張長臺，《唐代喪禮研究》，臺北：東吳大學中國文學研究所博士論文，1990。
孫一敏，《9世紀中日文化交流的研究——以唐日貿易為契機》，杭州：浙江工業大學碩士論文，2010。
陳靜萱，《唐僧鑑真之研究》，臺北：中國文化大學日本研究所碩士論文，1986。
黃介如，《空海之研究》，臺北：中國文化大學日本研究所碩士論文，1990。
黃亮文，《敦煌吉凶書儀寫卷與其五服制度研究》，臺南：成功大學中國文學系博士論文，2013。
楊芳瑋，《智者大師《摩訶止觀》常行三昧之思想及其影響》，華梵大學東方人文思想研究所碩士論文，2008。
楊敬娜，《中国と日本の歌垣に関する文化人類学的研究》，廣島大學総合科学研究科博士論文，2018。
楊俊峰，《唐宋之間的國家與祠祀——兼論祠祀的「中心化」》臺北：國立臺灣大學歷史學系博士論文，2009。
楊維欽，《遣唐使の研究》，臺北：中國文化大學日本研究所碩士論文，1994。
趙瀾，《唐代喪服制度研究》，福州：福建師範大學博士論文，2008。
葛繼勇，《《續日本紀》所載赴日唐人研究》，杭州：浙江大學中國古典文獻學博士論文，2007。增補修訂為《七至八世紀赴日唐人研究》，北京：商務印書館，2015。
齊會君，《日僧圓仁《入唐求法巡禮行記》所載文書研究——兼與圓珍文書、敦煌文書比較》，河南：鄭州大學外語學院碩士論文，2014。
蔡明勳，《東亞文化交流中日本遣唐使與留學生的角色定位及身分認同》，臺北：臺灣師範大學國文學系在職進修碩士班碩士論文，2011。
蔡朝枝，《日本天臺宗之中國法源研究——以最澄（767-822）思想為中心》，臺北：中國文化大學史學研究所博士論文，2008。

四、工具書及網路資源：

國史大辭典編集委員會編，《國史大辭典》（全 17 冊），東京：吉川弘文館，1999。
《大辭林》，三省堂：http://www.sanseido.net/
大正藏： www.cbeta.org/index_list.htm
中研院新漢籍全文資料庫：http://hanchi.ihp.sinica.edu.tw/ihp/hanji.htm
中華民國教育部編，《重編國語辭典修訂本》： http://dict.revised.moe.edu.tw/
「典藏臺灣」網站： http://catalog.digitalarchives.tw/item/00/08/49/82.html
Gallica digital library，高盧數位圖書館： http://gallica.bnf.fr/?&lang=EN
SAT DB(大正蔵検索)： http://21dzk.l.u-tokyo.ac.jp/SAT/ddb-sat2.php
国際敦煌プロジェクト： シルクロード オンライン(IDP)：
http://idp.afc.ryukoku.ac.jp/
奈良文化財研究所　木簡データベース：
http://www.nabunken.go.jp/Open/mokkan/mokkan.html
日本國會圖書館 近代デジタルライブラリー：http://kindai.ndl.go.jp/
國學院大學：神道・神社史料集成－古代
http://21coe.kokugakuin.ac.jp/db/jinja/index.html
維基百科：http://zh.wikipedia.org/
東京國立博物館圖像檢索・圓珍關係文書_福州公驗：
http://webarchives.tnm.jp/imgsearch/show/C0025809

後　記

本稿為繼《唐日令中所見節假生活初探》後，筆者第二部專著作品，以 2015 年繳交之博士論文為基礎修改而成。做為個人的學習記錄，首先將在期刊及研討會上發表過的諸篇章原題開列如下，以備查考。實際收入書中，尚進行了若干調整與增補。

緒論：原題〈唐日文化、人物及禮令交流研究述評〉，收入《中國唐代學會會刊》21 期（臺北：中國唐代學會，2015.12），頁 135-186。

第一章：原題〈試論「化外人」與文化認同—以八世紀的渡唐日本人為核心〉，曾於 2011.09.24「唐律與國家秩序」研討會宣讀，地點在臺灣大學國科會人文學研究中心會議室，法制史學會、唐律研讀會共同主辦。修正後刊登於《興大歷史學報》25 期（臺中：中興大學歷史系，2012.6），頁 69-106，又收入高明士編，《唐律與國家秩序》（臺北：元照出版社，2013），頁 303-344。

第二章：原題〈《慈覺大師入唐往反傳記》中所見的渡日唐人樂部〉，初稿宣讀於 2014.02.28 明治大學第 3 回「中國中世（中古）社會諸形態」國際大學院生若手研究者學術交流論壇，地點在明治大學駿河台校舍 Global Front 1 樓多目的廳，並曾於御茶水女子大學古代史專題、國學院大學亞洲史專題課堂報告。修正後刊登於《唐史論叢》26:1 期（西安：陝西師範大學唐史研究所、中國唐史學會編，三秦出版社，2018.02），頁 284-324。

第三章：原題〈唐日法制禮俗的實施——制度與社會生活的事例比較〉，曾於 2014.03.21 於第 2 回「東亞的禮・儀式・支配秩序」國際研討會以日語宣讀（御茶水女子大學比較日本學教育研究中心研究主辦，地點在日本東京御茶水女子大學文教育學部 1 號館 1 樓大會議室。又於 2014.12.06 於中國法制史學會「夏秋論壇：法史論衡」宣讀，地點在臺北市臺灣師範大學歷史學系視聽教室。

第四章：2013.09.15 於第 1 回「東亞的禮・儀式・支配秩序」國際研討會以日語宣讀（御茶水女子大學比較日本學教育研究中心研究主辦，地點在御茶水女子大學文教育學部 1 號館 1 樓大會議室。）

第五章：〈禮俗法制的交融——日本《服忌令》探源兼論與唐令關係〉，2016.04.23 宣讀於第 11 屆通俗文學與雅正文學暨第 12 屆唐代文化國際學術研討會，地點在臺中中興大學人文大樓國際會議廳。修正後刊登於《法制史研究》30 期（臺北：中國法制史學會、中研院史語所，2016.12），頁 72-110。

各章在發表時，皆蒙評論人或匿名審稿人提出貴重意見，使內容更為厚實完備，在此一併致謝。

拙稿能夠成書，首先要感謝碩博班時期的兩位共同指導教授：高明士教授、宋德熹教授，感謝兩位老師長久以來為我多方尋找可能的機會，給予無微不至的關懷、鞭策與提攜，往事點點滴滴，永遠感銘於心。其次感謝教育部學海飛颺獎學金和國科會（現改名科技部）「補助博士生赴國外研究」（千里馬計畫）給予補助，讓我得以踏出國門赴日長期研修，並藉此良機尋找稀見史料，於海外完成這部作品的主體。尚要感謝昔日古瀨奈津子教授同意給予指導，讓我赴御茶水女子大學執行計畫，學習日本學風，進而與日本古代史學界許多名家、學友及研究單位廣結善緣，也感謝元華出版社惠成，還有默許我不顧生活，任性負笈求學的家人，和在各方面支持我的諸位師長、舊友、同好，學生生涯的最後階段中所承受諸多恩惠，實在難以用言語道盡，容於此一併致謝。

回想探索論題的過程中，從最初的計畫書到獲得學位之間，歷經諸多歲月，溽暑風雪，時而千里奔波，時而病痛折磨，在各地圖書館內面對書海無涯，躊躇徘徊，同時常困於置身一地，即難以取得其他語系參考文獻；寫作時歧路多惑，腹笥窘迫，捉襟見肘，為之寢食難安，每個研究生在寫學位論文都會經歷到的輾轉難安心情，亦不在話下。特以原訂口試日期前夕遭逢先父驟逝，成為彼此今生永遠無法彌補的遺憾，於今憶及，仍感悲傷，最初規劃的諸多子題，猶感尚未全數完成，卻已再無心力增補。縱令一段時間後通過口試，取得學位，仍自覺這本論文是未完稿，有大量的空白應該補上，書稿繳交國圖時，看似勉力達成寫作目標，實則無論如何修改，回顧時仍有自覺不足之處。日常生活中，也時時能發現值得再探究的歷史問題。

唯畢業後的三年餘，求職之途嚴峻，為謀生計，不得不先置修改學位論文的宏願於一旁，四處奔波於任教各校課堂之間。回想起來，人生中能有一整段時間置身在年少時無法想像的學術勝地，只考慮著當下及今後想做的學術研究，實在是幸福的好時光。教學備課之餘，雖然未曾或忘修改博論這件心目中的人生大事，只是脫離學生身分後，像是突然撥回了走得過於悠緩的人生時鐘，必須重新跟上落後於社會的腳步；工作之餘，透過觀察身邊的其他人，瞭解自己的實際年齡應該過著怎樣的生活，和扛起怎樣的承擔。對現實及自己的現況體認得越清楚，便益發不敢妄想要如何大規模重組改寫已繳交給國家圖書館留存的文稿。雖然幾年中曾搜羅了大量可應用於修改增補的史料，寫過種種未來研究計畫，結局僅止於在原來的基礎上增補，行有餘力則尋求發表機會。本次修改，自問已竭全力，作品雖然還是不夠完美，也不應再拖延。書稿內想必仍有若干錯漏、辭不達意和思慮不夠完備之處，此類缺失，文責在己，祈請見諒。

今年(2019)欣逢高師八十大壽，又承蒙宋師和古瀨師慷慨賜序，感激之情難以言表。回憶過往，做為受恩澤甚多的晚輩學生，願藉書末一隅，誠摯祝福幾位尊師福壽雙全，如意安康。拙稿因緣幸會，得以付梓在即，期許以成書為契機，踏出自己日新又新的一步。

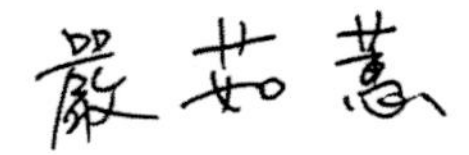

謹誌於新北市永和

2019.04.15

國家圖書館出版品預行編目(CIP) 資料

唐日文化交流探索 : 人物、禮俗、法制作為視角 / 嚴茹蕙著. -- 初版. -- 臺北市 : 元華文創, 2019.11
面 ; 公分

ISBN 978-957-711-137-1 (平裝)

1.文化史 2.文化交流 3.中日關係 4.唐代

634 108016363

唐日文化交流探索
——人物、禮俗、法制作為視角

嚴茹蕙 著

發 行 人：賴洋助
出 版 者：元華文創股份有限公司
公司地址：新竹縣竹北市台元一街 8 號 5 樓之 7
聯絡地址：100 臺北市中正區重慶南路二段 51 號 5 樓
電　　話：(02) 2351-1607
傳　　真：(02) 2351-1549
網　　址：www.eculture.com.tw
E-mail：service@eculture.com.tw
出版年月：2019 年 11 月 初版
定　　價：新臺幣 460 元

ISBN：978-957-711-137-1 (平裝)

總 經 銷：易可數位行銷股份有限公司
地　　址：231 新北市新店區寶橋路 235 巷 6 弄 3 號 5 樓
電　　話：(02) 8911-0825　　傳　　真：(02) 8911-0801